U0748114

数字化时代的
全球个人金融创新

何开宇　著

中国金融出版社

责任编辑：黄　羽
责任校对：潘　洁
责任印制：裴　刚

图书在版编目（CIP）数据

数字化时代的全球个人金融创新/何开宇著 . —北京：中国金融出版社，2018. 12

ISBN 978 － 7 － 5049 － 8212 － 4

Ⅰ. ①数…　Ⅱ. ①何…　Ⅲ. ①商业银行—金融业务—中国—文集
Ⅳ. F832. 33 － 53

中国版本图书馆 CIP 数据核字（2018）第 286296 号

出版
发行　**中国金融出版社**

社址　北京市丰台区益泽路 2 号
市场开发部　（010）63266347，63805472，63439533（传真）
网 上 书 店　http：//www. chinafph. com
　　　　　　（010）63286832，63365686（传真）
读者服务部　（010）66070833，62568380
邮编　100071
经销　新华书店
印刷　北京市松源印刷有限公司
尺寸　169 毫米 × 239 毫米
印张　25. 25
字数　437 千
版次　2018 年 12 月第 1 版
印次　2018 年 12 月第 1 次印刷
定价　60. 00 元
ISBN 978 － 7 － 5049 － 8212 － 4
如出现印装错误本社负责调换　联系电话（010）63263947

序　言

中共十九大指出中国经济将由高速增长阶段转向高质量发展阶段，中央把推动高质量发展作为做好近期工作的首要任务，提出要着力解决发展不平衡不充分的问题，围绕建设现代化经济体系，促进经济结构优化升级。从外围看，当前世界各国提升国际竞争力越来越倚重于创新能力。创新能力越强的经济体，发展质量就越高。从内部看，传统发展方式难以为继，需要加快实施创新驱动战略。

近几年来，全球经济延续了走出危机后的增长势头，呈现出复苏向好的态势，但边际增长动能有所减弱。展望未来，全球经济面临的最大风险来自美国发起的贸易保护主义的负面影响将逐渐显现和美欧主要经济体宽松货币政策的转向。商业银行面临外部经营环境日趋复杂、竞争加剧、利率市场化、客户行为模式变化及新技术快速兴起等多种挑战。

第一，经济增速放缓导致有效信贷需求疲弱，对银行经营业绩产生一定负面影响。同时，监管趋严。党的十九大报告强调，要健全金融监管体系，守住不发生系统性金融风险的底线。

第二，利率市场化。随着利率市场化的深化，中国银行业的净利差和净息差在收窄，已从前几年3%以上的水平下降至目前2%甚至更低的水平。

第三，同业竞争加剧。截至2017年末，我国银行业金融机构的数量达4549家，较2010年末增长了约20%。四大行市场集中度显著下降，由2010年末的近50%下降至2017年末的35%左右。

第四，金融脱媒。近年来大企业通过资本市场直接融资，分流了银行的传统业务；另外，银行混业经营发展较快，在市场竞争不断加剧的同时，也导致银行内部业务复杂性和支出不断增长。

第五，客户行为模式数字化趋势越发明显。随着信息技术逐步向金融领域渗透及移动互联技术的快速发展，高效、便捷的金融服务越发受到消费者的青睐。麦肯锡调研显示，在亚洲发达市场，58%～75%的客户在线购买了银行产品，更多客户愿意尝试数字化程度更高的产品。

商业银行面临上述经营中的挑战，需要大力发展个人金融业务。近年来中国居民的财富不断增长，为商业银行个人金融业务打开了发展空间。中国经济已经走过高速增长阶段，迈向中等收入国家行列。中国经济经历改革开放四十年高速增长，GDP 总量已达 12.5 万亿美元，人均 GDP 水平已超过 8000 美元，人均 GDP 达 1.5 万美元以上的地区人口超过 2 亿人，城镇化率接近 60%，中等收入群体不断扩大，居民恩格尔系数由 20 世纪 90 年代的 40% 以上降至目前的 30% 以下。个人财富迅猛增长，各家商业银行个人金融业务占银行总营收的比重不断上升，个人金融业务成为商业银行收入的压舱石和稳定器。

近年来，全球进入数字化时代，金融科技迅猛发展，大数据、区块链、云计算、人工智能、生物识别等新兴技术的快速发展给个人金融业务带来新的转型机遇。全球各地的精英们持续不断地开展个人金融领域各种创新，在存款、消费金融、信用卡、养老金融、客户管理、支付业务的各个细分领域，都开展了多种多样的尝试，对传统的经营模式不断进行革新和改造。了解国外同行的创新实践与思路，对提升我国商业银行个人金融业务的服务能力和客户体验至关重要。国际领先的商业银行坚持以客户为中心，利用上述创新，开展精确的客户定位，不断推进产品设计的场景化、定价精细化、营销精准化和组合化，极大地提高了金融服务的效率和产品的竞争力。

2013 年我的第一本专著《国外个人金融业务创新》出版后，得到了全国各地同行、校友、读者的肯定和鼓励，一些银行批量购买该书作为培训教材，也有一些商业银行产品研发部门的领导和我取得联系，探讨产品研发和业务拓展中的问题和感受。近几年，虽然研究条件不如香港，工作也更加忙碌，我却一直保持了旺盛的研究热情，不断挖掘国内外同业最新创新实践的信息并加以汇总。在过去的几年里，在做好业务的同时，在业余时间，我收集了大量的国际同业创新的资料，进行归纳整理，分专题撰写了二十五篇文章，汇总形成本书。本书汇总了近年来在存款、消费金融、信用卡、理财、高端客户拓展、养老金融、支付业务、大数据应用、云计算、生物识别、人工智能、增强现实、区块链等方面的创新案例几百项。这些案例有全球商业银行、金融公司、金融科技初创公司的创新案例，也有国外各类金融创新评选获奖的案例，勾勒出国内外同业在应用金融科技开展个人金融业务创新的全景，供我国金融从业人员在实践中参考借鉴，期望对我国商业银行开展个人金融业务的创新发展贡献自己的绵薄之力。

　　本书适宜的读者为商业银行、金融监管机构从业人员，与个人金融相关的其他金融领域从业人员，金融科技公司、咨询机构从业人员，财经院校的师生以及其他对个人金融有兴趣的读者。

　　对在本书撰写过程中给予关心、帮助和支持的领导、同事表示衷心的感谢。中国金融出版社经济教材部张铁主任、黄羽编辑等同志对本书进行了审读和编辑加工，在本书出版过程中做了大量的工作，在此表示诚挚的谢意。

　　由于作者水平有限，书中不足和疏漏之处在所难免，敬请专家学者及读者批评指正，本人不胜感激。

何开宇

2018 年 8 月 13 日于北京

目　　录

存款业务的数字化创新

◎ 国外存款业务创新的最新案例分析与借鉴

国外存款业务创新的最新案例分析与借鉴

随着利率市场化改革不断深入、互联网金融爆发式增长，商业银行间竞争日趋激烈，存款业务面临巨大考验。2017 年以来，监管部门加强了对理财和同业业务的监管，对商业银行的负债来源产生较大影响，导致部分商业银行负债来源大幅降低。负债的严峻性使存款在负债中的重要性进一步突出，存款对全球商业银行都具有非常重要的意义。近年来，世界各国的金融机构对加强存款业务采取了多种创新方式，本文从提供同类人群的比较、使用人工智能技术帮助客户节省支出、提供个性化的顾问建议、发动亲友对存款目标实施帮助、开户验证的创新、设立存款目标和实施进度管理六个方面分析国外银行加强存款业务的创新案例，并对我国商业银行创新存款业务提出建议。

一、提供同类人群的比较

纽约的 Status Money 公司是一家为客户提供财务状况比较服务的金融平台，并且直接向客户提供相关的金融产品和服务。Status 是第一家帮助客户进行同类人员、全国平均数比较的金融服务平台，有 100 多万的客户，它使用同类人群、全国范围平均数作为比较的基准，帮助客户理性智能地管理他们的消费、收入、存款、负债和投资。

Status 是首款帮助客户与他们的同类人群进行财务特征对比的财务管理工具，并且使用特定的算法推荐最优财务管理产品方案。客户在注册 Status Money 账户时，需要输入自己的姓名、电子邮箱、密码、收入、年龄、住房类型、邮编、地址等信息，客户需要选择自己的银行，并连接自己的存款、信用卡、贷款和投资账户，连接上述账户之后，系统就可以建立与客户相同类型的客户群，并即时展示相关信息的对比情况。客户可以在系统的界面上查看到自己的年龄、收入、城市、信用评分、现金余额、投资余额、信用卡余额、其他贷款余额，同时展示了客户相同客群的人数和上述每一项的平均值（见图1）。系统还可以以百分位展示客户的财富净值，在相同客群、全国客户中的排名和向客户推荐的产品选项。系统会显示本月每一天的消费支出累计的曲线和预算、同类型人群平均数、与全国平均消费水平曲线的对比，可以预测客户某一天后消费将大幅增长，图表中还会显示客群平均的收入曲线。系统还显示客户本人、同类型客户群平均和全国客户平均的债务金额和资产金额，在债务的图表下面，有关于客户负债所付利息与全国平均利息水平的对比评价，在资产对比图下方有对客户资产收益率与同类型客户与全国平均利率水平的对比。系统会展示客户的资产净值、信用评分与同类型客户和全国平均的对比情况，客户在一定时间段内消费水平的对比情况，以及客户及同类人群消费种类的构成情况，如果客户消费支出超过预算，可以设定消费阻拦锁。客户还能选择需要对比的地区和城市，系统能随时按照客户的特征形成客户群的对比图表。系统会针对客户的具体情况，推荐其他客户使用的存款产品，客户可以看到推荐的存款名称、利率、使用这一产品的人数以及每月可以多赚取的利息，这一产品是完全针对该名客户在此时此刻的个性化推荐。

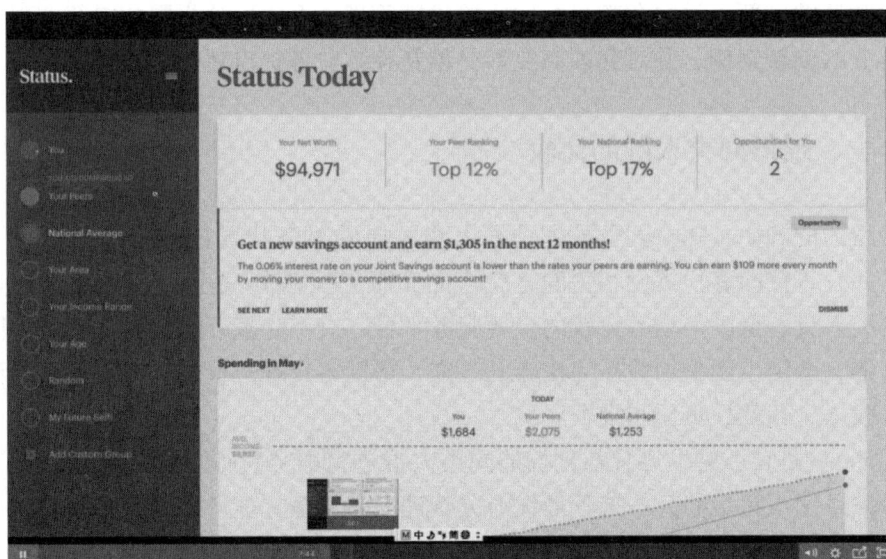

图 1　Status Money 系统界面

二、使用人工智能技术帮助客户节省支出

瑞士苏黎世的 CREALOGIX 公司是一家领先的数字化创新的金融公司。该公司专注于向客户提供可定制的复杂的客户体验，该公司的 Gravity 网银平台开发了界面直观、友好的自助式服务手机应用程序。系统界面设计优雅，向客户提供可行的建议和提醒，客户可以在一个统一的平台上处理所有的业务，可以更有效地管理存款、保险等，提升了客户的满意度和忠诚度。该系统可以减少客户流失，并通过吸引新客户提升市场占有率。

人们进入数字化时代已经有 20 年了，Gravity 平台使人们能够通过一台设备、一个平台登录进入所有的账户，这一系统非常方便、简单、互动、智能。客户登录系统界面后，可以看到几个气泡，分别是总的财富和余额、现金账户和余额、假期计划和实施进度、需要支付的账单，还有一个小狐狸的气泡（见图 2）。点击现金账户的气泡，可以进入下一个界面，可以看到更多的气泡，分别是利息的金额、收入的金额、支出的金额、余额、余额变化的曲线、其他银行的图标，点击其中的支出的金额，进入到下一个界面，又显示出一些新的气泡，分别是苹果产品消费的金额、Sky、Waitrose、Trainline、H&M、PATHE 等不同品牌消费的金额，每个气泡的大小与金额成正比，客户可以查看自己在每种产品上消费的金额。点击某一个品牌消费的气泡，可以进一步看到交易的明细。如果客户需要转账，可以将收款人的头像的气泡拖入账户的界面，从自己的账户气泡画一个箭头到收款人的气泡，可以通过调整箭头的角度和长短调节汇出的金额，点击确认键就可以即时完成汇款。点击总财富的气泡，就会显示出多家银行的气泡，由于系统采用了连接各家银行的应用程序编程接口（API），可以查看到客户在每一家银行的资产，也分别用气泡表示。此外，如果有银行的提示信息，会在小狐狸的气泡的图标上显示有新信息，点击这一气泡，小狐狸会说话，告诉客户您的去澳洲旅游计划可以成行了，Virgin 公司的澳洲旅游今天提供 30% 的折扣，客户就可以立即省下 30% 的费用。省下的钱可以转入继续存款账户。此外还向客户推荐利率较高的个性化的存款产品和理财产品。通过小狐狸的气泡，可以定期向客户推荐个性化定制的各种存款和投资产品，通过引入商户的优惠信息，可以即时完成客户的支出计划。在系统的后台，他们使用了人工智能技术，随时将优惠信息与客户的需要相匹配。

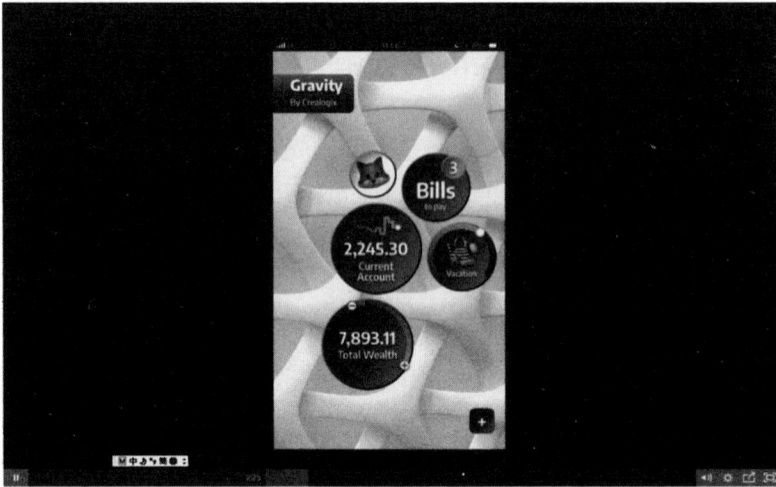

图 2　Gravity 手机应用界面

三、提供个性化的顾问建议

芝加哥的 Envestnet 公司是一家领先的财富管理和财务健康管理的智能系统，该公司是一个领先的数据聚集和数据分析平台，包括美国最大的 20 家银行中的 13 家在内的 1000 多家公司向它们的数百万客户提供了 Envestnet 公司系统提供的功能，该公司的系统提升了金融创新的速度，为客户带来了更好的数字化体验。Envestnet 公司的系统使用客户账户和交易数据对客户的财务状况中的消费、存款、借款和计划进行度量和评分，基于这些指标，向客户提出个性化的建议和工具，帮助客户提高财务的健康状况水平。系统对客户财务状况的改善情况进行动态跟踪，客户了解自己的进展，通过 Envestnet 的数据智能，客户可以收到个性化的建议，充分发挥了账户和交易数据的作用。

这款应用是首家真正意义上的人工智能理财教练，该系统使用人工智能技术对客户的财务状况进行分析，这家公司有 2300 万活动客户，累计发生了 700 亿笔交易，对客户的建议是通过人工计算得出的。客户登录 Envestnet 的系统，可以看到系统针对客户的财务状况划分为消费、存款、借款、计划四个方面，并且将客户的财务状况进行综合评分（见图 3）。针对每一项，又继续进行详细的分类，如对消费，分为日常消费和公用事业账单。在存款领域，划分为存款和投资两个子类，存款又分为紧急备用金存款和长期存款两个细分类别。在每一个类别中，客户财务状况的好坏分别用绿色、黄色和红色表示良好、一般和较差。点击红色的图标，会查看到薄弱的具体项目，并有对应的建议。例如，所有的建议都是通过数据挖掘产生的，而没有在这里开展客户调查，针对客户的交易，直接进行分析并对客户提出关于账户健康的建议。系统会针对客户的消费存款等财务情况向客户提出建议。例如，A 客户每月的消费占收入的90% 以上，系统会显示同收入水平的本地区其他客户、全国同收入水平的其他客户的每月平均支出，帮助客户进行分析，系统会显示同地区同等收入的其他客户的每月房租、数字化服务和外出吃饭花费金额的平均值与这名客户的消费金额；点击租房的选项，可以看到其他人的平均租房支出，以及使用地图显示的其他房屋的租金情况，客户可以看到其他同收入人员的房租平均水平和不同楼盘的租金情况，如果客户选择了新的房屋，将会节省租房的支出。客户也可以以后换到房租较低的房屋居住。进入电子消费项目，系统会列出附近所有的电信等服务供应商的价格，帮助客户选择更加便宜的供应商。客户还可以查看对自己紧急资金存款的建议，系统会建议增加紧急情况下存款的金额，建议每个月增加的存款金额。对其他的客户，系统可能建议增加保险的项目，包括家庭保险、人寿保险、意外险、汽车保险、残疾、健康、退休保险等。所有这些建议都是动态、数字驱动、使用人工智能进行的，帮助提升客户体验。

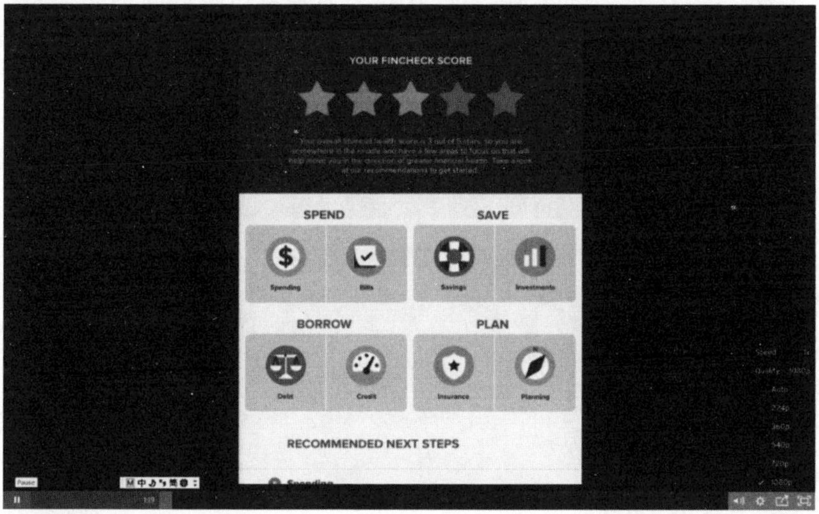

图 3　Envestnet 手机应用系统界面

四、发动亲友对存款目标实施帮助

在美国有30%的人经常对自己盲目的购买行为感到后悔，近一半的人不停地使用新支票偿还旧支票，美国的 InSpirAVE 公司鼓励人们大幅度提升存款的金额，实现人生特定阶段真正需要的较大的购买计划，该公司的互联网存款平台帮助客户作出负责的购买决策，建立个性化的财务管理计划，帮助实现存款的最大化，与银行合作的商户从中获得实惠。InSpirAVE 互联网存款平台帮助客户在朋友和家人的帮助下从平台参与商户中选择理想的购买目标并作出购买决策，建立起个性化的存款计划，通过获得利息、从家人和朋友处获得资助和从商户处得到最大的优惠帮助客户以最快的速度达成计划，通过观测向商户的支付情况，监控购买计划是否完成。

InSpirAVE 帮助客户实现难以达到的存款目标，例如客户希望购买一辆自行车，可以登录 InSpirAVE 系统，系统界面上会询问"您最大的愿望是什么？"，输入需要查询的产品，点击搜索键，系统会展示一系列自行车的图案，其中有亚马逊、eBay、BestBuy、Specialized 等商铺，客户可以从几十种候选的自行车中选择两款加入自己的心愿单，商品列表上显示商品的图片、简要文字介绍、价格、优惠、节省的金额（见图4）。客户可以将这两种产品发给自己的家人、朋友，让他们帮助提供建议，客户可以登录电子邮箱向亲友发送投票

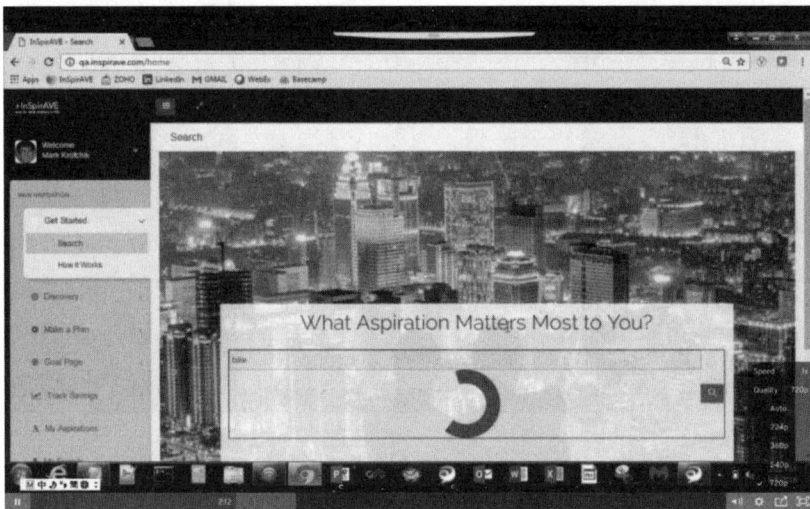

图4　InSpirAVE 系统界面

的链接，之后可以查看到每一种产品获得的支持票数。通过查看亲友的投票数，客户可以选择购买何种产品，之后可以在系统界面上预约送货时间。在确定了购买产品之后，客户可以建立起自己的购买和偿还计划。客户点击进入一个产品的界面，系统显示客户可以获得的存款利息，客户存款可以获得个性化的奖励，以及商户为客户提供的优惠。系统还可以展示客户购买产品的计划和对账单，客户可以邀请更多的朋友一同参与讨论，可以建立贡献清单，帮助客户搜集更多的资助。客户的亲友可以在收到的电子邮件中帮助客户作出决策，如果某一名亲友希望对客户进行资助，可以向客户汇款，这直接降低了客户购买一种产品的成本，客户可以即时进行支付完成购买行为。

五、开户验证的创新

美国旧金山市的 Synapse 是一家后台运营和开发 API 的公司，帮助银行实现运营自动化。该公司为银行提供一流的产品设计开发工具，其存款账户符合合规要求、能支持多种支付渠道、具有联邦存款保险等功能，Synapse 公司为银行提供同时支持上述功能的应用程序接口。远程开立存款账户或者发起一笔高风险的汇款交易经常需要进行额外的身份验证，按照传统做法，身份验证需要在网点通过人工进行，也有的银行如 BBVA 通过可视电话对客户进行身份验证，HSBC 银行需要客户上传自拍照，还有一些银行要求客户提供额外的资料。这些方法虽然可行，却仍然需要某种程度的人工介入，增加了服务成本，延长了客户服务时间。

当人们需要在网上开立银行存款账户时，往往会被拒绝，因为银行无法对客户的身份进行验证，无法得到客户的信用资料。在过去的两年里，Synapse 公司开发了最新的自助开户工具，客户可以在网上办理开户流程，可以支持开立私人账户和公司账户，自助提交身份证件、地址证明资料等。以私人账户为例，客户可以先填写自己的账户名、密码、姓名、邮箱、生日、电话号码、地址邮编、社会保险号码等信息。此后，系统要求上传一张政府签发的有照片的证件的影像，系统会对上传的证件信息进行联机查询验证，并将客户填写的个人信息与数据库中的信息进行比对。系统要求客户提交一个视频，在视频中客户对着镜头声明"我授权开立 XYZ 银行账户"，通过上传这一视频，银行可以进行面部识别，将视频中的面部图像与证件上的照片核对；其次进行语音的核对，视频中需要录制的话是随机产生并显示在网页上的，确保录制视频的人与进行开户操作的是同一个人（见图 5）。所有的资料比较之后，仅需要 5 秒钟，就可以完成账户的开立。

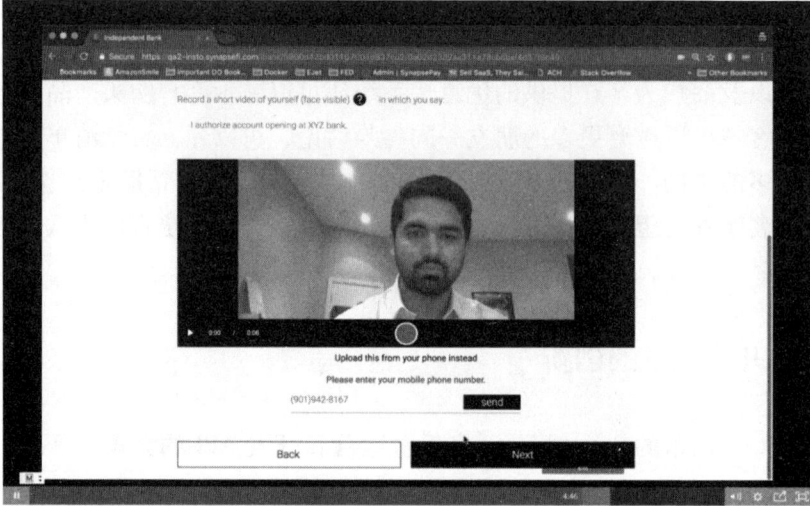

图 5　Synapse 系统界面

六、设立存款目标和实施进度管理

美国纽约的 Hydrogen 公司帮助全球的开发者在几分钟的时间里完成复杂的金融技术应用的开发，建立起具有互动式电子助手、人工智能和区块链特点的存款平台。该平台减少了建设和运营存款、利息、保险业务的成本和周期，具有开户、风险建档、了解你的客户、交易、持续支持和管理等功能，还可以增加资产分配、混合的投资顾问、共同基金投资和海外投资等扩展功能。存款平台帮助客户建立存款目标、作出存款决策，该平台为客户提供业内领先的分析工具和控制板。

使用 Hydrogen 系统，客户首先可以在系统界面建立起自己的存款目标，填写建立目标存款的时间、存款目标大约需要的存款金额、客户的年收入、每月消费的支出、客户的住房情况（见图 6）。客户可以将自己在各家银行的账户登记在平台上，可以检查自己的存款进展情况，系统会及时提醒客户是否已经低于预计的存款进度，展示客户达成存款目标需要的金额曲线和实际存款进度的曲线，以及两者之间的差距，提示客户到使用资金时可能的资金差距和每月需要增加的存款。当客户需要增加存款时，可以选择从 PayPal、阿里支付存入资金。当客户登录 Hydrogen 系统时，采用了 Hydro 区块链技术进行验证，增加了系统的安全性。在共有区块链上，为数众多的参与方证实了客户账户的资产状况和账户变动情况，客户在登录系统时需要输入区块链验证的一次性密码进行双因子验证。例如客户即将结婚，为自己的婚礼准备一笔资金，可以将客户和他未婚妻的账户一起登记进来，展示两个人的所有账户，以及为婚礼、购买房屋、退休建立的多个存款计划和每个月的生活预算支出的情况。系统的人工智能功能帮助开发者提供机器语音助手的功能，客户可以询问"请告诉我，我的婚礼的存款目标进行得怎样"，系统会用真人语言回答"您现在完全在预定的计划内"，客户回答"非常好，我可以从我的巴克莱银行账户增加2000 美元进入我的婚礼存款目标吗"，机器人会回答"好的，我已经完成了这笔从巴克莱银行账户的转账"。系统支持多货币、多语言的服务。此外，平台的区块链还可以提供客户开户、文件签署、区块链文件公证等功能。

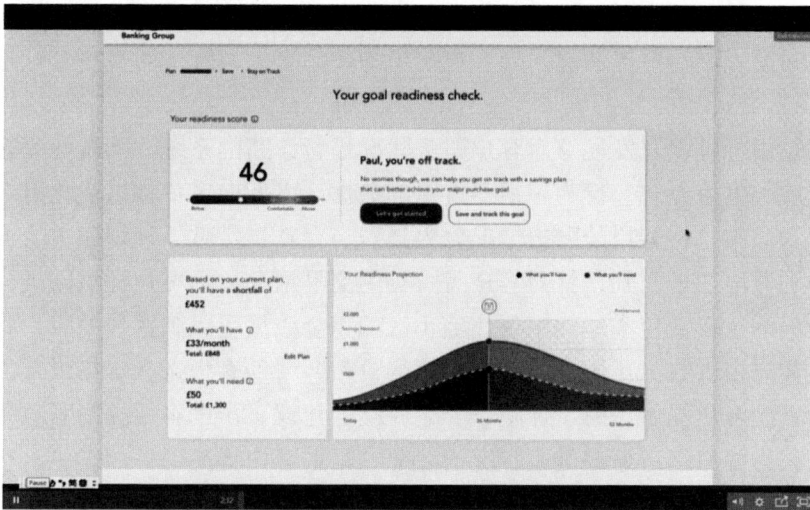

图 6 Hydrogen 系统界面

七、对我国商业银行的建议

商业银行可以在网银和手机应用上提供同类型客户财务账款对比的服务，客户在注册时登记自己的收入、年龄、地区、住房等信息，与自己的银行账户、贷款、信用卡账户建立连接，为客户提供资产、负债、消费、负债利率、资产利率、信用评分等方面与同类型客户和全国客户比较的图表信息，帮助客户了解自己的财务状况，分析自己和同类型人群的消费的偏好，帮助客户设立消费阻拦锁，向客户推荐适合的存款、理财产品，为客户提供更多的产品选择，增加客户的存款利息收入，增加客户理财的兴趣，帮助客户理性智能地管理他们的消费、收入、存款、负债和投资，提高银行的业务收入。

现在的银行还没有能够很好地服务新时代的客户，一项针对1000名新时代客户的调查表明，90%的新时代客户认为商业银行没有他们想象的那样现代，需要作出很大的变革；93%的新时代客户认为如果没有手机，他们会迷路。持续满足客户对数字化、安全和个性化顾问服务的需求，提供良好的客服体验，是未来银行服务的一个组成部分。银行可以改变目前网银和手机银行的展示风格；可以向客户展示不同的气泡，分别显示存款、借款、存款计划、消费、投资等状况，可以点击查看不同账户的情况；可以查看自己在同类人群中的消费水平、存款水平；可以了解自己各个存款目标的进展情况，了解每一类支出与同类人群的对比情况。当客户购买的产品有大幅降价时，应及时通知到客户。

商业银行可以开发能够对客户财务状况进行诊断的系统，系统使用客户的生命阶段、生活方式、行为习惯等方面的数据，以便向客户提供优化财务状况的可行的措施。将客户的账户情况分为消费、存款、借款、计划四个方面，每一个类别又增加子类别，针对客户每一类的交易情况，为客户提供同类人群收入和支出的比较，将本地区主要住宅小区的租金数据引入到客户的账户状况分析，向客户提供数字化服务的各供应商的价格，帮助客户选择价格最低的服务供应商。向客户提供理财、保险、养老保险等建议，帮助客户提高紧急备用金的金额，为客户进行账户健康状况的评分，帮助客户提高财务的健康水平。

商业银行可以开发帮助客户确定在某一生活阶段重要的购买目标，帮助客户在亲友的帮助下，从多种平台的商品中选择最优的产品，制订有针对性的存款计划而不是通过举债完成购买或者误认为购买目标高不可及而放弃计划。第一步是帮助客户从多个平台中挑选出候选商品，邀请亲友投票，从亲友处获得建议，客户可以看到每一种产品获得的投票数，确保客户确定的大额购买计划是一个顶级的目标。第二步，通过获得存款利息和亲友帮助，尽快实现资金的增长。第三步，客户完成购买计划，商品被运送到客户的家中。也可以与商户一起共同向客户提供优惠，加强客户关系，增强客户的忠诚度。

　　商业银行也可以丰富客户远程身份验证的方式。客户在网上签署购买理财产品的协议时，可以在网上填写身份信息，上传有照片的证件图像；可以向客户发送动态的文字，要求客户读出，并上传实时录制的视频；通过人脸识别技术和动态文稿，加强客户的身份验证，保障客户交易的安全性。

　　商业银行可以建立互动式的存款平台，帮助客户建立各种存款目标，如结婚、教育、退休、度假计划等，帮助客户登记自己所有的账户。客户可以在存款平台上查询自己的存款目标进度，并实现自动转账。可以为客户提供语音机器人的功能。存款平台可以支持养老金存款、小额存款、目标追踪和定期存款，并且能够提供养老金结构性产品和养老保险产品。该存款平台还可以具有机器人投资顾问的财富管理经纪功能，帮助科学配置高净值客户的资产。

消费金融业务的数字化创新

◎ 国外消费金融创新思路借鉴与启示
◎ 国外消费金融业务创新发展综述及思考
◎ 国外消费金融业务创新研究与探讨

国外消费金融创新思路借鉴与启示

消费金融的主要业务是针对居民消费需求提供信贷产品和服务，有效释放居民的消费需求，增强居民现期消费能力，提高现期社会总消费水平。消费金融业务是商业银行中间业务收入的重要来源，场景化、电子化、跨界融合成为发展的主要趋势。2008 年国际金融危机之后，个人金融业务占比较高的西方商业银行不仅很快摆脱了危机的影响，而且业务规模迅速扩张。近年来，随着新技术的发展和市场竞争的发展，国外消费金融领域开展了多种创新，本文从开展场景化营销、开展信用评估方式的创新、利用大数据开展自动化预审批、搭建互联网金融平台、开展按揭贷款的创新、改善客户体验、开展贷款重组七个方面探讨国外同业的创新，并对我国商业银行提出相关的建议。

一、开展场景化营销

（一）英国的 Nostrum 公司

英国的 Nostrum 公司使用经过验证的风险策略，涵盖了全部例外情况的风险定价和灰色的信贷决策策略，实时进行信贷审批决策。系统采用全自动的迎新和投诉处理机制，可以实时完成资金的自动划转。如有必要，该公司经验丰富的员工会随时将例外情况上报风险委员会进行处理。他们不断了解客户的新需求，向银行、信贷机构提供领先的贷款服务方式，使贷款流程变得快速和安全，也降低了银行的运营成本。

当客户登录他们的手机银行应用，他们会收到这样的信息（见图 1），该名客户被预先批核了一笔 1000 英镑的贷款，并且利率也比原来的贷款更低，如果客户需要这笔贷款，可以点击继续键，这时手机界面会显示客户的贷款详细、原有贷款的余额，以及贷款利率。客户可以拖动滚动条，调整新批准贷款的金额，之后还可以选择还款期限，还款期限可以分别为 12、18、24、30、

36 个月，新贷款的利率为 11.9% 。这时屏幕的下方会显示客户总的贷款余额，客户可以选择贷款的目的，包括度假贷款、交通工具、结婚、装修房屋、债务整合、个人庆典、其他等。点击继续键，手机屏幕上会显示贷款协议，贷款协议上会注明总的还款金额，原有贷款的金额、利率、每月还款金额和最终还款日期，以及现在客户准备增加贷款的金额、新的总欠款金额、每月还款金额、还款期数和利率，客户可以输入自己的交易密码确认。客户输入密码之后，系统提示客户资金将马上到达客户的指定账户。整个过程非常快捷，客户的整体贷款利率从原来的 17.5% 下降到 11.9% 。对于原有贷款客户的推荐新贷款是基于后台对客户管理账户基本状况和能力的分析，以及从征信公司获得的信息，在整合所有这些信息的基础上确定客户是否有资格获得一笔新的更低利率的贷款。对客户给予一笔新的贷款的动作可能由几种事件触发，例如客户查看自己的贷款账户，或者致电银行要求处理账户的结算，或者客户到达已经安装了 Beacon 的商户。客户获得新贷款的信息，可能通过电子邮件、手机短信等方式通知到客户。这一系统帮助借款人满足了降低利率和增加贷款的需求，帮助银行成功地挽留了客户。

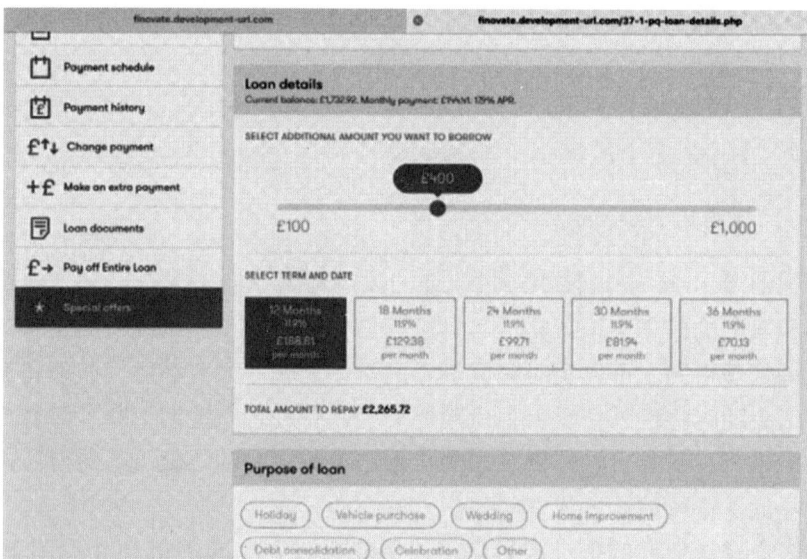

图 1　Nostrum 公司系统界面

（二）波兰的 Asseco 公司

总部位于波兰的 Asseco 公司是东南欧洲最大的软件供应商和收入最高的银行，这家公司将电信公司和银行整合在一起，通过大数据分析，为双方创造更多的机会。目前在银行业，大数据能够提供的服务与客户实际得到的服务之间还有巨大的差距。这家公司抓住了这一巨大的机会，并且将电信公司与银行联系起来，利用 7 个月的时间在 Telenor 电信公司的基础上建立起银行。这家公司开发的手机应用同时建立在电信公司和银行的大数据分析基础之上。Asseco 是一个大数据银行，为客户提供真正的数字化服务体验。

客户进入网银的界面，这是一个同时跨越电信业和银行业的界面，界面上显示了可以缴纳电信费用的快捷键，同时还显示客户的银行账户情况、支付情况、银行卡、各类商品目录、外汇兑换等菜单。在页面的右上角，提示客户可以以优惠的价格分期付款购买 iPhone 手机，点击这个链接，就可以进入包含这种商品的购物车，客户还可以点击商品的图标，选择其他的商品。不过由于这一优惠的商品是充分利用大数据专门针对这一客户定制的，客户更改商品虽然可行，但实际中很少发生更换商品的情况。该银行分析了客户在所有渠道的互动信息，因此该公司会从中了解客户的偏好，银行也会了解目前该名客户是否有足够的现金，是否需要使用贷款进行购买。之后界面会显示客户购买商品的名称和价格，批准的贷款金额、还款期限、首付款。银行会将客户的征信数据和收入等数据搜集在一起后向客户推荐合适的存款产品。

Asseco 公司有能力接触到大量客户在通信公司和银行的数据，客户在手机界面上填写了贷款金额和分期期数、首付款之后，相关的贷款承诺函、电话公司和银行的合同都会自动生成。手机的界面也会显示贷款的详细细节列表，显示出货品价格、收付款金额、贷款金额、期限、利率、利息金额、地址、付款方式等内容。客户选择接受之后，贷款就获得审批。客户也可以在手机界面上选择自己取货还是送货，确定之后就可以完成整笔交易。

二、开展信用评估方式的创新

（一）德国的 Kreditech 公司

德国的 Kreditech 公司是一家融资公司，它使用独特的大数据评分和审批技术在新兴市场推出了其个人贷款产品。这一系统采用大数据和机器学习的算法进行客户评分，客户可以从互联网上或手机上申请贷款，这一方法参照客户申请时的财务状况，而不是用历史数据。每笔贷款审批需要分析超过1万个数据点。这一技术可以更加迅速地进入新兴市场。这家公司建立了面向墨西哥、捷克、俄罗斯等国家的网上贷款平台，这些国家的信用体系不完善甚至没有征信机构，在这些市场获得客户的成本很低，银行可以最大化它们的收入。截至2013年3月底，这家公司总共发放了超过60万笔贷款，贷款余额达到7500万美元，贷款带来的利息收入为2000多万美元。现在这家公司的贷款规模每个季度增长70%~90%，该公司在主要新兴市场国家内的贷款损失率低于10%，而行业的平均水平为30%。每年公司还会新进入4~5个国家，每季度的业务增长超过70%。

Kreditech公司使用大数据可以替代传统的信用评分，客户无须亲自到访银行网点及提交各种书面资料，他们使用客户在社交网站上的数据和机器学习等算法，查看客户在社交网站的朋友、客户所在的地点，经过计算得出接受或者拒绝的结论，并且为客户提供最优的价格和最适合的产品。这家公司一般向客户提供最高6000欧元的贷款，贷款的期限最长12个月，客户登录该公司的网上平台后，只需填写一些简单的个人信息姓名、电子邮箱、手机和固话号码，之后客户需要同意平台连接他的脸书、亚马逊、eBay、Linkedin等社交网站，客户提交信贷申请之后，在一分钟之内，系统就会给出审批的结果以及最佳的价格。如果客户的申请获得审批，系统会显示出为客户个性化定制的分期还款计划，待客户可以查看相关的还款计划，待客户确认之后，在几分钟之内，资金就会汇到客户的银行账户。此外，该公司的网站还提供信用卡、灵活信贷额度、分期贷款等产品，灵活信贷额度是客户可以在任何时间归还的贷款，客户可以使用网站上审批的信用卡号码进行网上购物。这家公司的网站全天候运营，这种方式可以成为未来的银行运作模式（见图2）。

（二）英国的量化信贷研究（QCR）公司

英国的量化信贷研究（QCR）公司开发了RiskAware软件。这一软件是在吸取金融危机教训的基础上开发的，可以更快地分析和度量公司信贷风险，如，其分析一年期的贷款违约率，准确率高达90%。这一新方法将宏观经济环境分析引入公司信贷风险分析，对每一名借款人和每笔贷款提供32种宏观经济场景的预测。RiskAware可以更好地预测信贷违约的风险，这一新的模型

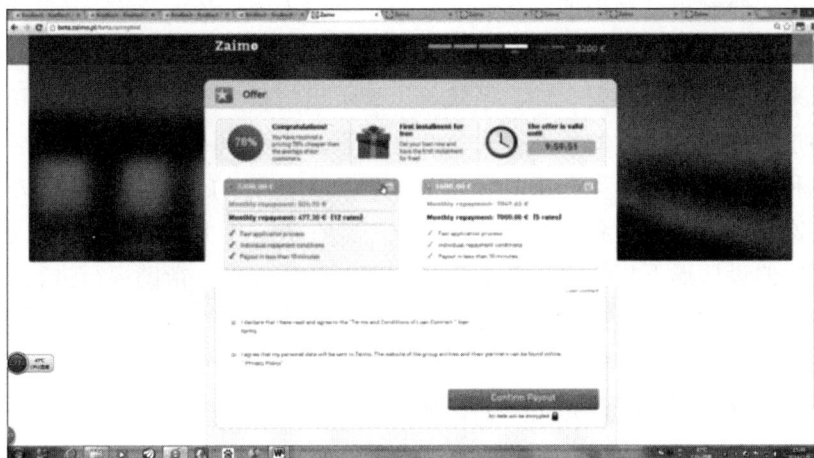

图 2　Kreditech 公司系统界面

将准确率从原来的 56% 提升到 75% 。RiskAware 帮助人们更深入地认识贷款的风险并在贷款开始的时候选择好的借款人，回避高风险的借款人，将复杂的分析从原来的两三个小时缩短至两三分钟。

进入 RiskAware 系统，客户可以将公司的财务数据导入 RiskAware 系统，系统会自动生成该公司的现金流量表、资产负债表和利润表（见图 3）。系统会依据宏观经济状况对公司未来 3 年的财务状况进行预测，对这一国家未来的GDP 增长作出 32 种情景的假设，计算出在 32 种场景下公司的现金流情况和公

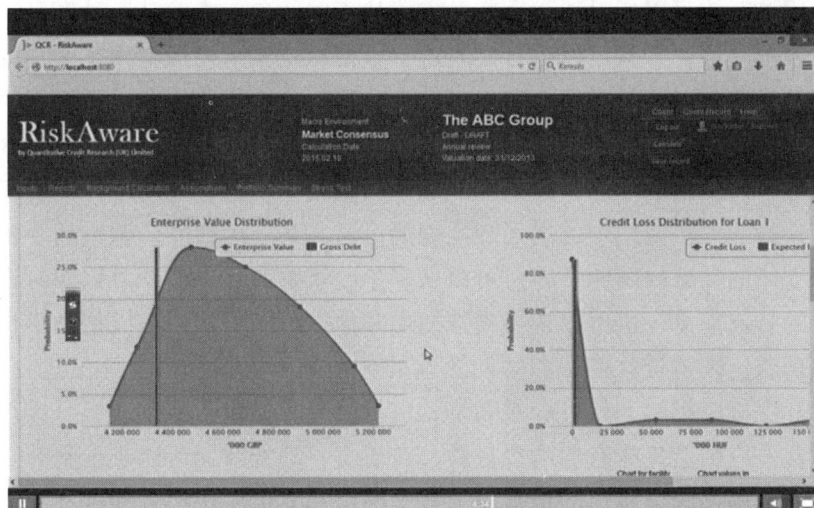

图 3　RiskAware 系统界面

司的价值，绘制出公司价值的曲线，显示出公司不同价值的概率分布，以及未来公司的债务水平。如果公司的总的预期债务水平小于概率最大的公司价值，说明未来的贷款是相对安全的，系统可以显示出信贷损失在不同金额下的概率分布和正在评估的贷款的预期损失。此外，系统还可以对贷款在 GDP 增长率、无风险利率上升、通胀上升中的一种或几种因素组合的假设下进行压力测试，预测在宏观经济下滑背景下的贷款违约概率。在进行压力测试的时候，可以发现在不同假设情形下贷款损失的概率和预期的贷款损失，帮助银行进行贷款的评估和定价。

三、利用大数据开展自动化预审批

葡萄牙的 ITSector 公司认为对金融机构而言，通过电子渠道推广其信贷业务非常重要。ITsector 系统实现了信贷审批的自动化，提升了全渠道的客户体验，实现了客户、银行和商户之间的资源整合。这套系统包括客户手机应用、银行商户系统后台，在客户端整合了增强现实技术和 Beacon 技术，对于商户和银行后台也同时可以使用相关的数据。商户使用 Beacon 技术推送产品优惠信息，客户可以使用增强现实或二维码技术多角度了解产品。该系统实现了贷款模拟和贷款的自动审批。这一系统适用于所有类型的信贷业务，包括汽车贷款、抵押贷款、消费贷款、租赁、信用卡和借记卡、商业银行信贷。

使用该系统可以通过增强现实的方式从不同的角度查看某一种商品，查阅商品的各项参数，并且可以进行实时的贷款模拟，贷款模拟考虑了客户的财务数据。如果客户对贷款满意，可以即时申请贷款。客户首先在手机应用中选择自己感兴趣的商品的大类别，当客户进入到商户中的时候，商户中的 Beacon 就会知道客户到达的商店，并向客户的手机应用上推送客户指定种类的优惠商品。客户打开手机应用中的增强现实功能，对准某一种商品，客户的手机上就会显示立体的动态的画面，客户可以从多角度了解商品。客户可以即时得到所属银行的贷款审批，也可以选择模拟使用其他银行的贷款；可以拖动手机画面上的滚动条，调整贷款期限和每期还款的金额；可以将贷款申请发送到银行，之后打开手机应用时，就可以看到贷款审批结果。在银行后台，银行经理们可以使用这一应用监控所有的消费贷款，对于每一笔贷款，可以查看到客户的财务状况、信用评分，客户的贷款使用基于网格和其他信用评分规则的决策树进行审批。客户的贷款获得审批之后，会在手机上和电子邮件中收到通知。这一应用还支持客户对自己的贷款和购买的产品购买保险，商户也能够即时查询贷款的审批情况（见图4）。

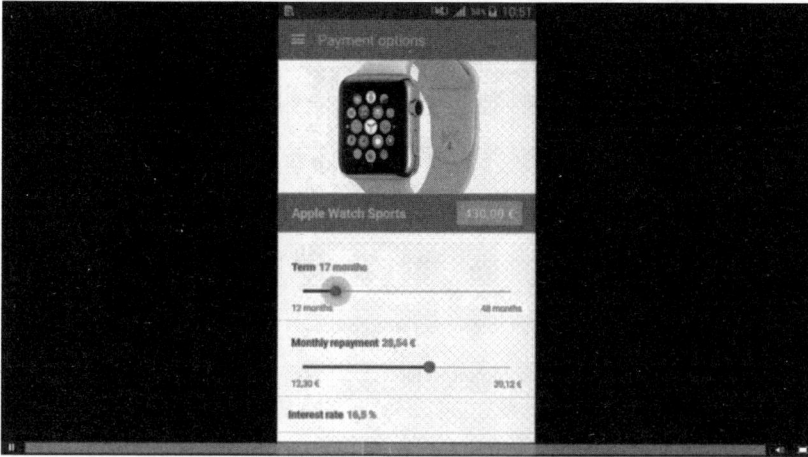

图4 ITSector公司系统界面

美国的Liftforward公司与美国微软公司一起，将技术产品转变为服务。美国微软公司在全国建立了150家零售商店，同时它开始生产自己的硬件产品，即ServicePro，微软希望将自己的软件服务与硬件设备一同销售给客户，但每一件产品的价格都高达几千美元。为方便客户购买和使用相关产品和服务，Liftforward和微软公司联合发布了服务会员计划。这一会员计划包括两项内容：一是客户无须再购买微软的设备，只需支付会员月费，就可以享有组合的服务计划，服务组合包括微机、质量保证、附属零件等。二是客户可以使用分期贷款，可以选择12、24、36个月还款，还可以在网页上选择购买的产品数量和分期贷款的期限，之后系统会显示每期还款的金额。

客户在零售店中需要登录贷款申请界面，客户需要输入公司名称、电话号码、姓名、电子邮箱、商业结构、业务描述、营业地址、公司电话、公司网址、税务ID、雇员数量、公司成立时间、管理人员有无破产记录、上年度销售额、本年度预计销售额、公司所有人姓名、电话、家庭住址、出生日期、社保号码、婚姻状态、银行账户信息等。申请人可以在网页上查看资金填写的申请信息，之后可以提交表格（见图5）。

在Liftforward的后台，客户和公司的财务信息包括银行账户信息、利润表、资产负债表等会导入Liftforward系统，系统会使用机器学习的算法对客户进行风险评分。在Liftforward的后台界面，可以查看客户的信用评分、公共记

23

图 5　Liftforward 系统界面

录、历史拖欠、现有拖欠、查询、房屋产权、雇用记录、破产检查。审批人员可以查看详细的信息，如果整体的风险评分理想，达到审批的标准，该笔贷款就被批准，客户会收到一封电邮，显示客户与微软公司的租赁协议。

四、利用互联网金融的创新

美国的云借贷公司绕开传统的中介，将借款人和出借人通过数字平台连接起来。通过建立线上个人对个人借贷的模式满足了借贷双方的需求，并向股东提供丰厚的回报。这一应用将贷款的成本大大降低，简化了流程，同时也改善了客户体验，客户可以随时更新他们的产品。

许多机构存在着客户需求与这些机构贷款原则之间的差异。美国的云借贷公司开发了线上平台，供参与金融机构展示和交换与它们贷款标准不符的贷款机会。每一家机构参加到云借贷交易平台的第一件事就是建立自己的贷款偏好档案，这样平台才会更加了解与这家贷款机构贷款标准相关的借款机会。贷款机构将会填写自己希望贷款的借款人的信用评分区间、资产类型、贷款额度、期限。如果一名借款人的借款申请超出了这家机构的贷款标准，这家机构会将这一贷款申请的情况上送到云借贷平台，点击链接将可以查看到这笔借款的借款人的姓名、年龄、借款金额、期限、利率、还款方式、信用评分等内容。平台会展示借款人的借款列表，点击列表，可以查看到对每一笔借款的投标情况，每一个愿意出借的人或机构，可以填写自己愿意出借的贷款利率，借款人可以选择最佳的借款完成相关的借贷。云借贷平台减少了出借人的麻烦，可以选择最低的利率，方便了借款人。

五、按揭贷款的创新

审批系统增加了每一个参与人员的责任，帮助贷款方提高贷款处理的效率并降低了风险，减轻了购买房屋客户的经济压力。Roostify 使借款客户与银行贷款审批职员共享和跟踪重要的数据和信息，借款客户可以直观地了解到贷款的每一步骤的进展，加快了贷款审批的步伐。

当客户第一次登录 Roostify 系统时，这一系统与全国性的个人账户管理系统如 Mint. com、Turbo Tax、Paychex 等建立链接，Roostify 可以将客户在这些网站上登记的金融账户信息与 Roostify 同步更新，这些账户的信息将用于客户在 Roostify 申请按揭贷款时的审批（见图 6）。Roostify 将会把客户在上述网站上的姓名、电邮、电话、生日、婚姻状态、雇主信息、工作年限、公司地址、邮编、行业等数据导入 Roostify，并与 Equifax 等信用评级公司的数据进行比对，客户可以查看相关的信息并进行修改或确认。客户还需要确认年收入、月收入、年度奖金、津贴等数据信息。客户还可以通过 Roostify 的链接登录自己的网银账户，客户的金融资产信息同时被导入到 Roostify 的账户，此时客户 Roostify 的账户会记录客户在某一家金融机构的资产类型、流动资金余额。之后客户可以填入自己希望购买房产的价格，以及首付款的比例，系统会计算贷款额，同时，客户可以选择贷款的类型，如传统的按揭贷款、老兵贷款、联邦房屋管理局保障贷款，还可以选择使用固定利率贷款或是浮动利率贷款。系统在获得客户的授权后会检查客户的信用记录，会根据客户的征信状况确定客户使用的最佳利率，Roostify 应用的界面会显示客户贷款期限分别为30年、20年和15年时适用的利率、月度还款额和手续费，客户可以进行选择。最后客户需要填写未来几年居住的地址，以便于银行邮寄对账单。之后系统会向客户展示贷款申请的表单信息，客户确认后系统会告知客户的贷款已经预批核完毕，客户可以下载贷款承诺函。整个过程不超过 5 分钟，所有的操作都是在手机上完成的。目前，数千名美国商业银行和贷款机构的职员使用 Roostify 审批按揭贷款，提高了处理的时效，贷款审批的成本降低了50%，使整个的按揭贷款审批过程更加透明。

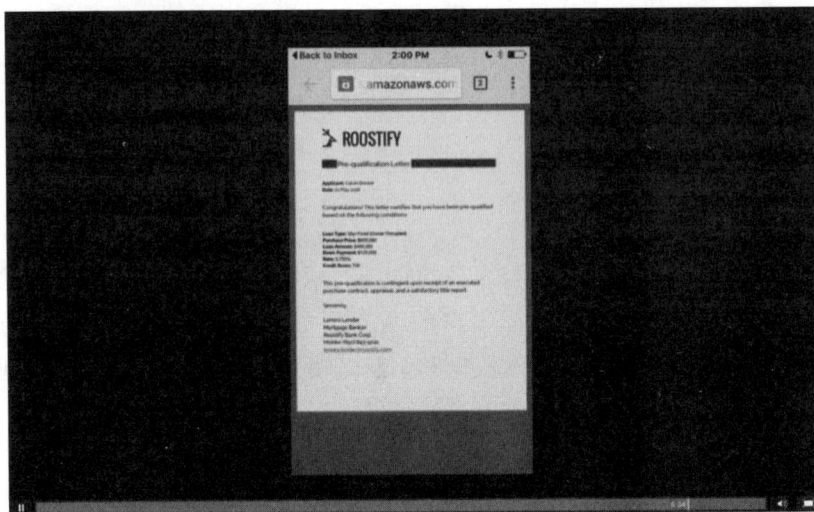

图6　Roostify 系统界面

六、改善客户体验的创新

　　美国的按揭市场是一个高达1万亿美元的贷款市场，由于整个行业进入衰退，监管的规则越来越多，人们申请按揭变成一个越来越复杂的繁琐工作。为了适应监管的需要，商业银行和按揭贷款公司招聘了大量的员工，使这些机构的成本上升了3倍，客户也不得不陷入复杂繁琐、充满压力的申请工作。Blend 是美国硅谷的一家高科技公司，该公司开发的云平台为按揭贷款客户提供数字化的交易方式，使整个过程人性化，免去了客户搜集借款相关文件的痛苦过程，帮助贷款银行更加高效和合规地处理贷款的流程，为客户提供完美的体验。客户提交的资料被转化为适应任何流程的数据。客户可以使用这一平台上传文件，并追踪各项工作的进展。银行职员可以与客户随时保持沟通。通过提供快速便捷的审批方式，Blend 把按揭贷款的处理带进了新的时代。

　　客户仅需要登录系统，从 Blend 系统上登录自己的网银账号，客户的网银账户数据就会导入 Blend 系统。当一个数据域比较难以获得的时候，银行的职员可以开启另一个入口，协助客户填入。客户可以通过手机拍照输入所有的书面文件，轻松地上传税单、工资存根、银行流水、个人信用资料等信息。

Blend 保留了客户互动的所有记录，可以从 360 度的视角查看每一笔贷款。客户在手机或网上银行登录系统，完成全部的资料提交仅需要 20 分钟。这一云平台通过智能化的自动化处理和成熟的业务规则、数据验证和完整的系统流水记录，使整合系统合规。整个过程中，银行不需要给客户繁琐的申请表格，只是问一些简单的问题，客户可以在家中完成。由于实现了与其他机构的链接和智能化的处理，大多数的申请被自动化审批。

七、开展贷款重组的创新

客户的信用评分是否可以获得贷款？美国的消费者贷款每年有 1.4 万亿美元，消费者贷款在生活中起着越来越重要的作用，美国的 CreditSesame 公司开发了一个管理、监控客户所有消费者贷款，并保护个人身份信息的系统（见图 7）。

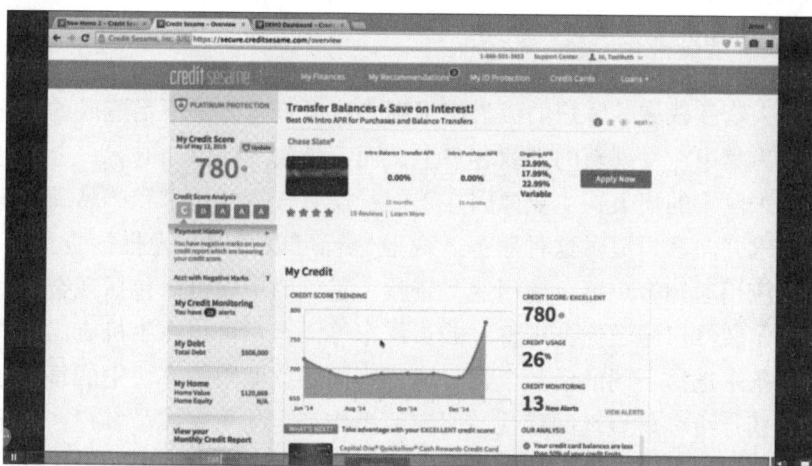

图 7　CreditSesame 公司系统界面

客户可以在 90 秒内完成系统的注册，登录之后，将看到所有的贷款信息，包括按揭、信用卡、汽车贷款，以及所有的余额、每月还款金额，还可以看到在个人信用记录方面哪些方面做得好，哪些方面有改善的空间。系统自动对每一笔贷款进行重新评估，看能否通过再融资为客户节省成本支出，客户也可以设定自己的目标。

系统还能提供客户信息泄露风险提示功能，帮助客户识别身份信息被盗的风险。客户可以深入查看每一笔贷款的情况，系统显示客户资金的变化趋势，提示客户哪些方面做得好，哪些方面做得不好，客户可以深入查看自己的信用记录，该系统将客户的信用记录划分为五个部分。

对于学生客户，该系统能够提供贷款余额、平均利率、每月还款，以及对于学生信用记录的建议，帮助他们比较每一种还款计划和方案，每一种方案为客户可以节省多少资金。该系统帮助他们更好地管理自己的贷款，也为银行带来更多的客户。

该系统还可以同时提供苹果手表的功能，通过苹果手表，客户可以直接查看自己的信用评分，也可以查看自己的目标达成情况，以及获得个人身份信息泄露的提示。苹果手表和 CreditSesame 系统可以帮助客户方便地监控管理自己的贷款，这一产品特别能够满足"千禧一代"客户的喜好。

八、对我国商业银行开展消费信贷业务的建议

（一）开展场景化营销

在个人贷款领域，客户的流失率很高，这是贷款方的不足造成的。它们仅仅将注意力集中在发现新的借款客户上，而不是放在保留原有客户上，这给商业银行带来巨大的损失，主要原因在于银行没有合适的技术和产品满足客户的个性化需求并向客户提供这种服务。商业银行可以开发预先批核贷款的功能，通过手机应用通知客户可以使用这些贷款。贷款的用途可以包括现金贷款、度假、结婚、装修房屋、债务重整、购买汽车等，客户可以在手机应用的界面上拖动滚动条来选择不同的借款金额，显示不同还款期限的方块中的每期还款金额同时改变，给客户直观的感受。所有的操作都自动化完成。客户在确定了金额和期限之后，可以签署自动生成的电子协议，资金即时存入用款账户。在向客户提供新的贷款时，可以考虑向他们提供新的较低利率的贷款，这样可以减轻他们的负担，增强他们的忠诚度。这些贷款可以在客户联系银行或到达签约的商户的时候推送给客户，增加了客户使用贷款的可能性，也促进了商户的销售。

商业银行还可以与商户合作，通过对客户财务状况、消费偏好进行大数据分析，向客户推荐他们可能消费的产品。在客户登录网银时向客户推荐可能购买的手机等电子产品，同时提供已经批核的消费贷款。客户可以在网银或手机应用上填写贷款金额、分期期数、首付金额，系统会显示相关的贷款协议，之

后客户就可以登记收货地址，完成交易。

（二）创新贷款审批方式

商业银行可以使用创新审批方式，使用大数据评分和审批技术，采用上万个数据点对客户的信用进行综合分析，即使面对没有征信记录的地区的客户，或者没有征信记录的个人，也可以审批贷款。客户在网银或者手机应用上申请贷款的时候，可以输入姓名、电子邮箱、微信、微博、QQ、淘宝、亚马逊等账号信息，通过与这些电子商务和社交网站建立数据链接，进行数据共享，再参考银行所拥有的交易信息，对客户进行信用评估和贷款审批。目前全球范围内大概有74%或者50亿人没有传统的信用评分记录，这意味着这些人没有办法从金融机构获得贷款，特别是无抵押贷款，使用这一全新的方法可以向他们提供贷款服务，扩大了银行的客户范围。客户输入贷款金额和和还款期数，资金在贷款审批之后就可以立即到账。

商业银行在对中小企业贷款的审批方面，也可以创新风险审批方式，将宏观经济分析和预测引入贷款的风险审批。针对不同的GDP增长率、无风险利率水平、通胀率，设定不同的场景，对每一种场景下公司的还款能力进行预测，提高贷款审批的准确性和效率。工作人员可以将中小企业的财务数据导入银行审批系统，审批系统自动生成资产负债表、现金流量表和损益表，显示在每一种宏观经济条件下公司的现金流和价值，绘制出公司不同价值的概率以及未来的债务水平，一次性评估未来公司的还款能力，并预测未来的不同损失水平的概率分布，帮助作出贷款决策，降低贷款损失的概率。

（三）利用大数据和增强现实技术开展预审批

商业银行可以和商户一起开发使用增强现实和Beacon技术的贷款系统，将这一贷款系统应用于汽车贷款、抵押贷款、消费贷款等贷款品种，当客户到达商户的时候，可以向客户推送优惠商品，客户打开图片，对准商品的二维码进行扫描，就可以从多角度了解商品的细节。还可以向客户推荐贷款，并可以对客户进行贷款模拟。如果客户提出贷款申请，可以从手机上选择贷款金额、期限和还款期数，银行连接后台对客户的贷款进行审批；如果审批通过，客户可以在手机上签署贷款协议，并可以即时将产品提走。

商业银行可以与一些提供计算机、打印复印设备、大件家电、汽车等的商业机构合作推出贷款，客户无须再行购买公司的产品，只需在公司的产品网站上填写需要的产品和期限，客户按期缴纳年费或偿还分期贷款，就可以享用产品设备、配件和维修服务等。客户还可以选择不同的还款期限，客户填写所有的申请表格仅需要 10 分钟，所有的贷款由银行进行审批，一旦获得批准，客户需要查看并签署合作协议并获得会员卡。购买产品的可以是公司企业，也可以是个人。银行后台根据客户的信用记录、历史拖欠、房屋产权等信息对贷款进行审批。贷款审批后，用户与银行和产品供应商签署租赁协议。

（四）建立互联网金融平台

商业银行可以建立互联网金融平台，供多家贷款机构将偏好的包括倾向的借款人的信用评分区间、资产类型、贷款金额和期限上传平台，对于不符合自己贷款倾向的客户的贷款需求，也可以上传到互联网金融平台，贷款需求包括借款人的详细信息、借款金额、期限、用途、信用评分、还款方式等内容，多家银行可以提出贷款意向，借款人可以在其中挑选最适宜的贷款。这与目前广泛存在的 P2P 信贷平台不同，一般的 P2P 平台是发布项目，由出借人共同进行贷款，出借人可以选择多个项目。而这种新型平台，借款人客户可以在多个出借方中进行选择，必将扩大借款人的数量和贷款的规模，搭建这一平台的银行必定能赚取更多的中介费收入。

（五）创新按揭贷款的审批程序

商业银行可以与外部互联网公司建立数据链接，客户可以在网银上输入自己的微信、微博、QQ、电子商务网站的 ID，银行将这些网站的数据和银行自身具有的金融数据和交易数据进行整合，还可以尝试与其他银行、证券公司、基金公司、保险公司的金融资产数据进行共享，根据客户提供的身份信息，确定客户在各家机构的金融资产情况，并根据客户提供的收入信息和申请购买的房产信息，对客户的按揭贷款进行评估。客户可以选择贷款的金额、首付款、贷款类型和期限，银行通过多种信息进行审批，提高按揭贷款的审批效率，改善客户体验。

（六）改善客户体验

在以往的贷款审批中，客户需要向银行提交申请资料，有时需要多次往返银行；当资料不合要求时，客户有可能需要再次前往银行，为客户带来很多困扰。商业银行可以开发系统，通过云平台的方式，客户可以使用手机随时随地拍照上传银行流水、税单、工资条等贷款支持文件，系统上传并可以自动抽取其中的信息，客户在家中就可以回答一些简单的提问，提高贷款的自动审批率。

商业银行可以为客户开发贷款管理工具，将客户所有的贷款集中在一起，向客户推荐更低利率的重组贷款的建议，并提示贷款可以节省的金额，方便客户申请。对于学生客户，还可以提供每月贷款余额、平均贷款利率、月度还款额等信息。可以通过苹果手表等方式为客户提供个人信用管理的服务，帮助客户分析自己哪些方面做得好与不好，如何改善自己的信用，并及时提示信息泄露的风险。

国外消费金融业务创新发展综述及思考

  近年来，消费在我国经济增长中的作用和地位更加突出，"十三五"规划明确指出"要不断增强消费拉动经济的基础作用"。利率市场化、融资脱媒化愈演愈烈，对商业银行的影响巨大，银行的盈利能力、经营模式、业务导向等均受到直接或间接的影响。发展消费金融能改善我国商业银行的资产结构，促使其资产结构多元化，抵御系统性金融风险，提高商业银行的盈利水平。近年来，随着经济的复苏和技术的发展，国外消费金融领域开展多种创新。本文从开展场景化的营销、信用评估方式的创新、现金贷款的创新、催收方式的创新、互联网金融的创新、改善客户体验的创新六个方面分析国外消费金融业务的创新发展情况，并对我国商业银行发展消费金融业务提出建议。

一、开展场景化营销

  美国的"千禧一代"掌握了7000亿美元的个人流动资产和46%的美国个人收入，这一代人是"婴儿潮"一代之后最多的一代人，71%的"千禧一代"客户不愿意到银行网点办理业务。西班牙的 Fintonic 公司专注于改善"千禧一代"的客户体验。Fintonic 公司开发的系统能够及时了解并提醒客户的金融需求，并向客户推荐贷款和其他产品。客户在手机应用上申请贷款非常方便，为客户带来无缝衔接的数字化体验。在整个系统中，应用了最新的大数据分析方法。客户可以方便地进行账户梳理并确定如何增加收入和减少支出。客户的消费被自动整理成不同的类别，客户可以方便地查看每周和每月的消费情况。Fintonic 能够帮助客户预测下个月消费多少金额，客户可以手动调整下个月的预算，能够有效地控制冲动型消费（见图1）。

  如果客户账户发生了透支，手机应用的下部会显示客户已经获得了银行预批核的贷款，客户点击预批核贷款的界面，就可以看到贷款总额和每月还款的金

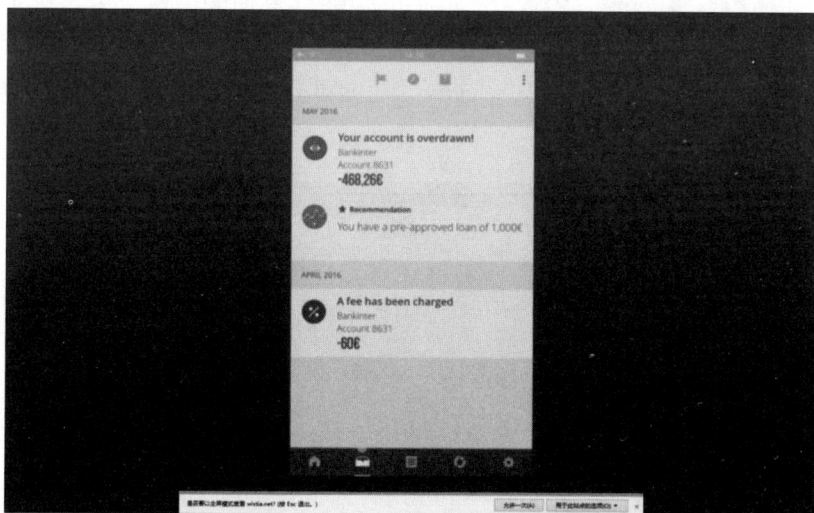

图1　Fintonic 公司系统界面

额。客户可以调整每月的还款额和贷款总额，之后会显示出贷款的首次还款额、贷款总额、最后一次偿还的金额、总还款额、利率、贷款到账日期、贷款初始费、取消贷款费、迟还款利率、迟还款手续费等项目。如果客户同意相关的项目，客户可以使用手机对身份证件拍照，系统会将客户的信息提取出来，贷款的审核就会完成。整个过程中，没有任何书面的文件，并且贷款即时得到批核。

Fintonic 应用能对客户发出即时的提醒，如果客户的账户余额过低，或者发生了转账、发生了可疑的重复交易、透支、收到了工资、收取了银行手续费，Fintonic 都会发出通知。如果客户的账户被收取了银行手续费，系统相关的提醒会说明客户的某一个账户在某一日期被收取了费用；如果客户有异议，可以致电银行电话服务热线。客户可以直接在手机应用上拨打电话，也可以设定提醒在预设的时间致电银行。如客户系统可能发生了重复的交易，系统在显示的金额下面会提醒，提示客户在某个日期发生了某个金额的两笔交易，这两笔交易有可能是重复交易；如果确实是个错误，客户可以致电银行。

二、开展信用评估方式的创新

美国加利福尼亚州的 Vouch 公司是第一家信用方面的社交网络，帮助借款人主动增强自己的信用评分，并获得较低的利率和较高的贷款额度。这家公司是 PayPal 的校友建立的，它建立了每个人都能够参加的网络，不论他的信用历史如何，并为未来建立信用。与其他公司分析借款人个体的信用不同，Vouch 对最了解借款人所属的社交网络进行评级，作出对借款人更优的评价和决策（见图 2）。

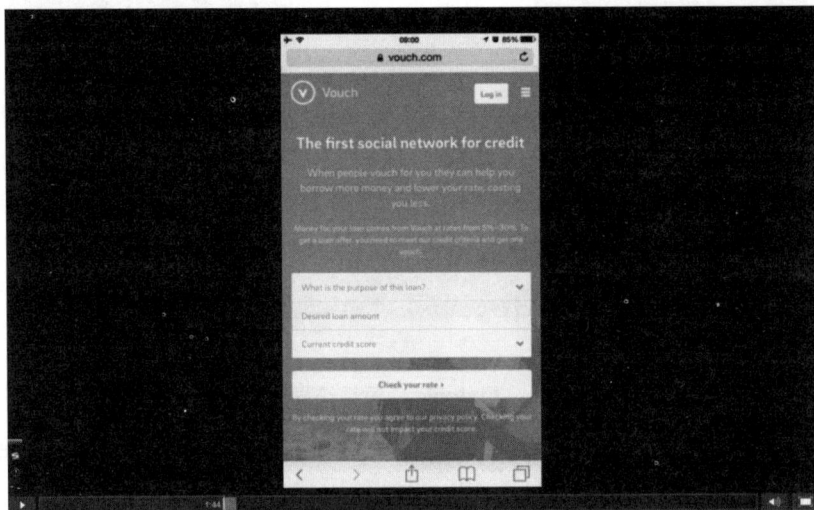

图 2　Vouch 公司系统界面

　　一般的社交网络给人们提供一个交换意见的场所，与其他社交网络不同，Vouch 使人们可以分享自己的财务能力，通过分享财务能力，会员们可以得到更低的贷款利率和更高的贷款额度。B 可能会收到一名已经在 Vouch 网络的朋友 A 的邀请，A 认为 B 是一位值得信任的人，询问 B 是否愿意为 A 进行担保，如果 B 为 A 进行担保，A 的信贷额度就可以增加 250 美元，利率可以降低 1%。如果 B 愿意为 A 进行担保，系统会询问他愿意担保多少金额，之后系统会要求 B 填写姓名、电话、地址、出生日期等信息，并确认同意担保协议，提交之后，合同便生效。这一系统与其他的社交网络不同，有很高的信任门槛。目前有几万人参加了 Vouch 的网络，参加者贷款的平均利率比其他客户低 6.5 个百分点。

三、现金贷款的创新

（一）工薪日贷款

在美国有 7000 万人依靠工资生活，而且面临严重的财务压力，而每周全美国有 1200 亿美元的工资被拖欠，美国人每年需要支付 500 亿美元的利息、透支手续费、工薪日贷款手续费。美国加州的 PayActiv 公司与各家公司合作，向雇员提供实时取用工资的借贷服务。PayActiv 对公司招募员工、员工表现和员工挽留产生明显的效果，使用 PayActiv 的员工可以减小生活中的财务压力，平稳安排自己的日常支出。PayActiv 的 MyMo 应用和生态系统对参加公司的现有 IT 和发薪流程没有改变，参加这一服务的员工可以智能地管理自己的财务，及时获得资金，应对紧急事件而无须支付高昂的贷款利息。

这家公司在人们需要的时候就支付工资，这些工资是雇员已经挣到但没有拿到的，这一应用弥补了消费与工资到账之间的时间缺口。登录 MyMo 的界面后，可以看到我的资金、分析、存款三个选项，页面的上方显示了现有的资金余额，客户可以选择在商户提取现金、向银行账户转账、支付账单、向他人汇款、为手机充值等几个选项（见图 3）。如果客户选择向银行账户转账，页面会显示出客户登记的所有银行账户。之后，客户需要填写希望转入账户的金额，PayActiv 不收取利息，只收取 5 美元的手续费，点击确认键，资金就会转入客户的银行现金账户。当天或者次日，客户就能取出现金。如果需要更加紧急的现金，客户可以在手机界面上填写需要的金额，之后界面上会显示出一个密码，使用这一密码，客户可以在 ATM 或零售商店内得到现金。使用 MyMo 还可以支付账单，避免出现由于迟缴费造成的需要缴纳滞纳金的情况；客户可以选择相应的商户，并填写相应的金额。客户还可以选择存款，在界面上设定

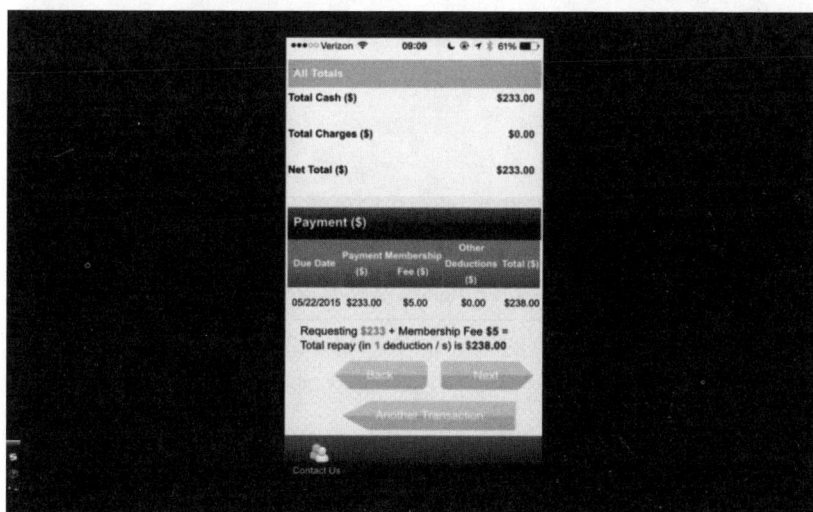

图 3　MyMo 系统界面

存款的频率和每次存款的金额，帮助客户建立存款的良好习惯。目前在美国已经有 1 万多人开始使用这一应用。

（二）汽车紧急贷款额度

美国佛罗里达州的 Finova 公司推出了汽车紧急贷款额度，向客户提供紧急现金。这一线上汽车紧急贷款额度的成本比一般贷款成本低 50%，该公司使用自己的系统评估客户的信用、预测贷款的未来表现，因此即使仅有较少信用记录或没有信用记录的客户也可以享有较低的利率。贷款的利率非常透明，只要客户登录系统，并提供必要的信息，就可以立即得到贷款的决定。多数的银行和贷款公司对于客户的紧急用款申请只提供短期贷款，Finova 公司提供的贷款的偿还期最短为 12 个月，因此这一公司的贷款可以作为紧急贷款的首选，也可以被用来整合其他贷款。当客户使用 Finova 公司的贷款时，也得到了信用评分的积累，客户财务信用更为健康，便于客户今后申请新的贷款（见图 4）。

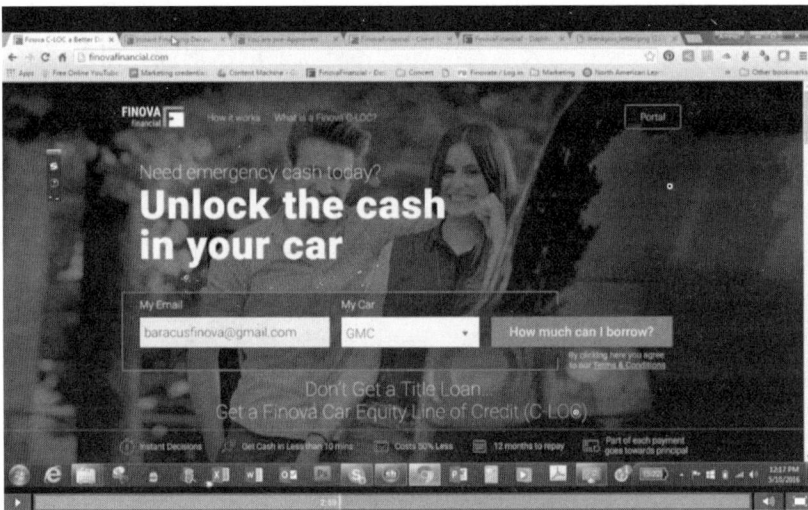

图 4   Finova 系统界面

50% 的美国人在遇到紧急的情况下拿不出 400 美元的现金，当他们需要紧急用钱的时候，他们开车走遍大小商店，将信用卡作为抵押，经过两个小时，填写很多表格，申请到一笔贷款，这笔贷款通常在 30 天内需要全部偿还，或者只偿还利息，一般情况下，利率高达 30%，这些借款人偿还八次利息后，本金仍未偿还。Finova 开发的汽车紧急额度贷款可以在 12 个月内分期偿还，如果客户有良好的还款历史，还可以享有更低的利率。使用 Finova 申请紧急现金时，仅需要输入自己的姓名、汽车的品牌、购买年度、汽车的里程，系统就会显示客户有较大的概率获得汽车紧急额度贷款，之后客户需要按照指引填写自己的电话号码、汽车的情况、公司信息、联系人、汽车编码、型号，还需要上传汽车的图片。客户可以使用手机对自己的证件和驾照拍照，整个过程只需要 10 分钟，就可以获得贷款。这家公司在一年之内就发放了 5000 万美元的贷款，在 Finova 后台的电子地图上，显示了其客户的地理位置。许多客户由于很方便地申请到了 Finova 公司的紧急贷款，对这家公司非常感谢，因此这家公司与客户建立了非常好的关系。这家公司的目标是将美国正规贷款体系之外的客户的 20% 纳入其客户范围。

四、开展催收方式的创新

（一）美国的 PaySwag 公司

美国有 6800 万人没有足够的资质在银行等大型金融机构办理业务，贷款人、银行和政府在索要欠款、费用时面临很大的困难，美国内华达州的 PaySwag 公司开发的系统帮助银行服务于这些人。PaySwag 帮助银行、商业贷款机构和个人提供一种全新的正面的催收方式。这一系统是技术和人类行为习惯研究的结合，使人们对自己的借款行为负责，如果能够使人们还款的过程更加友好更加舒服，他们就会更加愿意对自己的债务负责。这一手机应用具有支付、奖励、教育与互动四个入口。相关贷款机构使用这一系统之后，重大的逾期还款减少了 50%。

客户使用这种手机应用可以查询自己的贷款还款计划，实时看到贷款的状况并管理贷款。客户连续两次按时还款，就可以享有 Swag 积分的奖励。目前有数千万美元的政府、商业机构的贷款通过这一系统进行催收。通过提供这一服务，使银行的服务与众不同。由于使用了这一系统，整个还款的过程开始启动，客户通过还款，获得了星巴克、亚马逊、棒球比赛、篮球比赛的优惠券或入场券，人们非常乐于使用这种应用。银行通过使用这一应用也增加了收入。PaySwag 与多种支付方式和门户相连接，客户可以在 17000 家商店中付现金偿还自己的欠款。客户只要拿出手机开启 PaySwag 的应用，选择还款，之后在屏幕上会显示出条形码，客户可以在商店中通过扫码还款。客户在自己财务上遇到困难的时候，也可以在 PaySwag 应用上进行贷款重新安排。客户的还款行为可以获得 Swag 积分，积分可以换取商户的优惠券。优惠券的使用和兑换也十分方便。PaySwag 客户还可以观看各种视频教学，帮助他们改善自己的信用状况。客户观看视频或完成小测试后，还可以获得 Swag 积分奖励（见图 5）。

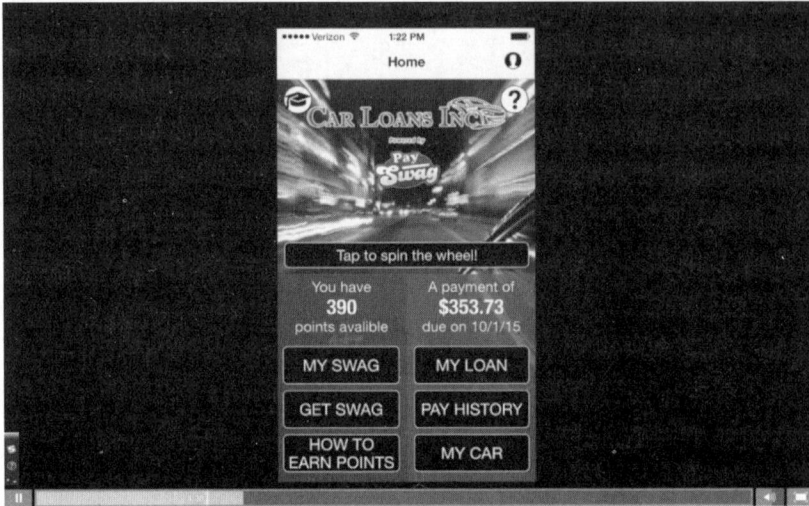

图 5　PaySwag 系统界面

（二）英国的 Nostrum 公司

2015 年的独立研究表明，借款客户希望按照他们自己的方式管理自己的贷款，而不是按照银行固定的规划进行还款，他们更加关注自己的环境而不是银行的环境，当他们自己的财务状况好转时，他们更加倾向于对贷款的还款计划进行调整。在贷款的整个处理流程中，唯一应该始终介入的就是客户，他们可以在网上申请贷款、签署协议、登记还款账户，还可以通过电话服务中心、网上银行和手机银行进行相关的调整。Nostrum 公司建立了电子化的贷款平台，支持各个渠道对客户的服务支持。

客户登录手机银行应用后，手机界面会询问客户的电子邮箱、电话号码、地址是否还有效，客户可以进行编辑或继续。之后页面会显示菜单，系统会询问客户希望做什么，可以检查或修改个人信息，查看和修改贷款的设置，也可以进行支付和还款，还可以联系银行职员。如果客户选择对贷款进行调整，下一个界面上会显示客户目前的欠款总额、每月的还款日和每月还款金额，下面有三个选项，包括最新的月度还款额、最新的贷款结束日期和一次性还款金额，客户可以拖动滚动条进行调整。客户可以选择先一次性还款一定的金额，再调高每月的还款金额，这样就可以查看到贷款结束日提前了。之后系统界面会与客户确认提前还款的金额、每月还款的最新金额和最后的还款日，客户可以按接受键进行确认。这些项目也可以在电话中心完成，这一系统不仅方便借款客户更好地控制他们的财务状况，也帮助银行提供了更顺畅的电子渠道。

五、利用互联网金融的创新

美国加利福尼亚州的 Patch of Land 公司提供个人对个人按揭贷款的服务，为合格的机构投资者提供高回报、短期、有抵押的贷款，同时帮助借款人在更短的时间内持续地获得贷款帮助，使用技术和数据驱动的流程帮助那些难以从银行获得贷款的人们快速地获得贷款。这一系统是一种实时的将包括主要征信机构的多种来源的数据合在一起，将这些数据通过专用的模型分析和风险评估，对客户的贷款申请进行预审批，并自动地确定个性化的贷款条款为贷款方所使用，借款人可以立即得到贷款的电子文件并签署，资金可以立即到账，整个过程快速高效。

借款客户可以在该公司网站上填写简单的申请表，申请表中包括姓名、电话、电邮、FICO 评分、工作年限、贷款金额、贷款用途、还款期数、物业地址、市场价格、购买价格、还款来源等信息。客户填写上述信息之后，Patch of Land 的后台就会看到这一贷款请求，系统规则驱动的引擎会作出内部评分，针对不同地区的借款客户，有不同的规则，系统界面会显示出物业评分和市场评分。在评分的下面，会显示出影响该种评分的各种积极的和负面的因素，比如由于客户没有对贷款承诺首付款，物业评分就会较低；如果增加首付款的内容，物业评分就会提高。如果总体评分可以接受，Patch of Land 就会承诺对借款客户进行贷款，系统上会显示贷款金额、启动费、利率、贷款期限。系统的后台有发布项目和进行贷款两个选项；如果选择进行贷款，该公司就会自行向借款人放款；如果选择发布项目，系统就会在该平台的网页上展示相关的借款信息。在贷款的页面上会显示利率、金额、还款期数、房屋类型、资产情况、开发商信息、风险分析、第三方信息、借款方描述；在风险分析页面上，会展示各项风险和缓释措施，在风险分析中，展示了地方市场、开发商历史记录、借款人还款历史等信息。这些信息发布之后，可以帮助投资人作出相关的分析和投资决策（见图6）。

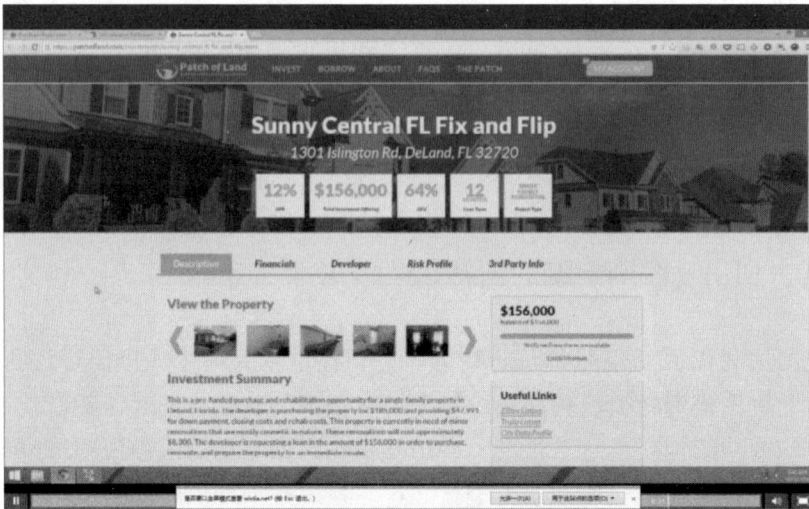

图6　Patch of Land 公司系统界面

六、改善客户体验的创新

（一）英国的 AVOKA 公司

很多客户在银行网站上填写申请表格，申请银行的信贷产品。银行需要向客户提供简便顺畅的申请流程，以方便客户。英国的 AVOKA 公司帮助开发功能强大且简单易用的解决方案，与传统形式相比，客户开户、申请贷款的速度提高了十二倍。该公司开发的交易努力评分，使客户在填表申请信用卡或贷款的每一步花费的努力得到客观的测量，客户可以最少的时间和精力投入，获得跨渠道服务体验。

银行都在使用手机向客户提供申请界面，客户需要在手机界面上提供工作信息、身份信息，对客户而言，这是一个繁琐的过程。每一次键盘、鼠标和屏幕的点击和触摸，都可能导致客户的放弃。AVOKA 公司帮助银行测量这些步骤对客户造成的障碍，并预测客户放弃申请的概率。对每一项电子申请表格，该系统会计算出一个总的交易努力评分，这一评分由申请表格的数据域和客户的综合感受组成。交易努力评分需要考虑以下因素：客户完成填写一个数据域需要敲击多少下键盘，需要的信息是客户熟知的信息还是需要查找一下才能填写的信息，交易是否可以在手机上完成，支持文件是否可以电子化方式提交，还是需要亲自到分行网点提交或邮寄纸质资料提交。

对每一项数据域，系统都会展示客户需要多少努力才能够完成填写工作。该系统还能依据交易努力评分对各个数据域进行排序，进而查看主要的问题发生在哪里。根据得分，可以对申请表的数据域进行修改，例如将原来的三个电话删除两个，留下一个唯一的联系号码。数据域的修改非常方便，无须编程。对英国的客户而言，护照信息是一项比较复杂的事项，因为需要申请才能得到护照，仅仅将护照这一项交易努力评分最高的项目移到最后一项，就可以大大降低客户放弃申请的概率。

有的贷款申请表格的总交易努力评分达到 1300 多分，经过简化，交易努力评分下降到 300 多分。客户在申请的时候，可以首先对驾照拍照，由于客户的驾照上有众多的客户信息，这些信息被识别后被自动填入贷款申请表格；当输入客户的职业信息时，由于该系统与领英（LinkedIn）系统是连接的，相关的信息被自动填入。一些信息被默认为最多客户的选项，当一般客户填写这些选项时，可以很快完成，客户在看完相关的声明信息之后，点击申请，就会完成信贷产品的申请。客户在 2 分钟之内就可以完成相关经常性账户的申请。

（二）美国的 ShortSave 公司

美国科罗拉多州的 ShortSave 公司开发的云贷款支持平台，把借款人和银行连接起来，增加了借款人与银行之间的沟通。与传统的贷款申请审批方式不同，现在不再需要人工收集资料，贷款的审批已经通过服务器自动完成。

63% 被拒绝的个人贷款和银行损失都是由于贷款申请资料填写不完整造成的。一般客户同时向银行申请信用卡、按揭贷款、汽车贷款时，他们可能面临贷款被拒的情况，但他们不愿意与银行联系。ShortSave 公司不需要贷款逾期客户和新客户填写贷款申请表，他们只需要回答银行的问题就可以，银行只需要收集相关的数据。客户在银行网银的界面上回答每年的保险支出、个人财产清单、月收入、其他收入。如果这时客户退出系统登录，在银行端可以看到这一信息，这时银行职员可以打电话与客户取得联系，可以对需要客户回答的问题进行调整，客户可以更加容易地回答银行的问题。例如回答每月的支出、资产情况，系统会计算出客户的资产和负债情况请客户确认，客户可以选择自己房产的数量，当客户完成问卷的回答之后，系统会自动识别出客户的需求。系统会向客户发送短信，请客户上传最新的工资存根，客户点击短信上的链接后，可以使用手机上的相机对自己的工资存根拍照。银行收到上传的工资单存根之后，会发送短信告知客户所需的贷款调整已经获得批准。客户会收到一个新的短信，点击上面的链接之后，可以看到贷款调整的文件，并可以在上面签署。之后系统会通知客户贷款调整申请完成。这些工作通常需要 30 天完成，而在手机和电脑上仅需 5 分钟。

同时贷款的过程也非常透明，客户可以了解贷款的每一步进展，银行方面对借款人的情况也有可视化的界面展示，银行可以查看所有的贷款资料细节。银行向客户收取每笔交易费用，以及许可和定制的费用。系统在手机上显示的贷款文件非常完整，相关的动作还可以在手机、平板电脑和电脑上完成。这一新的贷款方式，代表了行业的未来方向，不仅改善了客户体验，也降低了银行的风险（见图 7）。

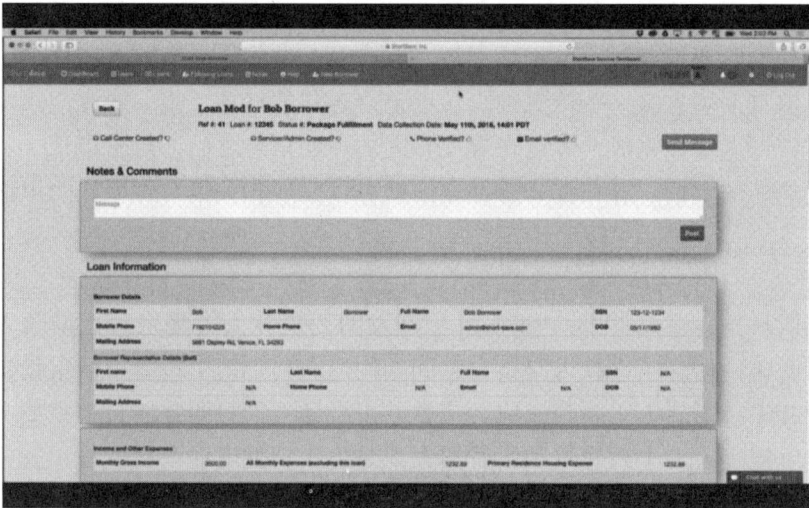

图 7　ShortSave 公司系统界面

七、对我国商业银行开展消费贷款业务创新的建议

（一）创新消费贷款的营销方式

商业银行可以满足客户对于方便的银行服务的需求，在客户的手机应用上

提供场景化的消费信贷预批核服务，向客户推送已经批核的消费贷款。使用大数据分析方法，在手机应用上可以显示客户现存的消费贷款，还可以获得新的消费贷款，显示可以节省的利息和费用。客户在手机应用上可以及时提交申请资料，及时获得批核，帮助客户节省还款的支出。同时商业银行可以开发账户管理的应用，帮助客户管理自己的财务，为客户提供账户变动提醒功能。当客户的存款即将到期，在即将支付一笔保单或一笔信用卡还款之前，该系统都会提前进行提醒。系统会整理客户的餐厅消费、汽车加油、公用事业等消费账单，提醒客户被收取的手续费以及到期还款，并提示可能的重复交易。商业银行也可以使用互联网金融平台的方式开展贷款的营销。借款人可以在互联网平台上填写联系信息、财务状况、贷款金额、贷款用途、贷款期限、物业地址、物业价格、还款来源等信息，如果符合商业银行的贷款标准，商业银行就发放贷款。如果与本行的风险偏好和目标客户不相符合，就可以在平台上将贷款信息发布给其他投资人。这样不仅增加了借款人的范围，也增加了投资人，成为银行多种产品的潜在客户。

（二）完善贷款的审批方式

商业银行可以改进现有的信用评估方式。在手机应用中增加社交网络的功能，客户可以在社交网络中分享自己的借款信息。客户在向银行申请贷款时，可以询问他的朋友是否愿意为其进行担保。如果他的朋友愿意为其进行贷款担保，可以填写自己愿意担保的金额，并签署电子协议，通过这一方式，客户可以获得较高的贷款额度和较低的利率。此外，还可以增加抵押物作为现金贷款的审批依据。向客户提供汽车紧急贷款额度，即使客户拥有较少的信用记录，也可以填写自己的汽车品牌、购买年度、行驶里程、汽车型号、汽车牌号、汽车照片等资料并上传，以获得贷款的批核。商业银行还可以使用公积金数据、银联数据、商业银行内部的交易数据对客户的资信进行评估，并进行差别定价。贷款获得审批后，可以立即将资金转入客户的提款账户。

（三）提供工薪日贷款

商业银行还可以向客户提供工薪日贷款。许多年轻人面临较为沉重的生活压力，这些年轻人可能在有资金需求的时候向社会上的私人机构借高利贷，更加重了他们的经济负担。商业银行可以与雇主公司合作，向它们的雇员提供短期融资服务。客户登录手机应用，可以查看他们账户的现有资金余额。如果客户申请贷款，可以选择存入他们的账户，也可以缴纳公用事业费，还可以向他人汇款，或者通过密码在 ATM 上或银行柜台办理提现。这一模式，可以帮助它们的雇员减轻经济压力，使各家公司在处理员工的工资方面更加有效，对公司和员工更加有利。既能够帮助这些员工更有尊严和安全地管理自己的存款和支出，也能够帮助公司更好地挽留和招募员工。

（四）创新催收方式

商业银行可以提供全新的催收方式。在银行的手机应用上，可以为客户的还款行为提供积分。客户登录系统后，可以查看自己的积分和欠款以及支付情况，客户如果按时还款，系统会显示欠款一切正常。在还款日之前，系统也会向客户展示提示信息。客户在支付欠款的时候，可以在商店中使用现金支付，也可以使用银行账户或借记卡支付，还可以在手机界面中对贷款进行更新安排。如果客户希望在商户中归还现金，客户可以在商户中提交现金，之后客户可以向收银员展示手机上的条码，收银员扫码后即完成还款。

商业银行也可以适应借款人的偏好，帮助借款人灵活安排还款计划。客户可以在多种还款方案中进行选择。客户可以在手机界面上填写修改后的还款时间，系统会马上评估这一需求并向客户反馈，提醒客户到时一定按时偿还。系统的游戏功能可以帮助客户赢得积分，对客户及时还款的行为给予了激励，使之与较低信用客户预支付行为连接了起来。系统可以对贷款还款计划进行调整，让客户可以重新设定适合自己的每月还款日、每月还款金额、一次性还款金额，并帮助客户通过智能手机、电话服务中心、网上银行等渠道灵活调整还款计划。

（五）改善客户体验

商业银行可以使用交易努力评分测量自己网上银行申请表格和线下申请表格设计的合理性，简化表格的设计，尽量使用已有的和与本行建立联系的外部数据。还可以向客户提供简单的贷款审批方式，客户仅仅需要回答一些问题，银行可以通过客户每年的收入、支出、资产情况，根据自己掌握的多种数据对客户的资信进行评估。同时，客户可以使用手机上传个人账单、工资条等资料，之后为客户审批发放贷款。银行分析和处理借款人的申请资料时，借款人无需与贷款审批职员或银行催收员工联系，不需要准备堆积如山的申请资料，所有的申请都可以在手机上完成。借款人还可以更加容易地获得贷款修改，以避免丧失抵押品的赎回权。

国外消费金融业务创新研究与探讨

消费金融是金融机构为满足居民对商品消费或服务消费而提供的金融服务。2014 年以来我国经济进入新常态，经济增长速度换挡，消费对于经济增长的拉动作用日益突出，到 2025 年中国将成为世界第三大消费市场，消费金融进入黄金发展时期。消费金融对商业银行的利润贡献越来越大，受到商业银行管理层的高度重视。近年来，随着量化宽松和经济的复苏，国外商业银行消费金融进一步发展，随着移动支付、大数据、人工智能等技术的发展，国外消费金融领域开展了多方面的创新。本文从创新按揭贷款审批方式、实施风险定价、开展场景化营销、消费贷款预批核、贷款重组、改善客户体验六个方面研究国外消费金融业务的最新创新趋势，并对我国商业银行创新消费金融业务提出建议。

一、开展按揭贷款审批方式的创新

33% 的英国人面临经济压力，他们在过去的几年里过度申请了个人贷款和信用卡，每 7 分钟，英国的银行就会审批 40 笔贷款，其中的 14 笔将成为拖欠贷款，银行需要提高对客户的违约可能性的预测准确性。英国的 AdviceRobo 公司开发的系统是一个机器学习平台，应用人工智能对客户的信用风险进行预测，使用结构化和非结构化数据对客户的违约风险进行预测和评分，降低客户违约、坏账和流失的风险。

AdviceRobo 应用于所有的信贷产品，包括个人贷款、信用卡、住房按揭、发薪日贷款、学生贷款等。这一产品提供三种服务：（1）预警坏账、违约、预付款和客户流失风险；（2）对客户的风险进行实时评分；（3）实时发现有潜力的客户。帮助银行提高顾客忠诚度，降低客户信用风险，并节省了时间和成本。

银行职员登录系统，将计算机中的贷款数据上载至系统，系统界面会显示发现，预测、数据质量和行为评分的三个选项。

发现是用来对银行职员提供的数据进行可视化处理，对数据质量的分析，系统整合的数据有一千多种，包括社交数据、财务数据、地点数据，甚至还包括心理数据。

进入预测页面，银行员工可查看不同地区的风险严重程度。点击地图上的一个地区，会显示这一地区的贷款总额。还可以查看每一地区内部的不同客户分层的风险状况，选择一个年龄段后，系统会显示在每一个贷款区间的违约概率分布情况。每一个客户被显示为一个点，高违约概率的显示为红点，低违约概率的显示为绿点。点击代表客户的每一个点，会显示出这名客户的姓名、贷款金额、期限、年龄组、收入。在圆形网状图中会显示集中度、客户贷款金额、客户贷款申请数量、固定贷款比例、年龄、遗忘还款次数、旧房子、按揭收入比、自由职业、信贷收入比、低收入、总收入等，以及每一因素对形成贷款违约的重要程度。还会显示每一客户分层的违约概率，能查看造成风险的最主要因素。

进入行为评分界面，画面上会显示数据的完整性、准确性、一致性、有效性得分，并给出整体的数据质量得分和银行职员在获取客户方面的行为评分。

这一系统使用人工智能技术预测客户贷款在未来三个月违约概率，能够预测客户提前还款、流失的概率，还能预测哪些客户会还清贷款，哪些客户的贷款需要核销，从而有效地帮助银行减少贷款坏账的风险。

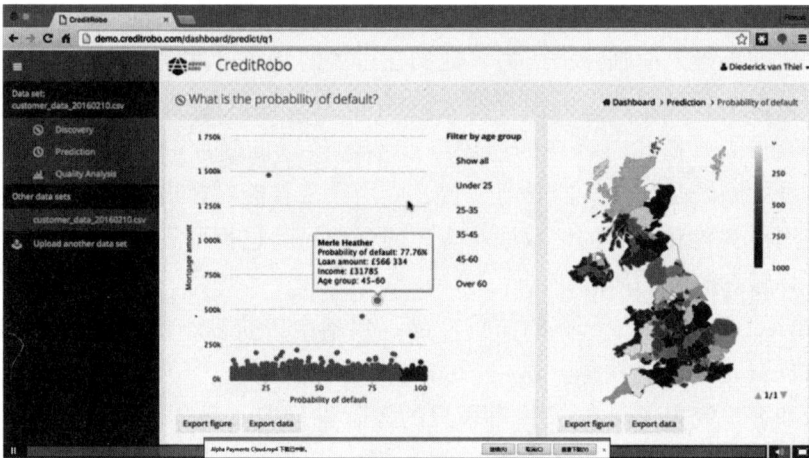

图1　AdviceRobo 公司系统界面

二、实施风险定价的创新

一般的银行将贷款看成是单一的风险方面的决策，使用一系列单一的因素评估贷款违约的风险，而美国佐治亚州的 Verde Aurora 国际公司将贷款决定看作是一项全面的经济决策。Verde Aurora 公司的系统不仅考虑风险，而且将客户的行为和互动全部考虑进去。而这一新的系统还要考虑贷款金额大小、还款时间、提前还款、坏账等的概率。该系统使用客户信用报告中的所有信息而不仅仅是信用评分，并结合市场条件和贷款的经验，评估贷款的风险、成本、收入，在减少银行损失的同时扩大收入。该系统使用了最新的行为模型和最优的决策引擎，平衡客户的需求、股东的期望、贷款人、监管方等多方面的要求，最终形成一套最优的贷款条款。使用这一系统的银行贷款的审批通过率增加了 3 倍，为参与的银行增加了数百万美元的利润，这些银行的资产回报率提升了一倍。

银行职员登录 Verde Aurora 系统，可以查看客户在不同条款下贷款的预测情况，这些预测是建立在市场状况、银行的经验数据、欺诈风险、贷款期限的分析基础之上，并且评估可能发生违约的时间和严重程度。经验数据表明，客户的行为影响利率水平，利率水平也影响客户的行为。这一系统使用了先进的大数据分析工具，进入系统可以查看一笔贷款申请的贷款金额、期限、利率、每月还款额、违约概率、贷款与价值比率、偿债率、净现值等数据。系统同时还会推荐一套更加优化的数据，对于高风险的贷款申请，由于系统提供了另外一个贷款选项，相应的贷款金额减少、利率有所降低，每月还款额降低，因此贷款违约的概率下降。系统还会显示贷款抵押物每期的价值和未偿还贷款的现值，确保贷款违约的风险降至最低。在银行业务人员操作界面，还会显示贷款申请的详细信息，银行职员可以详细查看贷款申请的细节，并作出接受或拒绝的人工操作。通过最优化的处理，确保对客户的贷款能够盈利。

在美国的商业银行中，有 60% 的个人贷款没有被批准，Verde Aurora 系统从银行的角度详细分析了数以千计甚至万计的贷款条款选项。这一系统现在应用于资产小于 100 万美元的客户，使用这一系统后，贷款的自动审批率超过 99.6%，贷款核准率也大幅提高。

图 2　Verde Aurora 系统界面

三、场景化营销的创新

　　美国的 CUNX 公司与汽车网站埃德蒙多网站合作开发了一种革命性的在线和移动汽车购买方案。在最初的十二个月里，CUNX 平台发放消费者贷款，此后，该团队宣布了新的分销渠道和合作伙伴，增加了数十家银行和信贷联盟客户。CUNX 公司的预先批核贷款将先进的数据分析和顺畅的流程整合在一起，向客户提供个性化的贷款和购物体验。在此过程中提高了贷款交易额，减少了运营成本和处理时间，加深了客户关系，提升了银行和销售商的利润。

　　CUNX 公司为贷款、汽车消费带来根本性的改变，该系统采用 CPL 综合预授信的方式，向银行或信贷联盟的客户预先批核贷款，使贷款申请程序变得没有必要。当客户登录银行的网银账户时，页面上显示多种贷款的选项，其中包括学生贷款、家居贷款、新车贷款、修车贷款、现金额度、信用卡和整合贷款。客户申请贷款时可以点击申请按键，填上自己的电话，后续银行会和客户取得联系。手机界面上会显示每期还款的金额，客户点击接受键，贷款就完成审批。

　　客户也可以在商店购买某种商品时申请消费贷款，在手机上填入需要的金额和期限，系统会显示每期还款金额和利率，客户留下电话号码，点击确认键，系统会显示贷款申请文件，在屏幕上签署申请文件，系统会提示现金当时即可使用。客户在购买新车的同时，还可以同时出售旧车，系统会对旧车进行评估，并计算出所需的贷款。客户也可以选择购买相应的保险，同样可以分期支付。这时现金已经存入客户的借记卡，客户可以使用手机和指纹在商户非接POS上进行支付，整个过程非常顺畅快捷。

DCU 是加拿大的一家成长最快的商户贷款商，目前有 1300 多家商户，该公司在 2011 年投产了这一服务，每天的贷款金额达到数百万加元，该公司通过向位于商户的客户提供有竞争力的贷款，帮助商户完成交易。这些服务包括客户贷款的快速批核、稳定的系统和有竞争力的利率。这家公司向商户提供平板电脑应用，使用该软件，可以帮助商户完成交易，商户无须承担手续费。

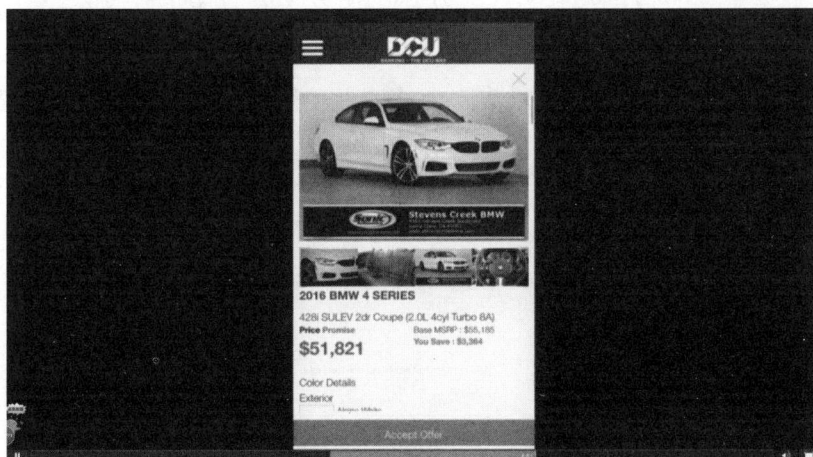

图 3　DCU 公司系统界面

当客户在商户结账时，如果希望得到贷款，可以在平板电脑上申请，只需填写电邮地址、手机号码，使用平板电脑对身份证件拍照后，客户身份证件上的信息和照片也被附加到申请表中，客户需要在电子表格上签署，服务员也要签署完成表格的填写。客户可以选择等额还款的期数，系统会显示不同的期数下的实际利率，显示还款的频率和每一期的还款金额。在系统的后台，银行可以看到每一笔借款的详细资料。系统可以由 DCU 公司提供，该公司为多家银行提供相应的服务，银行在后台可以看到所有与这笔贷款相关联的资料，包括客户的申请历史、客户的信用状况变动情况，以及审批团队所做的所有工作的记录。

四、预批核方式的创新

美国佐治亚州的 Kabbage 公司向中小企业提供网络贷款。贷款的费用为贷款金额的 1.5%～12%，没有提前还款手续费，客户每月需要支付贷款总额的十二分之一加上每月的费用。在 Kabbage 公司网站申请贷款，仅需要在网站上注册账户，并将任何与公司业务相连的线上服务连接到网站，与其他传统的出借方不同，这家公司并不查看任何书面资料，只审查实时的业务数据，并根据这些数据向小企业提供贷款。这些的线上服务方包括 Yahoo、eBay、PayPal、亚马逊、Business Checking、Square、Sage、Stripe、Intuit QuickBooks 等。贷款的类型包括信贷额度贷款、线上贷款、小企业信用卡、商户提取现金、循环信贷、商业贷款、P2P 借贷、专业人士贷款、保理、微小贷款、商业贷款、短期商业贷款、设备贷款、工资贷款。最高贷款额度高达 10 万美元，每天可以提款一次。

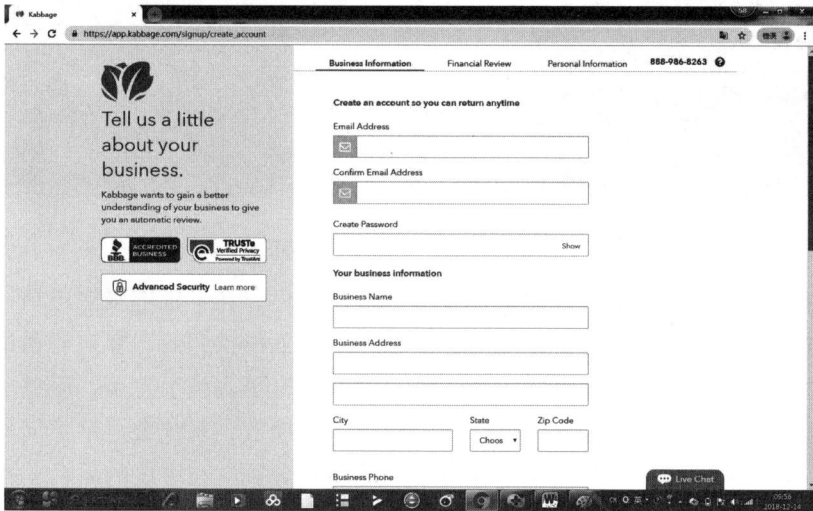

图 4　Kabbage 公司系统界面

已经有 10 多万家小企业从 Kabbage 网站上获得了贷款，贷款的总额超过 16 亿美元。Kabbage 公司向小企业提供 Kabbage 卡，用于进行商户支付，使用这张卡的后台直接连接到 Kabbage 公司的分期贷款，客户可以在任何时候、任何地点使用分期贷款。商户计算好需要支付的金额之后，客户在专用的 POS

机上刷 Kabbage 卡，Kabbage 系统会查看这一客户的账户，如果这名客户的账户中还有贷款额度，客户就可以将货物带走。在这一交易过程中，资金直接从客户的分期贷款账户转给商户。

五、贷款重组方式的创新

许多金融机构都将注意力集中在从客户申请到向客户放款这一阶段。但是英国的 NSTM 公司认为应该投入更多的精力改善后台的操作和运营，特别是催收的环节。该公司与英国线上和线下的零售银行、信贷联盟、零售贷款公司合作，开发了虚拟催收系统。传统的催收总是由人工致电客户，争取让客户接听他们的电话。虚拟催收系统取代了人工，这一系统由统一标准的规则驱动。

举例说明：首先，一名贷款拖欠的客户会收到一条手机短信，告知客户他的账户需要紧急的关注，并给客户提供了一条链接。客户点击这个链接，输入账户名和密码之后，可以登录自己的银行账户。客户可以在手机银行应用上与银行进行债务的重新规划，如果银行最终同意新的还款规划，客户可以选择立即全额支付还是分期支付。如果客户选择分期支付，客户在接下来的页面上需要填入今天可以支付的金额、分期的期数、每次支付的金额，再按继续键，页面上会显示借记卡的品牌、卡号的后四位，客户输入卡背面的 CVV 号码并按确认后就会完成当天金额的支付，整合流程操作非常顺畅。

催收决策的后台收集了成千上万的经验数据，用来精确计算每一种拖欠的折扣比率。银行后台对每一类型的拖欠客户确定了不同的债务重组规则，因债务的时间长短不同，系统会查看拖欠账户的情况和征信机构的相关信息，它们会了解客户与银行网站互动的情况，以及它们在社交网络活动情况以便决定向客户提供不同的规则。银行的系统会努力让客户多付一些金额，在整个过程中，客户了解到自己已经有了拖欠，并且实际开始偿还债务，银行也减少了损失。如果客户在还款计划中尝试每次还款 5、10、15 英镑等小金额，银行系统会察觉到客户可能面临财务困难，这时这名客户可能被转介到贷款重组部门，这都符合监管机构的要求。

六、改善客户体验方面的创新

美国加州的 Ephesoft 公司开发的 SnapDoc 使用手机上的相机捕捉文件的影

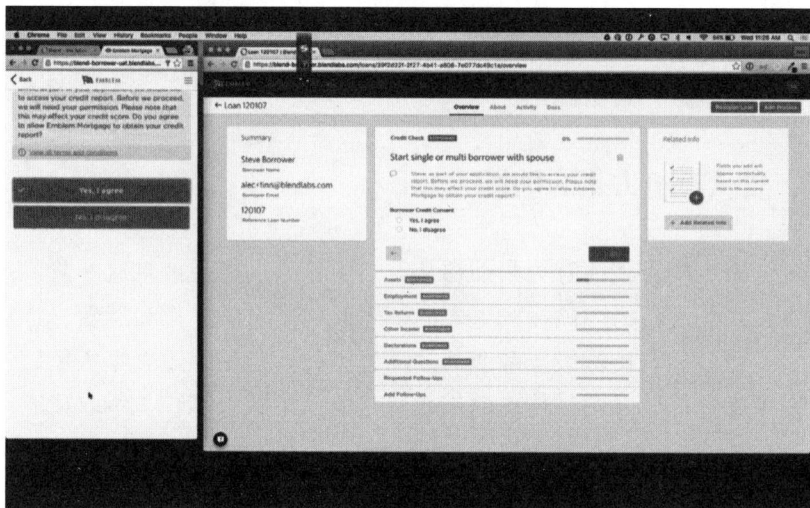

图 5　NSTM 公司系统界面

像，使客户可以在任何地点和任何时间上传相关的贷款文件，即使离线也能操作。这一系统能够自动对纸质文件、传真和电子文档进行分类、分割和抽取资料。Ephesoft 通过内容分析、条形码、从固定的表格抽取资料，使用 OCR、ICR 软件，模糊数据库比对，使用起来非常快速和方便。客户仅仅需要按几下手机屏幕，就可以完成从影像中抽取数据，并将抽取的数据结果返回手机，这

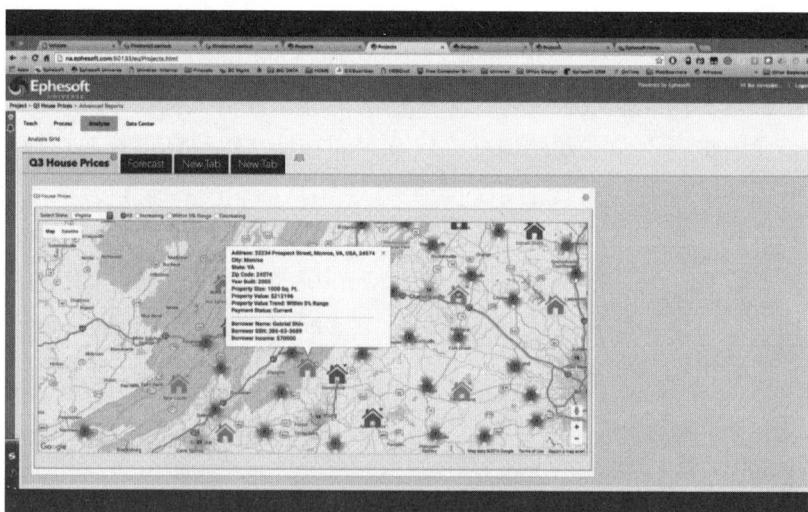

图 6　Ephesoft 系统界面

一系统帮助客户节省时间，加快业务的处理流程。

在美国三分之一的按揭业务是通过"千禧一代"完成的，"千禧一代"是最快增长的客户群，这些客户根本没有耐心查看所有的文件，他们倾向于使用手机在家中完成交易。在申请银行贷款时，他们没有耐心准备文件资料，也不在意贷款没有文件留底，他们看重贷款操作必须非常快速。

Ephesoft 是一个建立在云技术之上的影像捕捉系统，用手机进行业务处理，所有的操作可以离线进行。使用 Ephesoft 可以使用手机对文件影像进行拍照，系统可以进行输入、OCR 扫描、分类和抽取资料。系统可以对客户的资料进行分类，包括客户的缴税证明，客户无须等待贷款审批职员通知他们提交资料，在拿到这些资料的时候，客户就可以自行拍照提交。Ephesoft 还能对大量的贷款、按揭资料进行分析，供合规经理和营销经理使用，系统会识别文件上的信息，并对信息进行分析。

Ephesoft 对所有的信息进行了可视化处理，方便银行决策者使用。银行职员挑选营销资料并导入之后，按下可视化处理的命令，系统会显示贷款表现的地图。表现良好的贷款客户用黄色或蓝色的点表示，逾期客户用红点表示，银行还能够进行预测分析，发现未来的按揭价值和盈利机会，了解到每一个地域最有潜力的客户群。所有的数据和分析图表可以放在一个仪表板界面上显示。银行能够识别哪些贷款在市场上表现优于平均，哪些在市场上不如同业。地图可以放大，可以查看每一处物业、按揭的价格，所有的分析都是建立在非结构化数据基础之上。

七、对我国商业银行开展消费金融业务创新的建议

近年来，国家多次出台促进居民消费的政策文件，据估计，2018 年国内消费金融规模将达到 17.5 万亿元，较 2014 年翻一番，我国商业银行应充分抓住这一黄金时期，加快消费金融业务创新。

（一）利用人工智能开展按揭贷款审批的创新

商业银行可以建立机器学习平台，使用人工智能的方式对按揭贷款申请人的数据进行深入的分析，通过对社交、财务、地点等数据的深入分析，对借款人的相关社交、财务、地点数据进行可视化处理，系统显示每一地区的违约概率分布情况，在地图上显示各个地区和每一个客户的违约概率，显示每一位客

户的财务状况、抵押物价值、遗忘还款次数、按揭收入比。对贷款的违约概率进行评估，同时帮助银行找到有盈利潜力的重点地区和目标客户。系统能保证所有的流程全部自动处理，每天 24 小时连续运作，保障客户的信息安全。使用综合数据对客户的违约概率进行预测，提示客户贷款在未来三个月违约概率，提前还款、客户流失的概率，预测哪些客户会还清贷款，哪些客户会出现拖欠，帮助银行减少坏账的损失。

（二）开展贷款的风险定价

传统的贷款审批中，银行仅仅是简单地接受或者拒绝贷款的审批。商业银行可以将贷款审批看成一个经济决策，综合考虑客户的行为和互动因素，使用高级的行为模型，在分析市场状况、银行的经验数据、欺诈风险、贷款期限的基础上，对客户的现金流进行预测，查看一笔贷款申请的贷款金额、期限、利率、每月还款额，计算出贷款的提前还款、违约、坏账等的概率、贷款与价值比率、偿债率、净现值等数据，并建议出最优化的贷款参数，使每一笔贷款的风险降到最小，收益最大化，使客户和股东的机会最大化，并且最大限度地减少人工审批，提高银行的盈利水平。综合考虑客户特点、地域、季节、同业竞争的，实现因客定价、因时定价、因地定价，实现效益与规模的均衡发展。

（三）开展场景化营销

商业银行可以与大宗商品商户合作，对目标客户开展预授信。消除传统商品购买体验中的不确定性和困扰，使被预先批核的客户可以在他们的银行手机应用或网银界面上购买当地汽车商或其他商户的商品。客户可以享有消费贷款和折扣价格的双重优惠。客户登录网站后可以看到个性化的横跨多个产品线多个渠道的预批的贷款额度，客户可以更清楚地了解自己的实际购买力。客户无须填写任何申请，无须亲身到访银行网点，不用担心贷款申请被拒的尴尬。

商业银行还可以开发在商户即时为客户提供贷款的系统，当客户在商户买大件商品时，商户可以向客户提供平板电脑应用，客户使用平板电脑对自己的身份证拍照，相关的客户信息就可以传输至银行后台。银行查询客户的身份信息和信用记录，即时作出消费贷款的审批，客户可以在系统上输入贷款金额，选择还款期限和分期期数，客户和商户使用平板电脑签署，客户就可以得到贷款和商品。银行可以通过后台对贷款进行管理，通过系统帮助商业银行扩大客户及贷款规模。

（四）开展贷款审批方式的创新

商业银行可以开发面向中小企业的分期贷款。中小企业客户登录网上银行，提供与公司有业务往来的网站的用户 ID，银行通过获取这些网站的数据和银行自身的数据，对客户的信用进行评估，向客户提供贷款额度。贷款种类可以包括信贷额度贷款、线上贷款、信用卡、商户提取现金、循环贷款、分期贷款、短期贷款等，中小企业可以使用这些贷款购买存货、投资设备、建立网站、雇用员工等。贷款的对象可以包括零售业、牙医、批发商、美容店、餐馆、建筑商、汽车修理、卡车司机、当铺等。中小企业申请贷款可以不提供书面资料、传真，也不用到银行排队等待。银行根据内外部的数据信息对企业贷款进行审批。商业银行可以向这些中小企业发行专用的卡片，使用这些卡可以在接受信用卡的商户消费，资金直接从客户的贷款账户中扣除，划转给商户。

（五）创新催收方式

商业银行除尽力扩大客户和贷款规模之外，还应创新催收的方式，由单纯的人工催收改变为智能化催收。可以在银行手机应用中提示客户已经出现拖欠，客户可以在手机应用上与银行重新制定新的还款计划。研究表明，借款客户希望按照他们自己的方式管理自己的贷款，而不是按照银行固定的规划进行还款。银行也可以在手机应用上填写电子邮箱、电话号码、地址等信息，系统会提示客户的欠款情况，客户可以自行确定一次性还款金额、还款期数和每期还款金额。提高银行收回贷款的金额，减少损失。

（六）改善客户体验

在传统的贷款审批操作中，客户需要将纸质资料提交给银行，如果资料不合格，客户还需重新准备和再次提交资料，这种体验令客户非常困扰。商业银行可以改进手机应用，客户在拿到相关资料时，可以随时拍照提交，并通过系统对客户的资料进行分类，对客户数据进行分析，找出有潜力的目标地区和目标客户。客户体验的差异反映的是背后的流程与运营效率的差异，商业银行应充分利用互联网、移动互联网的渠道，方便客户提交资料，利用大数据提供个性化的体验，不断完善客户结构，加强生命周期管理和全流程品质监控，提高客户忠诚度。

信用卡业务的数字化创新

金融科技推动的全球信用卡创新思路的几点探讨

近年来，随着消费信贷市场的发展，信用卡已经成为传统消费信贷市场的主体和各大银行的主力战场，并且还有巨大的发展空间。同时信用卡服务同质化日趋严重，客群也趋向高度重合，各商业银行信用卡业务面临转型升级的压力。移动互联网、人工智能、大数据、云计算等金融科技的不断成熟和普及，激发了商业银行利用金融科技、借道金融科技创新促进信用卡业务转型升级的热情。本文从自动匹配信用档案的信贷产品平台、建立在消费明细分析基础上的精细化分层营销、卡片功能的创新、自动匹配优惠计划的生物识别受理终端、手机蓝牙支付、中小企业支付等几个方面分析全球信用卡业务利用金融科技进行创新的趋势，并对我国商业银行开展信用卡业务创新提出建议。

一、自动匹配信用档案的信贷产品平台

印度的 CreditMantri 公司通过使用传统数据和替代数据的组合，为消费者建立起信用档案并帮助他们作出更好的信贷决策。在印度，大多数客户没有更多的选择获得正规的信贷，因此替代数据在了解他们获得贷款的潜力方面非常重要。CreditMantri 平台帮助消费者和出借方建立起桥梁，帮助借款人得到信贷资源，用户可以找到与他们的信用档案最契合的不同风险水平的贷款和信用卡，解决处理各种争议和问题，降低借款成本。

印度有着世界第二多的人口和迅速增长的经济，在印度有超过 2 亿人口无法获得正规银行信贷。CreditMantri 帮助银行建立起针对这部分人口的信贷市场，信贷引擎将客户的信贷需求与他们的信用水平相匹配。客户首先在平台上输入自己的手机号码、身份证号码、出生日期、婚姻状况、电子邮箱地址、邮政编码，系统会检查客户的信用记录，展示客户已经被预批准的银行信用卡、私人贷款、家居贷款、商业贷款、短期贷款、物业贷款、汽车贷款、两轮车贷

款、教育贷款、家庭贷款、黄金贷款等，每一条被预批准的贷款下，都可以查看贷款的银行商标，贷款金额、期限、贷款处理费用，客户可以点击立即申请。在客户信用评估界面，客户可以查看自己的借款、信用档案的历史、支付历史、每张信用卡的使用情况、查询等内容（见图1）。

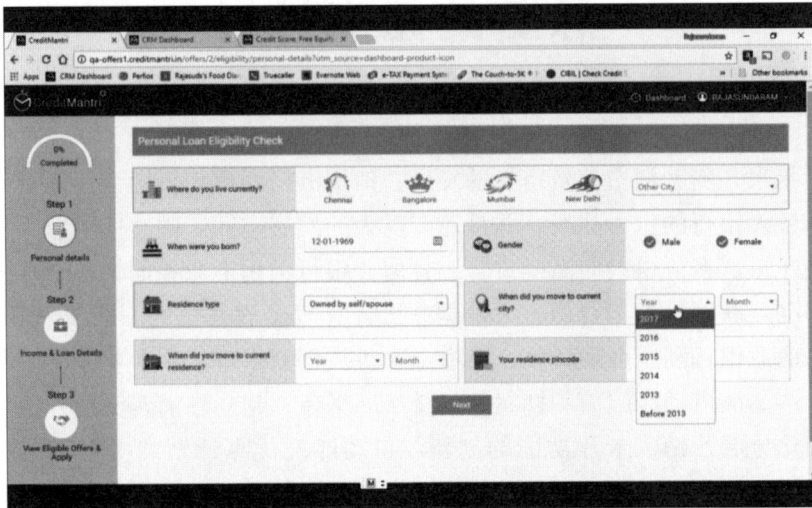

图1　CreditMantri 平台界面

如果客户不具备相应的信用记录，系统会要求客户登录自己的谷歌、脸书和 Linkedin 账户，系统根据客户的社交媒体数据、客户的还款能力、还款意愿、签约可能性、身份验证情况计算客户的信用评分。之后可以进入每一种预批核的贷款界面，可以点击查看各家银行的预批核贷款，客户可以进行比较，选择合适的贷款，填写贷款申请信息，系统通过计算完成自动审批。目前，CreditMantri 有300多万名客户，每天完成超过5万笔贷款的审批。

二、建立在消费明细分析基础上的精细化分层营销

收据上显示的数据在深入了解客户中具有无可比拟的潜力，可以精确地定位客户的消费偏好、价格敏感性、生活事件和心理图画。加拿大的 Sensibill 公司许多年来都是处理收据的市场领导者，该公司与最具创新性的金融机构一起，开发了帮助客户管理纸质和电子收据的系统。该系统可以方便地与数字银行渠道整合在一起，通过对交易的细节进行深入的分析，帮助银行识别盈利的

机会，用合适的价位向客户提供合适的奖励，加强了客户关系。

在使用 Sensibill 应用的时候，客户首先使用手机对准账单拍照，这时手机 APP 会将账单上的商品明细转变为详细的商品清单，一些由缩写代替的商品名称也被还原为详细的商品名称和描述。系统使用了深度学习人工智能技术，因此可以识别多种商户的收据信息。很多人的收据上的商户是相似的，但从客户购买的商品明细上，能够分析出有的客户家中刚刚生了小孩，有的客户刚刚购买了房屋。可以通过对收据内容的分析，发现客户购买产品背后的原因，并向客户推荐合适的产品。在系统的后台，银行可以看到基于对客户收据内容的分析，pulse 模块基于客户在什么时间购买何种商品将客户分成 1000 多个细化的客户分层，如新父母、数字化创业者、劳作者、旅行者、总承包人等，每一个细化客户分层都注明其中的客户数。对每一个客户分层，都有深度地分析，包括他们使用现金、每一品牌信用卡、借记卡进行的交易的比例，最常购买的商品种类和每种商品最常购买的品牌。目前，Sensibill 已经与北美、欧洲大多数大银行达成了合作。

三、卡片功能创新

美国宾夕法尼亚州的 Dynamics 公司有智能卡、增值服务和移动支付业务部三个业务单元。这家公司已经筹集了 1.1 亿美元，其中有 7000 万美元是万事达组织投资的，它的智能卡部门发明了许多新技术，包括在加拿大发行的全球第一张多账户卡、在亚洲发行的第一张密码保护卡片、在美国发行的多伙伴联名卡。

Dynamics 公司近期开发出了新产品——钱包卡，钱包卡是全世界第一张网络授权的连线支付卡片，有 6.5 万像素的显示屏，可以显示持卡人姓名、账号、安全代码、有效期、网络 Logo 等全部持卡人信息。卡片带有一个电池和有机充电芯片，在充电时无须改变卡片的设置。卡片具有电信芯片，可以无线接收新的卡片应用，如写入新的磁条、EMV 和非接数据，以及下载客户通知等。这种卡片上面有两个按键，一条可重复写入磁条、EMV 芯片和非接触芯片，卡片采用防水设计，卡片可以防止通过射频识别（RFID）的方式窃取信息。当卡片被关闭的时候，所有的支付渠道都被关闭。

该公司不久之后将与印度 IndusInd 银行合作发行万事达信用卡，卡片上除有芯片、非接标志、可重复写入磁条外，还有三个按键，分别是信用卡、会员卡和分期功能，当客户按下某一个按键时，就可以选择这三种功能中的一种进行交易。

Dynamics 公司将与日本的 Sumitomo 银行合作发行一种信用卡，这种信用卡的卡号上方有 1、2、3、4、5 五个数字按键，客户可以按下其中的三个数字作为密码，该卡卡面上的卡号中间八位数字不显示，只有按下开关按键并输入正确的密码后，屏幕上才显示出中间的八位数字，与前后各四位卡号连接起来，成为完整的十六位卡号。当卡片开关打开并输入密码后，所有的支付渠道都被开通，当按下开关关闭卡片后，卡片不能使用。如果输入错误的密码，卡片上的液晶屏幕会显示"错误"信息。

该公司还与 Emirates NBD 银行联合开发了新一代卡片，这种卡片安装了天线和手机的芯片，可以接收无线数据。卡片变成了一个类似手机的设备，卡片上有芯片、非接线圈和可重复写入磁条。卡面的右下角有一个 65000 像素的显示屏，当按下开关按键时，屏幕上会显示出卡号、卡组织的 Logo 和卡片的有效期；当按下另一个按键时，会显示出银行发送的问候和营销信息，以及"我们怀疑您的卡片被冒用""我们将会重新为您制卡"等信息。

四、自动匹配优惠计划的生物识别受理终端

总部位于新加坡的 Touché 公司是全球第一家使用指纹识别技术向客户提供个性化服务体验的公司。该公司的 Touché 将阿里 Pay、二维码支付、安卓 Pay、苹果 Pay、GooglePay 等多种支付方式整合在一起，未来也可以将比特币支付加入其中。他们的设备上使用双指纹验证，在三秒以内的时间识别用户和他们的支付偏好，管理忠诚度奖励计划，自动应用折扣，无须使用会员卡、折扣券等，一旦注册可以在全球范围内使用，无须再使用卡片或手机。

信用卡的发卡行会思考如何从激烈的竞争中脱颖而出，并获得业务的发展，收单侧是在不同银行间拉开距离的主要领域。Touché 的读卡器上面有芯片和磁条读取设备，这一设备由商户持有。当持卡人在餐馆用餐结束、需要结账的时候，餐厅的服务员可以在 Touché 移动终端上点击相应的餐台号码，屏幕上会显示对应的用餐明细单、每一款餐食的价格和汇总金额。如果选择 AA 制付款，屏幕上就会显示每一份的金额的圆饼图，点击其中的某一份，可以调整每一份的支付金额（见图 2）。在选择了金额之后，可以将移动终端交给持卡人，持卡人如果已经登记了 Touché 服务，在手持移动终端的同时，移动终

端背面的指纹阅读器可以读取客户两个手指上的指纹，完成持卡人身份的验证。如果客户通过身份验证，Touché 系统就会打开客户的移动钱包，屏幕上显示出持卡人拥有的并且这家商户能够接受的付款形式，例如如果有美运卡，但这家商户不接受美运卡，美运卡就不会显示出来。这时客户的优惠会自动应用在这笔消费中，客户无须使用他的会员卡、忠诚度卡、兑换券、折扣等，所有这些优惠都会直接生效，系统会将优惠自动算好计入这笔交易。同时客户会收到一封电子邮件，其中显示客户支出的明细和客户每一笔交易的地点。Touché 的后台与商户进行详细的对账，客户只需在 Touché 注册一次，无需在每家商户注册，就可以在全球范围的商户内便捷使用 Touché 的增值服务。Touché 将商户的忠诚度计划连接起来，如果商户没有忠诚度计划，它可以很容易地在 Touché 上建立一个优惠计划，让客户可以积累积分、兑换积分，并设立不同层次的奖励计划。通过使用人工智能技术，商户可以分析和预测各种营销活动的效果，并进行改进。

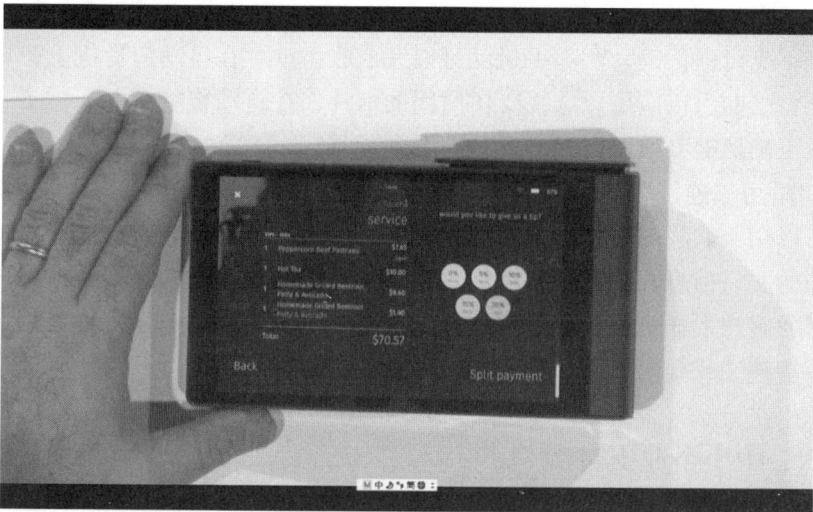

图 2　Touché 的受理设备

五、手机蓝牙支付

波兰是在移动支付和手机银行方面相对领先的国家，安卓支付和苹果支付只能用于指定的手机和指定的商户。波兰的 Jiffee 公司代表着未来的支付技术，他们发明了使用手机蓝牙功能拍卡支付的技术，可以将任何设备变为支付终端。这一技术建立在蓝牙近距离识别、移动支付计划和基于行为习惯的优惠等基础之上，任何蓝牙设备都可以成为支付终端。客户可以在安卓或 iPhone 手机、非接或普通终端上使用 Jiffee 技术，也可以在包括自动售卖机、电子现金收入记录机、旋转栅门等任何设备上使用该技术。

客户在支付之前，需要打开自己手机上的 Jiffee 应用，并选择将要支付使用的卡片。这时需要和商户收银员声明需要使用 Jiffee 进行支付，例如商户仅有一台老式 POS 机，无法接受苹果支付或安卓支付，只要通过 USB 口连接上 Jiffee 蓝牙受理器，收银员在 POS 机上输入金额，客户在受理器上挥一下手机，这时客户的手机界面上会显示交易的金额，客户在手机界面上按下接受键，就可以完成支付，商户的 POS 机上就可以打印出签购单。

除了在商户 POS 机上进行支付之外，还可进行人与人之间、手机与手机之间的支付，包括任何品种手机之间的直接支付。收款方和付款方都打开各自手机上的 Jiffee 应用，收款方输入收款金额，将两部手机靠近，在付款方的手机上按下支付确认键，两部手机就可以完成收付款。在自动售货机上，客户可以打开自己的手机应用，选择支付所用的卡片，在自动售货机上挥一下，在手机上按下确认键，就可以完成支付并拿到货品。

Jiffee 可以连接客户借记卡、信用卡、银行账户用于支付，除了支付以外，它还可以用于购买门票、门禁、智慧城市、身份验证和物联网。这一系统还能将客户的交易信息收集起来，将客户忠诚度计划和支付整合起来，在客户交易的同时向客户发送个性化的广告资料。这一技术目前仅服务于支付计划、零售商、零售连锁或金融机构，未来的应用范围是无限的。

六、中小企业支付

万事达与意大利的 SOFOTE 公司合作开发了 SME 支付，帮助小企业业主管理商务消费支出，提高他们管理现金流的水平。SOFOTE 公司的系统在欧洲、中东、亚洲的多家银行使用，服务于 300 多万银行客户。万事达近年来研发了许多创新的价值驱动系统，使交易更快速、方便和安全。SME 支付是一款专门为中小企业业主定制的移动支付解决方案，系统包括卡片、手机应用和 MPos 三部分，企业管理者可以对企业名下的信用卡和借记卡设定支付控制。使用专用的 MPos 设备，可以在任何地点接受客户的付款，通过获得即时的支付，提升了现金管理的水平（见图3）。

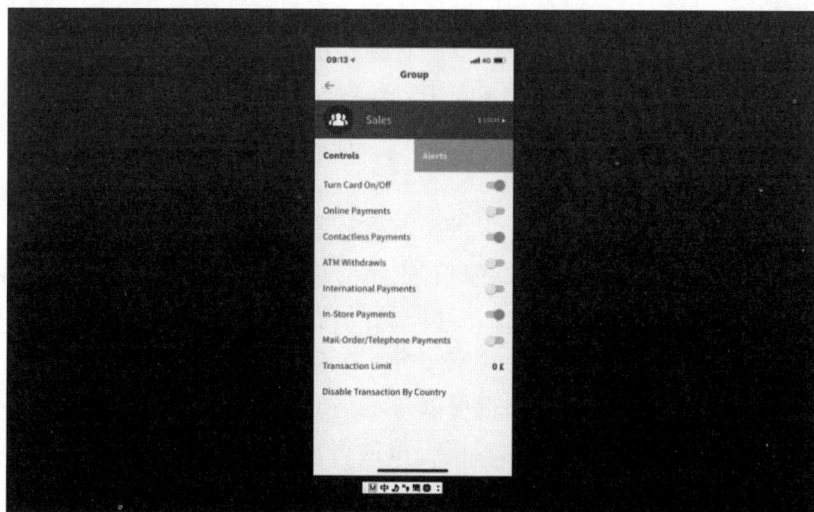

图3 SOFOTE 公司 SME 支付手机应用界面

客户手机应用上可以看到已经绑定的卡片。在管理员界面，有卡片用户、群组、卡片管理、提醒管理、设定收款和交易明细等选项。管理员可以查看卡片持卡客户清单，将卡片分配到某一名员工名下，设定线上支付、非接支付、ATM 取现、国际支付、商户支付、MOTO 支付，设定在哪些国家可以进行支付，也可以设定每种类型每笔交易和每日交易限额。企业主可以创建雇员群组，例如基层员工只能在商店内消费，办公室文员可以进行网上交易，只有管理层人员才能进行 ATM 取款，所有职员的最高消费金额可以设定为 100 欧元。客户可以下载 PDF 或 CSV 格式的每月交易记录。这一应用安全、简单、智能。持卡人可以对交易收据拍照作为交易明细的附件保存，可以对交易发表评论，方便进行支出管理。当小企业的业务人员需要接收付款时，可以启动手机应用和 MPos，通过蓝牙建立连接，在手机应用上输入需要收取的款项金额，付款人在 MPos 上刷卡，就可以完成收款。

七、对我国商业银行的建议

商业银行可以帮助资信情况不足以获得银行信贷的客户建立起信贷市场，这部分客户可以在平台上查询自己的征信记录或选择登录自己的社交网络账户，系统对客户的信用健康状况进行检测，生成客户的信用评分，进而生成客户的信用档案，同时系统将客户的资信状况与各类贷款产品相匹配，帮助客户作出正确合理的贷款决策。客户可以查看到获得预批核的贷款，之后进一步输入出生日期、性别、所在城市居住年限、住房状况、邮编、工作状态、公司类型、月工资、工作年限、发薪日、开户行、借款额、期限等，完成贷款申请，银行系统进行自动审批。

随着人们消费行为的变化，银行必须重新考虑它们服务客户的方式。研究发现使用交易收据的客户比一般客户有更多的与银行交互的可能，这些客户每个月的平均交易数达到 40 笔以上。75% 的经营者表示，如果银行向他们提供收据管理服务，他们会选择留在这家银行。在亚马逊，35% 的交易是通过向客户主动推荐产品达成的。商业银行可以开发基于消费收据的精准营销系统，客户只需要对他们消费的收据拍照，银行帮助客户管理相关的收据资料和信息。这样，银行就有机会了解客户使用不同支付形式时的真实购买行为，分析客户购买产品背后的原因，将客户分为较小的多个客户分层，了解他们的偏好，自动匹配客户所有可以享有的优惠，加强对客户的营销，增加客户持有产品数和持卡人卡片交易额。

商业银行可以发行具有一个芯片和非接线圈且可重复写入磁条的联名卡，卡片上有两个按键：按下左边的按键，该卡可以作为信用卡使用；按下右边的按键，可以变为餐饮公司或百货公司、航空公司的会员卡，客户使用卡片可以兑换会员积分；如果两个按键都关闭，所有的支付通道就会被关闭。商业银行也可以发行能在卡片上输入密码后显示完整卡号的信用卡；或者具有天线、手机芯片、显示屏，能接收无线数据的卡片；或者当按下密码后，可以显示出卡片号码、卡组织标识、安全码、卡组织发送的信息的卡片，以增加产品的安全性和吸引力。

商业银行可以开发能够自动匹配客户支付偏好和适用优惠活动的收单设备，在线下商户中使用。客户一旦在平台注册，就可以在全球范围的登记商户内使用。在结账时，服务人员可以点击消费明细，客户可以选择多人付款并调整每个人的付费金额，客户手持终端时可以通过指纹验证，并自动显示客户移动钱包中的合适的支付方式，由客户进行选择。客户无须出示会员卡片，系统自动推荐并激活最优的营销活动，并向客户发送电子账单。客户可以查询在哪里使用了哪一张卡片进行了支付，还能够查询收据的明细以及每一笔交易的积分、折扣，为商户提供附加的价值。通过在收单商户交易过程中的增值服务，能够吸引更多的客户办理银行的信用卡。

　　卡片即将彻底消失，人们都在寻找能在任何地点进行支付的方法。商业银行可以开发使用蓝牙支付技术，客户在商户消费时，可以打开手机应用，选择蓝牙支付。商户可以在 POS 机上连接蓝牙受理设备，客户将手机靠近蓝牙受理设备就可以完成支付，支付的方便程度与客户的非接触卡一样。商户可以通过特定的应用软件，将手机、平板电脑或计算机用作 POS 机发起收款，也可以在自动售货机、地铁闸机上安装收款装置。每一笔超过一定金额的交易需要再次输入密码验证，拍卡的距离在 5 厘米～10 厘米，足够靠近设备保证交易安全，也与设备保持一定距离确保方便。人们也可以使用手机完成个人与个人之间的转账和收款。

　　商业银行可以开发中小企业业主商务卡的控制系统，企业管理者可以对企业名下的信用卡进行管理，对商务卡持卡人设定群组，对不同的群组设定不同种类交易的权限。客户可以对自己的商务卡设定交易提醒服务，当任何一张卡发生交易时，企业主都可以收到交易提醒，通过设定所有的卡片只能在每天的固定时段内可以使用，以及设定固定的交易限额，以提高企业的现金管理水平。

全球信用卡业务最新创新策略思考

近年来，大数据、云计算、移动互联网、区块链、人工智能、第三方支付、互联网消费金融等金融科技不断发展，信用卡作为商业银行与金融科技融合发展最广泛深入的领域之一，信用卡业态不断发生变化，结合新兴科技的创新不断涌现。本文从线上生态圈获客、生态圈互动式营销、开展基于消费明细的精准营销、开展商户生态圈实时奖励、即时换领电子礼品卡、智能客服终端、紧急 ATM 现金支援等几个方面分析国际信用卡创新最新趋势，并对我国商业银行提出建议。

一、线上生态圈获客与灵活还款服务

波兰的 Twisto 公司与万事达卡国际组织合作，向中东欧地区的客户提供简单易用的实时消费融资服务，该公司使用领先的 Nikita 风险引擎、非传统数据和机器学习方法，对每笔交易在几毫秒内对多达 400 项数据进行风险评估并作出审批。该公司通过对线上商户客户采用"先购买、后付款"的方式获取客户。

在中东欧地区有超过 22 万优质的线上商户的购买客户，他们中有 38% 没有成为银行的客户也无法获得银行贷款或信用卡，这些客户中有的是自由职业者，有的没有信用记录，他们如果申请贷款，需要承担较高的利率。Twisto 公司与超过 500 家线上商店签署了生态圈合作合约，客户在这 500 家线上商店中消费，Twisto 可以为每一笔交易提供详细的电子交易记录。Twisto 为每名客户给予一个月工资水平的贷款额度。客户只需要登录相关的商户网站，选择使用 Twisto 支付，点击先买后支付的按键，就可以完成支付。Twisto 客户在进行每一笔交易的同时，系统对超过 400 项数据进行检查，经过信用评估并完成对交易的批准。系统自动对每一笔交易进行分类，帮助客户分析自己的交易行为和记账。使用 Twisto 进行的每一笔交易，都显示在 Twisto 手机应用上，点击每一笔交易记录，会显示出详细的交易记录，也能显示出该笔交易的电子收据的影像（见图1）。经过一个多月的时间，会收到 Twisto 的账单，客户可以在到期日全部还款，或者选择填入希望偿还的金额，剩余的款项延期一个月偿还。客户可以使用银行卡还款，也可以先生成还款使用的二维码、条形码，再使用银行的手机应用扫码进行还款。它们还为每一张 Twisto 万事达卡的持卡人配备了一个电子手环，在手环上可以对卡片账户进行锁卡操作，也可以操作手机应用软件（APP）。这家公司为超过 500 万人的消费者市场提供即时融资服务，填补了这一市场的空白。

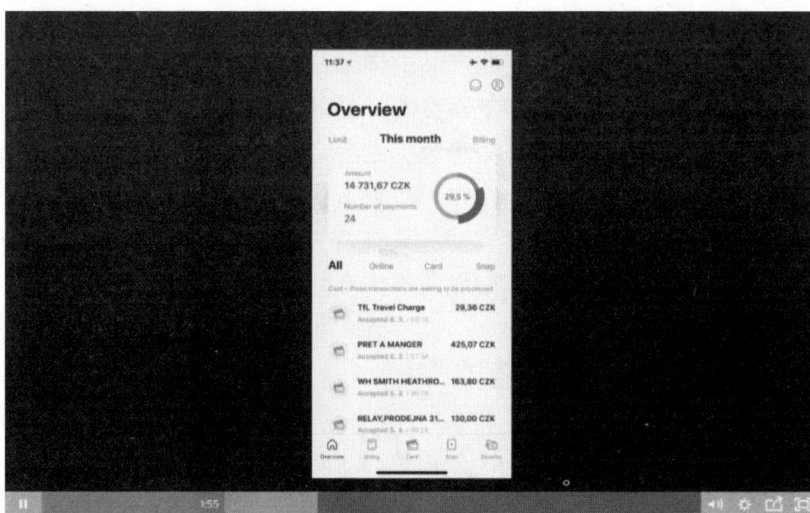

图1　Twisto 系统界面

二、开展基于消费明细的精准营销

伦敦的 Microblink 公司是一家专注于开发手机端实时 OCR 系统的公司。该技术建立在神经网络和机器学习基础之上，提供了极其快速和准确的文字识别。该软件将人们的手机相机变成实时的数据提取工具。该系统取代了传统的身份证件、账单、支付单据、手机充值、芯片卡等的数据手工录入，所有的解决方案都是离线进行，并且可以非常容易地与任何手机应用整合在一起。

Microblink 的第一个产品是 BlinkPay，客户在支付公用事业账单的时候，无须输入复杂的资料和数字，只需要用手机相机对准账单拍照，瞬间屏幕上就会显示出所有的缴费数据，客户只需选择支付账户并按确认键，就可以完成付费。目前在欧洲已经有 30 多家银行使用了 BlinkPay 技术。

该公司还开发了识别手写字体的 PhotoMath 应用，使用这一手机应用可以对准一个手写的数学算式或方程拍照，系统自动计算出算式或方程的结果。这一应用共有 1800 万次下载，每周有 1600 万人使用。使用与 PhotoMath 相似的算法，该公司还开发了 BlinkReceipt，它是一个用于实时零售收据扫描的手机应用。BlinkReceipt 软件能够瞬间对客户消费的收据进行扫描，并实时在手机屏幕上显示出文本。客户在商店消费之后，可以拿自己的手机对准收据拍照，这时系统会实时地在手机界面上显示出客户的交易明细，如果选择查看交易明细，系统会展现出每一笔消费所购产品的详细信息，帮助客户回忆并保留自己的消费记录。系统可以展现每一笔消费的产品的全名、照片和消费的金额等信息。银行掌握了客户收据的交易信息数据之后，可以更好地了解客户的消费行为习惯，改善营销效果。这一应用在手机上运行，具备高精确性，处理数据的规模没有限制，是收集客户购买数据的最有效的方式。目前该应用支持全美所有顶级零售商，未来将覆盖全球市场的零售商。

三、开展生态圈互动式营销

美国加利福尼亚州的 CardLinx 公司致力于加强银行与信用卡周边行业的融合合作，促进信用卡相关行业的发展。该公司制定了统一的技术规范和标准，方便参与这一生态圈的公司和行业开发使用统一的忠诚度奖励计划。该公司的 CLIMe 产品为商户提供了一个集中的线上平台，银行的合作伙伴们可以将他们与信用卡相关的优惠和数字产品提供商连接在一起。在这个平台上，客户无须使用会员卡，也不需要纸质的兑换券，客户在使用自己的信用卡的同时，优惠就直接完成兑换了（见图 2）。

有数百家大型公司成为 CLIMe 系统的成员，它们形成了共有的数据库，客户只需要从一家银行或 CLIMe 网站上登录，就可以看到几十个甚至几百个商户的 Logo，享有多家公司的奖励优惠。几乎所有的人身上都随身携带自己的信用卡，也都带着自己的智能手机。CLIMe 的产品将两者结合在一起，客户可以对准信用卡拍照，手机应用就会在平台上登记这张卡片，当客户走到与平台合作的商户的时候，手机应用上就会显示出商户为这名客户能够提供的优惠。客户在某一地点想购买某种商品时，可以搜索附近提供这种商品或服务并且提

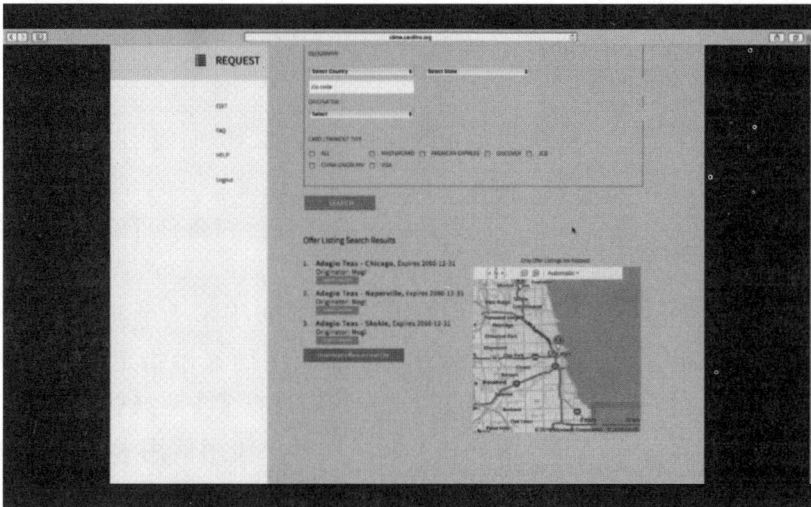

图 2　CLIMe 系统界面

供优惠的商户，客户可以选择优惠力度最大的商户进行消费。客户登录系统之后，需要做的第一件事情是搜索想要的产品。如客户想买茶叶，这时系统界面会显示出一个电子地图，地图上标注着提供优惠的茶叶商店，地图旁边列有商店的地址、电话和提供的产品价格优惠。点击进入优惠的描述，可以看到商户的名称、地点、邮编、电话、电邮、网址、优惠的描述、优惠的有效期、适用的卡片种类，客户可以提交自己的咨询。商户为了吸引客户到店消费，可以即时调整对客户的优惠，客户得到的优惠是在恰当的时间适合客户的消费需求和所在地点的优惠。客户可以从手机应用端进行消费支付，也可以在商户通过刷卡或扫码的方式进行支付，在消费的同时享受到优惠。

四、建立开展实时奖励的商户生态圈

英国伦敦的 YoYo 公司是一家快速成长的将支付与忠诚度计划组合在一起的公司，通过该公司的全渠道 POS 销售网络，向消费者提供顺畅的支付和忠诚度换领计划，帮助零售商提升客户参与度和挽留客户。在客户进行支付的同时向客户提供零售商店的忠诚度积分、印花和其他奖励，同时向客户的手机银行应用中提供一份详细到每一项商品的电子收据，并通过忠诚度引擎向客户提供奖励。YoYo 公司的应用本身有超过 500 家教育机构网点、超过 300 家公司网点和超过 800 家的百货店。新加入的商户可以通过这一网络建立的生态圈获得新客户。通过向客户提供移动支付、自动礼品兑换和优先的银行服务，帮助金融机构识别潜在的新客户。

大多数年轻人不愿意花费更多的时间排队购物，然而使用 YoYo 钱包，客户无须排队，并且提升了客户结账和换购礼品的速度。YoYo 公司开发了专属的个性化营销网络，有 100 多万活跃用户，合作银行和商户可以将它们的 Logo 植入 YoYo 手机应用里面或者开发与 YoYo 对接的系统。这些商户可以把它们的 Logo 放入英国发展最快的手机钱包中，这无疑吸引了大量新客户。在使用这一系统时，客户首先登录 YoYo 应用的界面，上面显示指定商户的图标页面，在指定商户的页面上，显示目前用户在该商户有多少张换领券、有几张印花。客户银行卡账户与 YoYo 账户相关联，当客户使用信用卡在该商户消费时，客户不仅能收到银行的消费提醒短信，同时在 YoYo 应用上也会看到自己又赢得了 2 张印花。客户可以点击界面上的链接查看在该商户的交易明细和历史，手机 YoYo 界面会显示出客户在该商户消费的每一项商品。在商户页面的下端，客户可以查看商户提供的免费消费券，点击支付键，完成优惠券的支付，之后就可以在商户享用免费的咖啡等商品。

此外，客户对于在商户获得的优惠券，还可以点击发送短信按键将优惠券发送给指定的移动电话号码，接收短信的人就可以在商户免费消费。由于 YoYo 应用与银行的卡片相连接，相关的明细消费数据可以传输回银行系统，客户登录手机银行时，可以查看自己消费的每一商品的明细，这对银行和商户制订精准的营销计划非常有帮助。

五、智能客服终端

美国的 Clinc 公司建立起全球领先的人工智能平台，这家公司的目标是实现人工智能的商业化。该公司开发了与手机应用紧密结合的移动金融顾问，这一系统以人工智能技术为依托，为个人和公司客户提供高价值的服务。

消费者一般需要简单、自然的方式处理他们的金融事务。BankCoach 是第一个允许客户对他们的账户采用自然的谈话方式进行操作和互动的人工智能助理。Clinc 不是建立在固化的指令和问答基础之上，客户可以询问任何希望知道的问题，Clinc 都能理解。例如客户可以询问"我收到工资了吗""我在芝加哥的旅行中花了多少钱""你们最优惠的按揭利率是多少""我上周在酒吧花了多少钱"等问题，并得到个性化的分析图表和自然语言的回答（见图3）。

图 3　Clinc 公司系统界面

系统采用神经网络、机器学习技术而不是采用单一的规则，可以了解客户的想法。客户还可以询问"在过去的六个月中，我记得在芝加哥过生日时吃过一顿很难忘的午餐，你能不能帮助我找出这些交易，使我能够再去消费一次"，这时系统会回答这是您在某年某月某日到某年某月某日期间在芝加哥的餐饮类交易，同时在界面上显示出交易明细。这样的问题有很多复杂的要点，例如芝加哥、生日、餐饮等词语，系统可以理解客户的意思，并且准确地理解客户的意图并定位到客户需要查询的交易。客户可以询问"我在考虑会后吃一顿很好的晚餐，我能不能在纽约以外的地方消费 150 美元"，系统会回答"基于您的消费习惯，您消费 150 美元是可以的，您本月的消费比您平均的月消费额低 10.5%，消费之后，您的账户余额将达到大约 15000 美元"，系统界面上会显示出客户账户按月统计的曲线和变化趋势。客户还可以告诉自己的账户"从定期存款账户向支票账户转账 150 美元"，这时账户会回答并显示转账后两个账户的余额。这一系统可以为银行客户带来全新的体验。银行也可以将这一服务通过云平台传递到不同的服务终端。

六、即时换领电子礼品卡

美国华盛顿州的 Tango 卡公司提供奖励积分云平台服务，可以向消费者即时提供目录上全球范围内的电子礼品卡、数字预付卡和捐款。银行客户使用这一服务，可以即时得到奖励的电子礼品卡，可以选择自己真正感兴趣的奖励产品。该平台提供的应用程序编程接口（API）可以将各商业银行的内部系统与其连接起来，帮助银行向大批量的客户提供电子礼品换购服务。该系统帮助银行将该平台的全部奖励计划与它们自己的平台和应用整合到一起，提升了客户的参与度、忠诚度，增加了银行的获客量、查询量和知名度。

Tango 卡的目的是向企业提供易发送、接收者容易使用的奖励方式，该公司的平台将多种电子奖励卡片连接起来，提供输出顺畅的换购流程。客户登录自己的信用卡网站，可以查看自己能够换购电子礼品卡的金额，同时能够查看可以换领的电子礼品卡的种类目录。客户选择自己希望换领的电子礼品卡（例如亚马逊礼品卡），输入自己希望换购的金额，加入购物车，之后选择进行支付，这时系统页面会显示订单号码。在换购界面，银行可以将自己银行的商标展示在上面，客户在提交订单后，系统的页面上会显示客户的电子邮箱地址。客户登录自己的邮箱，可以查看到对应的电子礼品卡的图片和索取密码，客户使用自己的用户名和密码登录亚马逊网站，在兑换电子礼品卡的页面粘贴上电子兑换码，就会将电子礼品卡的金额充入自己的账户。在一些汇款网站，每当客户完成一笔汇款，就可以申请换购一张亚马逊的电子购物卡。Tango 卡网站提供开放的 API，金融机构可以接入相关的网站。

七、发卡行紧急现金支援服务

万事达紧急现金提现服务帮助政府机关、非政府组织和商业公司向银行客户或非银行客户通过银行的 ATM 提供紧急提现服务，客户无须使用卡片。使用的情景包括客户丢失卡片后的紧急现金、灾难救援后的食品和住所支援、持卡人的奖励和返现或 P2P 支付。这一服务首先在美国投入使用，以后也会在其他国家提供。当客户在海外旅行时，如果丢失了钱包、现金和卡片，急需获得帮助，这时银行可以提供万事达紧急提现服务，客户可以从就近的 ATM 上提取现金。客户需要告诉银行自己的确切位置，银行职员告知客户最近的 ATM，并会在万事达组织的后台操作界面上输入自己的银行名称、客户的手机号码、客户紧急提取现金的金额、紧急取现业务的期限、密码、发送短信的语言，发卡行可以选择与万事达沟通的方式，包括电子邮件和短信。之后系统会向客户发送一条短信，客户点击短信中的链接，可以通过电子地图到达指定的

ATM 的位置。客户到达指定的 ATM 位置后，点击 ATM 屏幕上的万事达紧急提现按键，输入自己的手机号码、订单号码、取现金额和一次性密码，就可以从 ATM 中取出现金。这一服务可以为任何人、在任何位置提供紧急取现服务，政府机关可以使用这一服务进行救灾，保险公司可以从 ATM 上支付客户的理赔款，银行的公司客户也可以使用这种方式发放工资。万事达通过使用遍布全球的 ATM 网络向收款人提供现金，也为紧急现金的发出者提供了更多的选项。

八、对我国商业银行开展信用卡业务创新的建议

商业银行需要全面布局金融科技的使用：使用人脸识别、电子签名、智能语音识别、自然语言理解、语音合成技术、虚拟现实、增强现实等技术全面提升客户体验；使用大数据、人工智能开展多项业务的交叉销售；开展个金业务交叉销售；设计符合客户特点的产品组合；创新理财产品，研究理财产品、客户存款额度、使用信用卡的规律，设计符合其理财偏好的理财产品；创新信贷产品，针对不同地域，研究不同资产状况、不同特点客户的差异化产品需求，向客户提供更加丰富、个性化的产品组合；与证券、保险、信托、电子商务、互联网公司等合作伙伴实现产品与服务的跨界融合，共享客户资源，建立起数字化生态系统，提供有针对性的服务。

商业银行可以与多家线上商户合作加强互联网获客，建立线上商户生态圈，使用线上商户增加客户基础；通过使用风险引擎、机器学习的方法为客户每一笔线上交易进行风险评估，为客户每一笔交易提供详细的记录；添加个性化的优惠和忠诚度奖励计划；客户账单到期时可以选择全额还款或者延期还款。

商业银行也可以向客户提供手机光学字符识别（OCR）软件，客户可以对消费单据进行拍照，系统可以将客户的消费明细展现给客户，客户可以在手机银行和网银上查询到每一次消费的明细资料，银行可以进一步针对客户的消费偏好开展精准营销服务。客户在支付公用事业账单时，只需打开手机应用对准账单拍一张照片，就能完成支付的动作。

商业银行可以和商户建立生态圈开展精准营销，客户可以在消费时搜索附近的优惠商户，商户可以有针对性地对客户提供优惠，客户可以将自己的信用卡与商户建立连接，在使用信用卡消费的同时完成优惠的兑换，无须使用会员

卡。商业银行也可以开发对商户优惠进行管理的软件，客户每消费一笔，就可以在手机上查看到新获得的优惠，也可以将自己得到的优惠发送给他人。商业银行可以向客户提供即时电子礼品卡兑换功能，客户可以在多种电子礼品卡之间进行选择，即时完成兑换。

国外银行信用卡业务创新思路研究和对我国商业银行的建议

近年来国外信用卡市场取得了很大的发展，信用卡业务成为银行盈利的重要来源。当前随着互联网、移动通信、手机银行、网上银行的迅速发展，以及非金融机构加入，使银行信用卡加速演化，信用卡市场的竞争不断加剧。各国商业银行加快了信用卡业务创新的步伐，本文从公司卡服务、服务方式、持卡人交易方式、商户推广方式、增值服务、奖励方式、卡片设计、可穿戴设备的创新等几个方面研究国外商业银行信用卡业务的创新思路，并对我国商业银行的信用卡业务创新工作提出建议。

一、公司卡服务的创新

英国的 TSYS 公司开发了消费控制的解决方案，消费控制为小企业提供一个进行前端交易控制的工具，企业管理者可以根据业务、部门的需要制定交易的指引，对交易国家、交易时段、邮政编码、卡片交易限制、商户类型代码、交易金额、渠道类型，或者上述因素的组合进行控制。这些控制可以分配给不同的部门或职位或个人，确保持卡人能严格按照公司的要求进行消费。该工具降低了发卡行和公司的风险，避免了由于卡片滥用和欺诈交易带来的损失。这项应用能够带来更大的公司卡卡量、交易额和银行手续费收入（见图 1）。

公司卡账户管理者可以在休假的时候登录网上银行的公司卡管理页面，在月结单界面中，可以选择对公司卡进行管理；选择使用人之后，可以设定允许进行的下一笔交易限额，客户可以选择使用二维码或者使用卡片进行支付。如果选择使用二维码，之后可以设定交易金额和交易的商户名；也可以点选同类商户，如果选同类商户，即使某家商户未营业，也可以控制在同类型商户的交易。设置成功后，页面会显示一个二维码，同时被设置的员工的手机页面也会显示出一个二维码和说明，告知在某一商户可以有一个使用额度。该名员工到

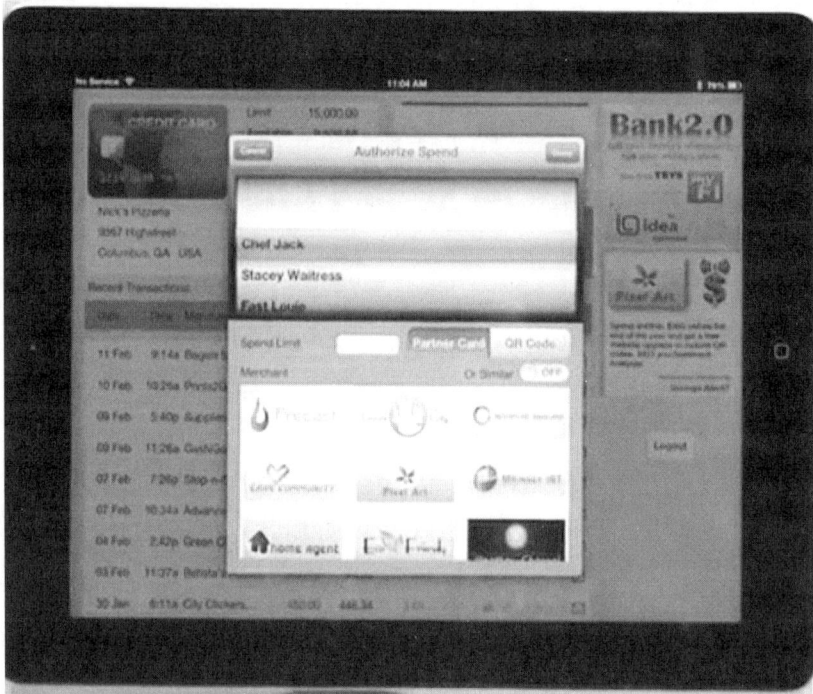

图1 TSYS公司系统界面

那家商户后，提供手机上的二维码供商户扫描，交易成功后出具收据，员工使用智能手机拍照，并按发送键，这时在管理人员的月结单界面会显示出该笔交易和手机的照片影像，点击修改金额或批准，该笔交易就可以完成，并即时显示在月结单的交易记录中。

　　管理人员也可以在设置交易限额时选择使用信用卡，同样需要选择商户并确定交易金额，这时在月结单的交易明细中会显示批准的交易限额，该笔交易后显示"预批准"字样，这时在员工的智能手机上会提示在该商户或该类型商户中有批准的交易额度，并显示一个一次性交易密码。员工到商户消费，刷卡并输入一次性密码，商户提供收据，员工对收据拍照并发送，这时交易会显示到管理人员网银的月结单界面，选择批准，交易就会完成并在月结单交易记录中显示已经完成。公司卡在进行网上交易的时候，还能够支持生成一次性卡号，减少卡号暴露的风险。TSYS公司的这一应用在POS机处实施卡片交易的管理和控制，减少发卡银行和小企业的风险，减少了卡片被滥用和欺诈交易的风险。

二、服务方式的创新

美国的 Interaction 公司开发的这一系统将自动语言识别技术（ASR）与人工辅助理解技术（HAU）两者结合起来，人工辅助理解技术通过补充语言识别大幅度地提高了对自然语言的理解和语音识别的精确性。在传统的语音识别应用中，所有的语音识别请求被送入自动语音识别引擎，系统不能有效识别时，系统会多次向客户询问，或最终放弃自动识别并转入人工坐席，这些限制导致了整个应用与流程设计的低水平化，使客户感到困扰。通过将 ASR 与 HAU 两种技术结合，系统实现了近乎完美的语音理解和互动，使客户感觉像在与真人对话一样。这种技术允许客户以完整的句子与系统进行互动和沟通，无需只以简短的词语与系统沟通，客户与系统间的互动会变得更有效，从而提高了客户满意度。

客户在用卡过程中，如果银行信用卡系统侦测出疑似欺诈交易，客户会收到提醒短信，客户收到提示短信后，点击链接，会登录银行的防欺诈应用。客户登录这一应用，可以查看到近期的交易，能够识别出非本人使用的交易，点击联系银行的按键，手机会自动拨通银行的欺诈交易报告热线，自动语音会要求客户读出一个数字，系统对客户的语音进行验证。如验证通过，系统会询问客户需要报告哪一笔交易，客户回答后系统会确认该笔交易已经上报进行欺诈交易调查，并告知客户何时通知调查结果。在线上，系统会通知客户已经对卡片进行了关户处理，并将邮寄新卡到客户的指定地址，客户可以在电话中更改自己的地址，Interaction 公司会和客户确认新的邮编和地址。客户可以在电话中要求 Interaction 公司在存款账户与支票账户中进行转账，Interaction 公司会即时进行转账并告知客户转账的结果，也可以查询任何一个账户的余额。客户可以在电话中查询任何一家银行网点的营业时间。整个过程中 Interaction 的回答非常流畅，与真人非常相似。这一虚拟客户服务助理大幅度地提高了客户的忠诚度，提高了对自助服务的使用并降低了人工服务的成本。每一次客户致电银行，都加深了客户对银行的认知。

三、持卡人交易方式的创新

（一）加拿大的 FinanceIt

FinanceIt 是一家加拿大的公司，该公司开发的 FinanceIt 是一项能在 POS

机终端即时进行处理的贷款服务，客户在商户网站上订购商品后进入结账画面时，这一贷款选项放置在 VISA、万事达卡等其他支付方式之前。该种贷款使用优惠的利率和简单的贷款管理方式，客户可以选择每月还款，通过向客户提供贷款帮助商户提高营业额。这一贷款最低的年利率从 6.99% 至 12.99% 不等，不同的信用卡欠款利率低一半以上。这种贷款也非常灵活，贷款金额可以从 500 美元至 5000 美元不等，贷款期限可以长达 15 年，没有提前还款费用。可以贷款的商品包括娱乐设备，如雪上摩托、小艇等，也包括家居装修、牙医、其他健康项目等。商户能够选择市场营销计划，能够在线上方便地管理贷款文件，客户能在一个工作日内得到贷款资金。客户在还款时，需要将还款资金存入商户的账户中。如果客户提交了所有的贷款申请资料，将会在一个工作日内获得贷款资金。

当客户在一家商户的网站上准备结账的时候，可以在界面上看到 FinaceIt 的选项，并使用 FinanceIt 对大金额的交易进行融资和支付。画面上显示出客户针对一笔交易申请贷款之后，可以有几个月的宽限期和免息期，这几个月中客户无须偿还贷款也不用支付利息（见图 2）。客户点击链接后可以进入下一画面，客户需要填写姓名、电话、生日、社保号码、住址、月收入、住房所有权情况等个人资料，并点击同意商户调阅个人信用资料的选项，在屏幕上签署，之后画面会显示客户的贷款已经被批准，并显示出申请号码、分期贷款期限、每月还款额、利率、还款宽限期和免息期以及附近的商户实体店地图，提

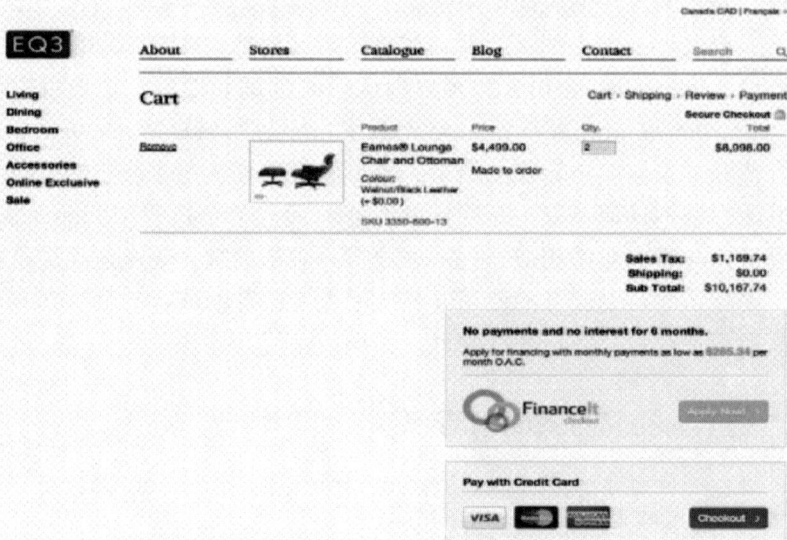

图 2　FinanceIt 公司系统界面

示客户可携带自己的支票和订单发票到附近的实体店提取商品。到达实体店之后，客户可以要求收银员调阅 FinanceIt 的画面，点击客户的姓名，可以看到这笔贷款的申请信息，客户可以调整贷款的金额。客户可以在 iPad 上签署，FincanceIt 的财务人员会即时进行审批，并在申请审批表界面上签署。最后客户需要向店员提供自己的支票，店员对支票拍照，并将交易发票拍照上传，该笔贷款就已完成，客户可以携带商品离开。

该应用将贷款变成了一种结账的方式，商户可以在任何时间和地点向客户提供贷款，为客户提供较长的还款宽限期，这期间也免除各种手续费，对客户有很大的吸引力。目前已经有 2900 家商户使用了这一系统平台，贷款余额超过 5.2 亿美元。客户在家居装修和购买交通工具的贷款利率由客户的信用评分决定，在零售和健康消费方面，提供单一的贷款利率。贷款的还款采取分期的方式，只提供消费者贷款，不提供商业贷款。除贷款利率之外，贷款方还向客户收取一笔 49 美元、99 美元或 199 美元的贷款管理费。客户的贷款管理费和还款保险可以计入贷款本金。商户会向客户提供贷款协议的副本。

（二）万事达卡组织的 Incontrol

许多客户希望银行能够提供灵活、个性化和方便的服务，万事达卡国际组织开发的 Incontrol 是一个通过设定不同时间、地点、交易类型的交易限额来控制客户信用卡或其附属卡交易的线上工具。使用这一工具，客户可以设定何时、何地怎样使用他们的卡片，可以将消费金额控制在预算之内。当客户的信用卡达到设定的限额时可以发送即时的提醒，还可以产生独特的网上使用的卡号。在设置限额时，客户可以登录指定网站，在阅读协议之后，点击同意按键，填写电子表格，主卡持卡人可以对附属卡的限额进行设定。

客户可以设定每笔交易的限额，包括线上交易和面对面交易的限额，每天、每周和其他周期的交易限额，可以设定每一个商户类型的交易限额，可以设定允许进行交易的国家，还可以设定每天或每周允许进行交易的次数。客户可以在用量限制中设定如果单一交易超过一定金额，或在一个商户中的消费超过一定金额，或每日的交易超过一定限额，进行线上交易时，系统仅发送提示给客户还是在发送提示的同时拒绝这些交易。客户在商户类别控制中，可以设定每周在某一种类的商户超过一定金额时，仅发送提示还是在发送提示的同时拒绝交易；可以设定卡片在某一个国家发生交易时，是发送提示还是在发送提示的同时拒绝交易；可以储存、修改自己设定的限额；还可以设定在周一到周五的哪些天，如果交易发生在某一规定的时间段之外，发送提示或是在发送提示的同时拒绝交易。页面上会显示汇总的设定信息，如果客户不修改并确认，客户的设定就会完成并会收到短信和电子邮件确认。客户可以随时查看自己设定的限额。客户在完成一笔交易时，只有主卡持卡人会收到交易的提醒，附属卡持卡人不会收到提醒（见图 3）。

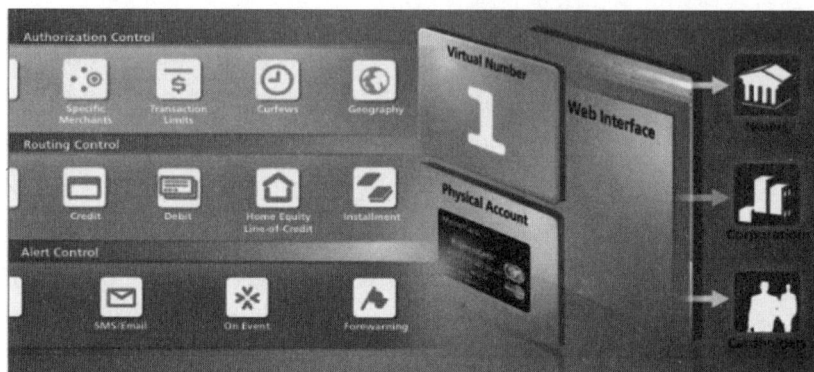

图 3　万事达卡组织的 Incontrol 网页

客户开立互联网卡免收费用，互联网卡与真实的信用卡账户相连，但是可以取不同的持卡人名字，便于客户区分不同的交易。客户可以在网上定义互联网卡的到期日，在客户设定之后，可以显示带有卡号和到期日的互联网卡图片。在网银界面上还可以显示所有的已授权交易，交易日期、商户名称、金额和卡号，交易是否被批准。网银上还会展示向客户发送的通知，包括时间日期、卡号、提醒类别、提醒原因、联系号码和电子邮件信箱。银行可以对网上交易收取一定微小比例的手续费，对每一张信用卡可以开立的互联网卡的账户没有限制。

（三）星巴克与 Square 合作开发的手机应用

这一应用使客户可以方便地使用手机购买咖啡，该应用与客户的借记卡或信用卡连接，客户在进入星巴克之后，可以打开 Square 手机应用，点击星巴克按键，再点击支付键，一个二维码就会显示在手机屏幕上，之后客户在收款台的扫描仪上扫一下二维码，就可以完成支付。客户在完成扫描二维码支付的动作之后，点击手机屏幕上的"完成后按下"按键，手机屏幕上就会显示消费后的卡内余额。客户可以在星巴克或附近的商店使用手机付款。为了保证扫描仪能够成功地扫到二维码，客户需要将手机屏幕的亮度调高；如果还是不能读取二维码，客户需要念出自己的星巴克卡号，星巴克卡号在客户的二维码下方显示。这款应用除允许客户使用自己的手机进行星巴克咖啡的支付外，还具有如下功能：管理星巴克卡的余额、查看和兑换星巴克奖励积分、发送电子礼品、寻找附近的星巴克咖啡店、获得营养信息、在手机上定制咖啡等多种功能，客户也能使用这一手机应用换领免费的饮料或食品。使用这一应用还能进行自动充值，当客户的星巴克账户余额低于预设的金额时，将会进行自动充值，自动充值在每天晚上进行。

客户的手机应用有密码保护，因此星巴克卡的号码不会泄露。如果客户的手机信号不佳不能接入网络，仍旧可以进行支付，二维码是内置在手机上的，但不能及时在手机上查看更新后的余额。这款应用还可以同时管理电子收据。如客户对这一应用有好的建议，可以登录"我的星巴克"提出建议。使用这款应用可以在超过6800家星巴克咖啡店消费，还可以向友人发出邀请，邀他们一同到某个星巴克咖啡厅聚会。成本会从星巴克账户的余额中扣除，下一步星巴克准备引进近场支付卡片。

四、收单方交易方式的创新

总部位于荷兰阿姆斯特丹的 Adyen 公司是一家为商户开发新一代支付解决方案的全球性公司，在美国和欧洲多个国家都有分公司。该公司开发的移动芯片受理和密码输入设备，是被最广泛接受和成本低廉的芯片卡受理设备，用于面对面的 POS 消费受理，适用于不同规模的商店，能够帮助商户在繁忙的假日缩短收款时间。这种低成本的支付终端与商户的手机一同使用，可以在走动中处理账单支付。该设备将客户的苹果手机、平板电脑、安卓手机连接在一起，可以用于各种借记卡和信用卡的结算，使商店收款更加方便。该设备与Adyen 公司全球受理平台相连，支持面对面交易、电子商务和移动支付的解决方案，店员们可以使用 iPad 帮助客户付款，改善了客户的体验。该设备也会向商户提供方便的报告和交易统计，方便商户管理。对商户的收费受国际组织交换费的不同影响，不同国家采取不同的收费计划。

Adyen 公司的面对面解决方案与外部硬件与软件及现有的收单行完全独立，商户可以节省50%～75%的硬件成本。商户在进行面对面交易的时候，只需在安卓手机或苹果手机上输入金额，之后客户将芯片卡插入密码键盘上的卡片插口，输入密码，商户的手机和密码键盘之间有数据交换，客户的安卓手机或苹果手机上就会显示交易处理和交易成功的图像，交易在1～2秒钟之内就会顺利完成。如果商户使用电子商务支付或者移动支付，客户需要在网站上输入信用卡的卡号、交易金额、CVV 等信息，系统会自动连接后台进行业务的处理，并完成交易。商户的网页上可以显示 Adyen 公司的页面，也可以显示商户个性化的页面信息（见图4）。

图4　Adyen 公司网页

五、商户推广方式的创新

总部位于伦敦的 Birdback 公司提供的支付应用平台使客户可以将商户的优惠推广添加到自己的 16 位信用卡账户上，客户到商户消费的时候，BirdBack 公司会实时为客户进行优惠的处理，为丰富客户的消费体验创造了无限的空间（见图5）。客户参加商户的优惠推广是一个复杂的流程，涉及客户、发卡行、商户和收单银行等几个方面。Birdback 在后台将银行与商户连接在一起，该公司与合作伙伴一起改善客户使用优惠券的流程，将忠诚度计划、收据、彩票奖励、优惠券等连接到客户现有的借记卡和信用卡上，使客户体验大幅提升。它们的合作网站有超过 3000 家商户加入，其中包括英国最大的 200 多家商户。客户可以使用已经安装 Birdback 应用的智能手机登录集中展示商户优惠的网站，选择在自己附近的将要消费的商户分店，进入该商户的优惠界面（例如到店消费享有 15% 的价格优惠），之后手机应用界面会显示客户已经登记的信用卡和借记卡号码，客户可以点击希望绑定这一商户优惠的信用卡号码，该项优惠就绑定到这张信用卡上面，客户也可以登记新的信用卡号码，这一过程完全通过手机完成。

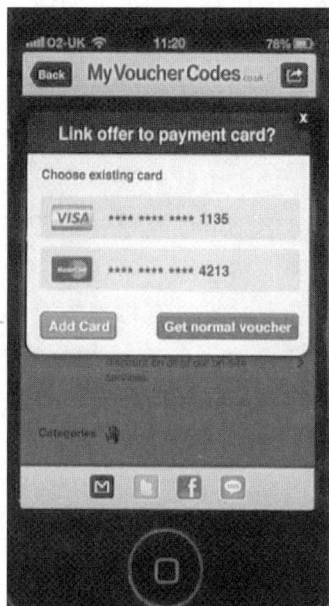

图 5　Birdback 公司系统界面

之后客户到达这家商户消费的时候，首先选择合适的商品，然后到收银员处办理结账，结账时，与其他商户的结账过程相同，商户收银员使用原有受理设备进行交易处理，客户插入卡片并输入密码。商户后台与 Birdback 公司后台连接，这时持卡人的手机会收到短信通知交易成功，短信告知客户本次交易享有多少百分比的优惠，下一次消费可以得到多少百分比的优惠，通常下次优惠的力度比此次交易的优惠力度更大。

这一应用对持卡人、银行、商户都带来益处，持卡人下一次到商户消费可以得到更大优惠，为持卡人提供了独特的优惠兑换体验，也为商户带来新的销售。商户使用这一应用也节省了培训店员的时间，店员不必记住复杂的向客户展示收据的流程。银行可以实时获得参加优惠的客户和交易的数据信息，持卡人的忠诚度提高，并且帮助银行更加了解持卡人。

六、增值服务的创新

（一）美国运通公司的百夫长黑色信用卡

美国运通公司为了更好地服务富裕客户群体，发行了百夫长黑色信用卡。

这款信用卡最初仅向少数顶级的白金卡持卡人发放，持卡人必须满足美国运通的标准才能成为百夫长黑色信用卡的持卡人。持卡人需要支付年费，有的还需要支付一次性的加入费，如在美国每年的年费为 2500 美元，加入费为 7500 美元。美国运通之前就声称将会为精英持卡人提供一种能够购买任何物品的超级独家产品黑色信用卡。此外，该卡由钛金属制成，表面经阳极氧化处理，卡号等信息压印到钛金属上。这款信用卡仅能通过邀请获得，被邀请的持卡人需要具有足够的资产净值，信贷和消费金额需要达到一定标准。美国运通只宣布这些候选人为运通卡原有的持卡人并且具有相当雄厚的资产净值，但并不公开这些要求的具体数额。百夫长黑色信用卡的持卡人平均资产为 1630 万美元，每年家庭年收入达到 130 万美元，月最低消费额为 21000 美元，年最低消费额为 25 万美元。

黑卡既有个人卡也有公司卡，向客户提供专属的私人助理和旅行顾问，还可以帮客户购买已经售罄的音乐和体育活动门票以及限量版收藏品。客户使用该卡购买机票可以获得免费的同伴全价票，在古奇、ESCADA、萨克斯第五大道等商户购物将有购物顾问提供全程帮助。客户可以无限次进入机场贵宾休息厅，享有飞机头等舱的升舱和酒店的房间升级，享有索尼 Cierge 个人购物优惠计划和其他数十个精英俱乐部会员身份。酒店的优惠包括全球所有文华东方酒店免费的一晚住宿（纽约店除外），在全球领先的丽思卡尔顿连锁酒店和安缦酒店的优惠。百夫长黑色信用卡还增加了多家私人飞机俱乐部、航空公司俱乐部、租车公司俱乐部的会员资格。该卡没有限额，一些客户购买了宾利汽车或进行了超过 100 万美元的消费，美国运通公司发生的最大一笔消费是由 Victor Shvetsky 进行的私人飞机的交易，花费了 5200 万美元。在美国以外其他国家发行的百夫长黑色信用卡有不同的优惠。

在该卡发行的最初阶段向客户发送《出发》杂志，这本杂志是为白金卡客户提供的。之后向黑色信用卡客户提供无名的专属杂志，再后来向客户提供名为《黑墨水》的专属杂志，这本杂志仅对个人客户提供，不对公司客户提供，由德国的国际有限公司提供。目前百夫长杂志网站已经建立，为客户提供每日更新的信息。根据国际有限公司杂志提供的资料，百夫长杂志读者的平均年龄为 49 岁，94% 的客户为男性，平均拥有 3.3 个房产。他们的月平均可支配收入为 8800 欧元，百夫长杂志在欧洲和中东有 4.4 万名读者，在亚洲有 1.39 万名读者，在澳洲有 6000 名读者（见图 6）。

图 6　百夫长黑色信用卡

（二）动态月结单

　　总部位于瑞典的 GMC Inspire 公司开发了动态月结单。95% 的月结单被信用卡客户阅读，客户在月结单的阅读上花费的时间相当于花费在其他沟通方式上的时间的 3 倍，因此发卡行应该充分利用这一渠道与客户进行沟通。使用动态月结单，客户不论在线上还是线下都可以采用互动的方式查阅月结单上的信息。客户可以边走边用手机、平板电脑、电脑等设备查看这些高度个性化的信息，客户的多个账户信息整合在一个界面下展示，客户可以点击、选择和与月结单进行互动。客户可以将月结单的数据以 Excel 或 PDF 文件的格式下载到电脑上，用来更好地管理自己的资金。在客户与月结单进行互动的时候，银行可以与客户进行现场沟通、调查，或者利用月结单的空白处向客户交叉销售产品或进行产品升级宣传（见图 7）。

图 7　GMC Inspire 公司的动态月结单

　　客户使用手机查看月结单时，首先登录手机应用，可以看到与纸质月结单相似的界面，客户点击某一类型的产品，可以看到这种产品的月结单，可以查看每一类型的交易列表，也可以查看某一项交易的具体详细记录，还可以查看积分优惠的详细情况。客户旋转手机时，手机界面会展示积分的变动曲线图表，客户点击下载功能可以看到 PDF 文件的图标。在互动月结单界面，客户可以即时与银行联系人进行联系，也可以查看社区论坛上的信息。客户登录平板电脑的动态月结单画面，可以查看信用卡、经常性账户信息、银行经理留言、定制的推广信息，可以打电话、发电邮、查看社区论坛，还可以观看介绍互动月结单或推广的影片。客户点击分析图表的某一类型交易，界面会展示出各个月份该种类型交易的变动图表，客户可以点选自己感兴趣的几笔交易，动态月结单会马上生成这些交易的统计分析环形图表，此外还有积分变动图表。客户可以下载 PDF 文件，也可以将月结单通过电子邮件发送到其他电子邮箱地址。客户也可以在微机上查看相同的月结单。银行还能提供个性化的推广和开户等服务，通过纸质月结单、微机、平板电脑、手机多个渠道，取得更好的营销效果。

（三）英国第一资本银行的身份信息提醒服务

　　英国第一资本银行的"渴望精英卡"持卡人的身份信息提醒服务，由 Equifax 公司提供相应的系统支持，对客户的身份信息提供保护。客户仅需要在该公司指定的网站上登记，在 7 天之内，如果有人使用客户的姓名申请信贷，经过或未经客户同意对客户的主要信用资料进行修改，客户的电邮信箱就会收到提示信息。每年客户可以得到两份免费的信用报告。客户如果对信贷报告有任何争议，可以致电第一资本银行协助解决。客户获得免费的信用报告后，购买新的信用报告可以享受价格的优惠。客户的信用报告可以在网上查阅，也可以打印。该项服务可以随时修改或撤销。电邮提醒是服务中的一项重要内容，客户在取消服务之前不能拒收电邮提醒，该项服务每年续订。

　　此外，第一资本银行的信用卡持卡人还可以享有购物保险，客户购买产品的意外损坏、失火或被盗，将会得到保险公司的赔偿。"渴望精英卡"的客户还可以得到最佳价格的保障，客户在该行网站上购买的超过 50 英镑的产品，如果发现有另外的商家以低于这一价格出售，可获得价格差的返还。客户使用"渴望精英卡"购买的电器，享有额外的两年品质保障，只有原厂家负责两年以上质量保证的商品才能获得额外的两年质量保障。

七、奖励方式的创新

（一）花旗银行的 2G 信用卡

客户使用花旗银行的 2G 信用卡可以免去兑换积分时的麻烦和困扰，该卡使用 Dynamics 公司 2.0 的技术，使用这款卡可以在结账的时候即时使用消费积分。卡面上有两个按键。一个是进行正常交易的按键，另一个是使用积分交易的按键，卡面上还有一个绿色的显示灯，卡片上的按键和显示灯非常精致。在客户的积分达到可以进行一次购买时，显示灯将会闪烁。客户的积分需要达到至少 1000 积分后才能使用，客户使用的积分将会在下一个月的账单中显示为一定金额的贷方交易；如果客户的账户中没有积分，交易将按照正常的方式处理。卡片采用防水设计，该卡默认的支付形式与一般的信用卡使用方式相同，在刷卡之前可以选择使用积分进行支付。实际上，不论客户按哪一个按键，交易都是一样的处理，只不过客户在按了积分兑换按键之后，花旗银行会在日终为客户申请一个 10 美元的贷方交易，并在账单中显示。使用信用额度作为默认的交易方式是为了防止在卡片积分不足的时候出现交易被拒绝的情况（见图 8）。

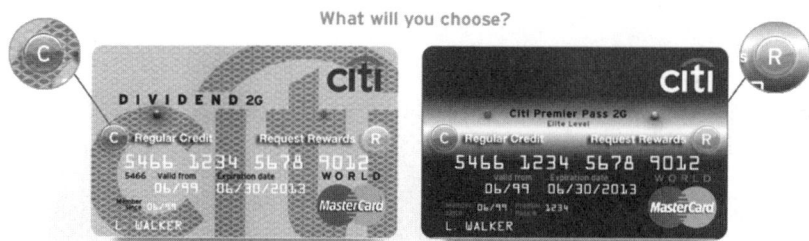

图 8　花旗银行的 2G 信用卡

不同的公司都在尝试新的更方便的积分兑换计划，例如在亚马逊网站，客户可以在登录的时候兑换任何金额的积分，也有一些信用卡客户在购物的时候可以享有 5% 的优惠，无须进行积分兑换。使用花旗银行这款信用卡的一个方便之处是客户会非常容易地使用他们的奖励积分，可以在任何地点使用这些积分，而无须积攒到一定数额的积分之后才能使用。每一积分等于 1 美分，如果客户有 2500 积分，就可以代替 25 美元的消费，而无需像在花旗银行"感谢您"网站上那样积累到 3500 积分之后才能获得 25 美元的礼品卡。该卡直接连接客户的账户，如果卡片出现故障不能按键，卡就不能刷了。使用这款信用卡之后，客户兑换积分的速度加快了。客户也可以登录"谢谢您"积分计划网站，每次可以兑换 15 美元、25 美元、50 美元、175 美元或 250 美元。

（二）德国的 Charles Schwab 银行信用卡

该行向信用卡客户提供世界积分，客户每消费 1 美元获得 1 个积分。Charles Schwab 提供的忠诚度计划包括如下内容：

商品或礼品换领证。客户的积分越多，可以换领的商品或礼品就越有价值，客户可以从广泛的商品中进行选择，包括家居装修、高技术电子产品、运动用品、计算机游戏、玩具、时装、生活用具等。

证券交易。客户的世界积分达到 6500 个积分之后，客户的 Schweb 账户就可以收到资金，用于支付使用 Schwab 渠道进行证券交易的佣金。

现金。客户使用信用卡进行日常交易获得的积分，可以兑换成从 25 美元到 500 美元不等的现金。

旅游产品。客户可以使用积分兑换成酒店住宿、机票、度假旅游产品包或者租车。对可兑换的旅行社或航空公司没有限制，客户也可以使用 15000 积分兑换同行亲友的机票。

（三）加拿大皇家银行

该行通过保险、航空公司、旅游等行业的合作伙伴向客户提供会员礼品。该行向客户提供两种奖励：一种是加拿大皇家银行的奖励，客户可以兑换多种产品和折扣；另外一种是合作伙伴的奖励积分，客户可以通过使用多种合作伙伴的产品获得这种奖励。奖励的种类包括以下几个内容：

旅游。客户每消费 1 加元，可以获得 1 个积分时，积分累计到 15000 积分，可以兑换免费机票。

运动比赛。提供多种与高尔夫运动相关的奖励和高价值的优惠。

学生。学生通过指定的旅游公司订购旅行票务可以更快地获得奖励积分。

保险。包括国外医疗保险、飞机延误险、延长的购物保险，在加拿大和国外提供个人、家居和医疗保险。

休闲。在参加计划的星巴克咖啡厅每消费 1 加元兑换一个星巴克 Duetto 积分。

身份被盗。使用该行信用卡在网上购物，获得额外的购物保障。

燃料。客户消费获得的积分可以在加油站换取免费的汽油。

慈善。客户可以将积分捐献给不同的慈善机构或自己喜欢的运动俱乐部。

餐饮。参加积分奖励计划的餐厅网络，客户在参加该计划的餐厅内消费，可以获得额外的奖励积分。

注册积分奖励。可以参加注册退休存款计划和注册教育存款计划，客户最低使用 12000 积分可以兑换 100 加元的兑换券，存入注册退休存款计划或注册教育存款计划。

（四）美国大通银行的西南航空公司快速奖励信用卡

该卡帮助一些刚使用该卡消费 2000 美元的客户赚得往返机票的奖励。客户在开卡后的前三个月内，消费满 1000 美元可以获得 25000 奖励积分。客户使用该卡进行的第一笔消费会获得 30000 奖励积分，使用该卡购买西南航空公司的机票或酒店住宿或租车享有双倍的积分奖励，客户开卡周年纪念日会获得价值 100 美元的 6000 奖励积分，新开卡可以获得的余额转移最高积分为 15000 分，在开户的 90 天之内所有的余额转移交易每一美元获得一个奖励积分。客户每消费 10000 美元，还可以获得 1500 额外奖励积分。该行对客户收取较低的年利率，余额转移收取 3% 的手续费。客户可以获得的积分没有上限，也不会过期。客户的积分可以换购 50 多家航空公司的 800 多个目的地的国际机票，入住全球 70000 多家酒店，在全球的主要租车公司租车，从多家零售商店换领礼品卡或旅行套票。该卡免收跨国交易手续费。该卡有两款：一款收取 99 美元年费，有较丰厚的积分奖励；另一款收取 69 美元年费，积分奖励较少。积分奖励可以用来购买机票，客户获得的积分可以用来换领西南航空公司免费的机票、礼品卡（见图 9）。

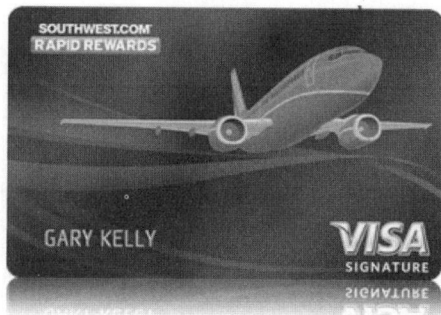

图9　美国大通银行的西南航空公司快速奖励信用卡

（五）马耳他 Banif 银行的 Hello Kitty 信用卡

马耳他最年轻的银行 Banif 银行与知名的世界品牌 Hello Kitty 合作，推出一款独特的时尚品牌的 Hello Kitty 信用卡。该卡是一款专门针对当地时尚女性的信用卡，在购物的同时为客户增加了许多乐趣。该卡对消费和取现都提供最长 51 天的免息期，并且提供灵活的还款选择。女性客户喜欢旅游，她们乐于使用这款信用卡购买旅游行程并获得免费的旅游保险，该卡持卡人享有免费的购物保障保险、保险和健康项目折扣以及一系列时尚时装店的折扣优惠。马耳他所有领先的零售商将该卡连同优惠券一起寄送给会员客户。该卡比一般信用卡的额度要高，可以设定灵活的还款方式，并且提供较低的利率。该卡使用简易移动值（EMV）芯片技术，提高了安全性，客户消费时需要键入密码，无须签字。成功申领的客户能获得时装店 150 欧元的优惠券，此外 Hello Kitty 信用卡客户还能经常性地从一系列领先的零售品牌处收到优惠券。客户在成功申请 Hello Kitty 信用卡之后会收到一个免费 Hello Kitty 套装，客户消费会获得积分，当积分累计达到 2500 分时，可以将积分兑换成现金、飞机票、不同商店的礼品卡等。Hello Kitty 的客户还可以获得 Hello Kitty 主题借记卡和支票账户，开立 Hello Kitty 主题支票。

（六）花旗 Forward 大学生信用卡

客户可以自行选择在月初、月中或是在月尾偿还账单，也可以选择全额和最小额还款。客户申请附属卡的流程非常简单，只需要致电给花旗银行，3 个星期之后，附属卡就可以寄到指定地址。花旗提供价格退回计划，客户在花旗银行网站专门的网页上购买商品之后可以在花旗银行网站上登记，花旗价格退回计划将在数百个零售网站上搜索过去 30 天同种商品的价格，如果另一商品的价格低于购买价格，用户将获得差额退回。客户使用花旗银行 Forward 信用卡购买的商品在原有的 3 年以内的质量保证基础之上，还可以获得额外的延长 1 年的质量保证。多数使用花旗银行信用卡购买的商品在购买后 90 天之内如遇被盗、火灾、或者意外损坏会得到最高 500 美元的赔偿。如果客户使用花旗信用卡购买机票、火车票或长途巴士车票，客户本人和配偶、子女可以自动获得人身意外伤害保险。客户使用花旗银行的信用卡支付租车的费用，如果车辆发生碰撞、损坏或者被盗，客户可以使用花旗银行的保险进行赔偿，还可以获得理财教育的提示和相关工具。

花旗银行提供身份被盗解决方案，客户持有花旗银行的 Forward 信用卡，如果客户出现身份信息被盗，花旗银行会提供相应的帮助。对于非客户授权的交易，客户无须承担责任，不会因为非本人授权损失任何金额。花旗银行的照片卡可以将客户的姓名和签名印在卡的正面，可增加客户用卡的安全性。花旗银行还提供身份信息监控服务，不仅客户账户信息被监控，还能够得到客户信用报告和评分。客户在网上购物的过程中可以生成进行网上支付的虚拟信用卡号码。当客户使用花旗银行的 Forward 信用卡支付手机的每月账单时，如果客户的手机出现损坏或丢失，客户可以使用花旗银行的手机保险补偿这部分损失。

（七）英国第一资本银行的"渴望精英卡"

该卡在任何商店、任何地点购买任何商品，都能够获得高至 2% 的现金回赠。客户开卡后的 99 天之内的任何购物都可以获得 5% 的现金回赠，客户可以得到的最多的现金回赠为 200 英镑。客户在开户 99 天之后消费在 15000 英镑之内的交易，可以获得 1% 的现金回赠；从 15000 英镑至 50000 英镑之间的交易，可以获得 2% 的现金回赠；超过 50000 英镑的所有交易，可以获得 1.35% 的现金回赠。上述的现金回赠在客户开卡满周年的月份重新开始计算。

（八）美国 MBNA 公司的每天信用卡

美国 MBNA 公司发行的每天信用卡，客户在开卡后可以享有长期的余额转移利率和消费优惠，优惠期过后，客户仍旧可以使用较低的收费和利率。该行为新开户的持卡人余额转移提供 17 个月的零利率，只收取 2% 的手续费。这一优惠适用于开户后 60 天内进行余额转移的客户，客户可以将其他银行的信用卡余额、商店卡余额、贷款余额转移到 MBNA 公司的每天信用卡。如果客户将其他银行和商店的高利率信用卡余额转移到 MBNA 每天信用卡中，会节省很大的支出。不仅如此，客户如果在开户后的 60 天内办理现金存户，即将信用卡转出资金存入存款账户，可以享有 17 个月的零利率，仅需支付 4% 的手续费。MBNA 每天信用卡不仅在转移资金方面有很高的优惠，在日常使用中也能给客户带来方便，在刚刚开卡的 7 个月内客户消费享有零利率优惠。客户的优惠期过后，可以享有 11.9% 的优惠年利率。该卡使用非接触信用卡的技术，在支持非接触万事达卡的地方都可以方便地使用，商户客户支付的过程非常方便。

八、卡片设计的创新

(一) 镶嵌钻石的信用卡

万事达组织和哈萨克斯坦的第二大银行 Kazkommerts 银行共同发行了镶嵌钻石的信用卡,这款卡是为银行真正的 VIP 卡户提供的信用卡,其与众不同之处是在塑料的卡片上镀了金膜并镶嵌了钻石(见图 10)。韩国的 GK Power 公司开发了在塑料卡片上覆盖金膜和镶嵌钻石的技术,这家智能卡制造商开发了这款奢侈的卡片向本地和外国的银行进行销售。该公司向迪拜第一银行最有价值的客户提供了 1000 张信用卡,这批信用卡的造价为 175000 美元,是普通卡片成本的 300 倍。这款信用卡的目标客户是具有很高社会地位的精英俱乐部的成员,每一名拥有这款卡的客户都会小心保管这张信用卡。这款卡限量发行,一部分幸运的客户获得了这种卡片,并且能够享有诸如无限制的额度、特殊的优惠、在全世界范围内参加计划的商户中享有 VIP 优惠。之前的迪拜的 Royale 银行曾经发行过精英钻石信用卡。对女性持卡人发行的钻石卡卡面上镶有孔雀的图案,男性持卡人的卡面上镶有带翅膀的骏马,这两种卡卡面上都镶嵌有黄金和一个 0.02 克拉、有证书认证的钻石,仅接受被邀请的申领人,目标客户是 VVIP 豪华的旅行者客户。银行会向这些客户提供无限制的信用额度、优越的生活助理,并帮助他们安排名人出席的生日会或预定豪华轿车等事宜。目标客户需要缴纳 1000 美元的年费,每月这种信用卡只发行 30 张。申请该卡之后,会有一名专门的客户经理全天候为客户提供所需的服务。这款信用卡将成

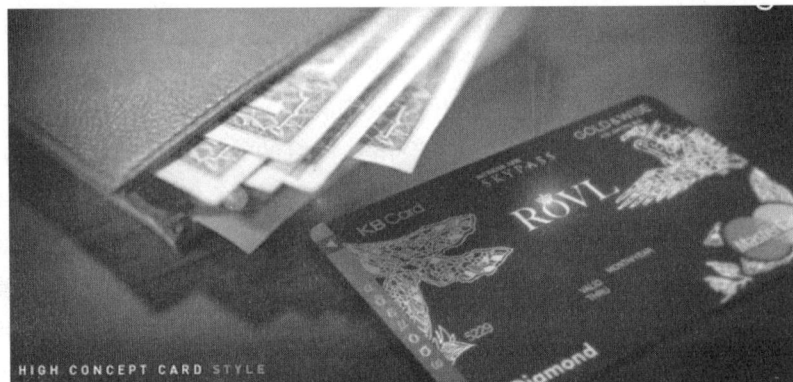

图 10　Kazkommerts 银行发行的镶嵌钻石的信用卡

为商业银行在市场上打败竞争对手、争夺最高端客户的工具。

（二）整合了信用卡和媒体播放器的电话

这是一种将一个人所有携带的物品整合在一起的设施：手机、媒体播放器、信用卡和优惠卡、家庭钥匙和车钥匙。这一设备的大小与一张信用卡相同，将取代多种物品：能当作视频电话使用；可以取代客户所有的信用卡和折扣卡，在任何一个地点，这一设施内置的程序将会调用可能的最低的折扣，供客户使用；对客户任何设施的遥控装置，这一设备可以同时显示电视节目清单，也可以向客户同时推荐最好的网站；它还是客户的家门钥匙和汽车钥匙，通过按上面的按键，可以打开家门或车门。它还是一个 GPS 系统，可以自动向互联网上传航拍照片；也是一个图书馆、音像和音乐商店，客户可以阅读、听、看自己选择的节目；客户也可以浏览网上图书馆或从世界各地的商店购买任何需要的东西。此外，它还是一个能够上网的游戏设备，虚拟世界变得非常真实，客户电脑中的任何信息都可以上传到互联网上面去（见图 11）。

图 11　整合了信用卡和媒体播放器的电话

（三）钞票夹信用卡

这是一款 VISA 组织为发行芯片卡开展的设计竞赛中出现的一款信用卡，这一竞赛要求提出新颖的信用卡设计，该设计无疑满足了这一要求。VISA 组织邀请众多的客户参加了设计竞赛，竞赛要求设计者提出要求较少时间和投入的设计方案，数千人提出了各式各样天才的创意。除了塑料钞票夹之外，还有金属钞票夹和碳纤维钱夹。金属钞票夹通常是一个坚硬的对折状的金属片，钞票和信用卡可以安全地楔入两片金属之间，通常金属钱夹由不锈钢、银、金、白金、钛金等金属制成，这种钱夹作为奢侈品销售。它的主要的缺点是由于金属的不灵活性，不能加入太多的钞票，有些钞票也不容易加入其中。此外还有碳纤维钞票夹，尽管碳纤维用品非常稀有，但这种钱夹已经开始出现在市场上。通过使用高级的铸型技术，碳纤维的高强度和持久性形成了这种钱夹优越的性能。碳纤维钱夹在夹入钞票和信用卡时可以严重变形，取出之后还能恢复原状，由于碳纤维是非金属材料，在进行安检的时候客户可以顺利通过，无须取出现金和信用卡（见图 12）。

图 12　钞票夹信用卡

（四）蛇皮信用卡

时装设计师们开始设计自己的信用卡，意大利高端时装设计师 Roberto Cavalli 为自己的品牌设计了蛇皮信用卡，与他在动物花纹设计方面崇高的声望保持一致。这款信用卡是在米兰女性时装周发布的，蛇皮信用卡是使用真蛇皮制作的，这款卡比塑料卡片和钛金卡更尊贵。除了在制作卡的材料中含有蛇皮这一特点之外，还有其他的优惠活动，如邀请持卡人参加时装表演或时装促销等。现在的消费者十分希望能够展示独特的性格和使用产品的特殊品质，那些能够为客户提供展示他们个性的厂商将获得丰厚的回报。这一高端信用卡与其他的优惠结合在一起，持卡人在全球的 Cavalli 商店中都会享受到 VIP 礼遇，会被邀请参加多项活动和表演，还会被邀请参加特别的促销。客户可以在 Roberto Cavalli 的网站上和位于全球 20 多个国家的连锁店内找到这一款信用卡（见图 13）。

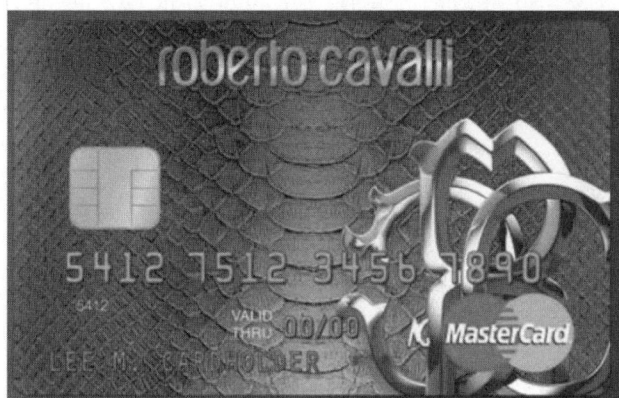

图 13　蛇皮信用卡

九、可穿戴设备的创新

土耳其的 Garanti 银行与万事达卡国际组织共同开发了内置 PayPass 标准信用卡的腕表（见图 14），该银行也是在欧洲第一个引入 PayPass 卡的银行和在世界上第一家与万事达卡国际组织合作发行这款腕表的银行。这是一款具有非接触信用卡功能的腕表，限量发行，主要面向对预付卡有兴趣的客户发行。非接触卡使交易变得更加快速、灵活和方便。该表在世界杯比赛期间上市，其外形像一个橙色的足球，在卡的表面还印有足球的图案，表的正面不仅显示时间，还显示日期。表的内部有一个 SIM 卡大的芯片，受理的时候需要使用 PayPass 读卡器，客户在支付消费款项的时候，仅需要将手腕在读卡器前挥一挥就可以完成支付，这款腕表使客户在支付的时候更加方便。客户可以使用这款腕表进行 15 欧元以下的消费，无须签字和输入密码确认。在最初的时间，每周这款卡只能存入 1500 欧元，一部分登记的客户可以每周存入 3000 欧元。在欧洲非接触信用卡在替代现金的过程中起到很大的作用，介绍引入这种内置信用卡的手表也是替代现金的一种快速方便安全的支付形式。土耳其居民对支付创新很有兴趣，Garanti 银行努力使自己保持在创新的前沿。在土耳其，该表最初发行的时候有超过 600 家商户签署了受理这种卡的协议，包括星巴克咖啡和 Burger King 等商户。这款卡的发行有利于吸引新客户和商户，发展闭环的预付卡消费项目，客户可以在参加项目的商户中使用这款腕表信用卡。这款腕表上市之后，统计数据表明 PayPass 交易量上升了 18%，其中 45% 的交易是小于 10 美元的交易。全球目前已经有接近 2000 万张 PayPass 卡，有超过 40 万个商户可以受理该卡，其中包括麦当劳、7—11 等商户，许多体育馆和高尔夫赛事都接受 PayPass 信用卡的使用。

图 14　内置 PayPass 标准信用卡的腕表

十、对我国商业银行创新工作的建议

（一）开展公司卡服务的创新

商业银行可以开展公司卡交易方式的创新，对公司卡实施前端交易控制，企业管理者和项目管理者可以控制交易的进行。企业可以通过网银、手机应用、语音电话或批处理文件设定公司卡的交易参数，员工持卡发起交易，在交易的时候授权信息被传送到信用卡主机按照参数进行控制，商户正常完成被批准的交易后，企业会收到交易提醒和交易报告。交易控制使持卡人的交易符合公司购买政策，减少卡的滥用，能为公司卡带来更大的交易量，也能为银行带来更高的手续费收入。企业管理者控制的参数可以包括交易国家、时段、交易类型、交易金额、渠道类型或上述因素的组合。公司管理者可以在设置交易限额时选择使用信用卡，选择商户并确定交易金额，在持卡人手机上显示交易的密码，持卡人到对应的商户中消费并输入一次性交易密码，这时公司管理者在网上的交易明细中批准这一交易，交易就能完成。公司管理者也可以选择使用二维码设定交易参数，设定交易商户和交易金额，这时持卡人手机上会显示一个二维码，员工到商户消费时出示二维码，这时公司管理者就可以在电脑或手机上看到上传的收据照片，批准之后这一交易就可以完成。通过为客户提供顺畅的流程，提高了信用卡的使用量。

（二）开展电话服务方式的创新

商业银行可以在对客户的电话银行服务中将自动语言识别技术与人工辅助理解技术结合起来使用，大幅度地提高对客户语言的理解力和语音识别的精确性。向客户提供与真人对话一样的自动语音服务，客户可以使用完整的句子与系统对话，无须改变自己的语言习惯。客户也可以使用手机应用报告非本人交易，使用电话语音对卡片进行冻结，确认变更后的地址并补发新卡，在电话上进行账户之间的转账，查询营业时间，预约银行服务，甚至可以办理卡片服务的变更、自动还款的设定、理财产品的购买与赎回、基金交易等。这种应用十分灵活，能够适应与客户的沟通风格，系统不会错过客户表达的任何信息，不会要求客户对自己的话语进行重述。当客户不知道如何准确表达自己的意思时，系统会向客户提出正确的问题，直接指向问题的根源。例如美国 Interaction 公司开发的系统能更好地处理背景噪音和来电者的方言和口音，客户无须改变自己的说话习惯和沟通风格。

（三）对持卡人交易方式进行创新

商业银行可以与商户合作提供可以按月还款的贷款平台，商品销售采用 O2O 的方式在线上下订单，在实体店提取货物。可以由商户向客户提供贷款。将贷款变成了一种结账的方式，客户在网上结账时可以选择使用贷款的方式。页面上显示客户可以享有多长时间的免息期和还款宽限期，可以告知客户每月需要还款的金额。客户可以填写自己的姓名、电话、生日、住址、身份证号码、月收入、住房情况等信息，之后客户可以看到贷款申请编码、贷款金额、每月还款金额、利率等信息以及附近商户的地图。之后客户还需要在画面上签名。贷款的利率取决于客户的信用状况和交易历史。客户在申请贷款时需要签署贷款协议、验证客户的身份资料、提交发票和借款人的空白支票，商户也有可能需要持卡人提供保险证明、就业证明等资料。客户到达商户取货时，可以得到财务人员即时的批准。客户需要提供银行账户的资料，并将交易发票拍照上传，贷款即时完成，客户可以携带商品离开。商户可以收取一定的贷款费用，贷款费用可以计入贷款本金。这种交易方式为客户提供了融资，扩大了商户的交易量。银行可以与商户合作提供贷款，也可以由银行自己提供贷款，或为多家银行的商户提供贷款服务。这一模式能够增加银行的利息和手续费收入，对客户有很大的吸引力。

商业银行可以开发增加卡片控制的工具，帮助持卡人更好地管理他们的卡片，客户可以将自己的信用卡账户交给其他家人使用，在任何时间监管信用卡账户的交易。银行可以使用万事达组织的 InControl 系统，也可以自行开发这一功能。该功能可以对信用卡交易的时间、地点、金额进行设定，可以设定每天、每周和其他周期的交易限额和次数，限定某一交易类型的限额。客户使用信用卡在超过预设的限额时，可以向客户发送提醒，也可以拒绝交易。还可以为客户开立虚拟的卡账户号码，专门用于线上交易，该卡号与真实的卡片账户号码相连接，客户能够开立的互联网卡的数量不受限制。

银行也可以与一些商户合作开发在商户中消费的手机应用。客户到商户购物时，只需要打开手机应用，就可以显示出一个二维码，在收银台的扫描仪上扫描二维码，就可以完成支付。客户还可以使用手机应用查看商户预存账户余额、充值、交易明细。另外，可以将客户的信用卡或借记卡与电子钱包连接起来，可以追踪和兑换奖励积分、查询附近的连锁店或其他商店、查询营业时间、了解产品营养信息、享受免费的音乐、了解一些推广信息等，还可以将消费的信息进行分享，邀请其他朋友一起聚会等。

（四）开展商户受理方式和奖励方式的创新

商业银行可以改进现有的商户受理设备，向客户提供更为灵活便携的收单受理设备，可以提供与平板电脑、手机相连接的设备，用于借记卡和信用卡的结算。在结账的时候，收银员只需在手机或平板电脑上输入金额，之后客户的卡插入密码键盘，输入密码，就可以完成支付，提高了交易的便利性。在商户优惠推广中，可以由银行开发建立商户优惠推广平台，向客户提供手机应用，客户在手机上可以查询到附近可以享受到优惠的商户。客户选择优惠的商户之后，进入优惠的界面，之后就可以显示客户登记的借记卡或信用卡。客户可以点击卡号确定将商户的优惠与银行卡相互绑定。当客户到商户进行消费后，在收银台处进行交易的时候，银行和商户的后台就会自动将优惠计入交易记录，并生成短信告知客户享有优惠的比例，并在收据中标注下一次消费可以享受的优惠。使用这款应用，商户将这一优惠应用到消费中，为商户带来更多的销售，持卡人得到更多的实惠，银行也更加了解持卡人的交易信息，便于进行更进一步地分析和推广。

（五）开展增值服务的创新

商业银行可以发行仅通过邀请申请的信用卡，要求持卡人资产净值达到一定规模，消费和信贷也要达到一定标准。可以向这些客户提供奢侈品牌的购物指导，可以购买限量的收藏品，享有飞机头等舱的升舱、酒店的升级，可以享有免费入住酒店的优惠，参加私人飞机俱乐部、航空公司俱乐部，可以不设交易限额，也可以向客户提供专属的杂志，刊登专属的消费信息，还可以帮助客户购买专门的活动门票，提供个性化的服务。

商业银行可以对客户提供礼宾服务，如果客户需要订礼品，可以帮助客户挑选、订货并送到客户手中；可以帮助客户寻找最合适的高尔夫球场，帮助客户安排顶级演出，购买运动赛事、音乐会的门票，订到最合适的座位；可以提供机票预订服务，提供安排好的飞机行程、价格、转机、机票限制等信息，并且对租车提供相应的保险服务等；可以提供礼品递送服务，包括随送物品如巧克力或酒类的安排、递送时间，并负责传送信息；可以提供旅游指导服务，包括天气和气候咨询、护照和签证指导和帮助、使领馆地址和电话、国家法定假日和海关咨询。

月结单是客户花费较长时间阅读的文件，也是对客户进行营销的好工具。发卡银行应该在现有月结单的基础上为持卡人提供更多的信息和更个性化的界面展示。可以提供支持手机、平板电脑的互动式的月结单，将多个银行账户的信息整合在一个界面上，客户可以点击查看更多的信息并进行互动，也可以展示对客户交易的分析图表。可以查看每一类型商户的交易列表，对某一项交易能够查看详细情况，可以查看积分的历史变动曲线，可以在网络社区中分享自己的信息和评论，也可以点击链接与银行客服实时联系。可以发送电邮和微信微博，客户点选几项交易，就可以产生分析图表，在空白处可以提供推广信息和视频资料，也可以进行客户意见调查，鼓励客户提供创新的建议，还可以将资料下载成电子文档保存。

商业银行可以向部分客户提供个人身份信息提醒服务。如果客户登记这项服务，且有人使用这一信息申请信贷或信用卡，银行可以向客户发送提醒，未经客户同意，申请无效。如果客户的资料进行了更改，也会向客户发送通知。如果客户的身份信息被盗，银行可以提供相应的帮助，可以监控客户的身份信息，可以向客户提供购物保险，如果使用银行信用卡购买的产品出现失火、被盗、损坏，客户可以得到赔偿。银行可以提供最佳价格保障，如果客户在银行购物网站上购买的商品价格超出其他网站一定金额，可以得到价格补偿。银行可以增加对客户使用信用卡购买洗衣机、电视机、电吹风、照相机、咖啡机等商品的质量保障期限。

（六）开展奖励方式的创新

商业银行可以引入可写入磁条技术，在卡面上设置两个按键和两个指示灯，一个代表使用信用额度消费，一个代表使用积分消费。当客户信用卡中的积分超过最低的可兑换的积分限额时，显示使用积分消费的指示灯就会亮起。如果客户选择使用积分进行支付，交易初始时也会使用信用额度支付，日终会使用积分进行支付，即将客户的积分兑换成现金存入客户的账户。信用卡默认的交易方式是使用信用额度进行交易。客户可以在月结单中看到这些交易，可以将每笔交易兑换成一定金额，兑换金额在月结单中显示的速度与使用卡片兑换的速度相同。

商业银行可以允许客户将积分兑换成多种奖励，包括商品或礼品换领证、证券交易手续费、旅游产品、高尔夫球训练、保险、星巴克积分、购物保障计划、汽油、慈善捐款、酒店住宿、飞机票、现金等，还可以使客户参加商户网络优惠计划，客户可以享有包括旅游保险、购物保护保险、健康项目折扣、保险折扣、全球帮助服务等。换领的商品可以包括家居装修、电子产品、计算机游戏、玩具、时装，可以换领飞机延误保险、延长的购物保障以及个人、家具和医疗保险，还可以将积分兑换成现金存入退休存款计划或教育存款计划。客户可以选择灵活的不同时间段的账单日期、还款安排和不同的年费计划。

在客户开卡的初期，如果消费达到一定的金额，可以换领一定距离的往返机票；如果前三个月消费未达到一定金额，可以奖励一定的积分。首笔消费可以获得一定的积分，使用信用卡订购旅游机票或住宿可以享有双倍积分，在开卡周年纪念日或生日可以获得积分奖励，每消费一定的金额可以给予一定的积分奖励。积分可以没有有效期，可以换领旅游套票，客户可以选择不同的年费计划，较高的年费可以有较高的积分奖励比例。银行可以与知名品牌的商户合作发行主题卡产品，通过商家的渠道将主题卡和优惠卡一同发放给客户，在开卡最初可以获得优惠券，之后定期也可以获得商户的优惠券。可以同时开立主题信用卡和主题借记卡。可以对使用银行信用卡购买的商品在原有的质量保证之外再增加额外的质量保障期，如果商品被盗、失火、或者意外损坏会获得一定赔偿。如果客户使用信用卡支付手机账单，也可以提供手机丢失或损坏的保险。

商业银行也可以向客户提供现金回赠，客户消费到不同的金额，可以分段提供不同比例的现金回赠。可以向客户提供余额转移和现金存户的服务，对新开卡客户提供手续费优惠，在优惠期过后，也可以提供较低的利率或较高的积分奖励优惠。

（七）开展卡片设计的创新

商业银行可以采用钻石镶嵌技术，在卡片上镶嵌一到两颗钻石，也可以采用金属层压技术，在塑料卡片上植入黄金图案，还可以采用钛金属卡片，为高端客户提供尊贵的卡片材料，帮助高端客户展示他们的财力，使他们得到尊贵的体验。持有这种尊贵的卡片，客户可以成为精英俱乐部成员，享有无限制额度以及特殊的商户优惠。在商户和银行网点享有 VIP 待遇，向他们提供礼宾服务，安排名人出席的生日会或预订豪华游艇、轿车等，也可以将手机、媒体播放器、信用卡、优惠卡、车钥匙和家门钥匙整合在一起，既可以使用信用卡付款，也可以当作视频电话、家门钥匙和车钥匙，还可以播放多媒体节目，以及将资料上传到互联网上。商业银行也可以设计钞票夹信用卡、蛇皮信用卡等，钞票夹信用卡可以采用金属材料或碳纤维材料制成，蛇皮信用卡在卡的制作中使用蛇皮材料。商业银行也可以发行外形如腕表、手镯等的非接触信用卡，支付时仅仅需要将手腕在传感器上轻轻拍一下就可以完成支付。

国外银行信用卡业务创新策略研究与借鉴意义

信用卡市场的饱和与过度竞争使银行信用卡业务的盈利能力下降，客户更多地使用多张信用卡，并倾向于转移到低成本的银行中去，信用卡市场中基于低价格和奖励的各种产品和优惠导致了服务的同质化。为使自己从众多信用卡发卡行中脱颖而出，近年来世界各国的商业银行在信用卡营销与经营中采取了多种创新。本文从持卡人交易方式、营销推广方式、收单交易处理方式、促进安全的交易方式、信用卡功能设计、卡片设计、积分奖励方式、基于盈利贡献与风险的客户挽留策略八个方面分析国外信用卡业务创新的策略，并结合我国商业银行的信用卡创新工作提出建议。

一、持卡人交易方式的变化

（一）万事达双值健康卡

许多公司和保险计划都十分注重引导员工和客户养成良好的生活习惯，以便提高人们的健康水平，大幅度降低医疗费用。很多人不注意健康的饮食，也没有定期服用药物，导致健康状况下降。一些雇主希望向雇员提供健康预付卡，使他们能够在指定类型的健康消费商户得到优惠折扣。万事达与外部公司合作开发了健康预付卡，鼓励客户购买健康计划或希望他们购买商品，推荐他们购买健康食品、减肥产品等并提供优惠，这些折扣和优惠在商店实时地向客户提供。双值健康预付卡使合适的人在合适的时间和地点得到合适的折扣，使万事达能够成功地支持 48 个健康保险计划。

使用这种卡片，客户的健康保险计划会不时地向客户寄送优惠推广信息。客户到商户消费之后，在收款处向收银员提供健康预付卡，收银员按照正常的程序对商品进行扫描，在收银系统上会正常显示各种购买的商品，之后刷卡并

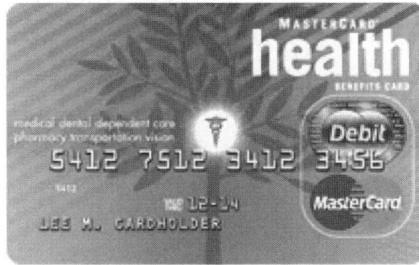

图 1　万事达双值健康卡

完成交易。在商户的购物收据上（见图 2），将客户购买的商品分为一般商品、非处方（OTC）药品和健康食品三个类别，每一类别中都有明细商品和汇总金额。在购物小票的下方，对不同分类的商品分别计入不同的卡片，并显示出各张卡片的后 4 位卡号。客户签署一次，同一笔交易分别计入不同的信用卡和预付卡中，对健康类商品会提供较高的折扣，全球已有几十万家万事达商户支持这一功能。在交易的过程中并没有使用纸质优惠券，而且鼓励客户消费更多的健康商品，最终会使客户健康水平得到提高。该卡在美国有超过 4 万家商户已经能够受理，包括食品、药品商店等。

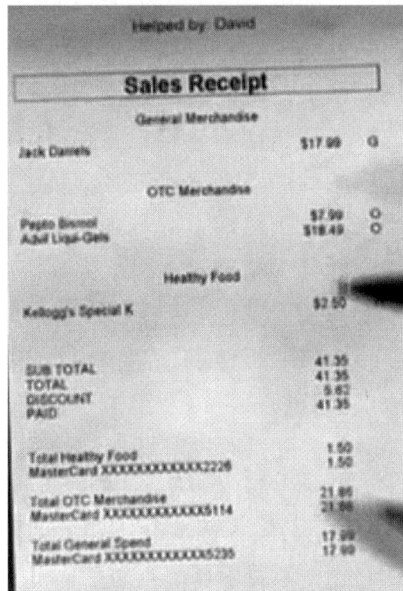

图 2　万事达双值健康卡的交易凭条

万事达双值健康卡通过限定持卡人可消费的商品并提供奖励，使健康计划得到实施。万事达的网络与发行商的网络相连接，该卡使雇主能为雇员提供高质量的医疗护理体验，同时减少公司的管理成本、单据报销工作，减少了持卡人的麻烦，增加了员工对健康计划的参与度。使用这种卡能够帮助人们改变生活方式，最终会带来全国健康医疗成本的下降。

（二）美国的 PayWith

PayWith 是一个营销推广系统和客户忠诚度平台，并与万事达组织合作，开发了 PayWith mCard。PayWith mCard 是一种客户可以使用手机兑换的一消费券，商户能够向持卡人提供现金回赠、折扣、优惠券等奖励。发行方可以对每日消费的时间、金额和特定的受理机构或个人进行限制。PayWith mCard 可以用来吸引新客户，对忠诚消费的客户予以奖励；持卡人可以得到现金存入、商品折扣、回赠等。商户受理这种消费券无需对硬件或软件进行改造，还可以追踪客户对消费券的使用情况。该应用也十分安全，能很好地保护客户隐私。商户使用这一软件可以使更多的持卡人到商户消费，也有更多的媒体传播。

客户可以在 Paywith 网站上下载并在手机中安装这一应用（见图3），登录该应用，客户可以查看到自己能够享有的附近商户的优惠信息。优惠信息包括商品优惠、折扣或可兑换的商品。客户可以到希望进行消费的商户，选取商品之后在收银员处点击手机界面上进行交易的按键，输入交易金额后，手机应用界面上会生成一个随机的万事达信用卡号码，并且显示有持卡人姓名、到期日等信息。客户将画面上显示的信用卡卡号告知收银员，收银员的处理流程与正常消费一样，并且客户可以在收银终端上查看到自己的交易金额和授权处理的状态。收银员输入卡号、到期日、金额等项目后，从发卡行索取到授权后交易就会完成。

该平台的商户端包括一个仪表板显示界面、制作多种推广的营销工具、分析客户消费活动和消费地点的分析报告以及维护账户信息的管理工具。商户可以为自己的会员制作 mCard，也可以通过市场营销机构开立这种消费券，甚至还可以由个人为个人开立 mCard。商户如果希望对自己的会员进行奖励，仅需要求它们的会员开立 PayWith 账户，并与 PayWith 合作提供消费券就可以了。商户登录 PayWith 界面后，可以查看交易的信息，也可以进入每名持卡人的记录，界面上会显示每一名客户的交易历史和交易分析状况。商户能够看到营销的信息，也能查看到某一名客户的交易种类、爱好等信息。一些推广性的

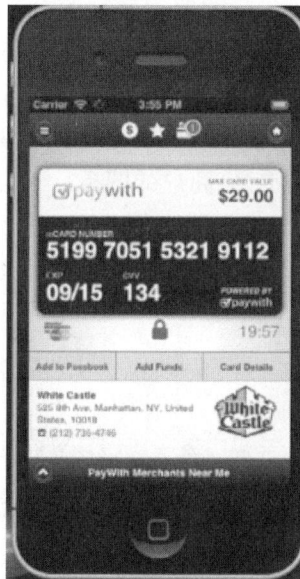

图3　Paywith 系统界面

mCard 的外形与在零售店销售的礼品卡相似，商户可以制作这种 mCard，并将这种卡发放给潜在客户。商户还可以设定 mCard 的金额和使用条款，如到期日、每周、每天的有效时间等。

二、营销推广方式的创新

美国动能公司的 ePlate 卡使用的核心技术是可写入磁条技术，这款卡可以在任何现有的 POS 机的磁条读取设备上使用，无需对原有的 POS 机读取设备进行修改，卡片磁条中的信息可以在动能公司的计算机系统构架内进行修改。ePlate 卡的厚度、灵活性、防水性能、耐用性与普通的塑料卡片相同，其内部有一个电池，寿命可以达到四年。卡片内有一系列的电路设计，具有电源管理、计时和控制等功能。客户可以通过按键向卡片内写入一系列参数，也能从卡片中接收信息。仅客户卡片磁条内的信息会保留在动能公司的 ePlate 卡中，对客户来说非常安全。

ePlate 卡支持数百种商户奖励计划，客户可以在任何时候上网更改与自己卡片相连接的奖励计划，例如客户在周一可以享用现金回赠，周二可以使用某一航空公司的奖励计划，周三可以享有某一特定商户的积分奖励。ePlate 网站界面上（见图 4），上半部有客户虚拟的卡片图案，下半部集中展示了数百种商户的优惠计划。每一个优惠计划后面都有显示代码为"1"和"2"两个按键，客户可以选择相应商户的奖励计划，按下"1"和"2"两个按键，可以将这两项优惠指定为自己卡片上的两个按键对应的两项优惠。虚拟卡片上两个按键旁边的图标会相应变化为对应商户的图标，点击优惠的链接，可以查看相应的优惠明细奖励内容。ePlate 卡片支持 EMV 的标准，卡面上有两个按键，代表奖励计划 1 和奖励计划 2，当客户按下某一个按键的时候，卡片会在磁条和 EMV 芯片中重新写入数据。

图 4　ePlate 卡网银页面

客户在准备进行一项消费时，按下卡片上对应奖励计划的按键，相应的指示灯就会亮起，之后刷卡，就可以即时获得奖励，客户同时还会收到电子邮件通知。过往商户优惠兑换需要 30～40 天才能到达客户手中，这是由于兑换的信息从终端依次传导到商户、收单行、发卡行和持卡人。新的 ePlate 卡的兑换流程仅需要不到一秒的时间就可以计入客户的账户。这一产品能够向客户提供比竞争银行多几倍的商户优惠，客户可以随时在网银、手机、平板电脑上更改自己的奖励计划。

每周商户名单都会更新，客户可以在数百项奖励计划中选择。目前，世界上每两张信用卡中就有一张是积分奖励信用卡，但多数奖励信用卡是不能给银行带来盈利的，因为多数银行的一张信用卡只能与一个商户奖励计划相联系。营销积分需要成本，一般积分奖励信用卡需要银行预先投入大约 6000 积分作为迎新奖励，还需要投入大量资金吸引新客户。由于使用 ePlate 卡，各商户会竞相向银行客户提供力度更大的优惠措施，银行投入一定的奖励积分之后，客户会通过购买相应的商品或服务投入更大的价值，增加银行的手续费收入。客户也可以使用 ePlate 卡片进行线上交易，并选择自己喜欢的奖励积分。由于参加奖励计划的项目和商户众多，每一家新加入计划的商户会和发卡行交换一部分新客户名单，因此会为发卡行带来很多新客户，也增加了银行新客户的数量。

三、收单方交易处理方式的创新

（一）英国的 Kalixa Pro

Kalixa 是一家英国公司，它是预付卡的发行商，同时也提供收单方面的服务，并开发了电子钱包。电子钱包处于该公司提供的所有产品服务的中心位置。该公司开发的 Kalixa Pro 是一款为小企业准备的银行服务解决方案，包括一个电子钱包、一个手机应用、一个读卡器和一张卡（见图 5），可以在任何交易地点进行或接收卡片支付，帮助小企业提高销售量，小企业仅需投入非常少的资金就可以使用这一方便的产品。客户可以使用读卡器和该应用进行支付，仅需要简单地刷一下卡就可以完成支付，可以在手机上看到资金流入和流出情况，也可以从电子钱包中直接消费，还可以使用该卡提取现金，无须动用银行账户。

使用 Kalixa Pro 可以接收支付。首先，商户可以使用手机登录 Kalixa Pro 应用，在手机界面中选择一项该公司向客户提供的产品，例如提供汽车换机油服务。其次，商户可以点击进入该产品的收费页面，客户可以选择使用信用卡支付或使用电子钱包支付。如选择信用卡支付，接着会提示客户选择使用电子邮箱还是手机向顾客发送收据；如果选择手机号码，需要输入付款方的手机号码。最后，商户在手机上输入交易的金额，手机界面上会提示商户插入 Kalixa Pro 的卡片受理器，这时需在手机上插入外接插卡器，将顾客的芯片卡插入其

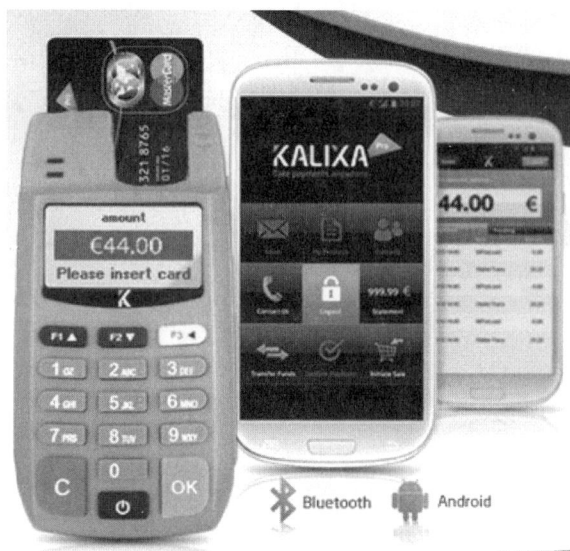

图 5 Kalixa Pro 刷卡设备

中，并输入卡片交易密码。此时手机屏幕会显示交易成功，商户收到的资金会即时体现在账单中，手机钱包的账户余额也会发生变化。同时客户的手机上会显示收到的收据。后台系统处理了这笔收单交易，并将资金存入商户的电子钱包中。如果客户最初选择使用电子钱包支付，需要手机具有受理 NFC 卡片的功能，客户可以使用 NFC 转账的功能。

Kalixa Pro 支持近场通信（NFC）交易的功能，客户可以持自己的万事达 Paypass 卡在其他商户的 NFC 终端上拍卡消费。如果同时登录自己的电子钱包，就会看到账户的余额发生了变化，交易明细中也能查询到这笔交易。客户也可以使用带有 NFC 功能的手表进行支付，卡片账户需要先与电子钱包建立连接。使用 Kalixa Pro 还能在不同电子钱包之间进行转账。客户可以在自己的手机界面输入转入电子钱包账户的用户名和转账金额，之后确认进行转出交易；对方手机登录 Kalixa Pro 应用，就可以看到账户转入资金成功；转入方和转出方的手机账户余额和交易明细都会显示这笔转账交易。

客户使用 Kalixa Pro 之后可以在如下几方面促进自己的业务：打破交易地点的限制，无论在任何地点都可以接受他人付款，为客户提供了另外一种支付的方式，他们可以购买更多的产品或服务；节省了交易时间，改善了客户体验；可以让小企业主直接从自己的电子钱包中进行支付，无需向银行缴纳费用；客户可以直接使用电子钱包和 Kalixa Pro 收到资金，改善了现金流状况。

（二）美国的 USB 刷卡器

美国的 USB 刷卡器公司提供的这一产品是一个插在计算机上的搜集信用卡和其他卡片信息并进行处理的设备，USB 刷卡器（见图 6）由 4 个部分组成，客户的微机、插在微机 USB 口上的读卡器、商户账户、接收数据的软件界面形成一个方便而又廉价的信用卡交易处理设备。这一设备可以处理借记卡和信用卡的交易、数据采集、门禁管理，也可以将数据以 Word、Notepad 或 Excel 格式输出，与商户处理账户一同使用。

图 6　USB 刷卡器

所有的设备和软件可以在 5 分钟之内完成安装，USB 刷卡器公司的技术人员可以帮助商户建立起系统并完成测试和培训。使用 USB 刷卡器的时候，需将计算机与互联网服务器连接，USB 刷卡器使用客户的现有互联网连接与商户账户网站服务器进行通信处理交易，每笔交易的处理时间在 2~4 秒不等。当互联网连接中断时，客户仍然可以刷卡处理信用卡交易、搜集数据、产生发票，客户可以在晚些时候在其他能够上网的地点完成数据处理和上传。但这时有可能交易被发卡银行拒绝，因此商户最好在能够上网处理数据的时候才将商品提供给客户。每天客户可以在选定的时间段由系统进行日结或手动进行日结，资金 1~2 天内到账。商户可以在固定或不固定地点使用这一网上终端，可将一个账户用于多台终端，一个账户对应的终端可以多达上千个；可以使用计算机原来连接的打印机打印收据，也可以连接专用的热敏打印机进行打印。该设备还可以同时连接条形码商品扫描设备。

该公司提供与 USB 刷卡器兼容的电子商务网站服务，包括全功能电子商务服务、库存管理、客户管理、销售税款计算、实时货运费用计算、交叉销售、搜索引擎优化工具等功能，还可以向客户的电子信箱发送收据的电子邮件。除使用与微机相连接的 USB 刷卡器之外，还有与 iPad 和手机相连接的刷卡器，它们运行模式相似，区别在于使用了无线通信技术连接后台处理网站，使商户受理信用卡、借记卡交易更为灵活。

USB 读卡器仅相当于市场上 POS 机一半的价格，交易采用比 Square 公司更低的费率，没有月度使用费，也没有每月最低消费金额限制，客户可以得到 7×24 的全天候支持。在微机上使用的 USB 刷卡器与 Mac 或 Windows 软件兼容，银行及商户无须购买或租用昂贵的 POS 机。此外，商户还可以在两周内租用这套设备和软件。该系统的开发符合安全技术规范，所有信用卡数据被加密。

四、促进安全的交易方式创新

（一）Kalypton 公司的 Tereon

Kalypton 是一家英国的信用卡安全和电子支付领域的技术公司，该公司开发的 Tereon 应用是一种交易解决方案，可以提供比 EMV 标准更为安全和成本低廉的交易处理，可应用于任何商户受理和身份验证设备，包括磁条卡、EMV 卡（IC 卡）或 NFC 电话。Tereon 的基础构架可以与商户的 POS 终端、移动设备、平板电脑和 PC 端连接。客户无论使用磁条卡还是 EMV 卡，都可以顺利地完成交易。商户的交易程序与原来相同，支持的交易类型包括餐厅交易、收费、贷记、借记、员工管理、电子购物、忠诚度计划、会员管理计划、微金融、预付款、学生服务、购票等。该款应用已经在非洲的银行使用，能够满足非洲高风险的用卡环境的要求。

使用 Tereon 应用，持卡人可以为自己的卡片和附属卡设定交易限额，包括单笔交易限额、单日交易限额和每月交易限额。如果主附卡的持卡人交易金额超过单笔交易限额，交易就会被拒绝。在 Tereon 的手机应用界面上有进行支付、现金存入、现金取款、迷你账单、其他等选项。在商户的 POS 终端界面上有进行付款、现金交易、退款等几个选项。客户在商户 POS 机上输入密码之后可以检查自己的账户余额。在交易超过预设限额的时候，客户可以在

POS 终端机上操作；POS 机的界面上会询问持卡人是否在场，点击在场，POS 终端机会提示输入手机号码或 Tereon 应用的 ID 号码；完成输入之后，系统会连接到客户的手机，手机上会显示需要支付的金额。客户在手机 Tereon 终端上可以看到这一笔交易请求，客户输入密码，交易就会完成，POS 终端机上就能显示交易成功的信息，客户在手机 Tereon 的迷你账单中也能即时查询到交易的记录（见图 7）。

图 7　Tereon 卡片受理设备

客户还可以使用 Tereon 和 POS 机进行取款。首先在 POS 机上输入手机号码，并在手机上登录 Tereon 应用。这时手机的 Tereon 界面上会要求客户输入取款金额，输入金额和交易密码后，POS 终端会提示再次输入取款金额，取款交易完成后，商户可以将现金交给客户。之后客户可以在 Tereon 应用的迷你账单中看到成功的取款交易记录。

持卡人也可以使用手机上的 Tereon 应用向其他人的信用卡转账汇款。首先需要选择转出款项的选项，之后输入汇入信用卡的卡号或手机号或 Tereon 用户 ID，输入转账金额和个人交易密码，转账交易就会完成，查看转入账户的余额，可以看到转入金额已经到账。

（二）TraitWare

TraitWare 是一个总部位于美国加利福尼亚州的公司开发的程序，具有验证客户身份和电子人格特质的功能。随着电子商务的迅猛发展，大量的商品以较低的价格在网上销售，随之而来的是欺诈交易的泛滥，TraitWare 软件能帮助客户减少欺诈交易的可能。该软件将用户与智能手机绑定在一起，提供实时的交易身份认证，增加了交易的安全性，简化了客户的交易过程。客户不必用使用密码或者短信密码，就可以直接对交易进行批准或拒绝。这种验证程序应用于 B2C 和 B2B 交易环境，在非面对面交易中使用基于历史知识的多种信息对客户身份进行验证，在 TraitWare 网站的后台，记录了客户的电子邮件、姓名、登录时间、Mac 地址信息、个性化信息等内容，确保了交易的安全性。

在使用 TraitWare 进行交易的时候，客户需要在手机上安装该应用，在手机上点选几个自己熟悉的画面登录这一软件，客户先在互联网界面上提交交易，之后可以从手机界面中选择自己的交易，并点击接收键或拒绝键，交易即时完成。

如果客户希望从 ATM 中提取一部分资金，客户可以在软件中点击 ATM 取款的选项，选择自己希望提取的金额。之后手机会显示出一个二维码，在安装了二维码扫描设备的 ATM 上扫描手机上的二维码，就可以从 ATM 上提取现金，非常方便安全。

使用 TraitWare 还可以进行经纪账户的身份认证，客户登录证券交易商的网页，在登录页面有使用用户名和密码登录的选项，还有通过 TraitWare 登录的二维码。如使用 TraitWare 登录，可以使用安装了 TraitWare 应用的手机扫描这个二维码，之后 TraitWare 后台会直接将画面转入经纪交易商的交易画面，交易顺利完成，而无须使用用户名和密码（见图8）。

（三）万事达显示卡

近场支付技术对传统的信用卡造成很大的冲击，很多商户由于高昂的成本，不愿意安装 NFC 读卡器，因此许多智能手机制造商如 HTC、三星、诺基亚、苹果等公司不愿意在手机中安装 NFC 芯片。在近场支付迅速发展的同时，信用卡本身也并没有停止创新，万事达开发了带有显示屏的信用卡，这款新的信用卡有很多风险防范措施。这款带有接触式按键和 LCD 显示屏的卡片，使用电池驱动，具有产生一次性密码的功能，客户无须使用外接的设备登录网上银行。在卡片的背面有一个数字键盘，键盘上面有 12 个按键，每次客户在网上购买商品的时候，都需要在信用卡上键入一个密码，之后信用卡的屏幕上会

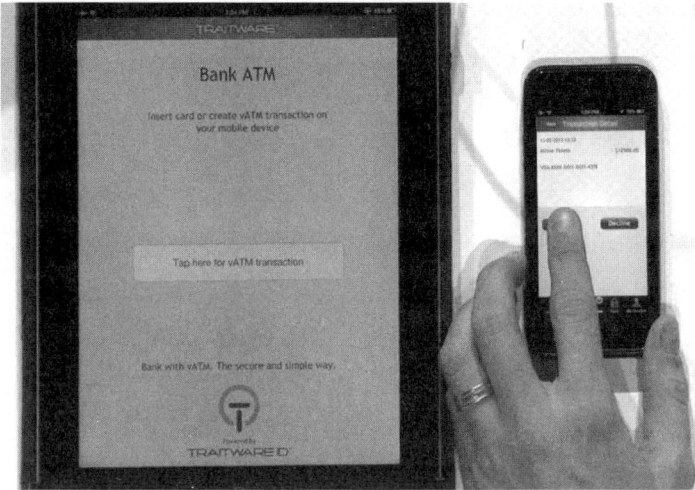

图 8　TraitWare 操作系统

显示一个安全密码，线上商户会要求客户输入这个密码（见图 9）。这一技术在英国、以色列、瑞典和意大利首先投入使用。

图 9　万事达显示卡

　　由于原有的静态密码和用户名的验证方式不够安全，银行开始向客户发放生成密码的密码器，世界上大多数银行需要持卡人使用一个独立的安全装置生成一次性密码来登录网上银行，这造成了保管密码器的麻烦。万事达的这一卡片解决了这一问题，这一创新是将信用卡和安全密码器进行了二合一的结合。VISA 近期也开发出了具有 LCD 展示屏和键盘的新一代信用卡，线上购物正经历一个很快的发展，但持卡人却非常担心欺诈的损失。设计这种卡的目的是用来减少网上交易的欺诈行为，将来将会显示更多的信用卡相关信息，如显示信用卡余额、忠诚度计划积分、近期交易和其他互动的信息等。

（四）SecureCard

传统信用卡产业缺乏有效的防欺诈措施，不论线上交易还是线下交易，都有大量客户信息被盗用。美国每年的欺诈交易总额达到几十亿美元。目前，黑客和犯罪分子可以非常容易地偷到信用卡或信用卡信息，并使用这些卡片和信息进行欺诈交易。信用卡产业原有的防欺诈措施需要变革。为了防止欺诈交易，美国佛罗里达州的 SecureCard 公司开发了一款专门保护商户和持卡人利益的信用卡（见图 10）。SecureCard 外观与普通信用卡无异，使用了新型电池、芯片技术和有机发光二极管（OLED）屏幕，在屏幕上随机产生一组验证码，动态交易验证密码每 60 秒钟变化一次，使用基于时间的算法产生，与后台的服务器中的密码相同，在用卡过程中使用了验证和授权平台，这个密码被验证后才能批准交易。对于在受信任商户中发生的重复性交易，客户需要输入一个额外的密码后，交易才能被批准。这种技术防止了盗用信用卡信息的非面对面交易中的风险，有效地防范了线上和线下交易风险。由于开发了这一卡片，该公司成为全球领先的信用卡安保技术开发商。

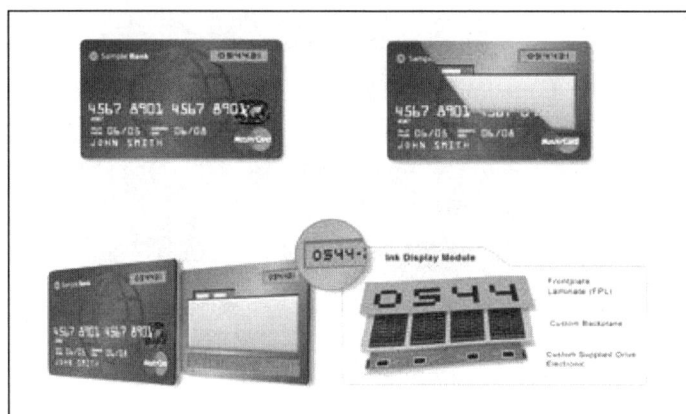

图 10　SecureCard 卡

（五）韩国的 Shinhan 卡

计算机成为进行沟通和支付的工具，对信用卡的安全性要求越来越高，使用 USB 信用卡的时代即将到来。韩国最大的发卡公司 Shinhan 推出了第一款 USB Visa 信用卡（见图 11）。这款卡提供非接触支付和线上交易的功能，在用于网上交易时，该卡内置的 IC 卡芯片装入了公共授权和互联网支付的程序，卡被插入计算机的 USB 端口中对交易进行授权。这款卡使用加密的方式存储了客户的详细信息，对所有与授权设备交换的信息都进行安全地处理。客户无须输入密码或卡号等更多的信息，也不用刷卡，只需要将卡插入计算机 USB 端口，就可以按照指示完成交易。

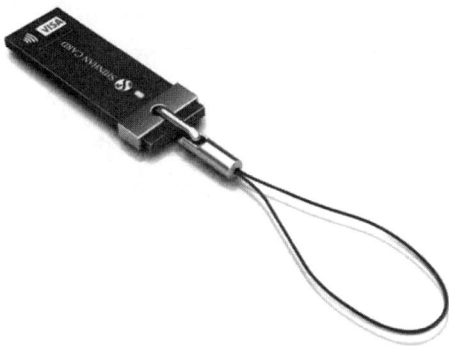

图 11　Shinhan USB 信用卡

这款卡在商户中被当作非接触信用卡来使用，可以在 Shinhan 银行特许的安装有 IC 卡读卡设备的商店中使用。这款卡上有一个预留签字，为保证安全，客户在消费的时候需要校验签字。对于大额消费，也要求商户检查客户的身份证件。该卡也可以作为预付费交通卡使用。U 盘还能够装载诸如音乐、相片和文件的任何数据，遗憾的是，在最初阶段，这款 USB 信用卡只能作为信用卡使用，客户不能向其内部写入资料以保证客户信息的安全。

五、信用卡功能设计的创新

（一）加拿大蒙特利尔银行的模块化 MOSAIK 信用卡

加拿大蒙特利尔银行为了在整个客户生命周期中使产品和服务与客户的需

求相符，使用模块化的 MOSAIK 信用卡取代单一的产品。他们将多种信用卡特色功能、设计和定价选择组合在一起供客户选择，为客户提供 900 多种信用卡的产品选择。

MOSAIK 卡使客户能在一系列的产品特色功能如利率、奖励计划和卡片设计中进行选择，客户还可以在不换卡也不申请新卡的情况下改变产品的特色，该行在产品定价中加成（包括在资金成本之上加收固定的费用）以保证银行能够盈利。针对每个客户年龄、性别的不同，该银行为客户提供不同的利率、奖励计划（包括不同现金回赠比例、飞行里程兑换比例），不同的卡面设计和不同的年费标准；客户也可以选择不同的特色功能，如旅游保障计划、医疗保险、礼宾服务等。

蒙特利尔银行将所有现有的客户迁移到 MOSAIK 卡中，客户可以维护原有的功能和账户信息，也可以选择其他的特色功能，卡号和信贷额度不能轻易改变，该银行缩短了卡的有效期，以便更快地更换成新的信用卡。

蒙特利尔银行的线上建卡功能可以支持 900 多种奖励、卡功能和卡面设计的组合，通过电邮、电话和互联网申请的客户可以通过五个简短的步骤完成即时的审批。

第一步，客户可以申请一个奖励计划，他们可以选择一个最符合他们需要的奖励计划，该行提供飞行里程和现金回赠两种选择。在这一选项下，客户可以选择多种奖励计划，每一种奖励计划和兑换比例对应不同的年费。

第二步，客户需要增加特色功能，可以选择普通和升级版的旅行保障计划、旅行保险和礼宾服务，分别对应不同的年费标准。

第三步，客户需要在低利率高年费与高利率免年费之间进行选择，可以选择不同的消费和取现利率。

第四步，客户需要在众多的卡面设计方案中选择一个卡面设计。

第五步，客户正式提交申请，蒙特利尔银行会在几十分钟之内告知客户审批的初步结果。

（二）保障信用卡

对于刚刚从经济困境中走出的客户，使用保障信用卡是帮助他们重建正面信用记录的有效策略，一些著名的发卡银行开始发行这种帮助持卡人的保障信用卡。保障信用卡是一张真正的信用卡，不是预付卡或者借记卡，它帮助客户建立和提升信用评分。这款卡与借记卡和预付卡不同，银行会向主要征信公司报送信用卡，帮助客户建立信用记录；如果客户忘记缴款，可能使信用评分受到影响。

美国 USAA 银行发行的保障信用卡，军人和他们的家属可以申领这一信用卡，且比大多数非保障的信用卡的利率要低。客户申请这种保障信用卡时需要同时开立一张 2 年期的存款证，存入的资金从 250 美元至 5000 美元不等，且存款有利息。如果客户按时还款，这部分资金会返还给客户。客户在开立存款证的同时开立了信用卡，这帮助没有信用记录或有不良信用记录的客户获得了信用卡。客户使用这款保障信用卡进行购物、余额转移和取现，享有 9.9% 的年利率优惠，该卡每年只收取 35 美元年费，没有申请费。客户申请美运品牌的保障信用卡，可以享有专门的礼宾服务和旅游优惠；申请万事达品牌的保障信用卡，可以使用全球广泛的受理网络。

美国富国银行保障信用卡向客户收取的利率相当于 USAA 银行的两倍，该行服务的特点是将客户的保障卡账户与原有的支票和存款账户相联系。如客户破产程序完结之后超过 1 年，就可以申领这款信用卡，而其他银行需要等待更长的时间。客户可以存入 300 美元至 10000 美元的存款，客户得到的信用额度与存入的金额相等。客户的消费和余额转移需要收取 16.49% 的年利率，不按期还款的惩罚性利率为 27.24%。富国银行的保障信用卡年费为 18 美元，相对而言年费适中，利率也不是太高，如果客户有充足的现金而信用记录不好，客户就可以得到 10000 美元的信用额度，这是花旗银行同类信用卡最高信用额度的 2 倍。如果客户在使用富国银行信用卡过程中显示出较好的行为，客户就可以申领一般信用卡，该卡可以帮助客户建立健康的信用记录，并可以在全球受理 VISA 卡的网络上使用。

（三）实行简单化收费的信用卡

使用美国花旗银行的简单万事达信用卡，客户无需为错过一次还款或超过信用额度而支付滞纳金或惩罚性利率。该卡的主要目标客户是有良好信用记录的客户，这部分客户很少或从不迟还款。如果客户已经拥有良好的信用记录，就有资格办理这款简单信用卡（见图 12），而且不必担心支付滞纳金、超限费等罚款。申请该卡的利率相对较低，该卡开卡后的 15 个月内可以享有购物和余额转移零利率优惠，余额转移手续费的标准是 4%。客户的一部分消费可以获得 10% 的额外现金奖赏，这些现金奖赏可以用来购买礼品卡和多种商品。客户在使用现金奖赏购买商品时，不能全部使用现金奖励。

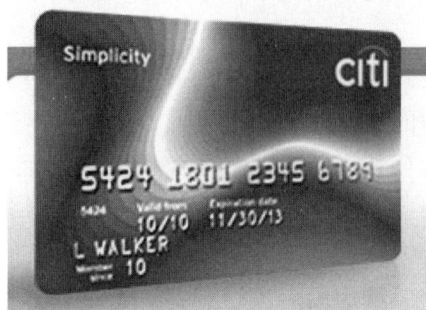

图 12　花旗银行简单万事达信用卡

（四）鼓励存款的信用卡

英国的 Virgin 公司发行了 Virgin Money 信用卡，该卡将客户的信用额度与存款账户组合在一起，可以如正常信用卡一样使用，并对贷方余额给予 5% 利率的利息奖励。该卡免年费，在开卡的前六个月，客户进行余额转移不收取利息。在符合条件的商户内，客户使用该卡消费可以获得奖励积分并享有折扣。Virgin Money 信用卡允许客户在卡片中保留贷方和借方余额，适应了客户财务状况变动的需要。

（五）个人信用保证服务

发现卡公司提供身份和个人信用保证服务，帮助客户解决任何个人信用记录发生的错误。它们每个季度定期向客户提供个人信贷评分，客户可以不受限制地登录个人信用分析器，帮助客户进行更好的信贷决策，每天帮助客户检查客户的信用记录档案，识别客户身份信息被盗的信息，向客户提供免费的个人信用记录等。

（六）绿色环保信用卡

为推广生态环保理念，莱昂纳多·迪卡普里奥基金会与中国香港的汇丰银行合作发行了绿色信用卡。这一信用卡用环保的无氯材料 PETG 制成，使用数字化的账单减少纸张的使用，且每一笔交易都会向地方的环保项目捐款。香港汇丰银行希望通过这一项目能够提高人们的环保意识。汇丰银行会按照客户交易金额的 0.1% 向中国香港学校绿色屋顶项目捐赠资金。绿色屋顶项目用来节能和收集雨水，帮助改善环境。香港学校绿色屋顶项目耗资 500 万港元，在中国香港指定的学校为学生和教师建立绿色室外教室。这一项目将会增加学校的绿地空间，降低学校建筑物的温度，并且减少空调的使用。客户能够获得绿色奖励和专门为环保客户提供的奖励优惠，还能享有为汇丰 VISA 白金卡持卡人提供的特殊优惠。

六、卡片设计的创新

（一）影像信用卡

美国第一资本银行推出了影像信用卡，客户可以上传自己的照片或从该行网站上提供的多种设计和图样中进行选择。所有第一资本银行的客户可以选择浏览第一资本银行的网站并上传自己的照片图像，包括客户自己、家庭、孩子、朋友、宠物、日落中的船舶、家庭成员在假期中滑雪的合影、个人的爱好、自己喜欢的图片等，可以将这些图片印到卡面上，没有额外的费用，这一功能为客户带来乐趣。客户上传照片有无限的可能，客户的卡片对客户是唯一的，选择使用这些图片是免费的。这种信用卡对于那些在圣诞节不知道送什么礼物的客户来说是一个很好的选择，为朋友定制这张照片卡作为礼物，将会使对方非常高兴。

如果客户提交的图片对其他实体的知识产权或商标权构成侵害，包括产品名称、商标或标志、公司名称等，将会被拒绝。此信用卡自动享有积分奖励的权利，客户在线上或线下商户购物消费都会获得积分，积分可以用来换领各种新奇的商品。客户使用照片信用卡还可以享有很高的折扣优惠。客户对该卡账户中的未授权交易无须承担责任。

图 13　影像信用卡

（二）信用卡时装

把客户的信用卡贴上 Charles & Marie 公司的胶贴，这些胶贴不会将客户的卡号和姓名覆盖，仅仅是银行设计的部分，尽管这不是一个很大的创新，但对于那些追求新奇生活方式的人来说，可以凸显他们鲜明的个性。对于一些人来说，个性化是一种必需的生活方式，发卡行向持卡人提供胶贴帮助他们拥有属于他们自己独特的信用卡，客户可以将自己的信用卡变成具有独特风格的一款，体现了发卡行对他们的关爱。

图 14　Charles & Marie 公司的胶贴

七、积分奖励方式方面的创新

在美国有 36% 的客户参加一项积分奖励记录超过五年，信用卡奖励积分计划是客户决定使用哪一张信用卡的一个主要因素。信用卡发行机构不断优化奖励计划，使它们的奖励计划不仅符合客户的兴趣，还能够适应客户的生活方式，并通过提供更加诱人的奖励计划，使它们的信用卡成为客户最愿意使用的信用卡。

（一）大通蓝宝石优惠信用卡的优惠奖励计划

大通银行的蓝宝石优惠卡建立在大通银行原有强大的积分奖励平台之上，对经常购买机票的客户提供多种奖励。客户在开卡后的 3 个月内消费 3000 美元，可以得到 40000 奖励积分，价值相当于 500 美元。客户第一年免年费，之后每年收取 95 美元的年费，消费年利率为 15.24%，年利率视市场基础利率而浮动。客户可以直接获得客户服务顾问的帮助。在交易满足要求之后，需要 6~8 周的时间将积分转入客户的账户，该项优惠仅适用于新卡户。

对于消费交易，使用此卡每 1 美元将会获得 1 个积分，如果客户使用该卡进行旅游、餐饮等交易，每消费 1 美元将会获得额外的 1 个积分。万事达和 VISA 对每一个商户提供一个商户分类代码，大通银行为了向客户提供积分会建立另外一个分组，客户可以在网站上查询相关优惠商户分组的信息。如客户购买飞机票和进行酒店住宿，每消费 1 美元也会得到 1 个额外的奖励积分。

除向客户提供多倍的积分奖励外，客户还会获得上一年对新获得购物奖励积分 7% 的红利，年度的计算在开卡后的第一年为包括开卡日期和当年 12 月的自然年度。之后的计算为下一年度的 1—12 月，客户上一年度新获得积分的红利将会在下一年度的 1 月或 2 月账单中体现，客户的新开卡奖励积分和上年度的积分红利奖励以及转入的积分不会得到 7% 的积分红利。

客户使用该卡通过打通终极优惠网站购买旅游机票、住宿、租车和乘坐游轮可以享有 20% 的额外优惠。客户可以将自己的奖励积分转入飞行奖励计划，飞行奖励计划包括数十家航空公司，积分转换的比例为 1:1。

（二）美国第一资本银行的冒险奖励信用卡

大多数飞行里程信用卡对每 1 美元的消费额给予 1 个积分或飞行里程积分，但冒险奖励信用卡却对所有类型交易的每 1 美元消费提供 2 个积分，且没有上限，客户可以使用获得的积分购买机票、酒店住宿等。美国第一资本银行发行的冒险奖励信用卡也可以为旅行者提供 2% 的现金奖励，该行的购买"擦"用于帮助客户降低实际购买价格，客户使用冒险奖励信用卡订购旅游机票、游轮、宾馆、租车之后的 90 天内，可以使用购买"擦"来兑换现金奖励以降低旅游的成本。客户使用购买"擦"将所获得的里程兑换为账户现金。计算里程的方法极为简单，仅需在消费的金额后面添加两个 0，如消费 250 美元，获得积分就为 25000 积分。除兑换现金之外，也可以兑换其他的飞机票、酒店住宿、出租车费、旅行套票、礼品卡、商品、音乐会、表演或体育赛事门票，甚至可以进行捐款等。客户可以使用手机银行或网上银行进行兑换。该卡还免收跨国交易手续费，年费也比一般的航空里程信用卡便宜将近三分之一。客户使用冒险奖励信用卡购买旅行机票，还可以获得免费的旅游意外伤害保险、行李丢失保险等。

（三）花旗银行的 Forward 大学生信用卡

花旗 Forward 大学生信用卡客户如果不超过信用限额，并且连续三个月及

图 15　美国第一资本银行的冒险奖励信用卡

时还款，每个季度将可以获得 0.25% 的年利率优惠，最高可累计获得 8 次利率优惠，可享有多达 2% 的年利率优惠。客户使用花旗 Forward 信用卡在餐厅（包括快餐）、娱乐场所、书店、音乐商店、音像出租商店消费，每消费 1 美元可以获得 5 个积分的奖励。客户只需保持在信用限额之内或及时还款，就可以在提高信用记录的同时获得多达 1200 分积分奖励，或获得诸如免费看电影、免费到餐厅用餐、免费购书或听音乐会的机会。客户登记使用电子化月结单也可以获得 1000 分的积分。客户每次保持在信用限额以下并且及时还款，都可以获得 100 分的积分。奖励积分可以换领的奖励包括礼品卡、电子产品、学生贷款还款、免找数签账额、慈善捐款等。只要积分超过 1000 积分，就可以随时兑换礼品。花旗银行此产品获得了美国最具创新产品奖，该卡成为美食家和电影爱好者最喜爱的信用卡。

（四）马来西亚 Maybank 的积分奖励计划

马来西亚 Maybank 提供的积分可以用来兑换信贷免除计划，即如果客户因病或因事故死亡的情况下，可以为客户偿还所有的银行信贷或信用卡欠款。该行的积分奖励计划可以用来兑换礼品和豁免年费，也能用来换取参加更为丰厚的奖励计划的机会，或兑换成机票。积分奖励还可以兑换旅游保险和在网上购物的保险，可以将积分换取资金存入存款账户，也可以换取获得 Visa 紧急援助中心的服务，包括获得紧急情况下的医疗、旅游援助，行李丢失补偿和紧急翻译服务。

（五）美国运通的奖励计划

美国运通提供的积分奖励服务既适应了客户生活方式的需要，也满足了客户个人的喜好。他们提供的积分奖励计划可以兑换的内容包括：旅行折扣、酒店住宿、电影票、音乐会聚会的门票优惠、线上购物保障、高尔夫球折扣、礼品卡、现金回赠、购物保障、身份被盗援助、购物保障计划、高龄卡和学生卡、旅行支票卡等。

（六）英国劳合银行向客户提供无卡忠诚度计划

英国劳合银行与欧洲运动忠诚度奖励公司合作，面向喜欢运动特别是足球的"粉丝"推出了无卡忠诚度奖励计划。客户需要在足球俱乐部登记他们的信用卡或借记卡信息，不论客户在哪里看到带有奖励公司标识的劳合银行商户，都可以进行消费，在交易的时候可以获得奖励积分。客户获得的积分可以在足球俱乐部中兑换一系列奖励，例如季度球票、签名的纪念品或者在半场休息时与球员互动。这种奖励计划的目标客户是运动或足球"粉丝"，通过发行这款信用卡增加了客户对信用卡的使用，也吸引了新客户，为客户节省了资金、带来了方便。通过开发这种新型的奖励计划，劳合银行有效地吸引了新的客户分层。

（七）i-movo电子优惠券

英国的i-movo公司开发的电子优惠券，在收银台交易时可实时检验电子优惠券的有效性，增加了交易的可靠性。客户通过手机短信、电邮或塑料卡片的形式收到唯一的优惠券编码，在兑换优惠券的时候，商户使用原有的卡支付系统与i-movo系统及时进行核对。i-movo优惠券只能在发卡行规定的次数之内使用，也必须在规定的地点和推广期限之内使用。系统支持实时的报告，银行会即时了解哪些优惠券在何时何地被使用了。i-movo优惠券之前在一些家居品牌的商店中使用，为满足不同推广的需要，逐步拓展了使用领域，例如一家能源公司通过多渠道吸引新客户、一家报纸吸引新读者等。i-movo电子优惠券移除了原有纸质票券操作错误的可能性，使商家能够在推广中对条款进行修改，如缩短有效期或设定每张优惠券的每日交易限额等，零售商则省去了盘点纸质优惠券、填写表格并邮寄纸质优惠券以获得补偿的麻烦。该公司的优惠券可以在英国境内超过5万家零售店使用，覆盖了99.1%的英国人口。从该系统投产之后，i-movo公司已经举行过200多次成功的推广活动。

八、基于客户盈利贡献与风险的客户挽留策略

欧洲一家资产超过500亿美元的C银行为了降低高新技术企业的高盈利客

户流失率，建立了客户挽留部门，银行与外包的部门签订协议，按照客户挽留部门员工挽留下来的客户信用卡欠款余额和交叉销售产品数量向这些员工提供奖励。C银行对客户的风险和盈利能力得分进行了分层，并制定了不同的挽留话术。客户挽留部门在与客户的沟通中使用这些话术并有权为挽留客户向他们提供增值的产品和服务。

为了保持业务的灵活性及减少培训成本，C银行将信用卡挽留工作外包，这个部门共有40名员工，这些员工不是这家银行的员工，银行的一个内部部门直接管理这一部门。客户挽留部门的电话服务代表的职责包括处理所有呼入的客户流失电话、处理客户往来信件及向客户发送邮件，与客户讨论商谈信用卡的条款、预测客户的流失率。该行依据客户的盈利能力将客户划分为不同的客户分层，根据客户与整个银行的关系和对银行的整体的利润贡献度将客户分为30个分层，在客户关系管理系统中维护客户关系历史、账户和盈利特点，依据客户的整体盈利和风险确定客户的分层。

该行的客户挽留策略依据客户对信用卡和全行的利润和风险确定，该行并不挽留高风险低盈利的客户和低风险低盈利的客户，而是集中精力挽留高盈利低风险的客户。如果一名客户在信用卡业务上盈利贡献很低，但在银行其他业务上保持盈利，则该行的客户服务代表就会尽力挽留他。C银行在与客户谈判定价方面为客户服务代表提供了灵活的授权。当客户致电银行希望取消信用卡时，客户关系管理平台立即识别他们的风险和盈利的排名情况，C银行并不向客户服务代表展现全部的客户记录，而是依据客户的分层和对机构的贡献情况向客户服务代表展现应该使用的话术和可以给予的定价灵活度。

在C银行成立客户挽留部门之后的很短时间内，该行的客户流失比率降低了30%。该行主动识别可能流失的客户，监控客户预示流失的行为，例如客户突然间将信用卡欠款全部偿还，则客户挽留团队的员工会主动开展客户挽留工作，这减少了55%的客户流失量。

九、对我国商业银行信用卡创新工作的建议

（一）开展交易方式的创新

为鼓励持卡人参加到医疗保健计划，帮助他们养成良好的生活习惯，降低医疗费用支出，银行可以与雇主合作开发双值健康卡。客户进行健康食品、保

126

健、健身的消费可以计入优惠账户，购买的 OTC 药品也可以计入另外的账户，享有优惠或较高的折扣，而一般性消费可以计入客户的普通信用卡账户中的单独账户。鼓励客户进行的交易在开放的卡组织网络和封闭的储值卡发行银行的网络中得到双重控制，客户进行的同一次消费，根据商品的不同在收据上分成不同的类别进行加总。人们采购不同商品时享有不同的折扣，客户能够得到即时的折扣优惠，引导客户积极参与各项与健康相关的优惠活动。

商业银行也可以开发能够使用手机兑换的在特定地点和特定时间使用预付的消费券。客户可以使用这种消费券在优惠商户购买商品，这种优惠券也可以与其他优惠重叠使用。发卡行可以对使用这种电子优惠券的商户种类、交易时间、金额进行限制。客户可以在手机上下载应用，之后可以查询到附近商户能够享有的优惠信息，再到优惠商户消费。选取商品名后在收银员处打开手机，点击支付键，手机上可以随机产生一组信用卡号码，上面有持卡人信息和 CVV 号码，客户需要向收银员出示手机。商户端的受理流程与一般交易相同，收银员在信用卡受理终端输入卡号、到期日、金额等项目之后交易完成。商户端的硬件设备无须进行改造。银行和商户可以查看消费、购物的频率和地点，发送推广信息；商户也可以查看每一名持卡人的交易记录和交易分析结果，查看每一名客户的交易种类和兴趣爱好。这种优惠券能满足商户开展营销推广的需要，帮助银行对客户进行忠诚度奖励并扩大商户和银行的收益。

（二）开展营销方式的创新

许多银行都投入了大量资金开办持卡人积分奖励计划，在信用卡开卡时会向持卡人提供积分奖励，但由于与信用卡绑定的商户优惠计划较少，故积分奖励对持卡人消费的刺激作用有限。商业银行可引入磁条技术。卡片磁条内的信息可以进行修改，卡片内部安装有电池，卡面上有按键，客户按下按键，可以更改磁条中的数据；也可以支持芯片卡，更改磁条和芯片中的信息。商业银行可以在网上银行界面向客户提供与卡片相连接的商户优惠计划选项，每一个卡片可以在数十种甚至上百种商户优惠计划中进行选择。客户可以在网银界面上看到自己卡片的图像，指定自己卡片上的按键对应的优惠计划。客户在商户消费时，按下卡面上的按键，确定自己本次消费对应的奖励计划。客户可以即时得到奖励的积分或现金，银行可以通过这一技术向客户提供比竞争对手更多的优惠奖励。银行可以每周都增加参加奖励计划的商户数量，一些商户也会与银行交换会员的信息，也增加了银行的客户数量。

（三）开展收单方交易受理方式的创新

商业银行可以为商户提供更灵活方便的信用卡受理方式，提供手机应用和手机上的外接设备受理信用卡，定制手机信用卡受理应用的界面。商户在使用手机应用受理信用卡的时候，可以在界面上直接选择购买商品或服务的种类，手机应用提示商户插入外接卡片受理器，客户刷卡就可以完成卡片受理。商户也可以使用具有 NFC 受理功能的手机，直接受理 NFC 信用卡。商户在受理交易之后，可以在手机应用的账户余额显示中，查看到资金是否入账。商户可以在手机应用中输入持卡人的手机号码或电子邮件，持卡人可以接收到交易通知。手机应用的客户使用端也可以支持客户之间的转账，客户在手机应用上输入要转入客户端的手机应用 ID 或电话号码，就可以进行转账，转入方和转出方的手机钱包账户余额都会及时显示金额的变化。商户使用可以受理信用卡的手机应用，扩大了交易受理的地理范围，为持卡人提供了新的支付体验。

商业银行也可以提供与互联网相连的微机上受理的银行卡受理设备，使商户能够方便和廉价地受理信用卡和借记卡的工具。USB 刷卡器用于处理信用卡POS 终端应用，客户使用 USB 刷卡器无须支付任何手续费。此外，银行还可以使用该设备提供数据采集、门禁管理等功能。商户一个账户可以支持多台电脑的受理设备，应用商户现有的互联网连接处理交易，当互联网中断时，仍旧可以刷卡处理交易并生成发票，在有互联网连接时再将交易上传。商户可以选择系统进行日结或手动进行日结，可以选择到账时间，可以使用原有的打印机打印收据或使用热敏打印机打印。商户使用 USB 刷卡器处理交易时，对银行卡可以收取较低的手续费。银行除可以提供 USB 刷卡器支援之外，还可以提供全功能电子商务服务、库存管理、客户管理、销售税款计算等增值服务，同时可以提供与 iPad 和手机相连接的刷卡器与应用软件。

（四）开展促进安全的交易方式创新

银行可以在智能手机上为客户设计更为安全的用卡方式，客户可以在手机应用上为自己的卡片和附属卡设定交易金额限制，可以设定单笔交易限额、单日交易限额和每月交易限额，也可以针对某一商户类型设定交易金额限制。客户在商户 POS 机上消费时，如果交易金额或累计交易金额超过限制，交易会被拒绝。客户可以在 POS 机上输入自己的手机号码或引用 ID，此时手机上会显示这一笔交易，客户在手机上输入交易密码，交易就会被批准。客户手机的账单中也会及时查询到交易的信息，这大大提高了交易的安全性，因此客户不用再担心信用卡被冒用。客户还可以使用 POS 机取款，客户可以在 POS 机上输入自己的手机号码，然后在手机上选择取款的选项，输入金额和密码，POS 机上再次提示输入取款金额，商户就可以将现金交给客户。客户也可以使用手机应用向其他客户转账汇款，可以及时完成交易并查看账户余额。

商业银行可以开发网上交易的验证软件，网站的后台存储客户的姓名、电子邮件、登录时间、Mac 地址等信息资料，客户在网上进行交易的时候，可以登录手机应用，并在手机界面上选择自己的交易，点击批准键，即时批准交易。因此，使用这一验证程序比单独使用信用卡更加安全方便，客户在交易的过程中受到安全保障，从而防范了欺诈交易的发生。商业银行可以将取款交易的批准整合在这一应用中。客户在手上点击 ATM 取款交易按键，之后输入交易金额，手机画面可以生成一个二维码，到银行能够受理二维码的 ATM 上，扫描二维码，就可以取款。客户也可以使用手机应用对网银登录进行验证，客户在网银界面上可以选择使用手机应用登录的选择项，选择这一选项之后，可以使用手机扫描二维码登录网上银行并批准交易。

美国的金融服务公司曾经在土耳其和罗马尼亚开发过带有键盘和显示屏的信用卡，这种卡是信用卡与安全密码器的整合，目前这种卡已经在国内出现，商业银行可以采用这种技术，为客户提供带有接触式按键和 LCD 显示屏的信用卡。此卡具有生成一次性密码的功能，客户在登录网上银行时无须使用其他设备。客户在网上购买商品的时候，只需要在卡上输入一个密码，卡显示屏上会显示另一个密码，在交易界面输入这个密码，交易就会顺利通过验证。这款信用卡是信用卡与安全密码器的整合，能够减少网上欺诈行为。商业银行可以使用这种卡的显示屏显示账户余额、奖励积分、近期交易等更多信息。此外，商业银行还可以引进仅带有显示屏的信用卡，动态交易密码每分钟变化一次，客户使用这款信用卡在网上消费的时候输入变化的密码，与银行主机中的密码相匹配验证。商业银行也可以发行具有非接触支付和线上交易功能的 USB 信用卡。由于客户的信息存在电路芯片中，客户在网上交易的时候无须键入信用卡号码，只需要插入这款卡就能够对交易进行授权，就可以完成交易，无须重复输入密码或卡号等信息，同时也可以将该卡用于进行 NFC 支付。

（五）开展卡片功能的创新

商业银行可以对信用卡的功能开展模块化的设计，对信用卡的增值服务、功能、利率、手续费、奖励计划、卡面设计提供多种选项的组合。新客户可以在申请信用卡的时候选择自己希望参加的奖励计划、保险计划、医疗保险、旅游购物保障、秘书服务。客户可以选择低利率或者高利率、取现是否有免息期、不同的取现和消费收费标准，还可以选择自己喜欢的卡面。之后银行会向客户显示收取的年费标准，并由客户提交申请。对于原有客户，可以通过缩短有效期的方式，使他们参加模块化设定卡片功能和收费的活动，让他们也能对持有的信用卡的功能进行选择，更好地满足他们的需求。

一些客户就职于高风险行业，信用评分较低，也有一些客户由于各种原因形成了不良的信用记录，如个人经营状况的恶化等，这些客户一般情况下很难被批准获得信用卡。商业银行可以帮助这部分客户建立或重建信用记录，在有效防控风险的同时可以增加银行的手续费和利息收入。银行可以要求他们向银行存入一笔资金，并设定最低的存款金额，银行向客户提供定期存款利息，信用卡批准的信用额度可以等于这部分资金的金额，如果客户没有按时还款，这部分资金就可能被用于偿还信用卡的欠款。银行可以向客户收取较低的利率或较高的利率，也可以向客户提供多种增值服务和优惠。银行届时向征信机构报送客户的信用资料，如果客户还款记录良好，也可以允许这些客户申请一般信用卡。

商业银行可以向客户提供简化收费的信用卡，如果客户有一次迟还款或超限额消费，可以免收滞纳金或超限费，在一定期限内向客户提供利率优惠或余额转移的手续费优惠。为了鼓励客户向信用卡内存款，在监管允许的情况下，对于保持较高贷方余额的客户可以给予其较高的利息或积分奖励，也可以免收这些客户的年费。为适应客户财务状况变动的需求，银行还可以与客户签订自动转账的协议，当客户的信用卡贷方存款余额超过一定金额时，可以转到理财账户，能够购买理财产品，提高收益。

商业银行可以向客户提供与征信记录相关的增值服务，在网银上向客户展示征信资料，客户可以对自己的信贷记录进行分析。网银系统每天检查客户的信用记录，当客户信用记录有异常情况发生时，向客户发出提示。商业银行也可以帮助环保意识强的客户在使用信用卡过程中践行环保行动，发行环保概念的信用卡，卡面采用环保材料或可自动生物降解材料，向全部客户提供电子月结单，减少纸张的使用；可以将客户支出的一部分资金向环保基金捐赠，或捐赠给环保项目，以鼓励更多人参与到环保行动中，同时也向这部分持卡人提供消费奖励优惠。

在监管允许的情况下，银行也可以向客户提供个性化图片的功能，客户可以选择自己喜欢的个性化图案，如朋友、家人、假期、孩子、宠物、风景、个人爱好等图片。客户可以仔细在图片网站上查找图片或上传自己的照片。客户可以向朋友展示属于自己的唯一的信用卡，也可以为他人设计并定制信用卡，客户同样享有购物和境外消费的优惠，而未经持卡人授权的交易客户无须承担。商业银行也可以适应年轻客户追求新奇的需求，为客户设计提供信用卡胶贴，覆盖银行设计的图案部分，卡号和姓名部分仍然展现在外面，凸显持卡人的个性，满足持卡人的个性化需求。

（六）开展奖励计划的创新

奖励计划是客户选择一家银行信用卡的十分重要的因素，受经济危机的影响，大批持卡人经济状况不理想，信用卡公司被迫提供更有吸引力的推广活动。一些银行甚至推出了零利率的余额转移，另一些银行提供豁免年费和延长期限的优惠利率，还有的银行在开卡时赠送高达价值数百元的积分奖励。商业银行应该适应客户生活方式的变化，满足客户的兴趣，提供更加具有吸引力的奖励计划。对新开卡客户，只要在一定期限内消费满一定的金额，商业银行就可以赠送客户一笔积分；对于餐厅、酒店、旅游、娱乐等有较高回扣的商户，可以向客户提供双倍的积分。对于上一年度新获得的积分，还可以给予一定百分比的红利。客户上一年度新获得的积分的红利可以展现在下一年度的1月或2月的账单中。为鼓励客户使用信用卡支付旅行费用，可以对旅行费用支出提供多倍的现金回赠，现金回赠不设上限，可以用于兑换其他的机票、租车、旅行套票、礼品卡、体育赛事门票、音乐会门票、捐赠等。

对于连续多月按时还款的客户，可以按季度提供年利率的优惠，最高累计不超过一定的年利率优惠，对于餐厅、娱乐、书店、音像制品等可以提供多倍积分，提供多倍积分的商户种类也可以定期轮换。客户连续多月按时还款，可以对客户给予一次性的积分奖励，客户登记使用电子化月结单，也可以给予一次性积分奖励，客户可以使用积分换领礼品卡、电子产品、贷款还款、免找数签账额、慈善捐款等，也可以换领旅行折扣、电影票、音乐会门票、线上购物保障、购物保障计划、身份被盗援助、旅行支票等。还可以兑换信贷免除计划，如客户因病或因意外死亡，可以由银行代客户偿还所有银行信贷或信用卡欠款，也可以将积分折换成现金存入客户的存款账户，换取紧急医疗服务、旅游援助、行李丢失补偿和紧急翻译服务等。

　　商业银行也可以与外部公司合作，为爱好体育的客户提供忠诚度奖励计划。客户登记自己的信用卡，在有该奖励计划标识的商户消费，都可以获得奖励积分，积分可以换领成球票、签名纪念品、或与运动员互动的机会。商业银行也可以帮助商户发行电子优惠券并进行电子化兑换，通过手机短信、电邮或塑料卡片的形式发放电子优惠券编码，并在规定的地点、期限和次数内使用。电子优惠券不仅减少了纸质票券操作失误的可能性，还能及时了解优惠推广的进展情况。

　　（七）结合客户的风险与盈利能力开展客户挽留工作

　　随着信用卡市场的饱和和竞争日益白热化，客户挽留与吸引新客户相比显得更加重要，整个行业中吸引新客户的成本远高于挽留老客户的成本。为有效增强客户挽留能力，商业银行可以建立客户挽留部门或通过外包的方式建立客户挽留的工作团队，针对客户对银行的整体盈利贡献和风险对客户进行评估并分层，对客户可能导致流失的行为进行总结分析，采取主动的措施挽留客户。针对不同的客户分层制定相应的客户挽留策略和优惠，制定不同的话术。给客户服务代表足够的权限，当客户提出销卡时，向客户提供足够的优惠和增值服务，避免客户流失。

国外信用卡业务创新的新进展和
对我国商业银行的启示

　　2008 年国际金融危机爆发之后，各国经济缓慢复苏，但由于消费者的个人消费行为紧缩，全球信用卡市场的消费增长十分缓慢，各发卡行经营压力加大。同时，电子支付技术的发展迅猛，给各国发卡行带来了新的发展机会，因此全球银行更加注重市场细分，提供多元化和个性化的产品。创新是信用卡市场发展的强劲动力。各国发卡行纷纷加大了业务创新的力度，本文从商户营销推广模式、支付方式、信用卡服务、预付卡、卡片设计、持卡人优惠、促进安全的交易方式创新七个方面介绍国外信用卡业务的创新发展趋势，并对我国商业银行的信用卡创新工作提出建议。

一、商户营销推广模式的创新

（一）Corduro

　　Corduro 是一家美国公司，该公司开发的 Corduro 应用包含一个手机钱包和一个社交网络，是一款将商户与个人客户连接在一起的手机应用（见图 1）。客户使用 Corduro 可以灵活控制希望分享的信息，也可以邀请朋友与商户或组织机构建立连接，建立起手机社区，与朋友共享优惠。客户可以在手机应用上分享特殊的优惠、活动和已经购买的商品，可以随时分享自己的购物心得，鼓励其他朋友分享自己积分的增长。客户建立了自己的社区后，如果他向一家商户推荐的"粉丝"越多，商户的网络就越大。商户希望客户帮助它们扩大自己的客户群，会对宣传推介自己的客户进行奖励，一个客户的社区越大，得到的奖励和优惠就越多。在客户喜欢的餐厅生意不多的时候，商户可能会向客户提供优惠券，客户可以使用这些优惠券邀请自己的朋友到餐厅用餐。客户在手机应用中将商户的信息传递给自己的社区，可以保留商户会员的身份，也可以将支付行为与自己的卡片相连接，系统自动依据所在地点登录商户内，也可以自动获得交易积分。

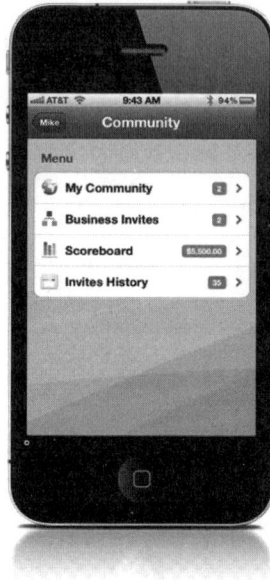

图 1   Corduro 系统界面

客户登录手机应用之后，可以查看自己登记的商户名单，也可以查看自己的联系人名单。当客户走进一家商户的时候，可以点击查看在同一商户内的联系人的信息。客户可以发起资金转账交易，并发送给在同一商户的朋友，这样他朋友的交易就可以增加一些优惠。客户也可以在手机上向商户进行支付，或者向慈善组织进行捐款。客户能够从自己的手机上向其他人发出邀请。

使用该应用的手机支付功能，客户可以只按一个按键就完成从信用卡或支票账户向个人、商户或组织机构的支付，还可以向服务员支付小费。客户在实体商户或在网上商户购物的一瞬间就能完成支付，省去了填写支票或在电话中提供支付信息的麻烦。客户能在手机上收到收据，并且可以查看所有过去的支付交易记录。

手机支付使用了先进的安全技术，所以手机中的信息非常安全。该应用使用密码登录，客户所有的信用卡信息通过硬件加密，没有存储在手机中，客户的信用卡、银行账户信息一旦输入，不会在手机上显示，客户即使在人群中也不会泄露自己的敏感信息。

在商户端的应用与客户端的应用有所不同，商户可以使用外接读卡器插在手机上接受持卡人使用信用卡付款，并向客户发送电邮收据，客户的交易记录保留在手机中，商户可以向客户发送收据副本或对交易进行撤销或退款。交易资金直接由银行存入商户账户。该应用非常容易安装，商户使用这一平台可以与原有的忠诚度计划相整合，也可以建立新的推广。商户可以利用手机应用中的客户关系管理功能管理会员、追踪交易、开展推广，也可以在线上查看账户信息。商户可以在手机上查看、邀请、管理所有的会员，提高了对会员的管理效率；可以对客户进行忠诚度管理，向会员客户及他们的社区提供即时的优惠，向推广本商户交易的客户给予奖励，开展竞赛、发放优惠券及提供折扣，激励商户的"粉丝"进行购买；可以向社区中的所有客户发送通知。商户也可以与 Corduro 公司的后台相连接，下载客户数据和交易数据。

（二）Cardlytics

总部位于伦敦的 Cardlytics 公司开发的 Cardlytics 是一项银行通过社交网络传递推广信息的应用（见图 2）。商业银行通过组织各种推广增加交易量和收入，该应用主要用于管理向客户提供的优惠、客户选择并将享有的优惠、客户实际兑换的优惠三种信息，客户可以在网银、手机、平板电脑上看到个性化的推广信息。客户每天都会多次使用社交网络，但银行服务对社交网络的使用还较少，银行与社交网络之间双向的信息交流也很少。银行网络与社交网络进行连接的一个主要障碍是信息的安全性，一些客户不愿意将交易信息展现在社交网络，他们更加相信银行网络和手机银行网络的安全性，因此 Cardlytics 使银行与社交网络之间建立了连接，并很好地克服了这一障碍。该公司在美国与最大的 100 家商户中的 70 家商户和 1000 多家银行建立了合作关系，增加了银行与商户合作的深度、宽度和广度。

在使用该应用过程中，客户首先登录网银，看到自己的月结单，月结单的交易信息中展示了该商户向这位客户提供的优惠，客户可以在月结单界面即时激活相关的商户优惠。客户选择的广告和奖励可以即时加载到自己的借记卡或信用卡上，客户仅需要使用自己的卡片到商户中进行消费，之后获得的现金回赠就会计入自己的信用卡账户内。客户在自己的网银界面能够查询到已使用和未使用的优惠推广、已得到和即将得到的现金回赠、已选择使用和尚未选择使用的商户优惠列表、优惠到期日和客户选择状态等信息。

客户在网银界面上可以选择登录社交网络界面，这时点击链接并输入社交

135

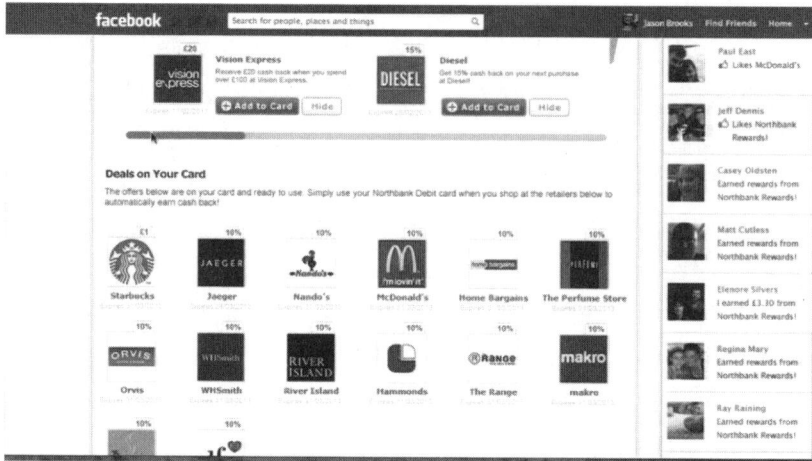

图 2　Cardlytics 系统界面

网络的登录用户名和密码即可，该用户名和密码与银行网银的用户名和密码无关。客户输入社交网络用户名和密码之后，就进入到该银行在社交网络上的主页面，客户可以在该页面上查看新的推广优惠，也可以查看加载到自己卡片上的有效的推广优惠，还可以查看自己收到的奖励金，并且可以对收到的奖励金进行评论并发出微博。客户在社交网络上显示的信息与在网银上使用的信息是相通的，Cardlytics 应用增加了客户对优惠推广的使用，增加了客户对电子渠道、信用卡、优惠券的使用和奖励的兑换，为银行带来更多的手续费收入。

（三）Looop

ERN 是一家伦敦的公司，该公司开发的 Looop 是一个将卡支付与商户数据实时连接起来的大数据分析平台（见图 3），实时捕捉、存储、分析、利用交易数据，帮助发卡行和商户利用它们之间的合作关系创造更大的价值。商户可以分析客户的消费模式并即时向客户发送定制化的营销推广，影响客户的购买行为，增加客户到访量和运营效率。银行可以更深入地了解客户的行为，为客户提供新的增值服务，加深对商户的了解。

商户可以登录系统在 Looop 平台页面上定制推广。商户可以设定推广名称、描述、推广的起止期限、优惠代码、条形码或二维码；可以定制推广的宣传图片背景、文字和图片，查看即将发送的推广信息和条形码或二维码的式样；还可以定制在哪一家分店开展推广。使用该平台还可以定制推广的目标客

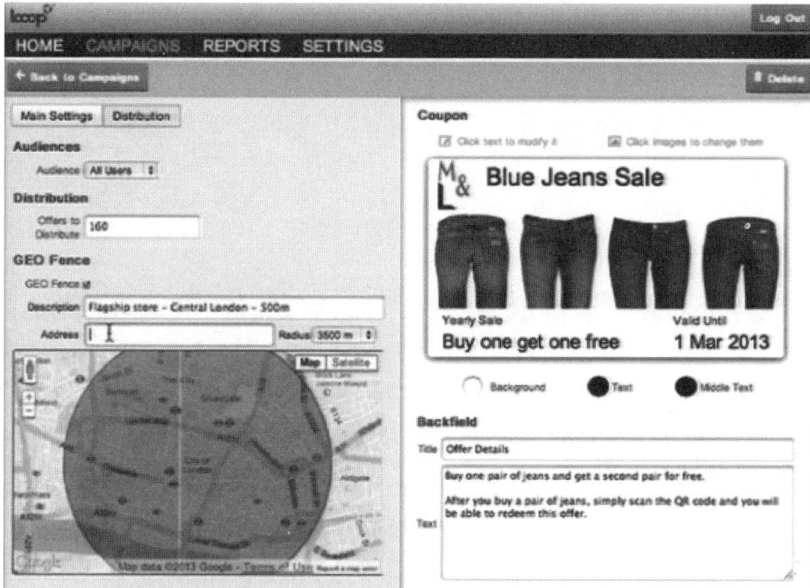

图3 Looop 系统界面

户群，发送推广的客户数量，以及这些客户与开展优惠的商户的距离。发送的地理范围可以是某一家分店附近一定距离之内，可定义分店名称和发送半径。

客户登录手机上的 Looop 应用，可以看到在附近的不同商户发来的交易优惠券，客户点击优惠券的图片时，就会看到优惠的细节信息和条形码或二维码，客户只需要在结账时出示这个优惠券即可享有优惠。该应用也会保留电子收据的信息，方便客户查询，且收据上整合了商户和发卡行的信息。

商户和银行还能登录推广信息分析界面，查看参加推广的卡交易信息和统计信息。在分析界面中，商户和银行可以了解不同商品的消费占比、不同时间段不同品牌卡交易的对比信息，商户可以依据这些信息调整推广的参数实现销售目标。

这一应用提高了发卡行推广的相关度和成功率，增加交叉销售，向持卡人提供更加丰富的购物体验，减少客服成本、销售成本、销售时间，提高品牌的忠诚度、营销效率和收入。通过该应用，商户可以识别合适的客户并向他们发送手机优惠券以增加客户的到访和消费，并实时地与客户沟通，向客户发送直观的推广，提供可操作的营销推广建议。商户可以向每天定时到店内消费的客户发送优惠推广信息，或者向该区域购买该种商品的客户发送推广信息，也可以向与本商户客户相同行为特征的群体发送推广信息。客户可以将所有的卡片交易和电子收据通过电子的形式保存起来，便于财务管理和交易查询，也方便客户了解自己的消费行为习惯。

二、支付方式的创新

（一）多媒体零售取款机

英国爱丁堡的 KAL 公司开发的多媒体零售取款机（见图 4）与之前的提款机不同，它提供了一种独特的为客户处理现金交易的方式。其实该设备并不提供任何现金，只会打印出一种纸质凭证，客户可以持这种凭证在零售商的收款台处换取现金。一旦零售商收到这种凭证，KAL 的软件会立即向零售商的银行账户内存入这笔资金，KAL 公司将这种交易称作"背靠背交易"。这种机器减少了传统 ATM 90% 的日常存储现金成本。该设备还具备视频会议功能，客户可以通过该机器与银行电话服务中心联系。

图 4　多媒体零售取款机

这款零售取款机是将传统的零售银行转变为无网点银行的一种革命性的创新，它能提供传统 ATM 的所有交易，但维护的成本仅为传统 ATM 的十分之一。纽约时代广场也安装了这种机器，该机器承担了传统的存入和取现功能，其内部却没有保存现金。这意味着今后无须再支撑昂贵的分行网点、日常的设备维护和现金押运服务。该设备很轻巧，商户仅需要插入电源就可以了。这一设备将对银行自助服务领域带来重要变革，银行在大幅度压低运营成本的同时，能够在客户出现的任何地点为客户提供服务，开启了银行为数千万客户提供服务的成本非常低廉的模式。这种设备也为零售商提供了与银行密切合作向客户提供方便和安全地使用银行服务的机会。

（二）整合支付平台的 MasterPass

MasterPass 是一个整合的授权工具，是将信用卡、线上支付、移动支付的应用连接起来的数据服务，商户和电子钱包开发者也能够整合到其中。MasterPass 与 Visa 的 V. me 平台类似，它将所有的支付产品整合到一起，为客户提供一个单一的安全易用的支付方式。客户无论使用传统的塑料卡片还是电子钱包，抑或在线上或是线下购物，该应用都能给客户提供一个从任何地点支付的一个简单的方法。客户只需要点击一下按键、拍一下卡或者触碰一下就能够完成支付，给客户带来更好的购物体验。目前英国、美国、加拿大、澳大利亚等国家的 20000 多家商户已经使用了这一应用。MasterPass 的内容包括以下三个方面。

（1）结账服务。无论客户在何处，MasterPass 都能为商户提供接受电子支付的途径。在客户位于实体店中的情况下，他们可以在收银台或走廊，通过 MasterPass 使用近场支付技术、二维码、移动电话设备或者货物标签进行支付，同时也支持使用传统的信用卡进行支付。对于线上交易，MasterPass 为客户提供一个简单的结账流程，客户不必每次购物都输入详细的收货地点和卡片信息。MasterPass 与各种电子钱包相连接，银行、商户、合作伙伴可以使用它们自己的电子钱包，客户可以安全地将卡片信息、地址簿和其他资料存储在一个安全的云中，由信任的机构保管。电子钱包是开放的，客户除了使用万事达卡之外，还可以使用其他品牌的信用卡、借记卡或预付卡，MasterPass 为万事达品牌的卡片开发了更多的功能。客户也可以在家中的电脑旁使用刷卡的硬件，只需要刷卡或轻轻接触硬件，就可以完成支付。MasterPass 也支持一些带有近场支付设备的电脑，这种电脑首先在 MasterPass 网站上登记，客户使用这部电脑在购物网站上结账时，可以选择使用密码或使用拍卡方式结账，如客户选择拍卡方式，可以用自己的非接触信用卡在 NFC 感应器上刷卡完成支付。

（2）其他电子钱包的连接。MasterPass 允许银行商户和合作伙伴使用它们自己的电子钱包，其线上功能使商户通过使用一个整合的按键能够进入到客户的电子钱包中，这一电子钱包在未来还可能扩充。使用 MasterPass 之后，开发电子钱包应用的厂商可以直接与它相连接，避免了为每一款电子钱包都建立一个受理网络的情况。其他电子钱包开发商使用 MasterPass，可以使它们利用万事达的结账、欺诈侦测、身份验证和其他增值服务，通过使用万事达的开发者空间，开发者可以使用最新的创新成果开发出先进的支付服务。MasterPass 钱包提供了一个安全和简单的加快结账的流程，客户不需要在每一个新的商户中输入自己的财务信息和地址信息。

（3）增值服务。为改善客户结账感受，MaterPass 为客户提供账户余额查询、实时交易提醒、忠诚度计划以及多种优惠和体验。

图 5　MasterPass 系统界面

三、服务功能创新

（一）向底层民众发放贷款的免担保小额贷款信用卡

KIVA 是美国的一家非营利性组织，该组织的宗旨是将人们联系在一起以减轻贫困，它认为人们为了改变生活应该享有平等获得资本的权利。KIVA 使用互联网和全球消费贷款机构网络帮助人们借出贷款，贷款金额可以低至 25 美元，为世界范围内的人们创造贷款机会。许多穷人正面临缺乏小额资金的困难，可能是一个肯尼亚的农民需要一笔 500 美元的资金使自己的谷物收成翻倍，也可能是一名玻利维亚的妇女希望借款 1500 美元缴纳护士学校的学费。KIVA 的贷款人为无数的借款人提供帮助，每天该网站将全世界数千名借款人和合作机构联系在一起。该网站通过提供创新和目标明确的产品向社会底层的民众提供贷款，参与这项工作的银行会获得社会上和经济上的回报。虽然贷款是面向社会底层的，收益却是相当丰厚的。

KIVA 对合作伙伴有严格的审查程序，这些合作伙伴将寻找到的贷款请求上传至 KIVA 网站，这些贷款需求会被志愿者编辑和审阅，之后刊登在 KIVA 网站上，KIVA 贷款人可以在网站上搜索选择借款人。KIVA 网站上的贷款人首先向 KIVA 发放贷款，KIVA 再将资金转给合作伙伴，所有通过 KIVA 发放的贷款都会通过合作伙伴审查、监管和发放。整个贷款周期内，贷款人会通过电子邮件了解到进展情况，如贷款人登录该网站，也可以查询贷款情况。借款人到期会向合作伙伴偿还贷款，合作伙伴将还款资金交给 KIVA，KIVA 再将资金存入贷款人账户。之后客户可将这笔资金再次发放贷款，或捐给 KIVA 或提取出来进行消费。

Advanta 银行向 KIVA 贷款人发行了 KIVA 商务信用卡（见图6）。该行与贷款人合作并通过该卡向 KIVA 借出贷款。Advanta 银行提供的额外资金最高为每月 200 美元，尽管该款卡片为商务卡，但一般情况下个人在申请这款卡时无须开办公司。使用这款信用卡向 KIVA 放出贷款，贷款最低可以低至 25 美元，客户每年向 KIVA 放出的贷款、慈善捐款或其他合格消费的第一个 1200 美元将会获得 5% 的现金回赠。客户使用这款信用卡进行余额转移在首个 15 个月内无须承担利息，对欺诈交易无须承担责任，也不收年费。

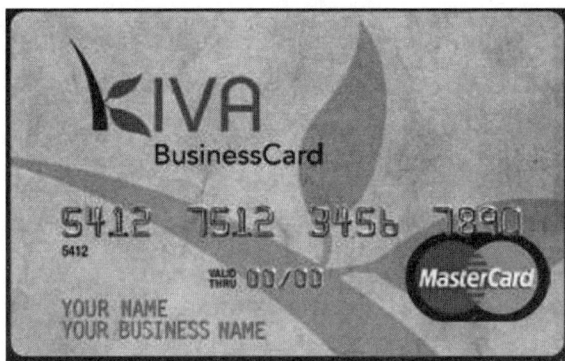

图6　KIVA 卡

（二）协助持卡人解决争议的信用卡服务

美国账单卫士公司的应用是一款快捷和智能地追踪消费和存款的应用软件。账单卫士解决方案是发卡银行与商户之间一种创新的合作方式，使银行能够在客户对账单有疑问或争议的时候，提醒商户的客户服务部门实时向客户发送电子邮件，使客户与商户之间能及时直接免费地解决争议和问题，避免形成代价高昂的争议。

电子支付技术的发展方便了人们的交易行为，支付效率的提高伴随着查询、争议数量和处理成本的上升。每个月都有数百万的信用卡持卡人致电银行查询他们的交易或正式要求取消交易，这些电话启动了涉及发卡行、收单行、信用卡网络和商户的投诉处理程序，而处理查询和争议的成本高昂且并非有很大的必要。账单卫士聚集了各种数据专家、数学家、安全专家和行业精英们，谷歌、贝宝、Verisign 和 Sun 等公司的创始人也参与了这一项目的投资。账单卫士公司开发了新的整合方法来满足客户的争议管理需要，采用了大数据分析和先进的众包技术，对借记卡和信用卡持卡人的欺诈、错误和未经授权的费用支出提出警告，帮助客户分享经验并提供与商户直接联系的解决方案。

账单卫士解决方案将商户与持卡人直接联系起来，银行向账单卫士公司支付一定费用，账单卫士公司向持卡人和商户免费提供这项服务，商户可以在账单卫士公司登记自己的资料。使用账单支付的流程如下：

首先，客户不承认网上银行或手机银行账单中的一笔交易，希望提出争议时，只需在手机界面上点击交易明细中的"更多信息/联系商户"按键，之后手机界面会显示交易解决界面。

其次，客户交易解决界面中显示帮助客户回忆交易的更多的交易信息，如果客户仍然不能回忆起来，可以点击"联系商户"按钮之后屏幕展示商户的简短联系表格。

最后，客户向商户发送电子邮件，其中包括商户联系表格和关于交易的问题和争议，商户只需要回复电邮并解决客户的问题与投诉即可。整个过程既省钱又省时间，客户的感受也非常好。

该应用为客户账户提供一天 24 小时的监测，对客户不了解的欺诈行为和错误交易进行提醒，提高了财务的安全性。客户可以方便地标记、提问和分享对交易的评论，不仅使客户控制了自己的账户交易，也使查询交易和解决争议的行为从银行转移到社区居民，降低了查询和争议业务的处理成本，增加了客户与其他客户沟通的机会。

该应用还具有智能收件箱的功能，客户在手机上可以查看自己所有信用卡和借记卡的余额、账单和他人收款的详细资料。每一笔消费明细都会在手机界面上依次显示，账单卫士会自动按照客户的优先级排列交易明细。客户如果想对每一笔交易作进一步了解，可以用手指将每条交易明细向左拖出屏幕，可以验证交易并对一些交易进行标记，便于进行后续跟进。客户可以快捷地了解自己的支付情况，识别各项经常性收费支出项目，该应用可以帮客户有效控制预算。

图7　账单卫士公司手机应用界面

（三）美国大通银行的蓝图还款计划

大通银行的自由信用卡为持卡人提供了蓝图还款计划，帮助客户建立定制化的还款计划。客户可以自行决定如何对消费进行还款，在线上和月结单上查看还款进度，该计划在客户选择迅速还款时帮他们节省了资金，避免支付更多的利息。客户在蓝图还款网页上可选择全额还款、分拆、完成还款和追踪4个选项。

客户选择全额还款之后，可以选择希望进行全部还款的商户交易种类，如餐馆、娱乐、加油站、杂货店等，点选相应的商户种类，完成选择全部还款交易种类及进行相应交易之后，就能在蓝图网页上查看所有全部还款交易的总额。客户也可以编辑全部还款的交易类型。

客户选择分拆界面后可以对大额交易建立分期偿还计划，可以选择一笔希望分拆的交易，在网页上填写希望分拆的期数或每月还款的金额，之后可以查看已经完成还款的进度。客户完成建立分拆偿还计划后，可以在网页上查看所

图 8　美国大通银行的蓝图还款计划

有分拆交易需要还款的金额。客户可以按照蓝图页面上显示的每月还款计划进行偿付，查看还款的进度，也可以随时更改分拆计划，网站会对还款的金额和日期作出提醒。

使用完成还款的选项，客户可以更快地完成欠款的偿还，可以首先选择一个希望完成还款的金额，选项包括消费的余额及利率、余额转移的余额及利率。客户需要决定每月希望还款的金额，系统会提示客户多长时间到期、每月还款的金额和实际年利率。客户可以设定通过几期进行还款或确定每月还款的金额，系统会显示客户完成偿还计划前后每月偿还金额及实际年利率，同时客户也可以查看还款的进度。

登录追踪还款计划可以帮助客户管理支出，可以分交易类别查看消费历史。对希望更加严格监控的交易种类，可以预先建立起一个支出预算，之后可以分交易种类查看交易的详情和欠款金额，可以随时查看消费交易并与预算进行对比，也可以随时对自己的预算进行更改。

（四）鼓励存款或捐款的信用卡小猪存款盒

信用卡小猪存款盒是对蓝牙技术的一种应用，是储蓄罐或捐款箱的逻辑延伸。这台存款盒的外形像一个小猪，是无线的，内置电池盒，通过蓝牙技术与附近的计算机相连。客户在一个可爱的小猪外形的存款盒（见图 9）处刷卡时，一个预设的金额会转入客户银行存款账户或捐赠账户。每次当客户在读卡器上刷卡时，软件会自动与客户的银行账户索要授权，一个固定金额的资金就会转出，这一固定金额可以在电脑中进行设定，并通过蓝牙自动更新至存款盒。这款应用可供个人或公共场所使用。

CREDIT CARD PIG BANK

BLUETOOTH WIRELESS TECHNOLOGY

图9 信用卡小猪存款盒

除了用来给孩子存款之外，具有相同功能的捐款箱也是一个进行公共捐款的有效方式。在公共场所募集捐款时，可以建立很多这样的捐款箱，这些捐款箱都通过蓝牙与服务器相连，服务器与银行的账户相连接，从插入存款箱的信用卡账户中转出资金。捐款箱可以分布在公司的不同办公室、购物中心、大型活动现场、浴室、礼品商店等地点。慈善基金和合作商的名字可以印在捐款箱的上面。使用这种存款盒或捐款箱是一个很好的创意，现在人们携带现金的机会减少了，这种捐款箱或存款盒的应用促使人们将资金用于进行存款或是捐赠，而不是进行消费。

四、预付卡的创新

（一）BetterATM 公司开发的可折成三折的预付卡

美国的 BetterATM 公司提供可以折成三折的塑料预付卡（见图10），这款预付卡可以从 ATM 中直接取出。客户在 ATM 中插入自己的银行卡，选择预付卡选项，输入卡中存入的金额和预付卡的张数，就可以从 ATM 的吐钞口中取到预付卡中。这种预付卡是一张薄的塑料卡片，可以折成三段，第一段是一张预付卡，上面印有银行名称、卡号、VISA 卡的防伪标识和到期日，背面有磁条，该卡可以在 POS 机上使用；第二段是简单的使用章程、防伪标志和卡片

机或信息提示；第三段是其他的推广信息 。未来将会有芯片和近场支付功能
的卡片投入使用。这项技术将 ATM 与预付卡连接起来，这种很薄却很耐用的
3 折卡片能够从 ATM 中取出，也能够正常地在 POS 机上使用。

图 10　BetterATM 公司塑料预付卡

全球范围内预付卡的需求量快速增长，美国每年的预付卡销售金额达到
9000 万美元。使用这一功能可以使全球的几十万台 ATM 给银行带来更多的收
入。这项技术是在原来的 ATM 中加入一个小的电子模块，使原来的 ATM 支持
派送塑料卡的功能。只要原来的 ATM 能够提取现金，就能够派送这种三折预
付卡，现在这种通过 ATM 提取的预付卡越来越流行。这种新卡在全美国已获
得批准使用。

（二）VISA 健康照看礼品卡片

这一款卡片由美国的 Highmark 公司与 VISA 卡组织合作开发。Highmark 公
司是一家健康保险公司，它希望这款健康礼品卡能够鼓励不愿意看医生或购买
药品的学生或老年人更多地进行健康医疗方面的消费。购买该卡本身需要支付
4.95 美元，可以充值的金额为 25 美元至 5000 美元。该卡可以共同支付看牙
医、眼科医生、内外科医生、家庭医生的费用，也可以用于购买隐形眼镜、体
育馆会员费、健康俱乐部会员费、药物以及其他的自选健康项目，还可以支付
账单或保险费用等。使用该卡也会受到很多限制，如不能在日杂店、零售店使
用。该卡的使用方法与 VISA 信用卡或借记卡一样。该卡可以在超过 1000 家

Winn - Dixie 及 CVS 商店内消费，也可以在 Givewell 网站上消费或者致电免费电话消费。在一些蓝十字医院，使用这款卡，客户可以享有牙冠、假牙、填充、口腔外科、牙齿美容等治疗 10% ~ 50% 的价格优惠；在主要的药店享有品牌和基因药物 20% 的优惠；对眼科检查、配眼镜和隐形眼镜提供 10% ~ 60% 的折扣。这张卡同样享有 VISA 卡零责任承担的保障，对于没有授权的交易，客户无须承担责任。

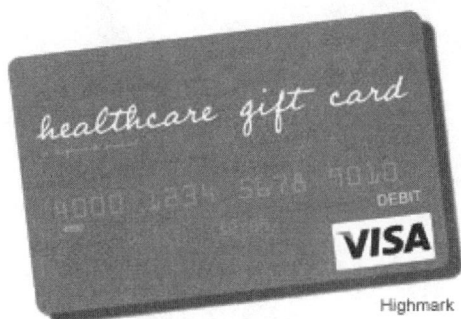

图 11　VISA 健康照看礼品卡片

　　一些客户的医疗费用上升，也有一些客户的孩子即将上大学，这些客户对这种卡有较大的需求。如果家长给孩子 200 美元，他们很可能会去购买啤酒；如果给他们这款礼品卡，就限定了他们的支出类型。礼品卡能够帮助客户解决与健康和保健相关联的消费，对于那些有患病朋友和老年亲属的客户非常合适。对该卡销售一年半后的数据分析发现，这款卡的主要购买者为 35 ~ 55 岁的"三明治"阶层，以中年妇女为主，这部分客户需要对健康支出进行决定和消费。

五、卡片设计的创新

（一）卡片制作技术的创新

　　韩国 BC 公司的 BC - CUP Tong 卡是第一张经过中国和韩国金融监管机构共同认证的卡片，卡面设计中使用了特殊的材料和别致的设计。BC - CUP Tong 卡使用金属压膜绘制了古代中国渔民和中国美食的图案（见图 12），卡片制作非常精美、别致。此外，韩国 BC 公司的现代黑卡限量发行 9999 张，该卡由世界著名设计师 Karim Rishid 设计，受到了客户的喜爱，此卡只为精英客户和他们的社交圈提供。这种卡片代表了最高的尊贵和价值，在制作过程中使用了金属压膜技术、黑字体印刷技术、金属层压技术等。

图 12　BC – CUP Tong 卡

迪拜第一银行发行了 Royale 卡，卡面上的一部分有金板，该卡的制作使用了金属植入技术、镍阳极电镀金属压膜技术、高质量黑色印刷技术等。

新一代的卡片设计，将卡片做成一个新技术和新设计相整合的载体。近年来还发展出超薄电池植入技术、超薄开关植入技术、LED 发光二极管植入技术、金属层压等技术，有的卡片发光，有的卡片可以折成两折，有的卡片带有显示屏幕，出现了折叠式信用卡、发光信用卡、珍珠装饰信用卡、含有蓝宝石粉的聚氨基树脂信用卡、能吸收近红外线的透明信用卡等新型卡片。

（二）创新的卡片结构设计三卡合一

万事达卡组织和比利时的 Banca Monte Paschi Belgio 公司合作发行了 PaschiCombo 卡。这家贷款机构是比利时第三大银行集团的成员，这家银行有着悠久的按客户要求定制产品的传统，一直致力于进行产品创新，并希望成为最具创新性的银行，而万事达组织也是一家同样注重创新的国际信用卡组织。两家机构合作开发了这款卡片，它们希望为客户提供一个独特的支付解决方案，使客户的生活变得更方便。该卡将借记卡、信用卡、卡面密码显示屏和非接触技术整合到一张卡中，这一卡片被广泛地接受，不论是在万事达借记卡网络还是在信用卡网络。卡的一面是 Maestro 借记卡，另一面是万事达信用卡，卡面上还有一个最新的技术的内置密码显示屏，使线上交易变得更安全，客户不再需要使用读卡器来确认网上交易。客户在进行线上交易时可以通过这个显示屏查看3D动态安全密码，代替读卡器。此外，这张卡还支持 PayPass 非接触支付功能，这几项功能的结合使客户用卡的简便性和安全性大为提高。

图 13　PaschiCombo 卡

这张卡无疑对潜在和现有的客户具有巨大的吸引力，客户可以在网上申请信用卡，无须亲自前往分行网点。设计这张卡的初衷是为了满足持有多张卡片的客户大量交易的需求，该公司管理着可满足客户需求的提供定制化服务的模块化的平台，该平台能处理卡片的各种交易，也能为银行提供实时的客户信息，帮助银行进行营销、审计和安全控制。该行对所有现有客户发放该卡，新客户也可以从网点或网银上申请该卡。该行对零信用额度的信用卡收取 25 欧元的年费，对信用额度介于 0~2500 欧元的客户收取 50 欧元的年费，对额度超过 2500 欧元的客户收取 75 欧元的年费。对于那些没有信用额度的客户，也可以在万事达网络上使用 PaschiCombo 卡，该卡享有万事达全球网络，客户不必要申请信用额度，当客户在仅有万事达网络的商户或网上商户使用该卡时，他们可以使用该卡的信用卡功能。由于没有信用额度，他们可以进行的最大交易金额为他们经常性账户的余额，交易将会经过万事达的网关和网络受理，但使用目的和意图与借记卡交易一致。

（三）可降解信用卡

美国发现卡公司发行了可生物降解信用卡，这款卡是应支持环保的客户的需求而开发的，他们希望为保护地球做更多事情。在全美国有近 20 亿张信用卡，这些卡片如果堆积起来会达到几十座珠穆朗玛峰那样高。GE，MetaBank 和巴克莱银行等都发行了自己的环保信用卡，这些银行多数用客户的奖励购买

碳补偿或投资于绿色环保项目。发现卡公司发行的这款信用卡采用可降解 PVC
塑料制成，该种材料在土壤、水或任何微生物存在的环境（如垃圾填埋场或
堆肥）中会自动降解，在 9 个月至 5 年的时间内，会完全分解。如条件合适，
99% 的原材料会被环境吸收。这种材料由聚氯乙烯树脂、增塑剂、石灰石和
20% 的石油制成，这些原料都是无毒的。该材料的生产厂商表示，这种材料的
厌氧生物降解在标准试验方法加速填埋条件下通过了测试。

图 14　可降解信用卡

客户可以通过发现卡的线上购物网关登录，可以在几家顶尖的线上购物网
站购物，且全年享有 5% ~ 20% 的现金回赠。该卡对选定的商户类别的消费提
供 5% 的现金回赠，对选定的商户类别清单每个季度轮换，汽油、杂货店、家
居改善用品、百货商店、旅行社等都包括在内。在任何一个季度，该卡都会对
至少三个商户类别提供 5% 的现金回赠，在其余种类的商户购物可以获得 1%
的现金回赠。客户不仅帮助地球改善了环境，也帮助自己节省了资金。发现卡
的持卡人旅游热线向客户提供快速的旅游帮助，电话客服人员只需在电话里解
决客户的问题。发现卡的一个大卖点是客户可以拥有自己的卡面选择，客户可
以从 150 多款设计（包括爱犬、运动、艺术品等）中选择，更多的信用卡将
会采用自动生物降解的材料。该公司支持环保事业，除发行可生物降解的信用
卡外，还在公司内部推广废物利用计划，并建立了员工拼车网站。它们还推广
使用电子账单，减少纸质账单的使用，发现卡公司发送了 1000 多万份电子账
单，节省了 460 万磅纸张的使用。

六、持卡人优惠的创新

（一）美国运通白金卡

美国运通白金卡客户可以登记参加 InCircle 奖励计划，之后在指定的奢侈品店进行消费的时候可以获得 InCircle 积分。根据消费的累计金额，客户获得不同的 InCircle 等级，享有不同的积分兑换比例、现金卡、免费旅游和多种形式的其他会员专属的定制优惠服务和奖励。白金卡客户还可以获得索尼公司 VIP 会员资格，享有使用索尼产品过程中的技术支援，帮助他们挑选购买和上门递送索尼产品。白金订餐计划帮助客户挑选了美国和外国的 1300 家餐厅，美国运通的顾问对客户的订餐、选餐、挑选酒水等提供指导，还为美国运通白金卡持卡人提供私人的运动、娱乐、音乐会门票和私人包厢。

美国运通白金卡持卡人可以受邀参加专属活动计划，这一计划为白金卡持卡人提供一生一次的体验，包括运动、时装、美食、视觉及表演艺术等。这些活动为白金卡持卡人定制，普通客户无论缴纳多少费用都不能参加。持卡人可以获得娱乐活动通知电邮，活动包括百老汇表演、音乐会、家庭和运动等卡户专属活动的门票预售。

客户可以一天 24 小时致电服务的旅游顾问，不论是商业旅行还是出国旅游，他们都会对客户的旅行提供策划帮助。美国运通的白金卡提供 24 小时秘书服务，在客户购物和托运货物、安排会议和活动的策划设计等方面提供帮助。客户可以在美国运通的旅游网站上订购机票，使用奖励积分购买全部或部分机票、酒店、假期或游轮，没有日期或座位的限制。客户可以在全球 750 多家酒店中享有免费的优惠和有竞争力的收费标准。

客户选择有资格的航空公司后每年可以享有 200 美元的贷方入账交易的权利，用于冲销航空公司收取的杂项费用，包括行李费、航班转换费、飞行期间的食物费用、饮料购买、机场休息室、电话预订费、宠物狗收费等。美国运通通过对航空公司精确识别意外费用的收取发起贷方入账交易，如果客户在航空公司的收费交易后 4 周内仍没有发现运通公司的贷方入账交易，可以致电美国运通公司查询。

客户可以入住独特的白金别墅和精致的私人住所，若客户使用美国运通白金卡预订，还可以享有 500 美元的优惠。客户可以致电白金卡旅游服务热线预定轿车服务，在使用轿车服务的过程中每消费一美元，可以获得 2 个额外的积分。

白金卡客户还可以获得专属的《出发》杂志，里面有关于旅游、生活方式、文化、美食的专享建议和各种原始资料的深度报道。该杂志每年出刊 7 期，为白金卡会员免费提供。白金卡客户还可以获得一年的额外购物保障。如果符合要求地使用白金卡购买商品，90 天内若商品发生丢失、损坏、被盗，美国运通将会给予全额补偿。使用美国运通白金卡购买的商品，还可以获得 90 天的退货保障，每件商品金额可以高达 300 美元，全年退货总额可以高达 1000 美元。对客户账单中出现的错误或伪冒交易，美国运通会和商户一起帮助客户进行争议处理。

图 15　美国运通白金卡

（二）"发现它"信用卡

"发现它"信用卡由美国发现卡公司发行，为客户提供多种优惠是该卡显著的特点，该卡成为希望转换银行的客户赢得现金反馈的一款信用卡。该卡免收年费，在新开卡的前 14 个月可以享有余额转移零利率，客户可以将其他银行或商店的高利息欠款转移到发现卡中来，帮助客户更快地还清欠款。在开卡的 14 个月后，客户的年利率为 10.99% ~ 20.99%，具体标准取决于客户的信用评分，如果客户能够在 14 个月内偿还所有其他银行的欠款，则不用支付利息，余额转移的手续费率为 3%。持卡消费一般可以获得 1% 的返现，在推广中可以获得 5% 的返现，对于客户就像一张折扣卡。

客户在发现卡公司的购物网站上购物可以享有 20% 的现金回赠。"发现它"信用卡的一个吸引人的优惠是客户全年在不同的商户类型中可以获得 5%

的现金回赠，享有5%优惠的商户全年定期轮换，比如1—3月为餐馆和电影院，4—6月为家庭用品和装修，7—9月为加油站，10—12月为在线购物。客户必须事先在网上银行或电话银行中对每一种优惠进行登记，如果客户对每一种类优惠交易金额超过规定的限额，超出限额部分只会得到1%的现金返还。客户账户的现金回赠从50美元开始返还，之后每满50美元才进行一次返还，返还金额为50美元的整数倍。客户也可以使用返现金额换取礼品卡、商品、礼品证或购物优惠券。这比之前的优惠进了一大步，之前的优惠方案是每类交易的前3000美元享有0.25%的现金回赠，超出3000美元的交易才会享有1%的现金回赠。客户在亚马逊网站购物，可以直接使用返现购买商品，没有最低的消费金额要求。

客户在海外进行交易豁免跨国交易手续费，在美国使用其他银行的信用卡，如果客户不按时还款，将会收取很高的利率和滞纳金，使用"发现它"信用卡将不会收取惩罚性的高利息，如果客户第一次忘记缴款，也不会收取滞纳金。该公司还提供另一款开卡后18个月余额转移免收利息的信用卡和开卡后6个月内对消费交易免收利息的信用卡。客户如果使用"发现它"信用卡购票和旅游，还可以享有高达50万美元的飞行意外保险。

图16 "发现它"信用卡

七、促进交易安全的交易模式的创新

信用卡公司、线上零售商、电脑安全服务商每年花费大量资金投入到网上安全中，但每天仍旧有大量的信用卡信息被盗，这是由于传统的线上安全技术，如加密和SSL仅在信息从客户的电脑传输到线上商店网站的过程中提供保护。但如果客户键入的个人信息或数据存储在计算机硬盘中的时候，这些信息就很容易被恶意软件盗取。即使是最安全的网站，客户的敏感信息直到点击提交之前，都不会被加密，客户的信息停留在客户的计算机中。当客户点击提交之后，这些信息会从客户的计算机传输到加密服务商，在那里被加密并送往商户。如果客户的电脑上有恶意的软件，就会在客户的信息被加密之前截取客户的信用卡信息。杀毒软件的开发商必须在了解新病毒的特性和机理之后才能开发出更新的杀毒功能，所以即使客户购买杀毒软件也不能很好地避免恶意软件的攻击。

由美国的 NetSecure 技术公司开发的智慧刷卡器（见图 17）是全世界首创的安全的个人信用卡读卡器，这是一种先进的和安全的线上购物方式，当客户在电脑上安装了智慧刷卡器之后，就可以在家中或办公室刷卡。客户的信息在刷卡时就已经加密，在进入计算机的时候已经是加密信息，即使计算机中有恶意软件，黑客们也无法获得有用的信息。智慧刷卡器不仅有一个新颖外形，而且解决了深层次的安全问题。

图 17　NetSecure 智慧刷卡器

用户在使用智慧刷卡器的时候需要插入电脑的 USB 接口，在线上商店购物，无须手工输入自己的信用卡信息，只需要刷卡，智慧读卡器就会完成其余的步骤，非常方便。在智慧刷卡器公司的数据库中有数千个网站，每天还会增加数百个新网站，客户也可以添加自己登录的网站，能够保证客户需要登录的每一个网站都在数据库中。该工具不受病毒的影响，能够确保客户的信息 100% 的安全。如果客户不小心对同一笔交易刷了两次卡，该读卡器能够自动识别，并只发送一笔交易。该刷卡器支持 Windows XP、Vista、Windows 7 系统，或 IE 7、火狐等浏览器。客户也能在进行过程中使用这款刷卡器，这款刷卡器还能用于境外交易，发送到商户的信息与他们期待的格式相同，商户方面不用做任何改动。由于互联网上欺诈和身份被盗的问题日趋严重，这款读卡器的应用越来越重要，客户购买智慧刷卡器之后无须支付额外费用，可以定期收到软件更新，只需将刷卡器插入电脑 USB 接口，相关软件就会自动更新。智慧刷卡器可以使客户信息得到有效的保护，它本身不会存储客户的任何信息，即使刷卡器丢失，也不会丢失客户的信息。

八、对我国商业银行信用卡业务创新工作的建议

（一）开展商户营销推广组织方面的创新

我国微信、微博、易信等社交网络应用非常普及，发展十分迅猛。人们在这些社交平台上聊天、分享资讯，但与信用卡商户交易密切联系的社交平台还不多见。商业银行可以与商户合作开发这类社交应用。客户登录手机应用后，可以查看到自己朋友的信息和自己关注的商户的信息。客户来到一家商户，可以查看到来过这家商户的朋友。客户在光顾一家商户之后，可以向自己的朋友推荐这家商户，客户的朋友越多，向朋友进行的推荐也就越多，就会得到越多商户奖励的优惠。客户可以获得商户奖励的优惠券，在商户非高峰期进行消费，商户和客户都能受益。客户在消费之后，可以将消费的体验与朋友分享，或对商户进行评价，同时也能够通过手机支付消费，并获得电子收据和电子交易确认。客户可以使用手机应用进行支付，可以从自己的信用卡、借记卡或经常性账户向商户或个人进行付款，只需按一个按键就能完成支付的过程，还会接收到付款的收据。商户也可以使用手机应用，只需手机接上外接读卡器就可以用信用卡支付，并将收据发送到对方的手机上或电子邮箱中，收款方的手机中也会保留交易记录。商户在手机上可以查询账户信息，可以邀请、查看、管理会员客户的信息，也可以在手机上向选定范围的客户群发送推广信息、优惠券或折扣，并能够查看优惠推广的交易统计信息。商户也可以下载交易数据，这种应用有巨大的发展前景。

银行和商户也可以设计传递推广信息的社交网络应用。客户在自己的网银界面可以查看自己的优惠信息，一部分是对自己发送的优惠信息，一部分是客户已经选择将要使用的推广信息，一部分是正在兑换的优惠信息。客户可以查看和管理优惠信息，也可以向自己的朋友分享优惠信息。在查看、使用优惠信息的时候，客户首先登录应用，在月结单界面查看到自己能够享有的各项商户优惠，并可以即时激活这些优惠，将自己的借记卡或贷记卡登记到自己激活的优惠中，之后客户使用这一登记优惠的卡片到商户进行消费，在结账时就可以

自动享受已经选择的优惠。客户在网银、手机银行、平板电脑上可以查看已使用和未使用的优惠的详细列表、起止日期、使用状态等信息。客户在网银界面上还可以输入银行社交网络的用户名和密码，登录社交网络，在社交网络界面上就会显示客户可以享有的优惠和即将享有的奖励信息。客户可以查看优惠信息，分享自己参加的优惠和获得的每一笔奖励，并进行分享与评论。这种在社交网络上分享银行与商户优惠的做法，既加强了与客户的联系，也能被更多的社交网络和媒体转播，从而扩大了商户营销的推广宣传范围。

商业银行和商户还可以共同开发向客户发送优惠推广和进行实时交易分析的数据分析应用平台，商户可以使用这一平台发送推广信息，定制推广的名称、描述、起止时间、优惠代码、条形码或二维码，宣传图片和文字，同时可以定制举办优惠推广的分店名称和发送推广信息的地理范围以及发送客户的数量。符合条件的客户登录手机应用会看到相关推广信息的宣传图片、条形码或二维码，到商户消费结账时，向收银员出示优惠的条形码或二维码，就可以享受到优惠。在银行和商户端，还可以查看到即时的消费信息，可在不同时间段各种卡类使用优惠推广的交易统计信息和明细信息，不同种类商品的消费分类统计信息，商户可以实时对推广的力度和范围进行相应的修改和调整。商户和银行利用客户喜欢的渠道，通过与客户进行实时的沟通对客户和商户现有的累计数据进行分析，使用大数据分析平台向客户实时提供定制化的优惠推广，增加了各方的交易量和收益，以较低的投入，改善客户体验，降低客户流失率，增加了交易量和收入。

（二）开展支付方式的创新

银行可以在商户中安装多媒体零售取款机，该机器不直接提供现金，只向客户提供现金凭证，客户持凭证到商户领取现金，在向客户提供凭证的同时，银行将资金存入商户的账户。可以在该机器上提供银行自动取款机能够提供的多项服务，如汇款、账户间转账、账户余额查询、交易历史查询、公共事业自助缴费、银行服务预约等，从而降低银行的运营成本。商业银行可以开发整合的交易处理平台或在银行的商户中提供万事达 MasterPass 支付的选项。客户在实体商店进行支付时，为客户提供支持近场支付、信用卡、二维码、移动电话设备或货物标签的支付选项。客户在网上购物或通过手机商务购物时，可以将卡片信息、地址和更多的信息存储在一个安全的云服务器上，在结账时可以选择银行整合支付平台的选项，无须再次输入自己的卡号、到期日、卡类型、

CVC 等内容。同时也支持客户在家中电脑上使用近场支付的受理设备，还可以为客户提供账户余额查询、忠诚度计划以及多种优惠服务等。

（三）创新对持卡人的服务

近年来我国网络金融快速发展，互联网金融具备低交易成本、大数据、使用双边平台等特点，为商业银行业务的发展带来了巨大的空间。我国的商业银行可以开办面对有需要人群的无抵押小微贷款中介网站，可以向小微企业发放贷款，也可以向较为贫困的人口发放贷款，帮助他们创业和改善困境。贷款人可以在网站上查询借款人的情况，银行可以发展一些商业合作伙伴，帮助商业银行审查、监督、管理每一笔贷款，客户的贷款将会通过合作伙伴发放给借款人，通过合作伙伴和商业银行交还给贷款人。在贷款过程中，贷款人会获得定期的更新，包括获得还款。开办小额贷款能为银行带来经济上和声誉上的益处。商业银行也可以发行对小微企业和个人的商务贷款卡，申请人不一定必须拥有公司，如果贷款人认为项目有投资价值并决定投资，银行可以酌情提供更多的贷款，在借款人偿还的时候，银行还能够收回本金并获得利息收益。银行对每一笔贷款可以设定增加放款的上限。对使用该卡进行消费的客户，银行还可以给予积分奖励或现金回赠。

商业银行可以开发帮助客户确认交易并与商户协商解决争议的手机应用。随着卡量的增长，商业银行有大量的客户致电银行客服中心查询交易并最终提出争议，这种处理会增加很多持卡人个人和银行的成本。客户可以在手机界面上查看自己的交易历史，对每一笔交易进行核实。如果客户对交易有疑义，可以点击相应的按键，帮助客户回忆交易的情况并展示交易的详细情况。如果客户还有疑问，可以向商户的客户服务人员发出交易查询。这种应用可以帮助持卡人与商户直接联系处理争议和查询，降低了银行客户服务中心的来电量和客户服务的成本，同时有助于改善客户体验，省略了很多中间环节，节省了每一方的时间和资金。银行利用数百万持卡人在线上向商户和银行上报的账单投诉的信息，能够识别商户的不当行为，有利于帮助客户查询卡片信息，有效控制预算，增加了客户的忠诚度和新客户的数量。

目前，很多商业银行已经为持卡人提供了分期还款服务，可以在此基础上进一步为持卡人进行理财提供方便，为他们提供更多的自由安排还款计划的选项。如可以允许客户自由选择对何种类型的交易进行全额还款，对何种类型的交易进行部分还款。在设定之后，客户可以在网银上查看全部还款的交易类型，也可以随时对全额还款的交易类型进行修改。可以向客户提供更加灵活的分期计划，可以针对任何一笔交易单独设定还款的期数或每月还款的金额，并且可以在网银上查询每月需要偿还的金额和已经进行的还款的进度。并且能够对还款的计划作出修改，并能对客户的还款作出提醒。还可以允许客户对已经指定的还款计划进行修改，对一笔或几笔指定的交易重新制订还款计划，以便提前还清欠款。客户可以设定每月需要偿还的金额或计划还清的时间，此外，还可以提供指定消费预算的功能，对消费进行分类的管理，使客户了解自己消费的趋势，查看自动分组和加总的交易情况，之后客户可以自己监控预算，也可以分交易类别查看自己所有的交易历史。

商业银行可以向新客户发放类似前文提到的小猪信用卡一样的刷卡存款盒，通过蓝牙设备与计算机相连，每次客户刷卡，就会自动有固定的金额存入指定的账户。存款盒中有内置的电池，在进行刷卡的时候，电脑会通过互联网向银行索要授权并实现转账交易。这类存款也可以用于在公共场所进行捐款，可以设立在办公楼、购物中心、银行分行网点、活动现场等地，方便客户进行捐款。这种存款盒能够帮助年轻的客户培养存款的习惯，因此会受到客户的喜爱。

（四）开展预付卡的创新

在监管部门允许的情况下，商业银行可以与相关的公司合作，对现有的自动取款机进行改造，增加提取塑料预付卡的功能。当客户选择预付卡的选项时，输入张数和每张的金额后就可从 ATM 中取到塑料的预付卡，方便客户进行馈赠，从而可以增加预付卡的销量和交易量，为银行带来更多的手续费收入。商业银行也可以针对某一特定的商户类型或某一分组的商户类型开发专门的预付卡。例如，可以针对有较高保健需求和有患病朋友或老年亲属的客户提供健康医疗方面的预付卡，专门在医院、药店、健身、保健等类型商户使用。客户可以用来购买隐形眼镜、支付运动场馆租费、看牙医等，在专门类型的牙科诊所、眼镜店、运动健身场所等商户消费，可以为持卡人提供较大幅度的优惠。这些卡可以通过合作伙伴销售，还可以用于支付保险费。银行也可以发行汽车消费类的预付卡，用于购买汽油或支付汽车维修费用或购买汽车维修用品，为客户提供较大的优惠。年轻人的父母可以将这种卡片送给自己在大学就读的孩子，防止他们将这些资金用于娱乐、餐饮、日杂用品等其他类型消费。

（五）创新卡片的设计

近年来商业银行相继推出了一些新型的卡片，如香味信用卡、透明信用卡、外形不规则的信用卡等，均受到了广大客户的喜爱。目前卡片制作技术发展迅速，新技术相继投入使用，一些银行发行了使用植入金片、镶嵌钻石、金属复合膜、高质量黑白字体印刷等技术的信用卡。还有一些国外的银行发行了植入电池和发光体的信用卡、金属镶嵌信用卡、可重复写入磁条信息的信用卡、可选择使用借记贷记或积分消费的信用卡等，我国商业银行也可以发行这些类型的卡片。

目前，我国市场上已经出现了带有密码显示屏和数字键盘的信用卡，银行也可以发行将借记卡、信用卡、非接触信用卡和密码显示屏集中在一张卡片上的信用卡，使其可以在借记卡网络和信用卡网络上同时使用，扩大受理范围。密码显示屏还能使线上交易更加安全，从而免去了客户使用外置密码器的麻烦。对于没有信用额度的客户，也可以让他们使用万事达信用卡的网络，但使用的最大金额就是账户的贷方余额，因此这种新型卡片的出现，会吸引客户办卡的兴趣，可以帮助银行扩大客户群。

为了传播环保理念和满足具备环保意识的客户的需要，商业银行可以发行环保信用卡，使用客户可以通过奖励购买碳补偿或通过环保基金捐赠给环保项目；也可以发行具有生物降解功能的信用卡，卡片材料使用无毒的成分，在自然的条件下可以在一段时间内自然降解，不会残留有毒和有害物质。同时，商业银行可以对这种卡提供积分返现、自行设计卡面、使用电子账单等服务或优惠。

（六）开展信用卡持卡人优惠的创新

随着国内信用卡市场竞争的加剧，各行在信用卡优惠方面不断推陈出新，国内商业银行应该不断研究客户需求的发展变化，适应客户的需要并提供他们感兴趣的优惠服务。可以在客户的信用卡得到审批的前三个月，如果消费超过一定金额，就给予一定分数的会员奖励积分。客户在海外购物可以免收跨境交易手续费。信用卡申领可以向高端客户提供奢侈品和专门电器品牌的商户的优惠积分计划，在客户购买奢侈品和高档电器方面提供帮助和咨询；为他们精心挑选优质的餐厅，帮助他们提供订餐、选餐、挑选酒水等服务；可以向客户提供礼宾服务，全天候为客户的生活提供帮助，帮助客户寻找合适的餐厅或进行活动的安排、选择合适的礼品，预定私人的运动、娱乐、音乐会的门票，无论大事小事，一个电话客户就可以得到帮助。商业银行还可以组织一些仅通过邀请参加的美食、运动、表演艺术、时装等体验活动，可以提供高尔夫练球、高尔夫一对一教练课程、道路救援、酒后代驾等服务，可以为客户提供旅游顾问服务，帮助客户购物和安排货物托运、订购机票、酒店假期或游轮等。客户在旅游的时候，可以一天24小时致电医疗、法律、财务、护照签证、道路救援、现金支援等紧急帮助热线，获得实时的帮助。客户如果使用本行信用卡购买旅行费用，可以为客户冲销一定的杂项费用。可以为客户提供入住独特的别墅的机会，也可以为客户提供专享的杂志，介绍关于旅游、生活、美食等方面的独特报道。

客户在开卡的最初一年里，可以享有零利率的余额转移服务，可以将其他银行的信用卡或贷款欠款转移到本行的信用卡中。可以在某些商户向客户提供较高比率的现金回赠，提供较高比率现金回赠的商户类型可以每个季度更换。客户第一次拖期还款，可以免收滞纳金，并向客户赠送旅行保险、购物保障等优惠。

（七）创新安全用卡的方式

随着网上支付的快速发展，身份被盗用的案件频发，信用卡安全引起社会的广泛重视。各行加强了对信用卡审批的授信管理，强化了资产质量分析监测，加强了对大额客户的监控，提升了对风险的自动识别和控制水平，优化了资产催收策略，也与司法部门密切合作、内外联动共同防范外部欺诈。与此同时，与信用卡安全相关的创新的交易形式不断出现，各行也正在推广 IC 卡。在网上应用方面，商业银行可以设计对交易进行实时审批的应用，设计开发细化对各类型交易控制的系统。也可以开发或与厂商合作推广使用刷卡器，将客户信息加密的流程从客户计算机转移到外接的安全硬件上，这样，客户个人信息在达到计算机之前就已经加密，避免了客户个人信息被恶意软件盗取，防止对客户造成损失。

我国银行卡理财业务的现状
分析和建议

理财业务是商业银行为客户提供的财务分析、财务规划、投资顾问、资产管理等专业化服务活动。个人理财的概念有广义和狭义之分。从广义上来讲，理财是指市场上所有的理财行为和理财顾问咨询活动，其中既包括居民的自我理财行为，也包括将财产交付给他人的受托理财行为，还包括各种与理财有关的理财规划与咨询服务；而狭义理解，个人理财是指商业银行基于对潜在理财需求的分析，进行理财产品的研发、设计、销售以及管理，提供给特定目标客户群。

随着市场竞争的发展以及利率市场化的推进，各家商业银行越来越重视银行卡、理财等中间业务的发展。银行卡业务是以卡片为载体，为客户提供消费信用、转账结算、存取现金等全部或部分功能的信用支付工具。随着市场的发展，银行卡业务在客户财产管理、理财服务方面发挥着越来越重要的作用。

一、银行卡理财业务的形式和种类

(一) 理财卡的使用

理财卡属于借记卡的一种，借记卡是指先存款后消费，没有透支功能的银行卡。不同于面向普通用户发行的储蓄卡，理财卡是面向高端客户发行的。不同银行的理财卡名称不同，如建设银行发行的乐当家借记卡、工商银行的理财金账户卡、招商银行的金葵花理财卡、中国银行的中银理财贵宾卡和财富管理贵宾卡等。理财卡起到客户分层的作用，商业银行向不同层次的客户发行不同层次的理财卡，不同档次的理财卡设有不同的资产总额要求。商业银行向理财卡客户提供多种增值服务，如全国漫游、星级酒店、贵宾登机、远程医疗紧急救援等服务。商业银行向不同的理财卡客户提供不同种类的理财套餐，理财经理、理财顾问等服务，设计专属的理财产品，满足客户投资理财、居家生活的需要。客户可以通过网上银行、手机银行、电话银行、理财中心等多种渠道得到理财顾问的服务，并且享有多项服务的手续费优惠。

（二）借贷合一卡

一些银行发行了借贷合一卡，借贷合一卡是将借记卡与信用卡的功能集于一身的银行卡。如中国银行的环球通信用卡、光大银行的阳光存贷合一卡、中信银行的理财宝卡等。借贷合一卡包括储蓄账户和消费账户，向客户提供在信用额度内先消费后还款的免息还款待遇，在借记账户存款，可以享有存款利息又可向客户提供储蓄存款、转账汇款、代缴代发、自动理财、买卖国债、第三方存管、个人黄金买卖、基金投资等强大的理财功能和支付结算功能。

还有一些借贷合一卡在存款和透支功能的基础上添加了智能余额理财功能。如银行按照与客户的约定，将客户的资金从活期转入定期账户，按照后进先出的原则随时满足客户的资金流动需求，自动转存存期选择多样，实现利息最大化。或者银行按照客户的委托，当中国人民银行调整整存整取存款利率时，按照既定的公式计算出智能转存天数，与客户卡内已存人民币整存整取定期存款实际存款天数进行比对判断。若实际存款天数小于智能转存天数，则银行在利率变更日当日为客户重新转存，若实际存款天数大于或等于智能转存天数则保持原存款账户不变，帮助客户规避利率风险。还有的银行为客户提供便利透支功能，当客户借贷合一账户中的活期子账户发生透支时，只要客户于当日营业结束前存入款项，则客户无须支取利息，定期账户的利息收益不会损失。

（三）货币基金银行卡

许多银行为借记卡产品提供了购买货币基金产品的功能，如工商银行的工银货币基金信用卡、平安银行的一账通卡、招商银行一卡通账户的溢财通功能、广发银行的智能金账户等。一些银行通过与基金公司合作，客户可以通过货币基金实现支付消费账单，同时实现消费与理财的双重功能。客户通过借记卡自动申购货币基金，享受高于活期存款的收益。在信用卡透支消费后，在账单还款日自动赎回货币基金偿还信用卡账单，享受货币基金自动还款的便利，实现免息透支消费与闲散资金理财收益两不误。工商银行的货币基金信用卡可以使用货币基金自动偿还贷记卡欠款。持卡人只需将基金卡与基金交易卡绑定，开通自动理财功能，并设定基金卡存款余额的自动申购上限和自动赎回下限，即可实现通过基金卡自动申赎货币基金。在获得货币基金收益的同时，免于频繁操作之苦，基金卡的申购上限和赎回下限可灵活设定和调整。

（四）卡贷通

卡贷通是信用卡与消费贷款相连接的一种服务方式，如中国银行发行的卡贷通信用卡和工商银行的个人贷款卡贷通。持卡人在特约商户进行刷卡消费或网上购物时，按一定规则提供信用消费信贷服务。客户使用信用卡消费，之后使用银行贷款偿还信用卡欠款，客户最后向银行偿还消费贷款，并将卡贷通信用卡指定为个人信用贷款或个人抵押贷款的贷款额度使用工具。客户在享受贷款额度的同时，还可以享受信用卡存款有息、消费享有免息期等优惠。信用卡成为使用贷款额度的使用工具，客户使用信用卡透支消费后，在享受 0～50 天免息还款期之后，银行对满足条件的消费转化为个人贷款。有些银行要求客户在办理卡贷通业务之前与银行签订协议，签订协议之后，客户可以在网上银行、手机银行、柜面、自助终端上查询贷款额度，客户在消费的同时会接到信息，回复短信之后可以实时将该笔消费转化为贷款，也可以在交易完成后申请办理。卡贷通产品为客户提供更多的优惠。

（五）分期付款

多家银行都推出了分期付款服务，包括账单分期、商户分期、灵活分期、取现分期、家装分期、教育分期、汽车分期、旅游分期等种类。信用卡分期付款可以缓解客户在资金不足时急于购买商品的需要。客户申请分期业务后，银行根据约定的分期期数在账户对账单日将每期还款金额扣账并计入账户，客户需要在每月到期还款日前按期付款，直至付清全价款为止。如未全额还款，利息、滞纳金等计收规则同一般消费交易。客户在分期付款额度内使用分期贷款，银行对于分期业务一般不收取利息，只收取手续费。对于现金分期，客户申请取现分期后，银行将按照客户的要求，在额度要求范围内，将指定金额转出至客户在该行开立的借记卡账户，并进行分期，客户按照办理业务时约定的期数进行分期还款，持卡人需交付一定的分期手续费。

（六）理财联名卡

一些银行与证券公司、保险公司发行联名银行卡，帮助银行扩大客户层，也为客户办理相关的业务带来便利和优惠，如工商银行的工银安邦信用卡和中国银行的长城中银证券联名卡。证券联名卡是银行与证券公司有效利用双方资源，丰富业务产品，拓展服务渠道而合作发行的联名借记卡产品，它具备借记卡的所有功能，持卡客户除可享受借记卡服务外，还可以享有证券公司提供的咨询类、顾问类、交易类等各类增值服务。保险公司联名信用卡集车险优惠、加油补贴、免费救援和标准信用卡金融功能于一身，客户刷卡即可以优惠价格购买保险公司的电话车险、指定寿险产品，还可享有加油补贴或一定比例的寿险年缴保费优惠回馈。

（七）跨境资金管理卡支持跨境理财的银行卡

一些银行推出了帮助客户跨境财务管理和全球资产配置的银行卡，如中国银行的长城留学卡、环球通信用卡和光大银行的"出国＋卡"等。这些银行卡一般支持一卡多账户或多货币的功能。有些支持人民币自动购汇的信用卡产品，每笔全球交易都将自动转换成人民币入账，客户只需轻松归还人民币欠款。中国银行的长城留学卡在境外 ATM 取现或消费时，可以使用美元、英镑、新加坡元、港元、日元、加拿大元、瑞士法郎、澳大利亚元、欧元等外币存款进行支付，无须进行货币转换，有效降低了境外交易汇率转换成本。如交易的币种不在以上外币范围内，或对应外币存款账户无余额或余额不足时，还可使用人民币账户自动购汇并完成支付。有些银行为客户提供全球商户网络优惠，还有些银行为客户提供境外退税服务、境外外币兑换服务、自游行休息站、国际旅行及医疗援助及法律咨询等增值服务。

二、银行卡理财业务的发展趋势

（一）混业经营的不断推进

我国金融业混业监管是大势所趋，混业经营后，银行、保险、证券、信托机构等金融机构都可以进入上述任一业务领域甚至非金融领域，进行业务多元化经营。银行获得券商牌照，综合金融、混业金融是未来改革的大方向，新时期的商业银行混业经营已进入加速阶段。目前，有些银行集团内部有从事证券交易、基金业务的子公司。允许银行获得券商牌照后，其设立从事股权投资的全资子公司，既能够将企业股权收益内部化，又可兼收投资机构的优势，真正建立了融资风险与收益相匹配的机制。银行将有更好的条件向客户提供多样化的理财产品，理财产品的创新力度将会加大。

（二）综合性服务向资产管理转变

2008 年国际金融危机发生后，银行意识到投向单一市场的理财产品已经无法满足投资者对风险—收益平衡的需求，银行开始发行投向不同市场的理财产品。组合投资类产品的发行量占理财产品发行总量的比例不断上升。这些组合类产品自身的风险调控特征在不确定性较强的经济环境中优势明显。投资于低风险市场的资金保证投资者资金安全，投资于高风险市场的资金为投资者带来更高的收益，灵活的组合投资管理有效提高了产品整体的运作效率，进可攻、退可守的组合投资策略得到市场的认同。

（三）客户需求的多样化

目前，理财行业不断有新的力量加入，理财客户变得越来越成熟，要求越来越高。客户对投资业绩、产品价格和服务品质变得更加敏感，同业竞争更加激烈。客户群体具有明显的多样性和差异性特征，商业银行需要按照客户需求定制个性化的产品和服务，提供更专业化、更高端的金融产品，从家产规划、投资管理、融资避税到收藏鉴定、遗产监督、代客竞标、私募、债券，获得投资私人公司等机会。

（四）同质化服务向品牌化服务转移

目前，市场上的银行卡理财产品基本集中在购买货币基金产品、分期付款等种类，同质化比较严重。众多银行理财业务同质化导致客户难以辨别，因此当前银行业逐渐重视品牌效应，积极为客户提供品牌化服务，使广大客户对银行理财业务有了更深地了解，以增强自身理财业务的品牌价值。各家银行逐渐重视对金融产品的开发，结合各自网点、系统、客户群的特点，开发各自的合作伙伴和特色产品，加大品牌营销和市场推广的力度，在客户心中树立优质的品牌形象，增加客户忠诚度。

（五）单一化渠道向立体化网络转移

随着银行理财渠道的发展，传统的理财服务将从原来的柜台网点办理转变为共同使用电话服务中心、手机银行、网上银行、微信客户端、自助服务终端等渠道。综合化的网络服务模式，极大地减少了理财服务的网点运营成本，打破了过去银行理财业务地点及时间的限制，促进了商业银行个人理财业务的迅猛发展。我国商业银行充分利用互联网技术的优势，推动自身转型发展，树立互联网思想，构建个人理财业务云平台及电商平台，推动互联网金融服务的发展。同时，商业银行逐渐减少传统网点的建设，促进个人理财业务服务的场景化、社交化、智能化，全面推动银行卡理财业务的发展。

三、银行卡理财业务面临的挑战

（一）互联网公司的不断发展对银行卡理财带来冲击

随着互联网金融、第三方支付公司、支付平台的迅速崛起，形成了互联网公司与消费者之间的闭环生态圈，加速了金融脱媒的进程。目前中国金融体系的实际情况是，资金还主要停留在银行体系中，但资金的运用早已不局限于银行体系。一方面，随着电子支付渠道的兴起以及支付渠道的多元化，客户的资金并不放在银行；另一方面，客户有融资或投资需求时，也不依赖银行。对银行的个人客户来说，第三方理财机构及各种网络金融的兴起，对商业银行个人业务的冲击已逐步显现。一方面，第三方理财机构掌握了一定的客户资源，一旦有适合客户的产品，客户的资金就会从存款银行转移出去，变为信托、私募、资管计划等其他机构的产品。另一方面，各种网络金融产品，如 P2P 贷款理财、各种货币基金，已经对银行的资金来源方和资金运用方构成挑战。

（二）我国信用体系尚不完备

目前，我国的信用体制还不是很健全，人们的信用状况只能够通过中国人民银行征信中心系统进行查询，同时在进行查询的过程中查询的权利还受到很多限制，而且通过这种信息查询的方式，在信息查询体系内存在的信息也并不全面，只是一些和经济活动有关的信用记录，并没有联系人其他方面的信用记录，也没有客户的详细交易、网上活动等详细的信息。因此我们应该不断完善我国的信用体系，建立完备的居民信用数据库，再通过对数据进行分析和信息技术的分析，为客户提供合适的信贷产品和理财产品组合，在控制风险的前提下为客户提供更便利的服务。

（三）商业银行个人理财产品的风险日益突出

从个人理财产品风险的表现形式看，主要存在市场风险、法律风险、政策性风险、操作风险、经营性风险等，具体体现在没有充分向客户披露风险后的声誉风险、产品设计本身的风险、资产没有与银行资产隔离的风险，以及第三方合作机构的风险，并且这些风险之间可能存在相互叠加的现象。近年来，银行理财纠纷案件的频频发生，不断曝出的理财产品负收益、零收益事件，以及众多投资者损失惨重等风波，表明商业银行理财产品的风险正在日益凸显，同时也给商业银行理财产品的发展壮大带来了很大的负面影响和严峻的挑战。究其原因，主要表现在投资者和银行两个层面上。投资者一般是在不了解理财产品风险特征、不清楚产品结构设计的情况下盲目购买，以致最终无法承担非预期损失，引发理财纠纷。产品设计和第三方管理过程中没有妥善地控制好风险，也会对银行的资金安全造成风险。

（四）商业银行个人理财产品同质化严重

目前，我国各商业银行提供的理财产品同质化严重，主要原因是由于我国商业银行个人理财业务起步较晚，技术和研发力量薄弱，创新人才短缺，创新力不足。我国多数商业银行的理财产品是从国外批发而来的，未使其本土化，加之银行理财产品中，在结构性产品方面我国多数商业银行还面临定价系统问题。外资银行有很多模型交易经验的历史数据支持，有很强的产品制造能力，国内银行很多不具备这样的能力。另外，我国商业银行一般采取总分行架构，总行负责产品开发，基层行只是负责推广销售，总行对市场客户需求了解不充分。同时，我国金融行业采取分业经营、分业管理的模式，使商业银行的投资渠道狭窄、创新受阻。另外，商业银行对客户需求了解不足也是商业银行理财产品趋同的重要原因，造成商业银行不能有针对性地提供差异化的理财产品。商业银行一般仅提供前文提到的理财产品，个性化的产品很少。

四、对我国银行卡理财业务的建议

（一）产品个性化

居民需要合适的投资理财服务。目前，中国居民财富大量增长，如何在回避风险的同时使财富保值增值，已经成为人们普遍关心的社会问题。居民借助于中介机构进入各种类型的金融市场，诸如货币市场、证券期货市场、保险市场、房地产投资市场等。个人理财市场的前景非常诱人，不同财富等级的居民有着千差万别的需求，不同年龄和阶段、性格、财富水平的个体，有着差异化的需求和偏好，而金融机构要想打动投资者，靠的将不再是千篇一律的推销产品，而是更体贴和差异化的服务。客户需要的是良好的风险控管，全球化、多样化的理财产品，提升产品灵活性，并为他们提供专业化的投资理财服务。不同收入层级的人群在个人、家庭财务目标、理财需求的取向上和生活方式上差异明显，在投资偏好上具有鲜明个性，而这些也会随着时间的推移以及人生发展的不同阶段而作出必要的调整。因此，银行在提供用户理财产品时应该针对不同的客户群设计符合他们偏好的产品、产品组合和服务，只有这样才能增强客户黏性，提高产品收益。

（二）实现产品的分层化

研究表明，不同收入层级的客户在理财产品期限偏好、理财产品选择方面有着明显的差异。

在理财产品期限偏好方面，中高收入地区的客户选择一年以下期限的比例较高，选择一年以上期限的比例较低。低收入地区的客户选择一年以下期限的比例较低，选择一年以上期限的比例较高。

在理财产品选择方面，研究表明，中低收入客户资产依次配置在银行储蓄、理财产品、基金、保险等品种上。低收入客户更偏好银行储蓄，但年储蓄额较低。

高收入者最需要的个人理财服务是制订个性化的个人（家庭）理财计划，享受一对一的专业服务。高收入客户群更加注重理财的自主和私密性、个性化的服务、诚挚的建议、长远的规划以及专家级财富管理，投资理财中金融资产配置的主要类别分别为银行储蓄、债券、基金、外汇、保险、理财产品和贵金属等。

商业银行在设计银行卡理财产品时，应该考虑到不同分层客户的偏好，向不同分层的客户提供各具特色的理财产品和服务，以增加客户黏性。

（三）增强理财产品的全球化资产配置功能

世界经济一体化进程加快，使得国际资金全球流动趋势加速，并且我国的出境旅游、涉外贸易、留学人数快速增长，使客户对资产全球配置的需求日益迫切。涉外银行产品和服务个性化、全天候、网络化、多币种化的需求趋势越发明显，对跨境资产配置产品的创新要求也更为迫切。这些持续快速增长的需求为商业银行提供了难得的历史机遇。如果能够在跨境服务上抢得先机，商业银行将可以夺得大量中高端客户，享受丰厚的回报，摆脱国内同质化竞争。

无论出境客户还是入境客户，都存在自由支配本人跨国资金、资产的需求。例如，客户主要资产在国内，经常往来于两国，有国内信用卡，也有外国信用卡，但由于两个账户不能互联，中国对直接汇出资金有严格限制，导致国内人民币资金使用不便利。另外，也造成管理不便，客户经常遗忘还款，造成额度用满，影响使用。可以通过商业银行全球化平台，实现资金更便利流动，国内资金可以更方便地在国外使用，或者使用一张卡实现全部功能，或同一账户开两张卡，一张在国内用，一张在国外使用，与人民币借记卡账户关联。同时，可以通过统一的网银管理信用卡，也可以在国外为留学生办理信用卡，由国内的父母进行还款。也有的客户在海外工作，可以将资金转入国内购买人民币理财产品。

（四）重视消费者信息披露工作

银监会发布的《商业银行理财产品销售管理办法》明确要求，商业银行必须在理财产品销售文件中制作专页风险揭示书，内容至少应包括风险提示语句、产品类型、产品风险评级及适合购买的客户评级、示例说明最不利投资情形和结果、客户风险承受能力评级、风险确认语句抄录等。此外，商业银行必须在理财产品销售文件中制作专页客户权益须知，内容应包括办理理财产品的业务流程、客户风险承受能力评估流程、商业银行进行信息披露的方式、渠道和频率等内容。

目前，商业银行在理财产品的信息披露中，存在诸如专业术语难以理解、披露内容庞杂和披露格式不统一等问题，消费者无法获得相应的信息。即使获得部分信息，也可能无法作出判断。过于深奥的专业名词，对于一般的消费者而言，无法获知其准确含义。

在销售阶段，银行主要提供投资收益和风险如何决定的信息，投资者则根据掌握的信息作出投资决策，这是投资者同理财银行建立信任的开始。投资管理阶段，银行应该披露收益率是怎么样（动态化的流量信息），投资者根据披露的不断变化的收益率信息，修正对收益的预期。结算阶段，银行应披露收益率决定于什么，即对银行的影响如何。投资者根据投资收益实现情况及银行处置投资失败事件中的态度，判断银行信用和能力，银行应通过各种方式积极发布并引导投资结果信息，以降低投资者的不信任。商业银行在发展银行卡理财产品过程中应当充分满足监管机构对客户信息披露的要求。

理财业务的数字化创新

◎ 国外商业银行理财业务创新思路探讨和借鉴
◎ 国外商业银行理财业务创新做法与借鉴
◎ 国外银行个人理财业务创新的新进展研究

国外商业银行理财业务创新思路
探讨和借鉴

随着金融改革的不断深化、科技创新的持续加快、同业和跨界的竞争加剧，个人客户的行为特征、个人金融业务的经营环境正在发生变化。个人金融业务贡献度不断增强，已经成为商业银行全行业务发展的重要稳定器和推进器。随着市场竞争的发展，国外商业银行在财富管理业务方面创新不断加强。本文从理财产品的创新、理财服务的创新、针对特定客户群开立账户、线上理财工具的创新、理财经理分层管理、独立理财顾问服务的创新六个方面分析国外商业银行最新的创新思路，并对我国商业银行的相关工作提出建议。

一、理财产品的创新

（一）连体债

连体债（Buy – sell Agreement）将增长的可能性与保护本金安全的能力组合在一起，为投资的客户提供好的选择。连体债将两种因素整合在一起，能够保障本金的债券构成了投资的约80%，剩余的资金被投入到衍生品中。债券部分的投资可以设计为获得与投资本金部分相等的收益，因此部分连体债客户的本金可以得到保障。衍生工具部分与普通存款相比提供了获得更高收益的可能。适用客户范围包括希望降低资产组合本金的风险，同时还希望获得比标准定期产品更高回报的客户。连体债的期限一般介于 18 个月到 6 年之间，在此期间，客户的本金不能退回，只有这样，客户的本金才有保障。

例如，客户可以选择一款 2 年期的与一篮子美国股票涨幅挂钩的 100% 本金保障的连体债，到期时本金可以 100% 的返还。还可以视股票的价格变化获得更高的收益，这种连体债可以使用欧元、美元或英镑购买。客户可以选择与道琼斯欧洲股票指数前 20 种股票相挂钩的连体债，客户的连体债可以获得这

173

20 种股票涨幅 30% 的增长。购买这种连体债的前两年，每年可以获得 6% 的收益。除此之外，客户还可以购买个性化设计的连体债。

部分连体债的客户需要承担发行商或担保商的信用风险，如果发行商或担保商破产或者在某些重要领域遭受重大的失败，客户可能收不回初始的投资金额，因为在这种情况下，本金保障不再适用。花旗银行可以按照客户的需求设计个性化的产品，客户可以提出将资金投向特定的行业或部门。个性化的投资产品可以使用欧元、美元、英镑或其他货币进行购买。花旗银行与瑞士信贷银行、BNP Paribas、花旗集团基金公司、德意志银行、JP 摩根、荷兰银行等合作发行连体债。连体债在到期之前不能赎回，不能在二级市场上销售或者可以销售但很不方便。

（二）结构性衍生品

花旗银行销售的结构性衍生品理财产品是收益与股票、利率、商品或指数相连接的金融产品，这些金融产品是传统投资产品的替代品。该行提供开放式的结构性衍生品平台，与一系列资产挂钩，包括股票、利率、货币、商品等，为客户提供个性化的投资解决方案。按照客户对市场的态度制订个性化的投资解决方案，客户有机会使用多种金融产品发行机构提供的创新型产品。这些金融产品按照客户的特殊风险偏好、收益要求和市场预期设计，以满足客户的投资目标。客户可以投资于多种类型的金融产品，包括本金保障的产品和固定收益的产品，银行会提供具有竞争力的报价和多样化的风险缓释。

二、理财服务的创新

（一）运动顾问服务

花旗私人银行的运动顾问与融资服务具有超过 75 年的行业经验，该行每年运动领域的个人融资超过 10 亿美元。该公司向客户提供运动用品的购买和销售顾问服务，将卖家和买家的运动资产撮合在一起，提供估值服务和多银行合作的贷款服务，提供利率套期保值交易和债务管理服务，对运动场地的翻新和装修也提供顾问服务。从 20 世纪 90 年代开始，花旗顾问团队向美国的棒球、足球、篮球和曲棍球四大职业运动联盟 25% 的专业运动队提供了银行服务，为它们收购和运营运动场所提供贷款，且所有的贷款通过花旗银行或其附属机构提供。

（二）家庭办公室和慈善服务

新加坡星展银行的家庭办公室向客户提供星展集团内最佳的个人、公司、投资银行服务，提供整合的平台和一站式的服务，管理客户整体的财务活动。这一集中平台包括资金市场、贷款、保险、信托、投资、财富计划、资本市场和机构金融的服务。通过家庭办公室，星展银行向超高净值客户和多代家庭建立起自己的家庭办公室。星展银行与客户紧密合作，澄清和整合家庭事务的管理策略，建立起包括慈善事业的规划在内的长期的家庭财富传承计划。慈善服务包括基金的建立、慈善咨询、配套项目和慈善圆桌会议等，帮助客户实现自己的理想和价值。

（三）财务顾问中视频电话会议系统的使用

新西兰 ASB 银行与 FaceMe 公司合作推出了创新的视频电话会议系统。这是一款以互联网浏览器为基础的电话会议系统，可以在任何计算机上使用，安全地将客户与银行专家联系在一起。客户与银行产品专家可以在方便的时间和地点面对面地联系，客户无须下载额外软件。使用 FaceMe 系统也无须增加更多的视频设备和房间，该系统还能分享文件，使视频通话与真实的面对面交谈更加相似。客户在不前往银行的情况下可以接受更多种类的银行服务，该服务也可以在手机设备上使用。

FaceMe 技术可使家庭住址与银行距离非常远的客户感到十分方便，使他们体验到更加简单、方便和高效的银行服务。使用 FaceMe 技术时，客户可以通过电话、电子邮件或到访分行的方式预约视频通话。客户的交谈可以在业余的时间进行，到约定的时间，客户可以点击一个链接自动开启视频通话，通过视频通话，客户可以与银行专家商讨保险、家居贷款、商业贷款等方面的金融需求，为客户本人或小企业带来更多的灵活性。

三、针对特定客户群开立账户

（一）实习生账户

实习生账户是法国的兴业银行向刚入职的人士提供的产品组合，目标客户是 18 岁至 24 岁与贸易相关的实习生。产品组合包括借记卡、经常性账户服务、免费的账户余额提醒、高息的存款账户、免费的驾驶课程，还提供介于1500 欧元~15000 欧元的实习生贷款，客户使用这部分贷款无须支出的证明文件。荷兰银行的年轻职业人士账户，目标客户是 28 岁以下的具有良好职业前景的年轻人。提供的产品包括专属的服务团队、认同计划（包括荷兰的报纸、杂志和旅行社）。该银行还专门为年轻客户建立了新的分行，这些分行被称作金融中心，针对特定的客户群分成 4 个区：学生、年轻职业人士、大众富裕客户、商业和企业家客户。此外，该行还在一些分行中建立了特殊的区域，有专门的银行职员服务年轻客户群，并在这个区域内提供年轻职业人士专属的产品和服务。

（二）"55 岁以上"品牌理财服务

南非的一家资产超过 500 亿美元的 K 银行为在不同阶段的客户制定了特定的产品和服务组合，有年轻人、学生、毕业生的财富管理品牌。除此之外，还建立了"55 岁以上"这一品牌，主要满足年龄较大及即将退休的客户群的需求，突出银行对客户体贴的照顾和值得信任的形象。

退休客户通常有独特的产品和服务渠道需求，即将退休的客户群希望自己进行投资和理财的决策，如果银行对他们的服务使他们感到满意，相对于年轻客户而言，他们会对银行非常忠诚。这一群体平均年龄在 55 岁以上，平均工龄超过 20 年。该行为这一群体提供投资、退休计划、保险（健康险、旅行保险、残疾保险等）等产品，并聘用超过 55 周岁的客户分层经理来监控该客户层产品的盈利，管理产品和渠道、销售、操作等部门之间的互动，确保各部门相互协作、共同为客户提供整合的产品组合和优质的客户体验。

K 银行开发了灵活的产品组合，即将退休的客户可以自由选择银行的产品和服务，包括支票账户、借记卡、葬礼费用保险、遗嘱撰写服务、折扣的旅行支票和保险箱服务、医疗保险、存款、投资产品、房地产策划服务、长期照看保险等，客户只要保留的余额超过规定的金额，就可以豁免手续费。该行通过扩充产品组合的选项，方便满足客户的需求。客户可以自由选择产品选项，该行会向客户寄送整合的月结单，告知客户资产和负债以及费用是多少。

客户可以使用专门的理财服务热线，这些专门的服务热线中有很大比例的客户服务代表是超过 55 岁的银行员工，K 银行也将很多分行改造为专门服务于退休客户的分行，有专门的休息环境和舒适的等待座位。

K银行灵活的产品组合很快取得了盈利，并且在该行客户中赢得了很大的反响。自这一产品组合发布以来，该行退休者账户数量取得了68%的增长，账户余额增长了123%，该行这一客户层在南非的市场占有率从原来的18%提高到27%。

四、线上理财工具的创新

（一）具有产品推荐功能的理财工具

星展银行与基金研究机构共同推出InvestWise基金分析工具，帮助客户对全球的投资机会进行深入地了解分析，它们广泛地筛选基金和各种投资资产。为帮助客户分析比较不同的基金，InvestWise基金分析工具使用了多种线上分析工具，包括快速和高级的搜索工具，帮助客户查找基金信息，并通过简单的操作对基金表现进行对比。它们对该分析工具的资产分配进行经常性地更新和开发，以满足不同的投资需求，并与全球市场保持同步。

此外，星展银行还提供InvestWise线上新闻通讯。许多投资者忽视将资产进行多样化分布，他们倾向于只要个别的产品能够带来合理的收益，就投资于这些产品。投资人应该将资产投资于不同的投资产品类型，例如债券与股票负相关，在客户的股票组合中增加债券可以有效地降低风险并提高客户的长期收益。星展银行向客户提供的投资新闻简讯向客户提供多样化分布自己投资资产的观点，并每个季度提供一次筛选出来的多样化的基金名单，帮助客户实现资产的多样化布局。

（二）整合多家金融机构的个人及小企业客户的综合财务管理工具

美国的Yodlee公司是一家为美国最大的10家银行中的8家，以及全球范围内600家金融机构的4000万客户提供优秀服务的平台。该公司的个人财务管理解决方案将超过11000家金融机构的实时数据整合在一起，有超过10万种账户类型，向客户提供业内最详细的客户信息，对交叉销售和提升银行收益带来更多的机会。这一应用将客户的信息整合在一起，向客户提供一个生活的全景图。客户可以增加自己对财务信息的控制，可以选择在何时、何处怎样支付账单、建立提醒、转移资金和采取行动。73%的客户在投资的时候会寻求投资、投资产品和理财计划的建议，Yodlee财富管理工具帮助客户提供专业的市场分析。

客户可以使用手机登录这些应用。该应用提供账单提示功能、为特定目标进行存款功能、某一类型的消费超过预算时的提醒功能、账单提醒功能等。此外，还有持有投资资产展示功能，它能准确展现客户持有的股票、共同基金等资产的数量、价格变化和成本，以及在不同地区的变化趋势，能够提供最大化客户的积分奖励功能，客户可以从积分奖励项目中得到最多的奖励；还能提供小企业服务解决方案、Equifax 公司信用评分、现金流管理、旅程规划等功能。

客户使用这一应用后会将这家银行看成可信任的财务顾问银行，转换到其他银行的可能性很小，也为银行降低成本提高财务表现带来了新的机会。Yo-dlee 公司的个人财务管理应用使银行客户的挽留比例提升了 4.3 倍。

五、理财经理的分层管理

为了在成本可控的情况下满足不同客户群对理财咨询服务的需求，北美的一家资产超过 60 亿美元的 J 银行将顾问划分为一至三级，同时将客户按照客户关系价值和对顾问服务的需求划分为不同的层次，向不同的客户群提供不同层级的理财顾问咨询服务。一级和二级的理财顾问向资产在 5 万美元以下的客户提供资产负债表管理顾问服务，三级的理财顾问向投资资产超过 5 万美元以上的客户提供投资咨询。J 银行还针对不同客户关系价值的客户群提供不同水平的客户服务标准，客户关系的价值由客户关系的广度和深度决定，客户关系分值低的客户由一级和二级的理财顾问提供服务，客户关系分值高的客户由三级理财顾问提供咨询服务。有复杂顾问需求和深厚关系的客户被推荐到合作经纪公司提供服务，J 银行的分层服务提高了客户的满意度和交叉销售产品的数量。

J 银行对可投资资产在 30 万美元以上的客户，会推荐到合作经纪公司提供服务。为了使客户的价值与向他们提供的服务相匹配，他们只会将具有复杂顾问需求和可能给银行带来更大收益的客户推荐给合作经纪公司。合作经纪公司经常与分行经理会面，经纪公司的理财顾问和分行经理对所有资产余额超过规定数额的客户进行筛选，仅对那些有可能将绝大多数资产转移至 J 银行并且有较高收益潜力的客户推荐给合作经纪公司。

通过这一分层提供服务的办法，客户持有的平均产品数从 4.56 个上升到 6.75 个。

六、独立理财顾问服务的创新

近年来，全球富裕人口和可投资资产的数量不断增加，各国独立理财顾问市场快速增长，管理的资产也不断增多。为了改善独立财务顾问市场的服务和盈利，更好地满足客户的需求，领先的独立财务顾问公司采取了以下的措施：更新业务模型，独立理财顾问使用灵活的商业模型向投资者提供服务，这些模型更加注重现金流而不是投资公司的估值和实现利润的规模；服务于更少的客户，向客户提供高质量的客户体验，提升客户挽留比例和推介新客户的数量；更加关注于客户，向客户提供能满足他们需求的产品和服务，而不是关注于培养与客户的关系。独立理财顾问也越来越与其他专业机构建立起联盟，如会计师协会、律师协会等，独立理财顾问倾向于通过这些联盟扩大新客户的数量。

七、对我国商业银行的建议

我国商业银行可以对于希望降低资产风险并获得较高收益的客户提供连体债，将投资资金的一部分用于投资保障本金的债券，剩余的资金投入到衍生品中。投资者应该了解到期前可能不能销售连体债，或者在未到期时销售连体债，可能得不到相应的资金投资其他类似产品而应得到的合理补偿水平。银行可以开发收益与股票、利率、商品或指数相连接的结构性衍生理财产品，可以建立开放式的结构性衍生品平台，与股票、商品、货币、利率等挂钩，按照客户的特点制订个性化的解决方案，帮助客户实现投资目标。

商业银行可以开办运动顾问服务、家庭办公室和慈善服务咨询等顾问服务种类。在运动顾问服务中，可以将购买和销售运动类相关资产的双方联系到一起，提供场地翻新和装修的顾问服务，对购买和运营体育场所提供咨询和融资。可以向客户提供家庭办公室服务，帮助客户制定家庭事务的管理策略，建立财富传承计划，向高净值客户和多代家庭提供整合的平台和一站式的服务，提供包括资金市场、贷款、保险、信托、投资、财富管理、资本市场等服务。

为吸引有收入增长潜力的客户群，商业银行可以分析识别有收入增长潜力的年轻客户群，通过提供增值服务或者优惠收费项目的方式吸引这部分客户群。可以针对医科、建筑、法律、会计、金融等专业的学生和年轻医生、其他职业人士提供专门的存款账户，向他们提供执业所需的贷款，在再贷款、存款、借记卡、信用卡使用过程中向他们提供优惠的利率。

商业银行可以加强与外部公司及第三方理财公司的合作，丰富线上理财管理工具的功能，为客户提供管理多种理财的工具，使客户可以以较少的时间追踪自己的各种账户。商业银行也可以将多家金融机构的账户信息整合在一起，使客户可以在同一界面查看最新的资产状况。通过使用强大的分析工具和最新的新闻与研究成果，客户可以作出最好的投资决策，改善资产状况。

国外商业银行理财业务
创新做法与借鉴

随着我国经济增长由高速向中高速换挡，实体经济增长速度下降。银行业利润增速下滑，包括个人理财业务在内的个人金融业务对商业银行整体利润的贡献度不断提高。2008 年国际金融危机爆发之后，新兴市场国家私人财富增长带动了全球个人客户资产的增长。各国银行纷纷进行业务调整，加强风险管控。同时，随着多种类型金融机构的加入，个人理财市场的不确定性加强，市场竞争更加激烈。近年来，各国商业银行在个人理财业务领域开展了一系列创新，本文从增值性理财产品、理财服务、存款产品、贷款产品、退休者服务、针对特定群体的服务、理财工具的创新七个方面研究国外银行理财业务的创新趋势，并对我国商业银行相关的工作提出建议。

一、增值性理财产品的创新

（一）特殊的货币市场基金

美国嘉信银行可以对资金达到一定金额的客户提供溢出货币市场基金，这种基金自动在每个工作日晚上将客户经纪账户中没有投资的资金投入到货币市场基金中去。通常溢出账户的货币市场基金比一般的货币市场基金收益率低一些，客户购买这一基金，能获得稳定的本金返还，客户可以选择购买应税和免税的产品，最低购买金额为 2500 美元。该行的货币市场基金主要投资于美元计价的高质量的短期投资工具，包括但不限于联邦政府、公司、地方政府和银行的证券。溢出账户使客户没有投资的资金可以获得更高的收益，如果客户的家庭投资资产超过 50 万美元，就可以选择开立溢出的货币市场基金账户，自动地从客户的存款账户中存入或取出资金，存款账户享有美国联邦存款保障计划的保障。

南非 FNB 银行的 BJM 货币市场基金是一项货币市场集合投资计划,为客户提供有竞争力的利率,具有每月分配收入的优势和较高的流动性。该基金力图最大化利息收益,并保证本金返还,向多样化的主要银行和公司发行的货币市场投资产品进行投资,平均的投资期限不超过 90 天,最长的投资不超过 1 年。客户最少投入的资金不少于 5 万兰特。

(二)结构性衍生品平台

花旗银行销售的结构性衍生品理财产品,是收益与股票、利率、商品或指数相连接的金融产品,这些金融产品是传统投资产品的替代品。该行提供开放式的结构性衍生品的平台,与一系列资产挂钩,包括股票、利率、货币、商品等,为客户提供个性化的投资解决方案。按照客户对市场的态度制订个性化的投资解决方案,客户有机会使用多种金融产品发行机构提供的创新型产品。这些金融产品按照客户的特殊风险偏好、收益要求和市场预期设计,以满足客户的投资目标。客户可以投资于多种类型的金融产品,包括本金保障的产品和固定收益的产品,银行会提供具有竞争力的报价和多样化的风险缓释。

(三)灵活存款证报价系统

美国的 ANB 银行推出了灵活存款证报价系统(见图 1)。这家银行开发了网上销售存款证的创新方式,客户在拟购买存款时可以使用这一系统。银行通

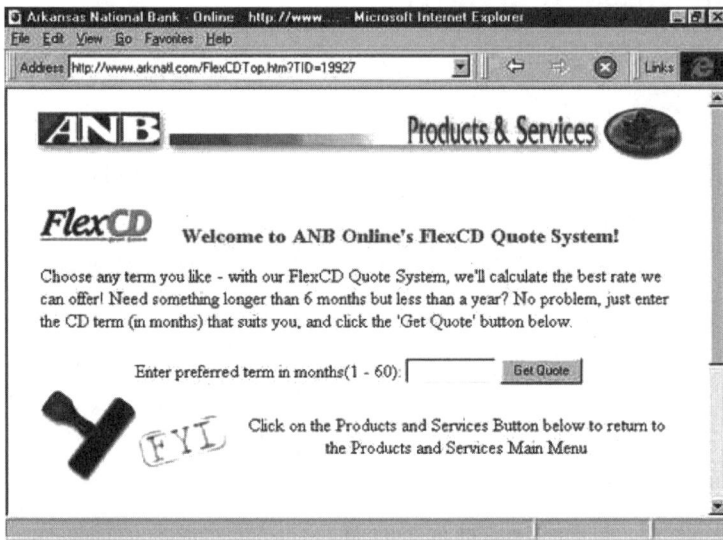

图1　灵活存款证报价系统网页

过使用灵活报价系统实现了与客户的某种程度上的互动，客户可以输入从 1 到 60 个月的存款期限，银行会向客户展现对应期限的存款证利率。

二、理财服务的创新

（一）艺术品顾问与融资服务

美国花旗银行私人银行的艺术品顾问与融资服务帮助客户收集与维护艺术品。花旗银行私人银行从 30 多年前起就倡导将艺术品作为收集的对象，帮助新老客户进行艺术品的收集，管理收集藏品的各方面事务，对客户提供地产和慈善计划的咨询，并提供以艺术品作为抵押的贷款，贷款按照标准的贷款流程进行审批。花旗银行向客户介绍在哪里找到艺术品、如何销售，该行在博物馆、拍卖行和画廊等方面有丰富的经验，专业顾问对于美国、印象派、现代和当代艺术品有非常深的造诣。在规则不完善的艺术品市场，花旗银行承担的角色主要是基于客户的目标和最大的利益向客户进行独立的评估。绘画作品、雕刻、高质量的摄影作品可以作为抵押品提供 30 年的贷款。在多数的情况下，客户的收藏品作为抵押品可以存放在客户的家中或办公室中。银行的艺术品顾问每年对作为抵押品的艺术品进行检查和评估。

（二）信托服务

美国银行为美国富裕的家庭提供房地产计划和财产转移的策略，银行的信托团队帮助客户控制财产的转移，减少财产的税收，保护客户的隐私；帮助客户和律师建立信托计划，保障客户及配偶、亲属的财务安全，通过银行和信托公司的专业经验帮助客户管理财产。它们采用有效的方法帮客户和年轻的家人为将来做好准备。美国信托公司在过去的半个世纪里为美国最富裕的家庭建立财产转移计划。它们向富裕家庭提供财产策划、信托和投资管理服务，建立可供顶级第三方投资经理登录的开放式平台，帮助客户规划和制定个性化的信托工具。信托业务人员需要具备多种业务技能，包括让渡人信托、世代传承信托、慈善信托、私人基金、保密委托等。花旗银行还有特别的投资部门，管理客户信托账户项下的非金融资产，如商业权益、家庭合伙、有限责任公司、商业和民用不动产、农场、牧场和葡萄园、石油和天然气权益等。花旗集团的国际信托服务向 100 多个国家的非美国客户提供信托服务，向他们提供在多国法律下有效避税个性化的财产和流动性管理计划，在多个地区建立了信托中心，可以在多个国家提供服务。

（三）国际股票经纪服务

花旗银行英国分公司提供的国际股票经纪服务，可以对 25 个主要金融市场国家的股票和债券进行交易。客户可以通过网上银行使用国际经纪服务在 25 个国家的市场上进行交易。交易的品种包括股票、优先股、交易所交易基金、美国存款证和全球存款证。客户可以征求客户关系经理的意见，并且设定自己交易金额的上下限。客户可以搜索不同国家的股票和投资债券，可以下单和修改自己的订单，没有最低交易金额限制，每笔交易收取最低 50 美元的佣金，比通过客户关系经理进行交易的手续费低。当客户通过网上银行下单后，交易信息直接送到后台团队，更加快速地送往市场。但使用全球市场经纪服务的客户需要保持 10 万美元的金融资产余额。

（四）账户聚集服务

花旗银行英国分公司提供的"我的账户聚集"服务可以将客户的积分奖励计划、公用事业账单、线上购物账户、公共新闻网站账户集中在一起，使用这一服务的客户不一定首先成为银行客户，可以查看所有花旗银行和非花旗银行资金账户的资料，查看账户余额和交易情况。可以聚集的账户来源包括 2000 家网站，包括花旗和其他金融机构、信用卡公司、电子邮件、新闻和购物网站，提供一个展现所有账户信息的单一界面。使用账户聚集之后，该行客户的价值提升了 24%。

三、针对特定群体的服务创新

（一）针对企业主的理财计划

买卖协议。买卖协议是在两个或更多个企业主之间签订的如果出现一个企业主退休、离婚、残疾或死亡的情况下转移所有权的协议。条款中也会列明出现企业主破产、丧失职业资质的情况下的处理方式，交易的条件应该建立在符合市场价值的基础之上。公司的买卖协议一般有三种解决途径：股票赎回、交叉销售协议或"边等边看"协议。

（1）股票赎回是指公司从股东或死去的股东处购回股票。

（2）交叉销售协议要求剩余的股东从去世的股东处购买股票。

（3）"边等边看"协议是给予行使人一定的灵活性，可以综合考虑当时的税法、市场环境、业务、家庭状况灵活地决定买卖的计划。

（二）针对希望传承财产人群的理财计划

私人年金。对于希望将自己的资产以免遗产税的形式传承给下一代的客户，私人年金是一个非常好的选择。通常父母将资产卖给子女，子女反过来承诺对父母终身支付月收入，该合同有法律上的执行效力，但并不是有保障的。为了使该私人计划成功，出卖资产的现值应该等于被出售资产公平的市场价值。子女们要承担父母的生存期长于之前评估的期限的风险，父母们承担子女们不按照规定的时间支付年金的风险。

自我取消的分期票据（Self-canceling Installment Notes）。自我取消的分期票据是当这一票据的销售方去世时，债务责任自动取消的一种分期债务凭证。它与私人年金相似，仅由于采取分期的形式而有所不同。由于考虑到可以取消的条款，分期通常比销售方的预期年龄要短一些，买方（子女）通常支付高于市场利率水平的风险溢价给卖方（父母）。总的来说，没有其他的财产被包括在未扣除债务的遗产总额中，分期债务的任何递延收入会被计算在内作为纳税的依据。最初的登记成本和监管成本是很高的，包括财务报告的需求，以及需要通过董事会、股东大会、代理律师、投资者和财务机构的审查等。

四、退休者服务的创新

（一）嘉信理财公司的收入年金和选择性的终身提取收益账户

收入年金将客户的一部分存款转换为客户退休之后的有保障的收入来源，在客户的退休金计划之外，年金产品是客户退休之后的唯一收入保障。如果客户已经退休或临近退休，可以选择年金产品。固定年金是一种安全和稳健的退休投资，客户的收入稳定，有较高的回报率，客户所获得的利息免税。客户不会担心未来的收入没有保障。客户使用自己的存款产生长期的收入，年金产品保证了客户的生活水平，覆盖了每月的常规支出。

终身提取收益账户的选择使客户能够锁定客户最高年金支付额的5%，客户可以自由提取这些款项，客户在 85 岁之前可以随时申请这一功能，并帮助客户安全地提取自己的退休存款，防止客户由于没有清晰的提取计划，导致退休存款被提前用光，或由于市场的波动导致客户的存款大幅度损失。客户可以使用终身提取收益账户提取现金，如果客户提取现金，将会减少合同的投资金额、保证支付的金额和死亡补偿金。例如，客户全部的累计存款为 15 万美元，客户购买了一个选择性的终身提取收益账户，假设从 65 岁起每年允许提取的最高比例为 5%，客户可以终身最高每年提取 7500 美元，即使由于市场波动客户总投资的金额下降，客户也能提取这些资金。如果客户的投资金额上涨了，客户获得的收益可以增加。退休存款的收入可以推迟缴税，当客户出现紧急情况或意外的支出需求时，也可以用于紧急的支付。

通过购买可变退休收入年金和选择性的终身提取收益账户，不论客户的投资表现如何，客户都能够终身获得安全的退休收入，并对自己的退休存款进行投资。

（二）建立退休客户理财品牌

调查表明，多数的银行管理人员认为退休和即将退休的人群是他们所在机构的战略重点业务。为了捕捉退休市场的机会，美国的总部位于科罗拉多州的 W 银行建立起了集中的退休和即将退休客户部门，一名副总裁担任主管，统筹全行关于退休客户的个人、公司及机构业务，建立起服务退休和即将退休客户的整体能力。该部门下面有三个子部门：退休服务、退休客户策略、年金与再保险。退休客户策略的部门负责发展全公司退休者客户策略、开发退休者客户产品、流程改善、提供相关培训、组织市场营销推广、全国广告推广、开展销售宣传活动、产品业绩追踪等。

退休者客户策略部门采用了三个阶段对产品策略进行完善：

第一阶段，加强退休产品组合，提升前线销售人员对退休者客户需求的理解。对该行主流的退休客户产品进行梳理和完善，包括独立退休者账户、投资、年金等。对前线员工进行培训，帮助他们识别客户的需求，包括客户的金融资产、非金融资产、负债、风险偏好、退休后期望的收入、健康保险需求等，向客户提供关于最优化的产品组合、达到目标的替代存款、多种产品选择等。

第二阶段，提升退休客户的财务策划能力，为特定的细分市场开发产品，提升退休者对银行收入的贡献。

第三阶段，开发特定的退休者客户的财务策划方案，将退休者客户的的财务策划整合进整体的理财服务中。

通过采取一系列措施，该行在市场上树立了退休者理财品牌的形象，67%的客户认同他们为退休者提供理财策划的品牌，该行独立退休者账户的资金流入在 2014 年增长了 44%。

五、存款的创新

新加坡 Maybank 的 iSavvy 存款账户是提供优惠利息的存款账户。如果客户的账户余额超过 10 万新元，就可以获得免费的人身意外保险，但存款客户在出险日当天必须保留 10 万新元的账户余额，才能享有人身意外保险。理赔时，客户得到的保险赔偿金将等于客户存款的金额或者 25 万新元中较小的金额。如果客户入院治疗，保险公司还会赔偿每天 50 新元、最高不超过 9000 新元的住院现金。在意外事故发生时，客户还能报销最高 500 新元的住院治疗费用，也可报销每次 50 新元、最高 500 新元的门诊费用。存款达到一定金额，还可以享有免费的旅游保险。

iSavvy 普通存款账户提供利息之外的利息，客户存款余额保持在 5000 新元以上并且超过六个月，额外的利息将会在第七个月的第一天存入客户账户。如果客户账户内有 5000～10 万新元的资金，将可以得到年利率 6% 的额外利息奖励；如果客户账户内有 10 万～20 万新元的存款，将会得到 18% 的额外利息奖励。iSavvy 尊享存款账户享有奖励利息的功能，如果在过去六个月中每个月的日均存款余额都增长，就可以获得奖励的利息。

六、贷款的创新

美国美林银行开发了仅支付利息的融资。这种按揭贷款允许客户在部分年份中仅偿还到期的利息，在仅偿还利息的期限结束后，客户仍需偿还本金，每月需要偿还的金额将会上升。此种贷款向客户提供更大的控制现金流的方式，减少了客户最初的月度还款，客户可以仅偿还按揭贷款的利息部分，减少了客户最初的还款月度支出，客户也可以有更多的自由度将资金用于其他用途。仅偿还利息的贷款最大化了客户可能的税收抵减额，帮助客户应对未预见的支出，如果客户在仅偿还利息的期间将本金进行提前还款，客户可以减少未来期间的还款压力。

七、理财工具的创新

美国的 Lodo 公司向金融机构提供网上银行系统平台服务。Lodo 与各银行原有的网上银行、系统相整合，推出了面向银行客户的现金流应用和面向金融机构的仪表板应用。

面向金融机构的仪表板能够捕捉丰富的客户交易数据，使金融机构能够精确地找到合适的产品销售对象，向客户在合适的时候提供合适的产品。在使用消费信息方面，对于每月向数家银行偿还小额信用卡欠款的客户，提供整合的贷款，帮助他们还清高利息的欠债，简化月度账单还款。在存款方面，银行能够识别目前正在为购买一辆汽车而进行存款的客户，并向他们提供一笔特殊的贷款，使他们能够尽早购买汽车。银行可以识别低风险客户，那些财富净值在 50 万美元以上在其他银行有按揭贷款的客户，可以享有较低利率的转按揭贷款。

在财务管理方面，提供全面财务状况展示，将客户在不同金融机构的支票、存款、退休金、按揭、信用卡、投资等账户连接在一起，提供自动支出分类功能，使用学习引擎，使客户的交易分类具有很高的可靠性。可以设定默认的交易分类规则，将数百种商户分类码整合至 36 个支出分类和子类，在客户登录网上银行时自动对客户的交易进行分类。客户可以方便地对交易进行分类、重新分类和重新命名，可以增加描述，也可以建立自己的分类规则和类别。

这一工具采用了友好的界面设计，客户可以使用拖拽、转移、动态图标等功能方便地操作自己的账户，帮助提高客户的满意度和盈利能力。

八、对我国商业银行理财业务创新工作的建议

（一）开展理财产品的创新

商业银行可以提供创新型的货币市场基金产品以及为客户带来较高收益、较高流动性的理财产品。这些产品比股票的风险更小，在购买的第二个工作日即可以赎回。也可以提供溢出货币市场基金，每个工作日晚上将客户账户中没

有进行投资的资金转入货币市场基金中去。也可以发行货币市场集合投资计划，投资于多样化的货币市场投资产品，保证本金的返还并能获得较高的投资收益。

（二）开展理财服务的创新

商业银行可以为高端理财客户开办艺术品顾问与融资服务，在艺术品收集和购买艺术品融资方面向客户提供咨询和帮助，比如，向客户介绍如何购买和销售艺术品，对客户的投资目标和方式进行评估，对艺术品价格的变化提供意见，向绘画作品、雕刻、高质量的摄影作品提供抵押贷款。作为抵押品的艺术品可以存放在客户办公室或家中。

商业银行可以向客户提供信托服务，以帮助他们积累、保持和转移财富。可以建立房地产计划和财产转移计划，可以提供财产策划、信托和投资管理服务，帮助客户制定和规划个性化的信托工具；可以提供慈善信托、私人基金、保密委托、世代传承信托、让渡人信托；也可以帮助客户管理商业权益、家庭合伙、商业和民用不动产、农场、牧场、石油权益等。商业银行还可以提供不动产账户的服务，提供房地产相关的款项支付的账户，对客户的房地产进行管理、估值、出售、整合、过户和付税等帮助。

在监管允许的情况下，可以开办国际股票经纪服务或账户托管服务，可以对全球主要金融市场的股票和债券进行交易。客户可以自由选择希望投资的市场，可以对股票、优先股、股票交易基金、债券、存款证等进行交易。客户可以在一个地方进行不同国家的交易，也无需在不同经纪商之间进行转换，对有投资经验的客户，可以更好地捕捉到投资机会。

在贷款方面，商业银行可以提供前期仅支付利息的贷款融资，客户可以在开始还款的年份中仅偿还利息，之后才开始偿还本金，减小了客户最初的还款压力，可以有更灵活的方式控制现金流。

（三）开展退休者服务的创新

由于退休和即将退休者客户群的巨大盈利潜力，商业银行可以向客户提供收入年金产品，客户的存款可以有较高的收入回报，客户退休后的每月年金收入可以提高客户退休后每月的收入水平，是一种安全的退休投资方式。商业银行也可以提供终身提取收益账户服务，选择性的终身提取收益账户允许客户每年最高提取一定金额，允许提取的金额相当于客户年金总额的一个百分数。客户在约定的年龄之前可以开办这一业务，即使由于市场波动投资的金额下降，客户也能按期固定提取这些金额，如果投资金额上涨，客户获得的收益可以增加。

（四）发展特定的客户群体

许多金融机构向年轻的客户群提供满足客户需求的定制化的产品、服务、渠道和营销策略。也可以尝试发行针对企业主的理财计划，帮助企业主签订在退休、意外、残疾或死亡情况下对企业作出合理的安排，使企业可以延续经营，家属可以获得收益。可以选择股票赎回、交叉销售协议和"边等边看"协议等几种选项。对于希望传承财产的人群，可以发行私人年金，由父母将财产转让给子女，子女反过来承诺对父母给予终身的月收入。也可以发行自我取消的分期票据，采用分期的方式向资产的卖方支付款项。

国外银行个人理财业务创新的
新进展研究

近年来，我国经济增速换挡，商业银行利润增速下滑，理财业务在银行中间业务收入中起到更为重要的作用。随着个人理财业务市场竞争的日益白热化，国外商业银行在理财业务中采取了多种形式的创新。本文从理财产品的创新、理财顾问服务的创新、建立银行内部的理财业务平台、针对特定的客户开立的存款账户、退休金理财计划的创新、理财相关贷款业务创新六个方面分析国外银行的理财业务最新创新策略，并对我国商业银行相关工作提出相关的建议。

一、理财产品的创新

投资者需要在风险与收益之间找到最优平衡，与市场连接的存款证提供低风险和高收益的投资工具。持有这种存款证能够防范风险，并且获得比一般存款或资金市场账户更高的收益。这种存款证不提供固定的利息，而是在到期日根据挂钩市场指数的表现支付利息，一般期限为5—15年，最小的投资额为1000美元，每次增加必须为1000美元的整数倍。如果客户持有存款证到期，能够帮助客户防范风险，并且基于挂钩资产的表现能够获得资产增值的机会。挂钩的标的为证券、股票、货币、商品、利率或多种资产的组合，也可以与市场指数挂钩。

美国的富国证券与富国银行和参加联邦存款保障计划的其他银行合作发行与市场挂钩的存款证。与市场连接的存款证在到期的时候客户可以得到全部的本金，并且与市场的某项指数挂钩，如果挂钩的市场指数上升，客户的资本可以获得相应比例的增值。挂钩的市场指数包括但不限于标准普尔500指数、罗素2000指数、一篮子股票、一篮子商品或商品指数、一篮子货币或者消费物价指数等。美国联邦存款保险计划对每家机构每名客户提供最高25万美元的本金保障，客户购买的与市场挂钩的存款证包括在 25 万美元本金保障范围之内。

与市场挂钩的存款证主要的目标客户群是厌恶风险同时希望获得投资收益的客户群。客户投资于与市场挂钩的存款证，需要承担一定的风险。

第一种风险是产品收益表现的风险。客户存款证到期，所获得的收益可能少于直接投资于市场资产或传统存款产品的收益。

第二种风险是流动性风险。在到期日之前客户不能提取本金，如果客户需要在到期日之前将与市场挂钩的存款证在二级市场上出售，可能造成本金较大比例的损失。此外，美国联邦存款保障计划保障金额之外的存款，也存在发行商的信用风险。

第三种风险是发行商提前赎回的风险。发行商可以从自己的利益出发，决定是否进行赎回，如果发行商进行提前赎回，客户将无法实现预期收益目标。

二、理财顾问服务的创新

（一）一对一理财指导服务

美国嘉信理财公司为客户提供免费的一对一理财指导服务，客户可以与理财顾问讨论自己的短期和长期的理财目标，评估现有的投资与自己目标的相关性。嘉信理财公司的理财顾问有三种方法帮助客户评估客户的投资组合表现：

（1）将客户持有产品组合的表现与市场标杆进行对比，使用每日更新的产品组合表现报告与客户产品的表现进行对比，分析账户资产市场标杆的差距，制定改善措施；

（2）查看每一种投资带来的价值增值和损失，以金额和百分比显示，分析已实现和未实现的长短期资产收益和损失；

（3）查看客户产品组合的多样性和资产的质量，查看客户持有股票和共同基金的评级，将客户的资产组合与标杆的资产组合产品分配进行对比。

在评估客户资产之后，帮助客户确立目标，向客户建议合适的投资产品组合，建议下一步的行动方案。

（二）飞机融资和顾问

花旗银行的飞机融资和顾问团队为客户提供收购私人飞机和融资方面的顾

问咨询，对客户收购私人飞机的每一个阶段提供帮助，从评估飞机、选择收购标的物到选择融资方案提供全程的顾问服务。该公司与业内的专家一起讨论，帮助客户选择飞机经纪商或飞机收购顾问、对私人飞机融资熟悉的律师、飞机管理和维修公司，帮助客户在飞机的选购中作出正确的决定，并采取最佳的所有形式。它们会通过花旗银行或通过花旗银行的附属机构向客户提供贷款，并使用行业内通用的审批规则。

三、建立银行内部的理财业务平台

一些银行与美国的 FolioDynamix 公司合作，从封闭式、单一化的投资服务结构转变为开放式、个性化的理财服务体系。该公司提供的单一视图软件支持对客户全生命周期的财富管理，财富管理顾问进入一个系统就可以管理客户所有的账户，在一个界面视图下展现所有的账户的状况，帮助用户进行更为积极的风险管理。

该系统提供可自行设置的理财建议生成模块、市场研究、投资模块、交易业绩表现报告和管理模块，所有这些功能整合在一个网上界面中，包括市场研究、生成投资建议、投资模型管理、交易管理、业绩表现报告、运营管理等，对业绩表现和管理提供更加详尽的表现分析和管理。支持多种账户和推广计划类型，支持统一管理账户、统一管理家庭、单独管理账户、产品组合账户、理财账户、共同基金账户等多种账户管理模式。这一理财服务平台也向银行提供了更加有效的运营管理平台，帮助银行吸引和保留最佳的理财顾问，加快了吸引客户的进程。

四、针对特定的客户开立的存款账户

（一）学生存款账户

加拿大皇家银行采取了多种方法识别有增长潜力和收入快速增长的年轻客户群。加拿大皇家银行的医科学生和年轻医科专业人士账户的目标客户群是医科和牙医科的学生，这些学生有很大的可能成为高收益的客户，该行向医科和牙医科学生提供学生贷款帮助。对于新开业的医疗设备提供贷款，对专业人士的第一间办公室提供按揭贷款。开发上述针对医科学生的产品组合后，该行这类客户的市场占有率从3%上升到21%，该类客户的人均收益是其他类型客户平均收益的4倍。英国巴克莱银行的国际学生账户提供较高的经常性账户利息，要求最低存入的金额为1000英镑，此外还提供优惠利率的存款、借记卡和按揭产品、紧急支援、免费货币兑换和旅行支票等服务。

（二）账单管理的理财工具

美国的Manilla是一款帮客户统一管理账单和账户的手机应用软件，客户可以管理全部的金融、公共事业、旅行积分、订购等家庭账户。该网上应用连接美国超过3500家服务机构（见图1），包括主要的手提电话服务供应商、电话、卫星电话、电讯服务商、最大的银行、近200家公共事业公司，以及所有的机场、宾馆、汽车、主要的信用卡公司（如花旗、Capital One、美国运通等），还包括线上兑换券、领先的杂志等，也提供其他的账户，如飞行里程积分、奖励积分计划、订购和其他日常生活服务的账户，并且每周都有新的商户加入。

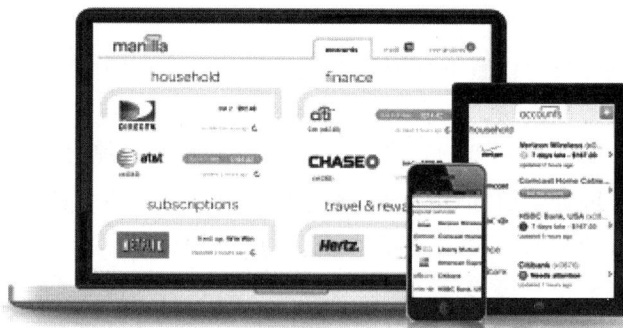

图1 Manilla 系统界面

客户使用Manilla可以非常容易地管理账单和对账单，Manilla自动更新账户的状况。客户文件可以自动线上保管调阅，客户也可以十分方便地查看自己的各项积分、里程奖励和预定的旅行资料等。客户点击进入提醒界面，可以显示未来14天内的到期还款项目，也能在日历的显示中查看到期还款项目，客户使用手机应用也能看到相应的提醒。

五、退休金理财计划的创新

美国一家资产大于500亿美元的B银行制定了针对各个层次客户的退休理

财计划。对于还没有使用该行的大众客户分层，根据他们处于什么年龄和生命周期阶段，将目标客户分成几个客户分层，向客户提供个性化的指引。该银行退休理财计划的目标客户包括以下几个客户分层：

年轻人客户群。他们的薪资水平一般在每小时 15 美元，可投资资产一般在 1500 美元，他们需要早期的退休存款计划，这些客户会进行长期的投资。

40 岁至 60 岁之间的客户。年薪在 5 万美元左右，可投资资产一般在 80 万美元，他们的需求是进行退休的投资，将进行长期投资。

年轻的家庭客户。年薪在 3.5 万美元左右，可投资金额一般在 47.5 万美元，他们的投资计划是大学教育存款计划，将进行中期投资。

一般大众富裕客户群。年收入在 12.5 万美元左右，可投资资产一般在 25 万美元左右，主要进行生命周期事件的财务策划，将进行长期投资。

在产品设计方面，B 银行根据特定的客户分层设计产品，根据客户关系的价值确定产品价格，并对忠诚度高的客户给予奖励；在渠道选择方面，该行主要选择网银或电话银行等远距离渠道服务客户，在线识别客户的需求并提供个性化的理财工具和产品解决方案。

在调查客户需求和偏好的过程中，客户第一步需要选择投资目标，如为购买汽车或房产做准备，或通过投资补贴现有的收入，或实现资产的长期增长，或为退休或为大学教育进行存款；第二步，客户需要标注出投资偏好，客户需要表明投资的时间、个人风险容忍度；第三步，客户会收到初步的结果，调查工具会显示出合适的投资类型，如中期债券基金等；第四步，提供特殊的账户信息，客户告知银行希望选择何种账户，是喜欢退休账户还是一般的投资账户，以及最少的投资金额、现有的税率；第五步，向客户提供最终的结果，调查工具向客户提供投资产品清单、投资偏好和所需的账户。之后该工具会显示相关解决方案的一个清单，清单中会描述具体的产品。

客户自主选择产品之后，B 银行根据客户的价值向客户进行差别定价。通过使用远距离渠道和自动化工具，B 银行向客户有效地提供了财富管理服务，该行管理的资产一年之内提高了 148%，收入也获得了大幅增长。

六、理财相关贷款业务创新

(一) 美林银行的灵活利率按揭贷款

美林银行的可调整利率家居贷款，通过个性化的设置适应客户的财务状况，帮助客户加强对现金流的控制，提高客户财务的灵活性。可调整利率贷款基于伦敦银行间同业拆借利率确定贷款利率，在最初只偿还利息期间，采用固定利率，之后利率每月或每半年调整一次。最初只偿还利率的时间为 10 年，之后的 15 年采用分期贷款的方式偿还。没有提前还款罚金，可以申请大金额贷款。可调整利率的按揭贷款与传统的固定利率的贷款相比，有可能降低平均成本。

（二）投资账户的保证金贷款

客户可以在购买证券时借款，贷款所获得的资金可以用来购买多种证券。美国嘉信银行提供的保证金贷款有较低的利率和灵活方便的贷款额度，一旦客户的账户具有了保证金交易的功能，客户就可以随时获得贷款，而无须提交书面文件。客户保证金贷款账户中的资金可以用来进行证券交易，也可以用来提取现金，能够满足客户的多种资金需要。客户如果希望申请保证金贷款，需要在投资账户中有最少 5000 美元的现金或等值证券，客户持有证券中的 50% 可以使用保证金贷款购买。一旦客户借入保证金贷款，客户需要在账户中保留一部分证券，通常需要在账户中保留账户价值 30% 的证券，对某些证券或账户可能比例要求更高一些。嘉信银行会计算客户的购买能力和可提取现金的金额，并向客户提供这些信息。借入的资金需要支付 6% ~ 8.5% 的年利率。

七、对我国商业银行相关工作的建议

（一）开展理财产品的创新

商业银行可与合作伙伴共同开发与市场挂钩的存款证。客户购买这种与市场挂钩的存款证，能够保证本金，并且获得比一般存款或资金市场账户更高的回报。投资者需要持有产品直到约定的期限结束。与市场挂钩的存款证实现收益的来源多样化，包括国内和国际的股票市场、商品、货币和固定收益产品市场，产品的设计非常复杂，一般参与投资的个人客户自己很难复制。挂钩指数市场表现好时可以获得更高的回报。

（二）创新理财顾问服务方式

商业银行可以改进对客户的理财指导，对客户提供一对一的理财指导服务，帮助客户评估投资组合的表现和检讨财务状况；可以将客户的投资组合与市场标杆的产品组合进行对比，分析账户资产分类的风险和收益与市场标杆组合的差距，制定改善措施；查看每项投资带来的收益或损失，分析已实现和未实现的资产收益；查看客户持有的资产的评级，分析客户持有产品组合的多样性，帮助客户确立改善产品组合的目标。

商业银行可以开办飞机融资和顾问服务、运动顾问服务、家庭办公室和慈善服务咨询等顾问服务种类。在飞机融资和顾问服务中，对客户购买私人飞机提供帮助，帮助客户选择合适的飞机作为购买对象，帮助客户选择具有足够资质的飞机经纪商或飞机收购顾问，选择合适的飞机管理和维修公司，并对客户提供融资。在运动顾问服务中，可以将购买和销售运动类相关资产的双方联系到一起，提供场地翻新和装修的顾问服务，对购买和运营体育场所提供贷款和咨询，为运动队和体育界人士提供咨询和融资。

（三）建立内部理财业务平台

商业银行可以完善内部的理财业务平台功能，向客户提供不同生命周期阶段的、全面的、整合的财富管理服务，提供多样化的财富管理工具，帮助银行建立起高性价比和可扩展的理财服务架构。理财顾问登录一个系统就可以查看客户所有账户的情况，平台上可以支持市场研究、生成投资建议、投资模型管理、交易管理、业绩表现分析报告、运营管理等功能，在一个平台上支持多个项目和账户管理模式，可以支持单一账户管理、家庭账户管理、产品组合账户管理等多种账户管理形式，改善客户服务，提高效率，降低成本，提高银行的盈利能力和竞争力。

（四）开设针对特定客户群的存款账户

为吸引有收入增长潜力的客户群，商业银行可以分析识别有收入增长潜力的年轻客户群，通过提供增值服务或者优惠收费项目的方式吸引这部分客户群。可以针对医科、建筑、法律、会计、金融等专业的学生和年轻医生以及其他职业人士提供专门的存款账户，向他们提供执业所需的贷款。在再贷款、存款、借记卡、信用卡中向他们提供优惠的利率。提供免费的汇款、货币兑换、旅行支票等服务。提供低息贷款，并向年轻的特定客户群提供专属的服务团队，提供专门的报纸、杂志，组织旅游、聚会等活动。

（五）提供创新的理财工具

商业银行可以与外部公司合作，为客户提供管理多种服务商月结单的理财工具，如手机、电话、电信服务商、银行、信用卡、公用事业公司、机场、宾馆、租车等。客户每天都参加多个会议和活动，以后可以帮助客户提醒自己偿还到期的款项，自动将客户的账户文件进行整理、储存，方便客户调阅文件。商业银行可以将多家金融机构的账户信息整合在一起，使客户可以在同一界面查看最新的资产状况。可以为客户提供自动的账单提醒工具和即时还款工具，减少客户遗漏还款的情况。可以在理财工具中提供支出分析功能，显示客户在何处进行了消费并将支出进行分类。

商业银行也可以在网上银行提供基金分析工具，使用定性定量的分析方法，广泛筛选基金和其他种类的投资工具；提供搜索功能，帮助客户查找基金信息、对比基金表现，向客户传达多样化配置投资资产的理念；向客户提供投资的新闻简讯，并定期筛选出多样化的基金名单，为客户推荐多样化的优质投资产品组合。

（六）创新对退休客户群体的理财服务

商业银行可以针对客户所处不同生命周期阶段进行分层，结合分层情况，制定专门的产品、营销、服务、定价策略。利用自动化的工具和流程支持理财顾问，使面对面顾问交流机会的价值最大化，降低业务运行的成本，拓展业务发展的规模。金融机构可以将许多费时间的顾问流程自动化，向客户提供个性化的服务和所需的面对面顾问服务。通过网上银行渠道向客户提供建议的投资产品清单，描述具体的产品。也可以在线上预约与理财经理面对面的会谈。

商业银行可以针对接近退休年龄的客户群建立单独的服务品牌，满足年龄较大即将退休的客户的需求。将不同产品线现有的产品重新包装，设计独特的产品和渠道，满足退休客户和即将退休客户的需求，减少为这些客户开发新产品的投资。聘请与客户年龄相仿的客户经理，服务客户并统筹协调整体业务运作。可以向这部分客户提供借记卡、折扣的保险箱服务、存款、信用卡、投资、房地产策划、健康保险、医疗保险、长期照顾保险、葬礼费用保险、遗嘱撰写服务等，如果客户的账户余额达到一定要求，就可以豁免手续费。

（七）创新贷款服务方式

商业银行可以向进行投资的客户提供投资账户的保证金贷款服务。客户在买入证券、外汇时可以借入贷款。客户可以在任何需要的时候使用贷款，无需单独提交书面文件，可以满足客户购买投资产品的资金需要，也可以满足客户其他资金需求，客户可以借用的贷款金额相当于客户账户中使用保证金购买证券或外汇金额的 50%。客户在账户中需要保留账户价值一定比例的证券。商业银行也可以向客户提供可调整利率按揭贷款服务，在最初只偿还利息期间采用固定利率，之后利率每半年或一年调整一次，只偿还利息期间过后，采用分期还款的方式。

高端客户管理策略创新

◎ 国外银行中高端客户经营策略的创新

国外银行中高端客户经营策略的创新

在全球范围内，中高端客户的数量和每一家庭财富的数量不断上升。由于其金融资产的持有量和对互联网的喜爱，中高端客户吸引了世界各地金融机构的浓厚兴趣，为金融机构带来高盈利和高增长的商业机遇。近年来，国内理财、财富管理、私人银行业务快速发展，大量的银行开始向中高端客户提供理财服务，对中高端客户的争夺越来越激烈。国外商业银行在中高端客户的经营管理开展了多方面的创新，本文从吸引高质量的新客户、主动使用外呼电话中心服务客户、以客户价值为基础的客户迁移、主动开展客户挽留计划、优化顾问服务流程和内容、提供线上顾问服务、针对不同客户分层制定产品和服务组合、简化客户经理的服务流程八个方面分析国外商业银行的客户经营策略创新，并对我国商业银行中高端客户经营提出建议。

一、吸引高质量的新客户

欧洲的一家资产超过 600 亿美元的 B 银行为了持续地吸收对银行利润贡献率高的新客户，整合了该行的营销、人事、渠道功能，吸引具有较强盈利潜力的新客户。该行将吸引新客户的更多工作迁移到低成本的电话服务中心或网上渠道，减少对分行员工的依赖。该行认为客户互相推介是一个很好的扩大客户群的方式，具有低成本的特点，能够形成促进收益增长的良性循环。该行还制定了新的绩效考核体系，着重考核吸引新客户的整体情况，同时更加强调新客户的盈利性，有效促进了该行盈利能力的增长。

（一）适应新客户分群需求设计产品组合

B 银行认识到通过收购与兼并以及交叉销售，带来的增长机会已经很有限，因此战略重点转移到吸收新客户上来。一般的银行经常围绕分行开展吸纳新客户的工作，这一渠道不是一个有效利用成本的方式，直销渠道是一个好的吸引高盈利客户的方式。同时很多银行不能很好地利用客户推介这一低成本、高价值的客户增长方式。B银行吸收新客户的部门包括经常性账户和客户分析两个团队，他们的职责是对吸引新客户的工具、流程、品牌定位进行分析，对客户群的需求和盈利性进行分析、制定营销策略等。他们深入分析吸引新客户的各种措施的有效性，并将这些措施应用于吸收新的高盈利客户。

该行确定了四个重点吸引的客户群：新入银行的客户、转换银行者、第二个账户的开立者、新到这个国家的人，并分析这些潜在客户群的行为和偏好。新到银行的客户具有吸收低成本和长期不确定回报的特点；转换银行者具有盈利性高但吸引成本高的特点；开立第二个账户的客户具有高盈利潜力的特点，有可能向他们交叉销售开立一个主账户；新到这个国家的人一般为专业人士或非专业人士的海外移民，同时具有很大的交叉销售的潜力。

B银行在分析几个主要目标客户群行为特点的基础上，为这些客户设计专门的产品，增加他们的参与度。以转换银行者为例，通常这些客户希望银行给予他们保持较低月度存款余额的政策，他们也经常使用网银、手机银行等工具。该行为这些客户提供经常性账户较高的利息的优惠，并制定专门的产品包来满足他们的需求，其中包括产品信息、申请表格，时间紧张的客户还可以在家查询、申请这些优惠和信息。

（二）多渠道发展新客户

B银行在过去的新客户发展中，过分依赖网点渠道。为此，该行开始利用不同的渠道拓展新领域的客户，同时降低吸收新客户的成本。该行在其直销渠道开发开户功能，可以成功地在这些渠道获取新客户，并不断优化开户功能和流程。这些渠道的开户流程主要服务于时间紧、价值高的客户，这些客户通常比在分行渠道获取的客户有更高的余额、交易额，对服务也有更高的要求。该行不断测试在不同渠道的开户流程、申请表格和各种新客户优惠。

该行通过分行网络、互联网和邮件等渠道吸收新客户。在分行网络，该行向客户开放开户过程中银行职员操作电脑上的信息，使与客户的交互更加简短，互动性更强，客户文件和卡片会寄送给客户。

该行在互联网渠道不断优化网上开户流程，使互联网开户流程更加简短顺畅。客户开立一个存款账户，只需点击三下鼠标就可以完成，节省了客户的时间，为客户带来了方便。

该行在直邮渠道使用客户的内部数据和外部数据，通过数据分析提高营销目标客户的精确性，在获取高盈利客户的过程中取得了很好的效果。

（三）开展高端客户推介活动

B银行建立起一个客户推广网络，从成功激活账户的高价值客户中组织客户推介活动，通过低成本地吸收高端客户，该行的盈利能力迅速得到提高。

该行通过识别高盈利的客户分层、设计单独的能刺激高端客户交易的产品吸收新客户，鼓励高盈利的新客户向朋友推荐该行的服务。银行职员会询问客户对本行的服务是否满意，以及是否愿意向朋友推荐，鼓励客户开展客户推荐活动。

开展客户推荐的形式包括在分行推荐，也包括在线上推荐。在分行进行推荐的时候，银行职员会向符合条件的客户提供一张客户推荐优惠券，当被推荐者拿这张推荐优惠券来开户的时候，推荐人、被推荐人和银行职员都会得到奖励。

在线上进行推荐的时候，客户的朋友可以在线上填写自己的信息及开户，并需要填写客户推荐编号，之后推荐人会获得奖励。客户不断推荐新客户加入到银行中来，有的客户推荐多个客户，使该行的客户推荐计划不断扩大。

（四）开发以质量驱动的绩效评估方案

为了确保吸收新客户计划能够达到提高盈利的目标，B银行开发了一套新的绩效评估系统，这一系统考核新客户的盈利性，而不仅仅是客户数量。该行从产品价值、客户价值、账户激活、账户交易量、产品数量、钱包份额等方面考察新客户的盈利性，对吸引盈利能力强的客户的员工给予奖励。

该行对不同产品给予不同的奖励等级，对于按揭产品给予最高的奖励等级，信用卡的奖励等级次之，给予孩子的存款账户的奖励等级较低。同时，针对客户的每月交易额设定了不同的奖励等级，对于每月交易金额在5000美元以上的客户给予最高等级的奖励，对每月交易额在2000美元~5000美元之间的客户给予中间等级的奖励，对于每月交易金额在1000美元~2000美元的客户给予第三等级的奖励。B银行向其职员开放信用评分系统，职员可以了解每一名客户是否有资格购买某一项产品。在客户开户的时候，给予员工部分奖励。

B银行集中精力发展高盈利贡献度的客户，使该行的新客户在两年之内增长了60%，该行31%的新客户是通过客户推介的方式获得的，13%的新客户是通过直销渠道获得的，成功地以较低的成本获得了高质量的客户。

二、使用外呼电话中心服务和营销中高端客户

澳大利亚的一家总部位于悉尼的资产超过 500 亿美元的 I 银行的财富管理顾问们没有足够的精力大规模主动营销中高端客户，该行通过使用集中的电话服务中心大批量地吸引富裕客户。该行主动发现富裕客户的盈利机会并向客户提供高质量的服务。该行聘用之前熟悉银行理财产品销售的职员，这些员工之前对产品和公司知识的掌握使他们具备了与客户进行深度对话的能力，减少了对他们进行培训的成本。

该行对富裕客户的定义是可投资资产在 100 万美元至 300 万美元的客户。该行通过理财顾问维系顾客，每一名理财顾问可以支持管理资产在 100 万美元至 300 万美元的客户 250 人。这些理财顾问中的许多人每年只可以与每名富裕客户沟通一次，而通过集中式的电话服务中心吸引的客户，可以平均每年购买两次产品。

（一）制定差异化的电话销售和服务流程

I 银行对于低收入增长潜力和低客户参与的客户批量地通过外呼电话吸引这些新客户；对于中等收入潜力的客户，该行主动识别这些客户的需求，主动发现客户的潜在需求，使用集中式的联络而非理财顾问主导的销售方式向他们推荐产品；对于高收入增长潜力和高参与度的富裕客户，该行通过系统主动识别这些客户的盈利机会，并通过合适的专家向他们介绍产品。

外呼式的电话中心使用标准化的电话内容，他们与富裕客户每年进行两次沟通。该行统一制定了与富裕客户沟通的话题与话术，例如在每年缴税之前，该行会与客户讨论税务计划的话题。在对客户服务代表的考核中，他们不考核通话数量，而是对客户代表与客户通话后富裕客户与产品顾问见面的次数对客户代表进行考核。

（二）在向中高端客户提供服务过程中主动发现盈利机会

在与客户联系的过程中，I 银行电话服务中心的服务代表向客户介绍他们代表客户的理财顾问与他们通话，讨论电话营销的相关主题，使用该行客户关系系统中的信息回答客户对电话营销以外内容的提问，他们可以查询到客户的

姓名、管理资产金额、客户关系历史、产品购买情况等信息。

电话服务代表完成电话沟通之后会填写电话营销报告，这些报告会总结客户的需求。在报告中，电话服务代表会写明客户对某种产品不感兴趣，对某些话题和产品比较有兴趣，近期有哪些方面的生活需要和产品需求。这些总结报告会由客户理财顾问进行审阅，决定是否具有更多的盈利机会，是否需要与产品专家进行进一步的沟通和营销。只有有明确需要的富裕客户，产品专家才会与他们见面进行进一步的沟通。对于有较高盈利潜力的客户，产品专家会与他们进行进一步的联络，讨论可以购买的产品。

在集中式的电话服务中心致电客户之后，有52%的客户与产品专家进行了会面，中高端客户对于这种讨论他们财富的电话表现出了较高的兴趣。

三、以客户价值为基础进行客户迁移

（一）集中识别低价值的客户以便进行客户迁移

英国的一家资产超过200亿美元的B银行发起了一场将低价值的私人银行客户迁移到优先理财服务的活动，在此过程中强调和加强客户顾问的介入。该行取得成功的关键是得到了银行高级管理层的支持，该行的高级管理人员确定了该行的目标市场，并且要求将客户放在合适的客户分层进行管理。

该行在集中的数据库系统中识别那些每年给银行带来低于1万美元收入的私人银行客户，向客户经理们提供一份低贡献客户名单，鼓励客户经理们检视每一名客户的盈利性和未来的盈利潜力，并要求客户经理们决定向每名客户提供哪些最适宜的服务，决定每一名客户继续留在私人银行、迁移到优先理财或者关闭账户。每名私人银行理财顾问可以服务的客户只有50～100名，优先理财通过强大的、相对简单化的财务管理策略业务平台帮助每一名理财经理管理500－700名客户。

（二）签署详细的跨部门客户推介协议，推动跨部门客户迁移

B银行将不同部门之间客户迁移和推介协议文本格式化，该协议对与客户推介相关的财务奖励、推介流程和客户管理进行了明确，要求不同部门的主管签署这一协议。私人银行和优先理财部门之间客户推介协议的内容包括：对于可投资资产超过1000万美元的客户必须推介至私人银行，可投资资产超过500

万美元的客户建议推介到私人银行，私人银行部门将年收入低于 1 万美元的客户和低增长潜力的客户迁移到优先理财部门。

对跨部门的客户推介提供财务奖励，私人银行部门对于客户迁移不会得到任何的奖励。私人银行部门在客户迁移后第一年的每季度将客户产生的收入的50% 划转给优先理财部门。优先理财部门收取一次性的推介费，其损益不因客户迁移受到惩罚，对于向优先理财部门迁移的客户，私人银行部门不收取任何奖励。

为了追踪跨部门客户推介的客户数量和状态，该行建立了包括所有部门和产品线的追踪系统，确保所有相关各方都能及时了解相关进展。所有推介的客户必须纳入客户系统进行跟踪，只有进入到客户推介跟踪系统的客户才能兑现奖励。

（三）制定严密顺畅的流程，确保客户在不同部门之间平稳迁移

为确保客户在迁移中得到平稳的体验，B 银行制定了特殊的检查清单。确认清单的内容包括：私人银行客户经理是否提供客户的全部账户信息，包括现有的产品和服务、上一次的联络情况；私人银行客户经理是否向优先理财客户经理提供客户的所有合规材料；私人银行客户经理是否向优先理财客户经理提供私人银行客户数据库权限，使优先理财客户经理能够查阅客户关系的细节资料；优先理财客户经理是否已经接收客户，有没有其他额外的需跟进事项，这一步骤使客户了解该行对每一客户分层的最低资产要求，也使一些客户将更多的资产转移到这家银行来；私人银行客户经理是否将客户的特殊需求告知优先理财客户经理。

这一清单确保客户在迁移过程中有积极的体验，并且让客户了解全部的状态和对应的客户关系的要求。优先理财和私人银行的客户经理都要在确认清单上签字，才能对客户实施迁移。由私人银行客户经理和优先理财客户经理共同签署这一清单，确保了在客户迁移之前所有的必要事项得到处理，并且只有这张清单被双方签署之后，才会通知操作团队将客户从私人银行转移到优先理财团队的利润和成本中心管理之下。

四、开展主动的客户挽留计划

为向客户提供无法拒绝的服务，减少客户的流失，澳大利亚一家总资产超

过500亿美元的L银行向即将流失的客户开展主动挽留计划。L银行识别客户从外部市场获得转按揭的机会，并且在行内对客户进行挽留，推荐适合他们的新产品。它们使用有180个变量的预测算法，识别出有流失风险的客户，并向他们发送新的产品组合的邮件，给他们打电话商讨重组贷款和转按揭的选项。客户询问转按揭的来电会被转接到按揭挽留专员处，向他们提供互惠的产品和价格优惠。

（一）识别可能会流失的客户

该行每个月对所有存量的按揭贷款客户进行一遍扫描，识别它们向竞争机构办理转按揭贷款的可能性，识别的过程采用含有180个变量的算法，这一数据分析的结果产生了具有较高向其他金融机构转移风险的客户清单，并按照他们的风险排序。这些预测用的变量包括产品持有数量、账户活动率、账龄、按揭比率、之前的产品等。这些变量由银行业务人员输入，非按揭产品的持有和活动率是预测按揭产品转移的最有效变量。该行系统产生的清单包括客户的姓名、转按揭的风险程度、按揭贷款余额、过去6个月是否联系过、联系客户的顺序等内容。

（二）生成有流失风险的客户清单

L银行挽留团队生成了一个有流失风险的客户名单，这一名单每月更新，放在该行的内部网站上，分行的职员可以查询到哪些是近期可能流失的客户并主动采取措施挽留这些客户，如客户经理主动联系客户等。除此之外，该行还在客户关系管理系统中对客户加上标记，从而对这些客户提供差异化的服务。另外，该行还设计了针对普通客户和尊贵客户的多种金融和非金融服务计划帮助进行挽留。

在每一名客户的记录中都记录了客户的支票账户、存款账户、存款证账户的余额和总账户余额，会标注出每一名客户的盈利等级和流失风险等级。对于有较高流失风险的客户，会主动致电客户，向他们提供一定幅度存款证利率提升优惠。对于账户余额和贡献度较低的客户，该行会每个季度致电客户，并提供一些非金融奖励，如电影票、优惠券等；对于贡献度较高的客户，该行会由客户经理提供财务规划的支持。

（三）向即将流失的客户寄送家居贷款重检包

L银行寄送的家居贷款重检包包括按揭贷款流程、产品手册和回传表格，电话服务中心的职员也会后续致电客户，与客户探讨提供替代按揭产品的可能性。100%的具有流失风险并且在过去六个月内没有联系过的客户都会收到产品重检包，15%的客户会填写申请新贷款的表格。电话服务中心的代表会致电没有回复的客户，该行的目标是每一年银行与所有的这部分客户都取得联系。在电话中客户服务代表会向客户解释电话联系客户的目的，帮助客户检视按揭贷款现状，识别客户的目标，向客户建议重建客户关系的方法，并推荐新的按揭产品。客户服务代表被授权向客户销售新的按揭产品，但是没有权利对原有的按揭贷款进行重新定价。

（四）设立呼入电话的挽留团队

除对外部其他银行的产品进行比较之外，L银行还成立了呼入电话的挽留团队。客户致电该行查询按揭贷款事项或者在电话中表露出转移到其他银行的可能性的时候，这部分客户的电话会即时被转到专门的挽留专家团队。客户的普通查询由一般电话服务热线接听，当客户在电话中询问按揭贷款余额的时候，一般电话服务热线会将电话转接到挽留专线，挽留专线的客户服务代表可以查看到客户已经拥有的按揭、共同基金、信用卡等产品信息，也能够看到客户为银行每年带来的收入贡献，这些信息被用来指导制定对客户的挽留措施，电话服务代表会询问客户，如果客户希望对现有贷款进行转按揭安排，电话服务代表会提供帮助。

客户服务代表会向客户建议两套产品组合，例如使用客户的存款，可以对按揭贷款提供25个基点的利率优惠，或者最多对客户可以提供35个基点的利率优惠。客户挽留专家会向客户提供几套按揭重组的选项，最初的目标是客户能够转移到一个新的产品上，挽留服务代表也可以对客户提供价格上的优惠，但这不是优先的选项。

通过主动识别具有流失风险的客户并对他们的按揭贷款进行重组，该行在挽留客户方面的成效显著提升，同时客户在该行的账户持有期限得到了延长，按揭贷款的营业收入得到了提高。由于对贡献度高的客户进行了挽留，客户挽留工作投入的资源得到了最好的利用。该行的市场占有率得到了提高，该行的转按揭贷款余额增加了30%，收到了可观的利息和手续费收入，产品的收益水平超过市场平均水平。

五、优化顾问服务流程和内容

为了向中高端客户提供高质量且经济的顾问服务，欧洲一家资产超过700亿美元的 K 银行将顾问服务集中管理以保证一致和高质量的顾问服务，并且将该行高薪聘请的有经验的顾问人员与低价值的交易相关服务区隔开来，专注服务高价值的客户。

（一）对客户经理和理财顾问的职责进行详细分工

该行规定在分行的客户关系经理处理中高端客户的日常需求，而复杂的财务策划服务由集中的专家顾问提供。该行使用客户经理对客户关于产品的一般性查询给予答复，主要帮助客户进行交易、账户维护、账户查询、非担保贷款的指导、投资分配等工作。专家顾问主要集中精力满足客户房地产策划、税务筹划、退休计划等复杂的顾问需求，客户与他们联系是很少的，这样的分配使该行能够满足大多数客户的需求并且降低了运营成本。这些集中的专家顾问，由于受过复杂的培训并具有丰富的经验，所以银行需要支付更高的成本。将这些最优秀的理财顾问集中在一起为前线的客户经理担当后台，将他们的精力集中起来处理高价值的活动，使该行最大化了这部分人力资源投入的产出，也保证了一致性的管理和服务水准。

（二）优化对理财顾问和客户经理的奖励结构

该行对理财顾问的奖励建立在工资加手续费的基础之上，而不是以佣金为基础，这使理财顾问的奖励不受客户购买产品的影响，使他们更加注重维护自己的顾问服务的可信度和声誉。该行的客户经理包括分行端的客户经理和专家理财顾问，分行客户经理分散在全国的分行网点，每人需要维护 250～1000 名客户，要求具有大学学历，他们的报酬包括基本工资、基于顾问资产的奖金、非投资资产交易手续费的佣金。而专家理财顾问集中在一个地点，每人每年需要管理 300 名客户，需要具有 CFP 的证书，他们的报酬包括与客户关系经理相当的基本工资、理财计划的标准服务费、按小时收取的其他活动收费，以及额外的每年 12000 欧元的培训费用。

这种不同的奖励结构使得客户经理与专家顾问之间能够紧密合作，客户经理的奖励基于客户总资产的金额而不是某项产品的购买，也基于客户的钱包份额。客户经理乐于通过向客户推荐专家顾问的服务以提高客户的忠诚度，实现业务增长及挽留客户。专家顾问依赖于向客户经理转介的客户提供顾问服务而不是直接发展自己的客户，他们按照服务的次数收取费用，客户仍然保留在客户经理名下，因此客户经理乐于向专家顾问转介客户而不必担心客户流失和内部竞争。

通过提供集中化的专家顾问服务，该行增加价值的行为获得成功，缩短了平均的客户经理培训时间。该行成立专家顾问服务热线的第二年，专家顾问的服务次数就增长了一倍。该行的专家顾问服务由知名的专家顾问提供，使得该行的顾问服务可以收取比其他银行更高的服务价格。通过销售人寿保险或证券投资等产品，该行每名中高端客户的产品计划销售金额在一年之后提高了35万欧元。向客户销售的顾问服务数量在一年之内取得了50%的增长。

六、提供线上顾问服务

西班牙的 Bankinter 银行通过提供线上顾问服务降低服务的成本，同时作为原有顾问服务的补充。该行使用网络技术为新兴的富裕客户提供成本较低的服务，这些服务与向更高端的客户及高净值客户提供的服务相似。该行围绕这些客户常问的问题建立了线上的顾问模块，客户也可以输入自己的财务信息资料，从理财专家处获得指导。理财专家将会查看客户的问题，并针对客户的具体财务情况提供及时的回应。该行的客户关系管理系统记录并管理客户所有的线上沟通，帮助识别客户交叉销售的机会。

客户在使用网上顾问工具的时候，首先选择一个财务顾问的模块，例如，可以选择房地产、退休金计划、共同基金，保险、存款、股票等。假设客户选择了房地产模块进行咨询，系统会提示客户填入以下问卷信息：年龄、年收入、财富净值是多少、客户资产的描述（第一套房屋、第二套房屋、商业地产等）、客户房地产的购入日期、购买房产的价格、现有房产的价值等。理财专家收到客户的提问之后，会仔细分析客户的问题，并恰当地回答客户的问题。理财专家会在48小时内将问题的答案发送到客户的邮箱中，客户关系管理系统会记录所有线上顾问服务的情况并通知客户关系经理这些问题和答案。

通过建立集中的线上顾问服务模块及通过线上向客户提供顾问服务，使该行能够通过远程渠道向新兴的富裕客户提供服务，降低了服务客户的成本。为提高服务水平，该行在网站上提供了新的视频会议的功能，客户可以使用这一功能与客户关系经理举办电话会议，也可以在网银上随时要求开始进行视频对话。系统会即时检查理财专家是否在线上，如果在线上，会即时开始视频会议；如果不在线上，会接通理财专家的手机。客户对这一新功能反应非常积极，增加了该行客户对产品和服务的重复购买和使用。

七、针对不同客户分层制定产品和服务组合

英国一家资产超过 500 亿美元的 L 银行认为，中高端客户分布在差异广泛的不同财富水平上，具有不同的财务管理要求。该行将这些中高端客户分为普通的中高端客户和高净值客户。针对这两部分客户给银行带来的收入情况和需求的复杂程度，该行提供两种不同的产品组合。普通的中高端客户与大众客户市场的需求相近，这部分客户需求的复杂性比较低。高净值客户对产品和服务的复杂性要求较高。

（一）开展客户满意价值因素分析

L 银行的客户分层部门对客户开展研究和分析，确定对中高端客户最有吸引力的情感个人因素和功能性因素。他们使用影响客户满意度的因素指导所有与客户有关的活动，包括客户联络指引、产品开发、顾问建议和流程重整。所有的活动都强调对客户个人和情感关系的维系，注重客户服务和专业性。

该行定期召开中高端客户分层专项会议，讨论吸引中高端客户的价值因素。他们通过客户调查问卷和头脑风暴的方式找出影响客户满意度的因素，如使用服务的方便性、财富增值、友好的服务、简单化的流程等。在识别了客户满意度的影响因素之后，该行的会议还要进行优势点的识别。这些优势点是为了吸引客户该行需要形成的竞争优势，例如，在公司层面的优势点包括产品的易用性、交易处理的准确性、服务的可靠性、对客户友好的服务；在客户方面体会到的能带来竞争优势的优势点包括专业性、显著地帮助客户解决需求、简单化的服务、强烈的服务文化、整体的客户考虑和整合的产品解决方案；在产品功能方面，应注重产品的完整性、简单化和相关的解决方案；在客户情感和感受方面，应该使客户感觉到这家银行容易打交道而且了解客户。

（二）制定差异化的产品和服务策略

该行对普通的中高端客户和高净值客户分别制定了服务、产品策略。

213

对于普通的中高端客户，在服务方面，选择相对标准化的服务；顾问服务也相对简单，倾向于选择易用的理财工具；在产品选择中，倾向于选择大规模定制的产品。高端客户的财务管理需求复杂程度更高一些，在服务方面他们要求高度个性化、深度化的顾问服务。

高净值客户在金融工具的选择方面，偏向于使用更加复杂的金融工具；在产品选择上，倾向于使用个性化定制的产品。每一个客户群都会接到合适的产品推荐。针对每一个客户群中不同风险偏好的客户，该行也会向他们推荐不同的债券和股票的组合建议。

对于净值客户，该行客户经理会定期与他们重检投资计划，并定期分析他们基金的分配与生活目标之间的差异。客户经理会调整客户现有的投资计划，保证能够实现客户的投资目标。客户经理还会定期检视产品的业绩表现，重新评估基金的分配情况。

（三）使用集中的系统支持和个性化的团队支援前线员工

该行建立了全功能的业务分析系统，提供集中化的投资、风险、现金流分析，使该行能够满足大多数中高端客户的需求。当客户提出个性化需求和出现大额资金管理需求的时候，该行使用财富管理团队向具有这种需求的客户提供投资和产品支持。

该行内部的顾问服务机构包括如下几个职能团队：集中的市场研究团队，负责客户需求和组织客户推广；产品开发团队，负责中高端客户和高净值客户产品的开发、创新；投资专家团队，负责顾问服务的自动化开发、客户经理培训；服务团队，包括客户经理和分行员工，负责提供交易处理、主动和被动提供服务以及问题解决；顾问提供团队，负责向客户推荐产品。

通过使用集中的系统支持和个性化的团队支援，该行在节约成本的前提下向所有中高端客户提供了令人满意的服务。该行91%的普通中高端客户获得了标准化的顾问服务和产品建议，其余的9%的高净值客户通过其他部门获得了个性化的顾问服务。

八、简化客户经理的服务流程

为解决客户经理数量不足的矛盾，亚太地区一家资产超过100亿美元的T银行开发了新的流程和工具，使客户经理能够有效地向中高端客户提供服务并向客户提供高质量的互动过程。T 银行开发了功能广泛的客户关系管理系统，识别中高端客户及销售机会，并使用集中的跟踪系统管理与客户的互动，每月生成每一名客户经理管理的中高端客户的账户使用报告。T 银行还将尽可能多的客户关系管理工作外包，使该行的客户经理能够集中精力处理客户联系和提供顾问建议等更有价值的活动。同时，该行还在为中高端客户定制满足他们基本需求标准的解决方案的同时，利用财富管理团队为客户提供特殊的产品和顾问建议支持。

（一）建立客户关系管理和客户联系跟踪系统

该行建立了涵盖广泛业务的客户关系管理和客户联系跟踪系统，建立起识别没有被充分服务的客户的机制。该行的系统每月会产生所有中高端客户的报表、每名客户经理的报表和每一名客户的报表。

所有中高端客户报表中，包括总的中高端客户数量。总管理资产余额，现金账户、投资账户、非担保贷款、担保贷款的余额，管理资产低于 15 万美元、在 15 万～30 万美元、30 万～70 万美元、高于 70 万美元的客户数量，总管理资产余额、平均管理资产余额，产品持有数。

每名客户经理的报表包括过去三个月联系过 0 次、1～2 次、3 次的客户数量和百分比，过去三个月基于业务推广联系过 0 次、1～2 次、3 次的客户数量和百分比，客户经理管理的客户数量，管理客户的百分比，总管理资产余额，每名客户的平均管理资产余额。

每一名客户的报表中显示客户的管理资产范围，管理资产余额上升、下降、持平的产品种类。

比较出色的客户经理可以维护 200～300 名客户，并且这些客户的资产和交易量也会高于平均水平。对于管理资产下降和不变的客户，T 银行会将这些客户迁移到更加年轻的客户经理那里，通常这些客户经理会更加积极地维护客户以提高业绩。

客户关系管理系统基于客户的管理资产、工资水平、主要居住地址的组合判断识别中高端客户。该行每月向客户经理提供通过客户关系管理系统生成的推广名单和活动，通过使用集中的客户联系跟踪系统进行管理，确保每一名客户都能被经常联系。客户经理对于最高端的 20% 的客户，必须至少每月联系一次；对于其他客户，必须至少每两月联系一次。与客户联系的时机安排可以是组织的一些活动，也可以是客户持有产品的重要时点，如定期存款到期或推介免税投资产品。

客户关系管理系统还会产生对每一名客户经理的管理客户清单，其中包括客户姓名、客户价值、下一个推荐的产品、联系的方式、联系频率等。该行还对与每一名客户联系过程中使用的话术进行了设计，这些话术的设计针对客户的需求，保证与客户的每一次接触对客户来说都是有价值的。在客户关系管理系统中生成的话术清单中，提供了客户姓名、联系日期、联系方式、最近的交易、下一项产品的提示，并且提供了建议的谈话内容。

（二）优化客户经理承担的角色

该行将尽可能多的客户经理的工作和任务进行了外包，使客户经理能够集中精力处理最有价值的工作，即联系客户和向客户提供顾问建议。该行定期重检流程，找出能够由系统、后台人员集中处理的任务和流程，它们还为客户经理生成了对话话术，使得即使没有接受过系统培训的客户经理也能发现客户的需求，并表现出为客户服务的意识和顾问服务的专业性。它们会评估客户经理的每一项活动，检视每一项活动对于发展客户关系是否具有重要性，是否有可能带来新的销售并使客户满意，这一项活动对客户和客户经理是否重要。该行还进行动作管理，它们识别出低价值的活动，如日常管理性工作和可以外包的工作（简单交易和开户等），这些活动或者被删除，或者被自动化，或者被上收到集中的后台进行处理，这样客户经理就能够集中精力与客户建立关系。

T银行通过优化向中高端客户提供服务的流程，合理化客户经理的工作内容，使该行的客户满意度在两年的时间内提高了40%，使服务的客户数量提升了74%，同时，该行中高端客户的成本收入比下降了30%，营运收入提升了185%。

九、对我国商业银行创新中高端客户经营策略的建议

（一）完善产品体系，吸引高质量的新客户

目前，我国商业银行对中高端客户的抢夺日益激烈，商业银行应该尽快完善服务中高端客户的产品体系，满足中高端客户的支付、财务管理和增值需求。商业银行可以提供投资于国内、国际股票债券市场、货币市场、其他商品市场、保险、存款类产品等服务，可以提供货币基金、保本型基金、国债、储

蓄性保险、分级基金、交易所基金，金融债券、万能保险、收入型基金、股票型基金、黄金外汇买卖、投资型保险、高成长股票、可转债、中小企业私募债、券商集合理财产品、资金信托产品、私募基金、另类理财产品等服务，同时可以提供多种非金融的增值服务。

商业银行可以整合行内的产品、营销、渠道和服务团队，针对重点吸引的目标客户群体制定差异化的营销措施和策略，充分利用内部数据和外部数据，提高营销的精准性。商业银行可以确定重点目标客户群，可以选择新入银行的客户、转换银行者、第二个账户开立者、中年事业有成者等客户，分析这些潜在客户的行为和特色产品需求，为每一个目标客户群设计专门的存款计划和产品组合，提供网银手机银行等工具，为客户提供有特色的优惠，制定专门的产品信息和申请表格。

（二）利用多种渠道扩大中高端客户群

商业银行应充分发挥电话营销、互联网和分行渠道的作用。从即将退休的人群、20世纪六七十年代出生的人群、依赖顾问服务的人群、按揭贷款超过100万元的人群、可投资资产超过100万元的人群、财富继承者、中小企业主、专业人士、退休客户中寻找潜在的中高端客户。不断优化开户流程、申请表格和新客户优惠，在分行网络吸引新客户时，可以向客户开放银行的信息，提高开户的速度；在互联网上开户时，客户只需要点几下鼠标就可以完成开户。开展形式丰富的中高端客户推介活动，利用现有客户基础扩大具有相似特征的新客户群，鼓励员工努力开发有利于银行发展的客户关系。每一类别的客户具有相似性的兴趣、消费习惯、消费倾向和消费需求等，银行可以针对不同的客户群采取不同的营销策略，有效地利用有限的资源。商业银行可以充分利用原有客户推介新客户，增加现有的业务，赢得新业务。可以采取线下推荐的方式，向推荐人提供优惠券；也可以采取线上推荐的方式，使推荐人、被推荐人和客户经理都得到奖励。商业银行应该优化对客户经理的奖励机制，从客户的产品价值、客户价值、账户激活、交易量、产品数、钱包份额等方面对客户经理进行考核，增强新吸引客户的盈利能力。

为降低运营成本，将最宝贵的理财顾问资源集中在有价值的顾问咨询工作上，商业银行可以使用外呼电话中心服务于中高端客户。商业银行可以聘用有银行理财产品销售经验的员工提供外呼电话服务，提高这些员工与客户进行深入分析的能力，减少对员工的培训成本。与中高端客户的定期联系非常重要，商业银行应该开发系统，对与客户的联系进行跟踪，可以制定差异化的客户营销策略；对于较为低端的客户，提供大批量的外呼电话营销服务；对于中等收入的客户，主动识别客户的需求，使用集中式的外呼方式进行营销；对于高收入潜力的客户，通过理财顾问与客户进行联系和营销。制定统一的外呼电话场景和话术，对电话服务人员采用通话后与顾问联络的次数进行考核的方式。

在电话营销代表与客户通话完成之后，填写电话营销报告，注明客户对哪些产品有需求的意向，将会有哪些产品需求，由理财顾问审核后，决定是否与客户进行进一步的联系和营销。

（三）以客户价值为基础进行客户迁移

由于理财顾问能够服务的高净值客户的数量有限，商业银行需要将不能达到私人银行标准的客户转移到财富管理或理财业务部门，以节省服务高端客户的支出，保障对高端客户的服务能力。这一过程需要获得银行高级管理层的支持，应该由银行向理财经理提供低收入客户名单，由理财经理决定名单上的客户继续保留在私人银行、财富管理还是关户处理，并决定向这些客户提供哪些最适合的服务。需要对将要迁移的客户签署不同部门之间的迁移协议，确保在迁移的过程中每一项工作都受到控制，实现客户在不同部门之间平稳迁移。财富管理客户经理需要得到私人银行转移来的客户的全部账户信息、上一次的联络的情况、所有的合规材料，确保客户在迁移过程中得到积极的客户体验。同时，应确定客户在不同部门之间迁移的奖励规则和计划。

（四）开展主动的客户挽留计划

识别有流失风险的客户在很多银行都不是常规性的工作，很多银行识别有流失风险的客户的努力效果不理想，在挽留客户方面投入产出比也不理想。金融机构需要主动采取措施对即将失去的客户重新找回，仅当这些金融机构感觉到失去这些客户的成本高于重新获得这些客户的成本时，它们才会采用这一策略。在客户流失之前采取措施会大幅度地提高客户挽留的成效并减少价格优惠方面的投入，持续地开展客户挽回工作需要建立系统和主动的客户和产品管理方法。

商业银行需要建立专职的挽留团队，在核心数据库中对有流失风险的客户作出标注，使前线员工可以容易地识别出这些客户，在与这些客户联络的时候向他们提供增值的优惠。商业银行可以开发重新赢回客户的系统，识别即将转移到其他竞争者的贷款客户，主动联系最有可能流失的客户。如果他们的需求发生了变化，向他们销售更加适合他们的按揭等产品，制定重新赢回客户的外呼流程，重检客户预先还款的风险档案，对客户还款的风险进行评级。系统还列示客户的账户余额和之前六个月银行是否联系过客户，最后制定出联系客户的顺序，主动重检客户持有的产品，提出重组产品的方案。当客户打电话来银行咨询相关事项的时候，电话中心服务代表会询问客户是否希望考虑新的产品组合，并向客户介绍转换产品的流程，帮助他们办理申请手续。通过这种客户重建流程和挽留机制，降低流失的客户数量和比例。

（五）优化顾问服务流程和内容

为了赢得中高端客户市场，商业银行需要建立受客户信任的顾问服务体系。尽管很多银行都认识到提供优质顾问服务的重要性，却不能很好地控制成本。高质量的顾问服务是一种稀缺的资源，由于各分行前线人员的素质不同，也没有集中的报告系统，导致各分行网点提供的顾问服务质量不平衡。为解决上述问题，银行可以将顾问服务集中到一起，以控制成本及提高服务质量。将一般性的服务工作如协助账户进行交易、账户维护、账户查询、开户等业务由客户经理办理，而较复杂的理财咨询服务，由理财顾问承担。在服务中，忠诚于顾客利益，建立以客户利益为核心的中立性理财模式。向客户提供总体的理财规划战略与方案，帮助客户制订长期的可执行计划，为客户提供全方位理财服务，涵盖的金融产品包括证券、债券、保险等，也包括传统的资产管理业务和海外投资策划。侧重于量身定做和个性化，利用其专业知识，为客户选择真正符合客户利益的金融产品，帮助顾客理性投资，有效控制风险。向理财顾问提供的奖励计划包括理财计划标准的服务费、按服务次数和时间收取的咨询费，客户仍旧保留在客户经理名下，使客户经理乐于向理财顾问推介客户，避免银行内部的恶性竞争。

（六）提供线上顾问服务

商业银行可以向客户提供线上的理财顾问服务，以提高客户的体验和服务效率，降低服务成本。客户可以在网上输入自己的个人信息，选择一个财务顾问模块，例如退休金计划、税收、理财产品、基金、股票、贷款、房地产等，系统要求客户填入更加详细的信息，如客户的年龄、家庭收入、资产情况、资产价值、购房时间、购房价格等。客户可以在网上向理财顾问提出问题，理财顾问在约定的时间之内向客户进行反馈；也可以在网上提供视频会议的功能，客户可以在网上申请开始进行视频会议；还可以随时连通理财顾问或产品专家的手机，促进客户对理财服务的使用。

（七）针对不同客户分层制定产品和服务组合

商业银行对于中高端客户，可以进行进一步的细分，包括一般富裕家庭（不包括基本住宅在内净资产在 10 万到 50 万美元）、新兴富裕家庭（净资产在 50 万到 100 万美元）、比较富裕家庭（净财富在 100 万美元以上）、非常富裕家庭（净财富在 500 万美元以上）。也可以针对职业上升期的客户、新移民、不情愿的借款人、持怀疑态度的存款者、寻求制定财务顾问的客户等小客户群体制定产品服务解决方案。商业银行应该加强产品创新，为其提供个性化的金融服务产品组合，增强客户满意度。在服务方面，对于优质客户，应在保证传统服务质量的基础上重点提供个性化、全方位服务，积极了解和跟进优质客户的需求。营业网点应建立优质客户的营销服务体系，根据客户需求和客户资源的分布情况选定一定数量的层次客户作为跟踪服务的目标客户，实行分层管理，全面提升服务层次。在服务方面，营业网点应建立为优质客户服务的快速通道，对优质客户必须在其需求受理、客户信用评价、新产品推介、理财增值服务等方面优先予以安排，并简化业务流程，实行限时服务，努力提高差别化服务水平。

（八）简化客户经理的服务流程

商业银行可以建立完善客户管理系统和客户联络跟踪系统，定期生成中高端客户的统计报表，显示所有中高端客户、每一名客户经理管理的客户情况、每一名客户的资产情况。提醒客户经理定期与中高端客户进行联络，确定每一名客户下一个推荐的产品和标准话术。商业银行对客户经理的活动应定期进行重检，找出那些最好由其他人员承担的工作，将尽可能多的客户经理工作外包。对于确实需要客户经理承担的工作，商业银行应设计出简单易操作的流程，使客户经理很容易学会和进行操作。设计自动化的业务处理流程，将操作支持工作集中到后台进行集中处理，突出客户服务和专业性，为中高端客户提供独特的客户体验。

支付业务的数字化创新

◎ 国外银行支付业务的创新趋势探讨研究

◎ 国外支付业务创新的最新进展分析和对我国商业
   银行开展支付业务创新的建议

◎ 国外银行支付服务的最新发展研究及策略探讨

国外银行支付业务的创新趋势
探讨研究

近年来，在全球范围内支付行业正处于高速发展期，网上银行业务得到更广泛的应用，电子钱包、手机支付等新型支付产品也开始商业化，由互联网支付、移动支付、固话支付、社交网络支付以及其他支付渠道构成的综合支付体系已初步形成。支付结算的方式更加高效、快捷和安全。本文从支付交易方式的创新、利用社交网络的筹款服务、手机应用管理平台的应用、支持商户推广的手机应用、商户受理终端、提高交易安全性的创新、跨境汇款服务、账单支付的创新八个方面研究国外商业银行的支付业务发展趋势，并对我国金融机构开展支付业务创新提出建议。

一、交易方式的创新

（一）电子邮件支付

AcceptEmail 是一家荷兰的公司，开发了基于电子邮件的账单支付系统。人们经常收到纸质账单，希望将账单和支付进行数字化转换。该公司对账单的发送和支付形式进行了更新，可以从电子邮件和手机短信中对账单进行支付，客户只需要点击几个按键就可以完成支付，为客户带来很大的方便。AcceptEmail 使用客户友好的界面设计，客户可以使用网上银行、PayPal、借记卡或信用卡直接从笔记本电脑、平板电脑或智能手机上进行支付。

客户在网上商店订购商品之后，会收到一个电子邮件，这封邮件是对这一笔交易的确认，请客户查看这笔交易并通过 AcceptEmail 进行付款，在邮件中有关于所购买商品的描述、商品质量保障年限、价格、数量、税款和总价格，在邮件上方的横幅中有 AcceptEmail 的标识，横幅的右侧有客户银行卡的种类、需要支付的金额、交易描述、交易参考号和交易到期日。这个横幅不是一般的横幅，点击这一横幅可以即时进行支付。点击横幅后，计算机会进入支付画面，客户可以选择信用卡、借记卡或网上银行选项，选择信用卡后会要求客户输入卡号、姓名、到期日、CVV 号码等内容，之后画面会返回交易成功的页面，并显示交易编号、交易状态、交易日期和时间等内容。如果账户余额不足，就会返回到交易画面，客户可以重新选择交易使用的账户种类。客户也可以在 AcceptEmail 网站上注册登记一个免费账号，进入后可查看所有收到的 AcceptEmail 电邮和支付的状态。AcceptEmail 使用获得专利的技术使得客户在打开电子邮件的时候自动更新账单的支付状态，使已经发出的电邮标注最新的支付状态。当一笔支付完成后，邮件上方横幅的内容与颜色都会发生改变。如果客户回到收件箱查看之前 AcceptEmail 的电子邮件，邮件上方横幅的内容会自动更新，显示出交易已经支付，也会显示支付的状态和支付的时间。单一的电子邮件将会成为一个支付请求和一个收款收据，支付结果非常清晰。AcceptEmail 也提供一种自动倒计时机制，每次客户打开邮件，都可以看到距离最终付款日还有多少天、多少秒，无需向客户发送提醒邮件，自动提示客户到期的时间。使用 AcceptEmail，能够非常顺畅地完成客户的交易，也不会泄露任何个人信息。

除能够使用电子邮件进行付款之外，AcceptEmail 还支持使用手机短信通知进行付款。例如客户的手机账户余额不足时，会收到一个短信，通知客户手机账户余额不足，需要进行充值。短信中会提供一个链接网址，客户点击链接，手机会登录到 AcceptEmail 通知的界面。在通知页面上，客户可以查看与手机相勾连的账户，可选择需要充值的金额及通话时长。确认支付之后，客户在页面上核对自动输入的一次性交易密码与页面上显示收到的一次性交易密码相同，就可以确认交易，之后就可以看到交易成功的信息。

使用 AcceptEmail 也可以进行收款，对于企业主而言，向客户收款是一件令人头疼的事情。AcceptEmail 能够为未付或迟付的款项提供安全快速的多渠道的支付和托收方式。客户在电话中确定合同意向之后可以立即向客户发送 AcceptEmail 邮件，在屏幕上等待付款确认，AcceptEmail 也能够用于各种友好还款提示，第一次扣款失败的自动还款安排，直观和简单的流程免去了客户在支付过程中的麻烦，客户付款非常容易。在托收过程中使用 AcceptEmail 可以降低托收的成本，加快付款的速度，免除了出现错误的可能性，使得付款与收款 100% 相匹配，也使客户获得更高的满意度。信贷经理需要与财务、市场和客户服务的部门保持紧密的合作，确定最佳的提示账单方式并确定付款的方法。

AcceptEmail 也可以作为创新型的营销工具，商户在通过电子邮件办理支付的同时，也可以向客户发送营销推广资料，在财务方面和营销方面都可以有广泛的应用。商户可以在 AcceptEmail 的电邮中增加向客户提供相关的优惠，许多客户将这一电子邮件储存起来，这增加了客户再次购买的机会。已经有200 多家公用事业公司、慈善组织、出版商、保险公司、教育机构、政府机构、零售商店、银行等使用了这一技术，由于使用了这一技术，使得公司和银行可以节省80％的账单纸张和相关的人工成本。商户非常愿意使用这一支付方式，帮助它们更好地利用了线上交易渠道，带来了更多的收入。

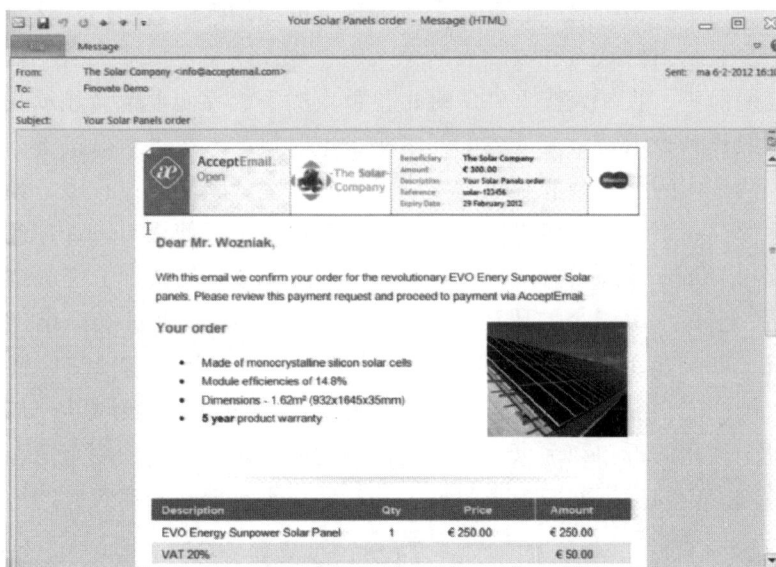

图1　AcceptEmail 系统通知页面

（二）无卡交易方式的创新

美国的 Cimbal 公司开发的手机钱包是一种安全的移动支付和受理方式，也是一款安全的手机推广网络，支持信用卡、借记卡或支票账户支付，可以将手机变成 POS 终端。Cimbal 模仿近场支付的方式受理交易，但手机中并不安装芯片。客户可以方便和迅速地确认对个人和商户的交易金额，也可以在任何地点向朋友和小企业收款，无需读卡器。Cimbal 为客户提供无卡、无硬件设备的顺畅的支付体验，客户可以使用手机进行支付并获得优惠。客户使用自己的手机相机对准对方手机上或收银机上的二维码进行扫描，之后可以进行自动的识别并能够迅速的通讯。Cimbal 支付受密码保护，使用 Cimbal 与刷信用卡有同样的效果，但卡片并不出现，客户的个人敏感信息和财务信息不会被储存或泄露，无须担心卡信息被盗，是一种安全、智能的支付方式，商户也无须购买二维码读取设备。

这一应用可以很方便地适用于个人对个人的转账、对商户的付款，无需终端硬件，商户实施也非常快速容易。当一个人准备向另外一个人进行转账的时候，收款人打开 Cimbal 应用，按下转账按钮，输入汇入的金额，按确认键，这时收款人手机屏幕上会出现一个二维码；付款人也要打开这一应用后选择转账功能，使用手机相机对准收款人手机屏幕上的二维码进行扫描。这时收款人的手机上会显示出付款人和收款人两个人的相片，以及表示资金从汇款人到收款人转移的箭头，收款人按下确认键；付款人的手机界面上也会显示收款人和汇款人的照片和表示资金流动方向的箭头，这时付款人按下付款按键，资金及时到账，两个人的账户余额到账后发生了变化。在资金转移过程中，没有客户账户信息保存在手机或网络上，非常安全。客户也可以使用 Cimba 在商户进行付款，支持 Cimbal 付款的收银机电脑上会显示 Cimbal 的图标，在收银员输入金额之后，会显示出一个二维码，客户仅需要用手机相机对准二维码扫描一下，手机上就会显示交易金额，输入交易密码，按下确认键，交易就已经完成，手机画面上会显示交易收据。该应用还将忠诚度和奖励计划整合在一起，能够提供个性化的折扣和优惠。商户提供易用的忠诚度奖励计划，向客户提供及时的精确定位的优惠推广，吸引新客户和增加重复消费的客户，还可以向零

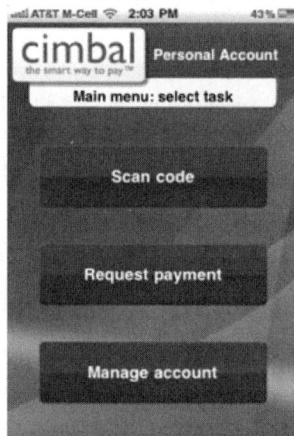

图2　Cimbal 公司系统界面

售商提供交易的统计分析。

（三）银行平板电脑应用软件便捷交易方式的创新

随着平板电脑价格的下降，在 2016 年有二分之一的澳大利亚人将会拥有平板电脑，银行需要为这些用户设计简单、灵活的服务流程。澳大利亚的 Westpac 银行非常关注客户体验，在大量的客户反馈基础之上开发了能够在 iPad 屏幕上通过拖拽方式进行转账、向他人付款或进行账单支付的手机银行应用。

当客户使用平板电脑登录网银账户的时候，会看到一个个方块，每一个方块代表一个账户，每个方块上显示着这个账户的名称和余额。在转账支付的页面有转账、向他人付款、支付账单、查看交易等几个选项。在进行账户间转账的时候，客户可以将一个账户的方块拉到另一个方块的上方，然后输入转账金额，这样转账就完成了。客户可以将方块拖到支付区，完成账单的支付，也可以对任何一笔支付交易发送电子邮件的收据。这一过程更加迅速和直观，无须输入账户的号码，也无需在下拉菜单中进行选择，并提供了更好的客户体验。它们在最新的平板电脑应用软件中开发了通过手机开立存款账户、交易账户、中小企业的移动支付功能，线上股票交易功能和个人预算管理功能。由于该行的平板电脑应用软件开发了可以拖拽进行转账的功能，使该行的移动银行客户数量增长迅速。这一平板电脑应用软件推出之后，有 140 万客户使用了 Westpac 银行集团的平板电脑渠道，而之前该行的网银客户数量经过了 7 年多时间才达到 100 万。

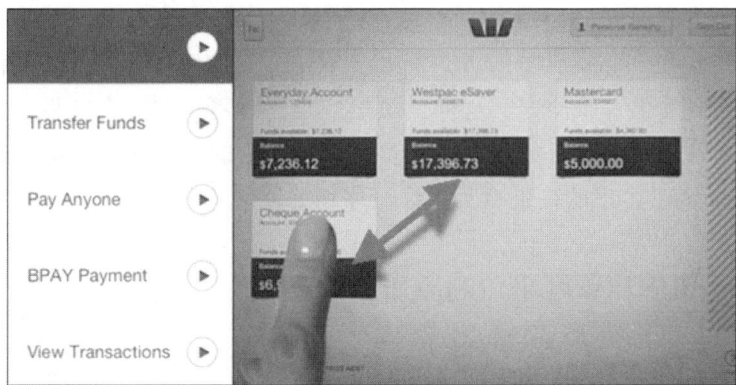

图 3　Westpac 银行网银界面

二、利用社交网络的筹款服务

资金转账本身不是一件充满快乐的事情，为此俄罗斯的 Tandex 公司推出了 Twym 服务，其名字的含义是通过 Tweeter 发送客户的资金。客户可以使用很多传统的方式向朋友和亲属发送资金，使用 Tandex 是一种全新的体验。这种应用将资金转账与公众社交网络结合起来，增加了转账付款过程中的乐趣。对于希望发起一个项目的客户，这是一种筹集资金和与大众及与朋友进行分享的好方式。

如果客户希望通过 Twym 筹集资金，可以首先在 Twym 网站上建立自己的账户，将 Twym 账户与 Tweeter 账户建立链接，并将银行账户与 Twym 账户建立链接。此外，还需要在 Twym 账户中建立每日转账的限额以及支付密码。客户可以直接在 Twym 网站上向其他 Twym 用户转账，也可以使用手机应用向其他用户转账，但最方便的方式是使用 Tweeter 筹集资金。客户可以在 Tweeter 上发出一条微博，如"大家好，我有一个项目，大概的情况是……希望得到大家的资金支持，请大家将款项付到@××××"，微博发出之后，就会出现在自己微博的首页上，关注自己微博的人都可以看到。如果对方希望向这个项目投入资金，可以同样在 Twym 网站上注册一个用户，然后从 Twym 登录 Tweeter，在了解了这个项目之后，可以直接发出一条微博或评论，"我已经向@×××发送了一笔金额为×××的资金"。这是一条微博，出现在原来发起筹款的客户的首页上，并且捐赠的资金也即时到账了。捐助者不仅在财务上支持了项目发起者，也将捐助的信息分享给他自己的"粉丝"和公众。假设有一个捐助者的"粉丝"，他看到捐助者进行捐助的微博，对这个项目也愿意进行捐助，也只需要发出一条微博，这样，虽然他之前并不了解这个项目，也会在很短的时间内参加到捐助者的行列中。整个过程非常简单，客户不必退出之前的 Tweeter 的环境，客户的捐助行为被广泛了解。

三、手机应用管理平台的应用

芬兰的 Mistral Mobile 公司开发的 Mistral Mobile 应用使金融机构的大多数服务能够通过手机提供，不论是零售银行、公司银行或者是交易银行的业务都可以在手机银行上向客户提供服务。该公司并不提供交易处理，而是在银行的服务器与客户手机前端之间建立起连接，帮助银行提供移动金融服务。银行和移动支付经过一段时间的发展变得成熟，但对金融机构而言最大的挑战是如何应对不可预见的市场变化，即使向数百万的客户提供更新的移动金融服务也难以解决这一问题。使用这一应用可以迅速推出新的手机银行功能。在一般的情况下，如果银行需要改变它们的移动金融服务，需要向 IT 部门和供应商提交需求并等待开发的过程，即使金融机构很好地管理了整个流程，也会花费了大量的时间和金钱。金融机构使用该公司的平台，可以更迅速、更低成本地完成手机应用的更新，更好地捕捉市场竞争的机会。产品功能比其他银行提前推出，会给银行带来巨大的竞争优势。该应用帮助银行更快地发布新的手机银行功能，为客户的手机银行应用提供灵活的选择和控制。银行可以迅速地将新的手机银行功能传输到客户现有的手机中，可以使用语音和短信将客户与银行连接起来。这一应用适用于各种型号的手机和平板电脑。

使用 Mistral Mobile 平台可以建立手机银行功能并发布手机银行产品。例如，手机银行中已有信息查询、充值、现金管理、账户查询等功能，银行需要增加转账的功能，使用这一平台无需与技术人员联系并提交开发需求，只需登录网页版手机银行入口管理系统并在上面建立新的功能即可。银行工作人员首先登录"用户表格"功能，建立资金转账选项。银行工作人员可以先选择手机转账的基础功能，之后定义收款人手机号码，定义金额为十进制的数字格式，附带信息的格式为文本信息。银行工作人员还可以选择数据政策，如选择"输入域不可见"，之后保存，就完成了资金转账的功能配置。之后银行工作人员可以进入将要发布的产品页面，输入密码允许对该产品原有的功能进行配置和修改。银行可以选择的功能包括接收卡片、现金、账单查询、购买保险、现金存款、选择账户现金存款、现金取款、数据政策测试、第一次激活、获得现金、迷你账单、支付额外的账单、向客户支付账单、支付客户贷款、进行贷款还款、登记客户、基金申购、向银行发送款项、向卡片汇款、向手机银行账户转账、选择账户汇款、资金转账、账户间转账等。因此，银行员工可以在其中选择功能并在对应的产品中进行发布；可以在新产品中新增资金转账和购买保险的功能，保存后新的产品就有了新的功能配置。银行可以选择向客户发送短信通知或电子邮件通知，在网页上编辑发送信息的内容，点击发送键，就会及时通知到客户。在客户端，收到银行的信息之后，进入 Mistral Mobile 应用，客户就可以看到自己的手机银行新增了资金转账和购买保险的功能。

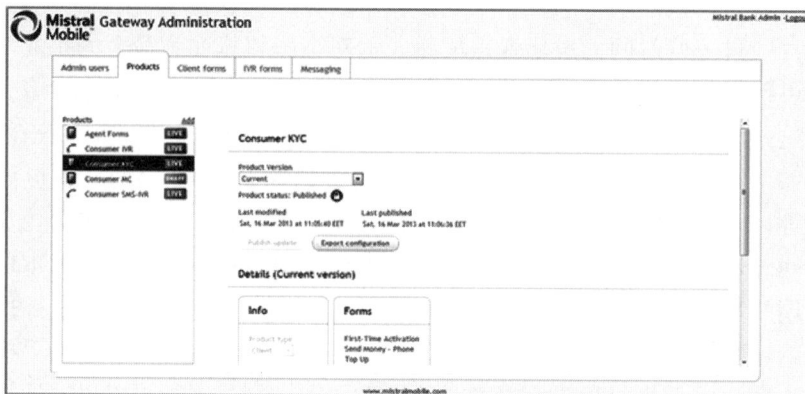

图 4 Mistral Mobile 平台页面

四、支持商户推广的手机应用

美国的 Corfire 公司的移动支付平台使商户、金融机构能够支持近场支付和非近场支付移动钱包。这一应用支持所有的开放的和闭环的礼品卡、信用卡、借记卡等，能够提供以地点为基础的服务，具有电子钱包管理的功能，包括安装、升级、解锁和变更外观设计等功能。该平台使客户能即时参加忠诚度计划，支持向客户提供各种礼品和优惠，允许客户使用礼品卡进行消费以及在手机上进行礼品兑换。依据客户的偏好和需求向他们提供更好的客户体验，更好地引导客户的消费行为。这一应用支持安卓、iPhone 和黑莓的手机，外观设计非常美观；也支持近场支付，支持对客户个人信息的加密存储功能、通知功能、数据报告功能，能够与其他的手机钱包平台相整合。

该技术平台使商户、金融机构、移动网络运营商和其他服务供应商在客户的手机上快速方便地推广它们的品牌，同时能很好地控制客户端的外观、客户体验并能进行深入的数据分析。通过这一手机应用提供的优惠包括在零售商店内的一定百分比或一定金额的折扣，或者是以较少的金额购买更多数量的商品，在客户经常消费的商户提供移动支付优惠券或折扣。这些优惠针对客户的购买习惯与偏好发送给特定的客户，优惠可以在手机上兑换，客户无须打印或下载优惠券，也可以基于客户所处的地点发送优惠推广。客户在手机上可以通过键盘键入关键词搜索优惠推广，可以储存和通过多种条件选择优惠推广，使客户能够及时管理优惠推广并对这些优惠推广项目进行反馈。

该应用可以建立较为复杂的手机营销计划，基于客户的手机消费和支付行为、使用手机应用的频率和互动情况建立单独的奖励计划，对使用手机应用登记忠诚度计划、结账和购买礼品卡的客户给予奖励，客户可以在手机上进行积分计划的操作。

图5　Corfire公司系统界面

五、商户受理终端的创新

（一）商户受理终端的创新

美国的SQUARE公司开发了Square Stand商户信用卡受理终端，商户仅需要投入99美元就可以使用这款强大、安全、样式新颖的受理终端。这款终端优雅的外形设计可以应用于任何收银员柜台，并通过互联网与收单处理机构相连接。这一终端使用的Square Register软件可以免费下载，能够很容易地针对客户的业务进行客户化定制，并获得最新的商户终端应用更新。商户可以刷卡或键入信用卡号码，也可以使用现金或礼品卡。客户可以在Square Stand设备上直接签字和标注，选择使用电子邮件、手机短信或纸质的收据。Square Stand也有与iPad、苹果手机或安卓手机相连接的设备可供选择，也可以使用WiFi或蓝牙连接收据打印机、条形码扫描仪。客户使用Square Stand可以迅速地管理自己的产品和服务，使结账的流程更加迅速，也能更方便地生成汇总报表。商户可以将收据打印设备、现金抽屉、条形码扫描仪插入USB路由器完成快速安装。安装完成之后就可以在设备上扫描信用卡，每一笔信用卡交易收取 2.75% 的信用卡手续费，没有月费，资金次日入账。例如客户刷卡 200 美元，商户的账户会收入 197.25 美元（除去 2.75% 手续费）。Square Stand 接受万事达、VISA、美国运通卡、发现卡等主要信用卡，它可以生成职员的登录信息，也可以增加新的读卡器设备，从而大幅提高了客户的体验，使各方面的流程变得更加容易。

图 6　Square Stand 商户信用卡受理终端

　　商户还可以个性化定制金额的输入方式，可以手工键入信用卡号码，也能增加和组织销售的商品。商户可以在设备上签字、接受 Square 钱包，也可以在设备上申请折扣、重发收据、退款，还可以调整税收的设定。该终端能对商品的详情进行修改，能搜索商品和服务，提供忠诚度计划和积分奖励；还可以查看所有交易历史，查看交易明细，查看电邮或打印现金抽屉的现金数量和提取现金的流水。可以客户化定制收据上的商户名称和编号，查看雇员的活动历史，定制忠诚度计划，还可以下载 CSV 形式的交易历史、明细报告和商品分类的汇总报表。

　　（二）移动终端的创新

　　加拿大 Moneris 公司开发的 eSELECT plus 是一款移动终端应用，将客户的手机变成 POS 机，可以在任何时间和任何地点受理信用卡交易。这一应用适合多种手机型号，可以实时获得交易授权，向客户发送电子邮件收据和电子化的分析报告，帮助客户将工作效率和现金流实现最大化。商户的职员下载该应用后，可多人同时使用，仅需要将读卡器插入手机耳机插孔即可。该应用对交易征收较低的手续费，卡片的数据在刷卡时就已经被加密，手机应用中不保留任何卡片信息。在手机中和线上可以保留交易历史和统计报告，每名用户可以分别查看自己进行的交易。会计师、展览商、电器维修人员、直销员、艺术家、家庭修理工等行业都可以使用 eSELECT plus 移动受理终端。

图7　eSELECT plus 系统界面

使用 eSELECT plus 之前，需要在该公司网站上登记用户名、商店 ID 和密码，并且需要在手机中下载该应用。eSELECT plus 应用的首页上有受理终端、购买、报告、设定四个选项，受理信用卡支付时，需要按购物键，之后选择卡片，如果商户希望使用自己商店的客户标识追踪交易，此时需要输入客户号码或订单号码，在电子邮件信箱一栏输入客户的电子邮箱地址（此地址用于向客户发送收据）。输入交易金额，商户可以刷卡，也可以键入卡号和有效期，之后点击处理交易，客户也可以输入小费金额或百分比，手机应用会自动计算交易总额。之后屏幕上会显示交易批准或交易被拒绝，最后需要客户在手机屏幕上签字。商户也可以使用该终端处理现金购物交易，购物后选择现金选项，输入客户号码或订单号码、电子邮件地址、金额，按处理交易选项，屏幕上会显示交易批准或交易被拒绝。如果使用终端进行预授权交易，需要首先按终端键，选择授权选项，之后的处理与一般消费相同；如果需要做预授权完成交易，需要选择终端和预授权完成按键，之后交易就可以完成，此外 eSELECT

233

plus 还可以取消预授权交易。

为了帮助客户使用该应用，在应用界面还设有演示模式，客户可通过观看演示学习如何使用手机受理终端，在演示模式下客户可以练习使用 eSELECT plus，画面显示的交易不会影响商户的账户。eSELECT plus 的报告功能可以查看交易明细，也可以查看批处理交易汇总报告，商户可以根据批处理日期、批编号、批处理状态等各种条件搜索批处理记录及相关交易。

六、提高交易安全性的创新

美国的 JManago 公司开发的手机银行应用整合了移动支付的各种功能，为客户提供新颖和方便的结账方式，减少了客户在结账时的麻烦，满足了客户所有的对移动银行的需求，包括查看账户、转移资金和进行支付的需求。手机银行应用的主要功能包括账户信息查询、个人资料管理、个人偏好、提醒、账户余额和交易历史查询、新账户申请、联系银行、常见问题和分行、ATM 位置信息等。客户可以使用手机完成多种支付交易，包括账户间和个人对个人的转账、手机充值和账单支付等；可以支付公用事业账单，帮其他人缴费。该应用可以向客户提供数字化的收据，可以通过短信进行多种操作，即使没有移动数据覆盖的地区，手机的应用也能正常使用；提供手机应用远距离关闭功能，如果客户的手机丢失，可以通过向手机发送短信，将手机银行应用关闭。该应用还具有客户关系管理模块，可以向客户推送信息、奖励、优惠和提醒等。客户可以使用到最新的支付科技，包括光学卡片阅读器，从而减少了欺诈交易和交易过程中的麻烦，帮助商业银行提高收入，防止出现欺诈交易并且提供最佳的客户体验。

该应用的汇款服务使客户能够将资金从账户中转移到其他用户或商户的账户中。在手机应用的汇款功能中使用了领先的光学卡片（OCR）阅读技术，该技术为零售商、金融机构和政府机构提供了新一代的安全认证解决方案。在汇款的过程中，使用手机相机拍照并进行身份验证，客户也可以使用手机拍照刷卡的功能，通过对卡片拍照，扫描卡片并提取信息的方式进行全世界范围内的汇款。该系统将客户的智能手机变成身份证的扫描终端，帮助验证客户的身份，而验证过程只需要 60 秒钟时间，减少了客户欺诈和拒付交易的可能性。该系统将客户的网络照相机或智能手机的照相机变成扫描设备，扫描验证和抽取支付信息，在 5 秒钟之内自动将抽取到的支付信息填入支付的表格并发起支付。这一安全扫描技术和身份验证算法使卡片在手机应用中的卡片支付与在实体商店中进行的支付具有同样的安全性。这种技术的使用提高了客户使用手机进行汇款的频率，大幅度提升了银行的投资收益率。客户也可以查看被扫描和验证过的数据，并可以进行重复操作。使用手机应用扫描并抽取数据后，会向客户提供数字文件，满足业务的需要。客户可以通过手机短信发起汇款，使用手机上的通讯录进行个人与个人之间的汇款，也可以增加新的收款人。客户还可以建立预设的汇款，银行按照日程表进行汇款处理。此应用通过提供手机汇款功能提高了客户的交易量，客户可以在任何时间、地点更加频繁地进行汇款。

在该手机支付的界面上还有购买飞机票的功能，客户填写出发地、目的地、出发日、返回日和乘机人数，就可以购买飞机票。JMango 的商户端解决方案与商户的硬件和软件很好地整合在一起，与商户的库存管理系统和会计系统相连接。该应用针对商户的业务数据进行分析，产生详细的分析报告，帮助商户实现收益最大化。

七、跨境汇款服务的创新

美国佐治亚州的 P2P Cash 公司提供高度安全的实时移动支付解决方案，实现现金转账和在发展中国家的汇款。P2P Cash 使用手机进行汇款，手续费非常低廉，该标准使全球 30 亿客户能用手机进行低成本的汇款。目前，全球有30 亿人没有银行账户，这一技术将智能手机转变为安全的支付云的客户端。P2P Cash 将多家代理商转变为合作商，通过认证代理商网络，使得任何公司与私人客户可以迅速、方便、安全地汇款。认证的代理商网络包含零售商店和独立的获得授权从事 P2P Cash 网络清算的代理商，这些代理商受过严格的训练，使得它们能像银行一样经营现金的给付。P2P Cash 以手机为中心的支付功能将资金转账代理商的业务范围扩大，通过与 P2P Cash 相连，代理商扩大了它们的支付网络。

人们可以从美国将资金免费汇往其他国家，由 P2P Cash 公司承担外汇兑换的工作。客户在汇款时，需要登录 P2P Cash 网站上自己的账户，输入收款人的手机号码，这时手机界面上会出现之前客户登记过的收款人的详细信息，包括姓名、生日、地址、城市、邮编、省份、国家、国籍，客户输入汇款金额点击确认汇款之后，就会完成汇款。

收款人一方可以及时在手机上看到汇款到账的信息，他们需要做的是到一家就近的代理网点去收取汇入的现金。注册的代理商可以向收款人支付现金，帮助他们支付账单，也可以在代理网点内进行其他消费，收款人仅需向注册代理商提供他们有照片的证件。

代理商需要对证件进行拍照，并且登录 P2P Cash 商户手机应用，在上面输入收款客户的护照号码、汇款人的电话号码、收款人的电话号码、汇款金额、将交易送到数据库中进行检查，确定收款人不在黑名单中，并将这笔交易上送到 P2P Cash 网站。如果交易通过，就可以向收款人支付现金。

这一业务为代理商带来新的收入来源，对于汇款人而言，资金可以即时到账，汇率与其他汇款公司相同，汇款手续费为零。P2P Cash 盈利的来源是货币转换过程中零售汇率与批发汇率之间的差额。对汇入方的银行而言，P2P Cash 能够为它们带来新的客户并开立新的账户。这种汇款受到退休的外国专家、外派人士、商务人士、海外不动产拥有者、留学生们的欢迎。

八、账单支付的创新

PhotoPay 和 PDFpay 是最简单和快速的账单支付方式，每个月在全球范围内有超过 100 亿张账单发送给个人客户和小企业，手机成为人们未来进行支付的工具。手机银行应用不应仅仅是网上银行的翻版，设计者们应该设计出简单而且有趣的支付流程，使手机支付的流程更易用。PhotoPay 和 PDFpay 显著地提升了纸质和电子账单的支付体验。PhotoPay 使用手机的照相功能从账单图片中抽取数据并进行支付，PDFpay 从接收到的 PDF、HTML 或其他格式的电子账单中抽取数据，使客户无需手工输入数据，简化了支付的流程。这一独特的手机技术能够实时读取账单中的信息，在几秒钟之内智能化地抽取数据，比手工输入数据快 10 倍以上。

在使用 PhotoPay 时，客户首先登录 PhotoPay，选择账单国家，例如选择支付德国的账单，按下拍照的图标，将手机放置在德国账单的上方，对准账单拍照，瞬间之内手机屏幕上会显示一些数据域名称和数值，如公司、客户姓名、金额、货币、接收方姓名、账号、银行、交易代码、交易描述、数据类型、处理日期等，屏幕的下方有处理支付和上报问题两个按钮。拖动图片，会显示出账单的照片，客户只需点击交易参考号，这时屏幕会显示支付账单交易的细节，按确认键，交易就会完成，屏幕上会显示交易成功的提示。一些国家为了简化账单支付的信息，在账单上印有二维码，PhotoPay 同样可以识别和抽取二维码的信息，仅需要将相机对准二维码拍照，系统瞬间内会将各个数据域填满，并可以进行支付。客户也可以选择其他国家的账单进行支付。

电子账单越来越普及，由于成本低廉，服务商们向客户发送各种类型的电子账单，人们可以复制粘贴数据。PDFpay 帮助人们使用手机从电子账单中抽取数据并进行简单的支付。在使用过程中，客户可以在手机或平板电脑上打开作为电子邮件附件的电子账单，点击屏幕右上方的箭头，选择 PDFpay 的图标，这时就会显示账单支付的数据域名称和填好的数据项，只要点击交易序列号，就会显示支付交易的明细，点击确认，屏幕上就会提示支付已成功。

PhotoPay 和 PDFpay 支持苹果系统和安卓系统平台，最新的算法为客户提供了优质的客户体验，服务器和所有的软件都在手机中进行。账单识别的过程包括影像预扫描、实时账单识别、重要数据抽取、反向 3D 视角修正、字体识别、结果处理。账单的识别在 iPhone 4 和三星 Galaxy S 等型号的手机上仅需要 2 秒钟的时间，新型的手机上会更快，但在一般手机上时间会长一些，平均的时间在 4~6 秒钟。银行或移动银行的软件开发商可以将 PhotoPay 的模块安装在他们的手机银行或支付软件中。如今 PhotoPay 在德国、奥地利、斯洛文尼亚和一些欧洲国家内能普遍地使用，所有当地的标准账单都已经收录在数据库中。PDFpay 在全球都可以使用。这一应用最适用于标准的账单，可以支持最快速的账单识别，其他的竞争者也提供照片支付，但它们将账单图片发送到服务商进行数据录入，而 PhotoPay 在手机上就处理了这些工作，使支付的效率大为提高。在一些银行投产了 PhotoPay 之后，银行客户的手机账单缴付的金额增长了 2000%。

图 8　PhotoPay 系统界面

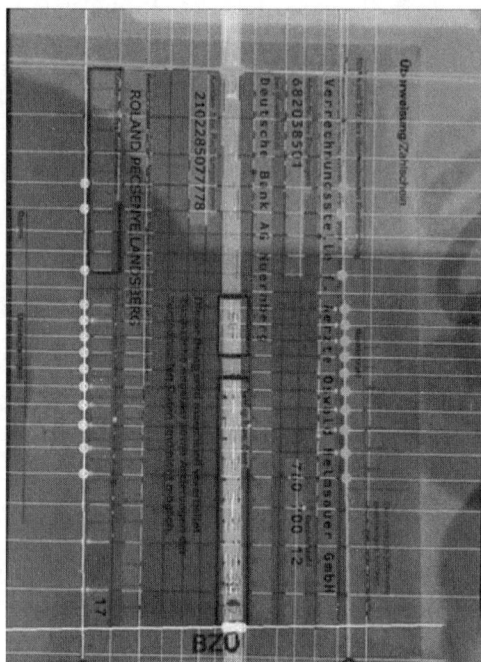

图 9　PhotoPay 扫描识别图像

九、对我国商业银行创新支付业务提出的建议

（一）开展交易方式的创新

商业银行可以创新网上购物交易的支付方式，对于通过本行收单的网上商户，可以在客户购买商品之后，向客户的邮箱内发送一个电子邮件，对交易信息进行确认。在电子邮件的上方可以设置一个横幅，横幅中显示客户登记的银行卡种类、支付的金额、交易描述、交易参考号和交易到期日等信息，客户点击这一横幅上的按键就可以进行支付。客户选择信用卡、借记卡或网上银行的选项，之后输入卡号姓名、到期日等项目，就可以完成交易提交和处理。如果账户余额不足，会返回相应的提示信息并提示客户重新选择付款账户。客户也可以登录银行的网站查看收到所有的付款电子邮件的处理情况。这一电子邮件还可以起到提醒客户付款的功能，在邮件上方标有交易到期日提醒的倒计时，如果客户已经完成支付，邮件的横幅会改变颜色，方便客户进行管理。使用电

子邮件付款的形式，可以非常顺畅地完成付款。

商业银行可以与电信公司合作，在客户的手机余额不足的时候，向客户的手机发送短信，短信中有一个电子邮件的链接，客户点击链接就可以进入通知付款的页面，客户选择充值金额和付款账号之后，就可以完成付款。也可以使用电子邮件帮助中小企业收款或进行托收，客户可以在电话中谈妥交易之后发送电子邮件给对方，也可以在第一次扣款失败后使用邮件发起重新还款。使用这一方式可以加快还款的处理，减少差错的发生，改善客户体验。商户也可以在收款的电子邮件中提供优惠推广信息，提供各种优惠，使客户更多地使用网上交易渠道，增加商户的交易量和收入，也给银行带来更多的业务机会。为顺应手机应用使用范围不断扩大的趋势，商业银行也可以设计将付款的电子邮件发送到客户的手机应用中，在手机应用中展现相关的电子邮件，并进行操作，完成付款。

商业银行可以开发推广使用二维码的手机应用，进行个人与个人之间的转账和在商户的支付。当一个人准备向另外一个人进行转账的时候，收款人和汇款人都要打开手机应用并选择转账的功能，转入方按下转入按键，这时转入方的手机上会显示出一个二维码，转出方可以对准二维码进行扫描，之后转出方的手机上会显示出表示转出方和转入方的图标和资金转移方向的箭头，转出方输入转出的金额，转出资金就会即时到账。如果持卡人使用这一手机应用到受理二维码支付的商户进行消费，在收银员输入交易金额之后，支持这一手机应用的商户的收银台终端会显示出一个二维码，持卡人使用手机对准二维码进行扫描，手机上会出现交易金额，客户输入交易密码之后，交易就完成了。

商业银行可以在网银设计上改进客户的体验，越来越多的客户使用 iPad 进行网银操作，商业银行在开发了 iPad 版和手机版的网银界面之后，提供了手动拖拽图标进行转账的功能。客户进入网银之后，可将表示转出账户的方块拖拽到转入账户的图标上，然后系统界面可以看到表示账户的一个个方块，每一个方块上显示账户的名称和账户的余额。如果客户需要进行账户之间的转账，可以输入需要转账的金额，之后就可以完成转账，也可以将代表账户的方块拖拽到公用事业收费的支付区，之后输入金额完成支付。商业银行通过新颖的操作方式，给客户带来全新的体验。商业银行也可以在 iPad 版的银行应用软件上提供多画面操作功能，使客户可以在查看账户信息、金融资讯的同时进行转账操作；可以设计在画面上显示账户余额的气泡，如果客户预先开通关闭账户信息显示功能，可以显示对应账户的信息，点击气泡，可以显示账户交易明细等资料。

(二) 利用社交网络的筹款服务

商业银行可以与社交网络的网站合作开发利用社交网络汇款和筹款的系统，通过将资金周转与社交网络结合起来的做法，增加汇款和筹款过程中的趣味性。筹款人可以将银行账户与社交网络账户相连接，并设定每日转账的限额，在网上或手机上向其他社交网络的联系人转账。客户可以在社交网络上进行筹款，发送关于需要筹款项目的微博，希望进行投资的人看到项目的情况后可以进行投资，也可以分享投资的情况，扩大对其他投资者的影响。对于筹资方，可以举办竞赛活动来进行募款，这种募款方式可以做得相当有针对性和个性化，新的捐款者往往会在他们的朋友或家人的影响下，向他们支持的对象慷慨解囊。社交网络的价值在于帮助筹款者大大拓宽筹款对象的范围或数目。研究报告表明，在当前的环境下，作为非营利组织，如果没有向募款人提供筹款的社交媒体工具，该组织则已失去先机了，使用社交媒体工具筹款的募款人，比没有采用的多募集40%的资金。数据显示，时常把募捐信息更新到个人状态的筹款者往往能取得更好的成绩。募款最成功的那些筹款人，往往都集合运用了几种社交网络工具。商业银行开发的借助社交网络筹款的应用，应该具有能让客户直接通过社交网络账号登录的功能，能让筹款人直接在其个人筹款控制台上向社交网络发送讯息以及更新筹款状态，能够就社交网络的数据和使用情况生成报告，统计筹得款项，募款对象可通过银行的筹款系统互相知会更新等功能。

(三) 手机应用管理平台的应用

商业银行可以提供直接和节省成本的迅速开发并发布手机银行功能的平台，为客户提供最新的手机银行、移动支付和移动商务服务。银行可以利用平台发布新的手机银行产品，为客户提供定制化的服务，满足不同分层客户的需求。使用这一平台，业务人员无须要求技术人员开发需求，只需要按照客户的需求配置参数，就可以完成新功能的建立，并且为不同客户设定不同的交易权限和参数。银行提供的手机服务种类可以包括账户查询、存款、转账支付、信用卡还款、他行信用卡余额代偿、基金购买、第三方存管、贵金属交易、理财产品购买、账户激活、贷款还款、基金申购、个人对个人转账、保险购买、支付临时账单、迷你账单等。银行可以通过平台为某一个客户设定手机应用功能，也可以向某一客户群体，如年轻人、某一城市居民、某一年龄段的男性、女性、某一职业的客户群体提供某一种手机应用，更好地使客户的偏好与服务相匹配，增加客户的满意度和忠诚度。

（四）支持商户推广的手机应用

商业银行可以为客户开发支持商户优惠推广的手机应用，并且提供近场支付和非近场支付功能，支持礼品卡、信用卡、借记卡和预付卡的支付，提供电子钱包的管理功能。商户可以向客户推送忠诚度计划、提供多重优惠和礼品，可以在手机上进行积分的兑换。手机应用通过企业管理系统（CRM）帮助商家开展主动精准的营销活动，精准营销的最大价值就是提高营销效率，为商户带来流水和营业利润的提升。商家通过提供积分、电子优惠券等各种营销工具，吸引潜在的新顾客，维护老顾客，且直接面向商家的目标客户群，节约了广告、宣传人员的费用。商家还能够在后台管理和查看优惠券的使用情况和状态（兑换量、兑换时间等），自助调整适合店铺的营销方案。

商业银行和商户还可以充分利用 LBS 移动互联网定位技术，通过手机客户终端为用户提供与位置相关的各类生活信息的服务，保证商家和消费者间双向的有效信息传递；作为一种手机应用，可以使用 LBS 开发精准的移动营销平台，其移动属性能为商家带来实际的到店消费。银行的客服人员还会根据商家的特性，对商家的优惠和推送信息提出建议，使其更容易引起用户的关注。商业银行还能为那些向用户提供购物优惠券的商家提供广告空间，商家排行榜分别按人气、距离、新品三个元素对商家进行排位。

此外，手机应用可以帮助商家建立和消费者互动的自有媒体，通过给消费者提供方便和实惠，提升顾客的消费体验，从而提升顾客忠诚度。此外，利用与消费者的互动平台，一旦会员和商家互动起来，价值远远大于网上的"粉丝"和官方微博中的互动，因为有些网上"粉丝"只是随便关注，不一定真正去消费，因此使得商家能以较低时间成本实现大面积宣传，将品牌、活动信息迅速扩散到各大互联网社区。

（五）商户受理终端的创新

商业银行可以更新现有的收单受理终端，为商户和客户提供更优的用卡体验。客户可以在网上免费下载应用软件，仅需要较少的投入就可以受理银行卡交易。受理终端可以帮助商户客户化定制界面和收据的页面设计，客户可以在受理终端上使用触屏进行签字，受理终端可以使用 WiFi 或蓝牙与平板电脑或手机相连，可以连接收据打印机和条形码扫描仪，既支持刷卡的方式，也支持手工输入卡号的形式。商户能够在受理终端中管理库存，可以向客户的手机或电子邮箱发送收据，查看交易历史和提取现金的记录，也可以下载交易明细。

商业银行可以进一步完善 POS 终端的功能，进一步支持接触式 IC 卡与非接触式 IC 卡，支持电子签名、二维码、个人指纹等。商业银行可以充分利用云计算技术提升 POS 终端的功能，使 POS 终端可以受理磁条卡、金融 IC 卡、非接触式射频卡交易，满足各种场合的电子交易需求，并在社区银行、便民网点、餐饮、连锁店、营业厅等领域投入使用。商业银行可以向 POS 终端推送多种多媒体类型的广告、通知信息、优惠券信息、最新业务，还可根据实际需求指定到某一类型商户、某一个终端，或结合终端位置推送不同的推广信息。也可以利用云技术监控 POS 终端的在线运行情况，运维人员能够实时掌握 POS 操作系统、各应用和硬件模块的版本及运行情况。当发生任何异常时，启动诊断系统，对异常进行分析并发送报警短信通知运维人员，迅速实现对 POS 终端的维护支持。

商业银行可以针对不同的行业开发不同类型的终端软件和硬件，例如对于餐饮行业，可以配合餐饮软件，快速实现开台、预订、点菜、厨房打印和桌台使用状态查询等。在星级酒店的中餐厅、西餐厅、咖啡厅、酒吧、快餐等使用场所提供触屏点餐、触摸操作支付的方式，提高整体管理效率。对于便利店、烟酒专卖店、服装专卖店等领域，开发外观时尚、体积小巧的 POS 受理终端，使商品一目了然，在快速的触摸之间完成交易。也可以作为有人值守的自助服务终端，例如身份识别、彩票与各种电子票务的销售，配上作为自助结算设备的 POS 终端。在居民小区内可以设置无人值守的售电 POS 终端，小区居民只要在终端中插入 IC 电卡和银行卡，就可以实现实时买电，免去了居民到银行排队买电的不便。在系统的设计中，让后台系统承担更多的工作，支付 POS 终端逐渐弱化为浏览器，减轻前端受理的处理任务，提高运行速度。

（六）开展提高交易安全性的创新

随着智能手机覆盖率越来越高，电子商务规模越来越大，支付向移动转移的趋势越来越明显。移动 POS 将电信、支付和技术等产业角色整合到一起，共同推进移动支付发展，并能够摆脱传统 POS 机受电源和电话线的制约，在任何地点受理交易且操作简单、无需联网，有手机信号就能使用，为客户带来便利。因此，使用客户的手机作为受理终端，缩短了用户权限的认证时间和刷卡交易时间。

商户可以使用手机受理信用卡交易，手机 POS 终端可以适用于多种手机型号，可以支持多人使用一个结算账户。商业银行可以开发手机 POS 受理终端，在移动 POS 中提供授权、转账、查询、密码管理、消费、退货、统计等功能。客户也可以使用信用卡进行预授权交易和预授权完成交易。客户在结账的时候可以输入交易金额，还可以输入消费金额或比例。终端可以在后台帮助商户有效便捷地完成企业分支机构销售数据的传输和管理工作；为了方便客户学习使用移动 POS 终端，也可以在手机应用中提供演示的动画；可以针对交易量大的商户和交易量小的商户分别设定不同的收费标准。为提升移动 POS 终端的安全性能，卡片数据在刷卡的时候就已经加密，手机应用中不保留任何信息。

商业银行可以在移动 POS 终端中整合远程支付、现场支付以及行业增值服务，并进一步融合移动交互、移动感知、利用移动网络来快速实现刷卡对接等创新技术，打造行业化的移动支付解决方案。使用移动 POS 可以帮助体彩中心、福彩中心等商户实现无线售彩，为彩民带来更大的便利。移动 POS 终端也可以广泛使用于出租车、会计师、展览会、电器维修人员、直销员、艺术家、家庭修理工等行业，扩大了在相关行业终端的市场占有率，提高银行中间业务收入。

（七）开展手机应用的功能创新

商业银行可以在手机应用中提供多种功能，包括账户查询、资金转账和进行支付的需求，提供个人资料管理、个人偏好设定、新账户申请、联系银行、查询银行网点和 ATM 位置信息、账户间和个人对个人转账、手机充值、账单支付等交易；可以向客户提供多种奖励、优惠、提醒和营销推广的信息。手机应用使用密码和移动支付密码的方式进行验证，保证客户资金的安全，提供使用手机短信进行操作和关闭应用的功能。为了提高用卡的安全性，可以使用光学卡片阅读技术，在汇款的过程中，使用手机对卡片拍照，完成客户身份的验证和交易数据的提取。在进行账单支付和非面对面交易的时候，也可以使用手机对卡片拍照，完成交易数据提取。可以提供通过发送短信进行汇款的功能，帮助客户方便安全地完成汇款操作，并提供定期汇款功能。也可以在手机应用中提供使用手机购买机票的功能，客户在手机中选择出发地、目的地、出发日、返回日和乘机人数，就可以购买机票，使用系统数据为商户生成详细的分析报告。

商业银行可以在手机应用中提供使用二维码进行支付的功能，商家可把账户、价格等交易信息编成二维码，并印刷在各种报纸、杂志、广告、图书、地铁海报等载体上发布；用户使用手机扫描二维码，便可自动进入支付界面，点击确认支付按钮，就进入了填写收货人姓名、地址等环节，实现与商户账户的支付结算。客户可以使用手机扫描二维码进行捐款，整个时间花费不到 30 秒钟。通过手机支付，收款方和付款方都已得到了认证。银行还可以为商户开发移动终端应用，商户可以为每一位销售顾问提供一个手持终端，顾客确认购买商品后，销售顾问和顾客两个人手机晃一晃就可以完成商品售价钱款的支付。客户在一些商户消费之后，可以自动在手机应用中收到一些优惠券，客户在下次到这家商户消费的时候可以兑换优惠。此应用可以提供接收汇款的功能，可以使用手机接收来自世界各地的汇款。

（八）开展跨境汇款服务的创新

商业银行可以与零售商店和独立的代理商网络合作，建立认证代理商网络，扩大全球汇款的收款网络，对认证代理商进行培训，使它们能够进行资金的给付。商业银行可以利用自身的外汇买卖系统和技术，通过对公共汇率与对私汇率的差额实现跨国汇款的盈利，同时降低客户汇款的成本。客户可以登录银行网站，填写收款人资料，输入收款人的手机号后，就可以调出收款人的姓名、生日、地址、城市、国家等资料，输入汇款金额后，就可以完成汇款。收款人可以在手机上收到汇款信息，无需前往银行，也无需在银行开通账户，就可以到附近的代理网点收取现金。代理网点可以对客户的身份进行验证。因此这种汇款方式扩大了收款客户的范围，给客户带来更大的便利。

（九）开展账单支付的创新

为了提升使用手机钱包进行账单支付的效率，商业银行可以在支付应用中使用 OCR 识别技术。在进行账单支付时，首先选择国家和地区，选择支付的种类，使用手机相机对准账单进行拍照，系统能够安全地从纸质账单上提取公司名称、客户姓名、金额、货币、商户名称、账号、银行、交易代码、交易描述、处理日期等相关信息，并自动填充移动支付所需要的信息。客户确认信息之后，点支付键，不需要手工输入付款信息，就可以完成交易提交和处理，客户也可以保留并查看账单的照片。可以提供苹果版本和安卓版本的免费应用程序，对于客户从电子邮箱中收到的 PDF 格式的账单，打开账单，点击屏幕上方的软件图标，就可以自动提取交易的数据并完成支付。可以利用软件管理和查询缴费历史，客户在使用手机进行一般支付时，可以使用 OCR 功能，自动识别卡号、到期日等信息，让用户远离输入错误的信用卡卡号带来的烦恼。

国外支付业务创新的最新进展
分析和对我国商业银行开展
支付业务创新的建议

　　随着智能手机和移动互联网的普及，移动支付在全球范围内快速发展，新型支付方式和应用场景的互相交融和融合形成了多样化的支付商业模式，以网上支付和移动支付为依托的创新支付业务蓬勃发展。世界各国在移动支付领域发展日新月异，对行业发展和人们的日常生活造成很大影响。本文从交易方式的创新、支持商户优惠推广的移动支付应用、公司卡服务、商户受理终端、非接触支付受理终端、移动终端、公用事业缴费平台、交易安全认证方式的创新等方面分析国外银行相关支付领域的最新创新策略与形式，并对我国商业银行的相关业务提出建议。支付行业的发展已经进入到了一个快车道，移动支付未来发展前景已经呈现在世人面前，无论是远程支付，还是近场支付都呈现出多样化的商业模式。

一、交易方式的创新

（一）无卡取现和加油技术二维码

　　乌克兰的 Liqpay 公司开发的手机应用可以在 ATM 上无卡并且非接触地提取现金，也可以在加油站加油。该应用提供了网上银行登录时的身份验证功能。客户登录银行网银主页，上面会有一个二维码，客户可以将手机应用打开，选择登录网银的按键，使用手机对网银界面的二维码进行扫描，进而手机会提示是否登录网银。客户点击"是"的按键，就会自动进入网银界面，使用起来非常方便。这项功能投产后，每天会有一万多名客户使用这一登录功能。

　　使用该应用在 ATM 上取款时，客户首先要在手机应用中选择使用 Liqpay

应用，选择提款按键后，系统会自动提示客户选择从信用卡、借记卡，还是电子钱包账户中提取款项。之后客户输入提款金额、银行网点代码和密码，这时ATM界面上会显示出一个二维码，使用手机扫描二维码，就会有钞票从ATM吐出。乌克兰的银行使用这一应用之后，ATM取现的交易笔数得到了很大增长。这项功能被安装在乌克兰一万多台ATM上，每天新增了5000笔取款交易。

这一应用还能在加油站使用。客户将汽车开到加油站，打开油箱盖，放入加油管，然后打开手机的Liqpay应用，选择加油选项，输入金额后按加油键，就可以加油了。整个过程中，客户只要按一个按键就可以了。这一应用可以方便地与各种加油站的系统相连接，商户也可以通过手机应用向客户提供各种优惠券、折扣等。使用GPS定位功能，系统能够自动识别客户所在的位置并显示在手机上。目前，该项功能在乌克兰的3000家加油站能够使用，每天有数千次加油交易。

图1 Liqpay 公司网页

（二）使用声音通信技术的支付创新

Pixeliris是法国CopSonic公司开发的有专利权的支付应用，该应用是一种全面的支付解决方案，可以适用于智能手机、智能手表。该应用使用声波通信技术，而不使用非接触支付、近场支付、蓝牙或WiFi技术，所有类型的手机都能够使用，而且由于使用了密码和独特的验证方式，使交易安全得到了保证，防止欺诈交易的损失。目前全球有68亿部手机，这一应用支持所有的手机，使每一部手机都可以变成一个支付设备，给手机支付带来广阔的空间。这种技术是非接触技术，使用这种技术在支付的时候，消费者需要靠近卖家的设备，将电话靠近受理终端1厘米至10米之间。此外，客户的手机应用界面和商户受理终端界面设计也非常美观。

商户和客户需要使用安装了这款应用的手机和终端，在交易的时候，商户在 iPad 上输入交易金额，然后让客户在 iPad 界面上输入手机号码和密码，系统会将客户在销售终端输入的安全信息转化为一个来电，客户会收到一个呼入电话。如果客户在商户的终端机附近，并且接听电话，交易就会通过验证并完成交易，这一应用对客户和商户收银员都非常方便。无须再使用其他的近场支付技术，客户也可以在网站上使用 Pixeliris，网站需要与 CopSonic 公司建立连接，该应用与目前的大多数网站使用的支付技术相兼容。当客户结账的时候，使用 CopSonic 支付的选项就会显示出来，点击这一按键，页面会要求客户选择使用智能手机还是一般手机结账。如果客户选择使用智能手机，客户就可以使用安装在手机上的 Pixeliris 应用结账；如果选择使用一般手机，则需要在网页上输入手机号码和密码，客户可以通过接听电话确认交易。

图 2　Pixeliris 系统支付界面

（三）比特币交易平台

美国的 BitPay 公司是一家使用比特币电子支付处理系统的公司，该公司通过用户界面和工具使线上商户能够像接收 Visa、万事达和贝宝一样，接收比特币作为一种支付方式，使客户在零售商店可以便捷地进行比特币支付。目前，该系统可以在全球使用，商品可以用 150 种货币进行标价，可以通过 11 种语言向客户展示支付的流程指引。BitPay 保证在客户结账过程中保持汇率的稳定性。该公司也支持多种使用比特币付款的方式，除支持使用比特币在线上商户交易之外，也接受使用比特币进行个人间支付和用比特币捐款的需求，提供使用智能手机接收比特币的功能，当客户使用手机浏览商户的网上商店时，网页上会显示使用 BitPay 手机支付结账的选项。BitPay 支付网关的 API 可以整合添加到连接互联网的任何 POS 系统上，商户可以在自己的网站上建立销售和结账的选项，由 BitPay 进行结账处理。BitPay 公司每个工作日会向商户的银行账户付款。

　　客户可以使用手机、平板电脑、笔记本电脑等进行购物和付款。支持的支付方式包括点击链接支付、扫描二维码支付和以复制粘贴链接的方式进行支付。这种支付方式非常适合于电子渠道的商品销售，商户和客户在使用中没有限制，客户可以在全球范围内进行付款。使用 BitPay 系统进行支付，该公司收取 2.50% 的交易处理费，对每一笔交易也会收取 0~1% 的手续费，费用极低，且没有隐藏的收费。BitPay 公司对不同类型的商户收取不同的会员参加费，对网上商户的交易、高风险卡片的交易不收取附加费用，不收取跨境交易手续费。BitPay 系统通过 P2P 支付网络清算，将资金按照商户的偏好设定存入商户账户，商户可以按照约定的汇率收取当地货币，在一些国家可以选择以直接存款存入银行账户的形式接收款项，也可以保留比特币，或者按照一定比例分配本地货币和比特币，最小的清算金额是 0.01 比特币。世界各地的商户可以选择在全世界的任何地点保存比特币，以比特币进行的支付可以发送至客户选择的地址，至少每个自然日可进行一次支付。该网站支持的本地货币包括美元、欧元、加元。BitPay 从市场上多个交易所中获取资料，向客户提供最佳的比特

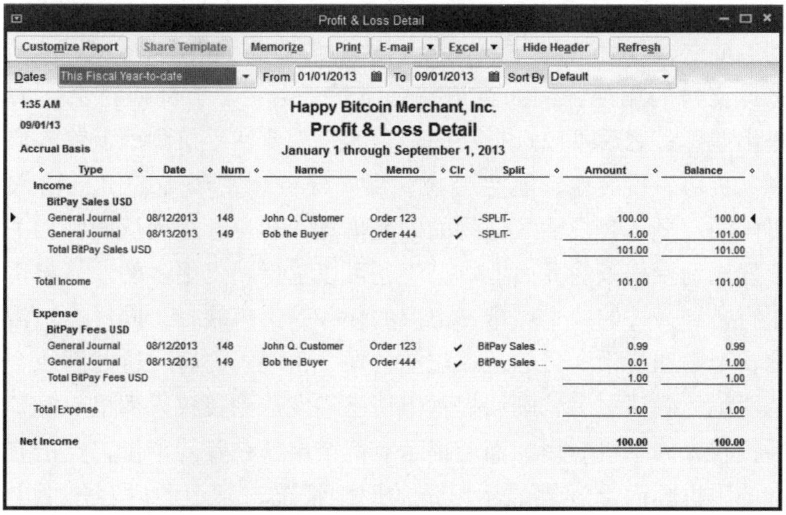

图 3　BitPay 公司提供的商户收支报表

币与多种货币之间的汇率，汇率每分钟更新一次，BitPay 优惠汇率的计算模仿市场间的自动处理的交易，没有加收佣金，买方在比特币商户消费会获得比卖掉比特币更优惠的汇率。

二、公司卡服务的创新

批发业务银行和交易银行正在寻找新的服务方式，它们向客户提供差异化的服务，降低风险，减少现金的处理，并提高业务处理效率。总部位于爱尔兰的 Luup 公司开发了对公司卡交易的管理系统，商业银行可以使用 Luup 的解决方案。该方案提供可扩展的安全的移动支付手段，为公司员工和客户提供帮助，这一应用支持无现金报销、远程授权、收据的提交和支付，可以降低业务处理成本，减少资本占用，加快业务处理流程，简化工资支付方式。

在使用这一功能时，客户可以先登录 Luup 系统把自己登记成为一个部门预算管理者，首先选择部门，确定自己能够管理预算的货币和金额，填入授权者的姓名、手机号码和电子邮件信箱，之后系统会返回授权人登记成功的信息。员工也需要设定个人信息，首先选择部门，然后输入员工的姓名、电话和电子邮件信息，之后各层级的对应审批关系就确定下来了，员工和审批人将会在手机上收到用户已经设定的信息。

Luup 与一些航空公司签订了合作关系，当客户在航空公司网站订票结账时会看到 Luup 公司的商标。员工在支付之前需要在手机上登录 Luup 应用，首先需要选择支付的用途，例如客户关系维护、会议、外部研讨会、内部研讨会、销售出差等，之后可以选择目的地，客户需要在手机画面上输入旅行的日期、金额、货币、目的地、航空公司、出差任务、密码等。信息输入完成之后，手机画面会显示客户输入交易的细节信息，客户选择确认键，相关的申请信息就会发送到授权人的界面上。员工还可以选择填入更多的预算申请，例如第二个旅行是到另外的一个城市，出差的任务是销售旅行，同样客户需要输入旅行日期、金额和货币、目的地、航空公司、密码等内容，这时系统会显示预算申请的明细，确认之后，画面提示申请已经发送到授权人那里。

之后授权人的手机应用画面会提示有两个申请在等待审批，点击查看，会在授权者的手机画面上逐笔显示申请的明细情况，显示的内容包括申请的状态、请求日期、请求人、旅行日期、航空公司、金额、旅行目的地、所属部门等信息，授权人如果对预算请求不满意，可以选择一项原因如费用太高、预算不足、没有授权的航空公司或其他原因，并将请求拒绝，这时对应的预算请求就会被盖上拒绝的印章。返回到未审批的请求画面，页面上显示剩余的预算金额，以及未审批的请求列表，授权人可以点击进入请求进行审批，如果选择批准按键，需要授权人输入个人密码，画面会显示如果批准这一交易，预算还剩下多少金额。确认批准之后，相关的申请画面会被盖上批准的印章。

授权人还可以在手机画面上查看每一个部门的剩余预算列表，也可以查看每一家航空公司的购票金额，这对于今后企业与航空公司谈判确定下一年度的定价非常有帮助。在授权人对某一笔申请批准之后，申请人的手机会提示某一笔预算请求得到了批准，进入应用，可以查看到这笔被批准的请求的明细。系统会提示客户可以订票，这时员工可以登录订票网站，在结账的画面输入手机号码和交易密码，这时网页上会显示订票的明细信息和交易获得批准、成功完成的结果。公司使用 Luup 可以为它们节省出差的成本。

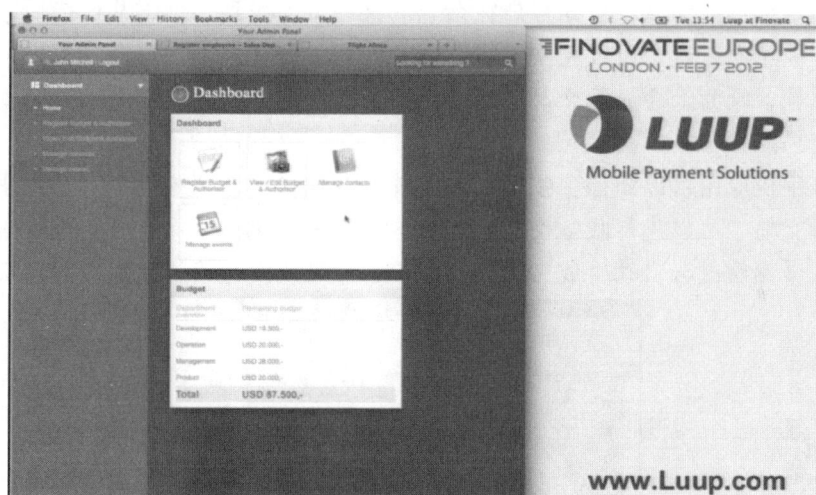

图 4　Luup 系统界面

三、支持商户优惠推广的移动支付应用

Mobexo 是一家新加坡的公司，该公司开发全面的移动支付应用，既包括商户端的应用，也包括客户端的手机应用。在商户端，商户可以加入 Mobexo 网络，在商户终端上建立折扣和推广，并且可以对优惠推广的情况进行统计分析。商户可查看交易余额并将其打印出来以便会计使用，商户也可以处理退

费。商户可以以一种全新的有效方式吸引潜在用户，应用页面上有多种选择，客户可以设计优惠券的图片式样和文字信息，确定发送的范围和频率。商户也可以设计客户忠诚度计划，设定交易的积分奖励计划，在什么时间段提供多少积分和折扣优惠等，各项功能参数都可以个性化设置。在交易统计信息中，提供商户当天、本周、当月各种金额范围交易的笔数统计信息，不同日期的交易量比较分析。客户手机中内置的定位功能使客户可以跟踪交易所在的位置并且可以找寻离客户较近的 Mobexo 商家以及提供日常交易的信息。

该应用也能将任何一张图片、一本杂志内的二维码作为支付的入口，使二维码转变为一笔销售。客户有可能在手机上的 Mobexo 应用中收到一个优惠的通知，里面显示在某一本杂志的某一页上有一个二维码，扫描这个二维码就可以享有一定比例的折扣。客户在扫描二维码之后，手机页面就会显示折扣之后的交易金额，点击接受键，交易就会完成，免去了使用信用卡的麻烦。客户也可能会收到推广信息，告知客户在杂志的某一页上找到二维码并扫描后，会得到一个优惠券，客户可以兑换、保存或者向朋友分享这一优惠券。如果使用这一优惠券，画面上会显示交易金额，客户输入密码并在手机画面上签字就可以完成交易。

该手机应用可以添加多张不同的卡片，客户可以在其中选择自己想用的卡片进行交易。可以进行收款交易，当客户需要向其他 Mobexo 用户收款时，客户输入金额后便会自动生成二维码，客户将二维码发送给付款人，对方接收到

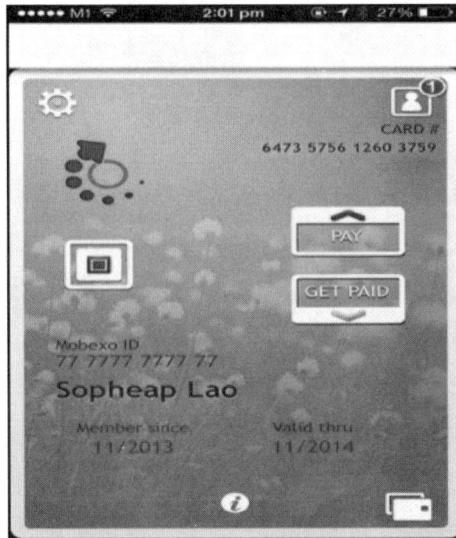

图 5　Mobexo 系统界面

二维码后，按下接受键，就可以完成付款。客户使用 Mobexo 还可以在线上进行结账，客户在网上购物结账时可以选择 Mobexo 的图标，之后进行扫描，并在手机上按接受键，交易就可以完成。使用该应用还可以查看账户余额和交易历史。此外，该应用还可以将名片夹、付款凭单、折扣卡以及电子票保管在一起，方便客户使用。

四、商户受理终端的创新

（一）非接触支付受理终端的创新

Arkalogic 是一家印度尼西亚的专注为金融机构提供移动金融应用的公司，该公司帮助金融机构与客户建立长期有价值的客户关系。该公司提供的手机银行、移动支付和手机交易解决方案建立在被市场接受的平台之上。该公司提供一站式的移动商务、电子钱包和手机银行解决方案。这一应用可用多种方式完成交易，是一种端到端非现金交易设备。客户可以在智能手机上安装这一应用，这一应用的首页上有信息、转账、购买、支付等选项，客户可以使用手机查看非接触芯片信用卡的余额，只需要在手机界面上选择查看非接触信用卡余额的选项，把卡片贴近手机，手机界面上就会显示非接触卡中的余额。客户选择转账的选项时，有向银行账户转账、向手机钱包转账、向非接触卡充值、从非接触卡转出资金等选项，客户可以输入需要从非接触卡转出的金额，输入密码，将卡片靠近手机，就可以完成将资金从非接触卡转至手机钱包的交易，并且在转出资金的同时在手机屏幕上显示卡片中剩余的金额。在查看信息选项下有卡片余额查询、积分奖励、交易历史等项目。

Arkalogic 也有在商户支付的功能，该功能的商户应用包括一种使用平板电脑的餐厅应用。客户在餐厅的餐桌上可以使用平板电脑的应用进行点餐，能够选择点餐菜品的图片，点击确认之后可以进入结账的画面。客户有四种支付的选项：信用卡、借记卡、NFC 和二维码，商户可以使用插在平板电脑上面的读卡器刷信用卡或借记卡，客户可以使用非接触卡靠近平板电脑完成 NFC 的支付，也可以选择使用二维码支付。如果选择使用二维码支付，在商户人员拿过来的平板电脑上面会显示一个二维码，二维码中含有交易金额的信息，客户使用安装有 Arklogic 应用的手机扫描一下平板电脑界面上显示的二维码，按下手机上的确认键，付款就会完成。客户也能使用 Arklogic 应用完成从一个人手机钱包向另外一个人的手机钱包的转账。

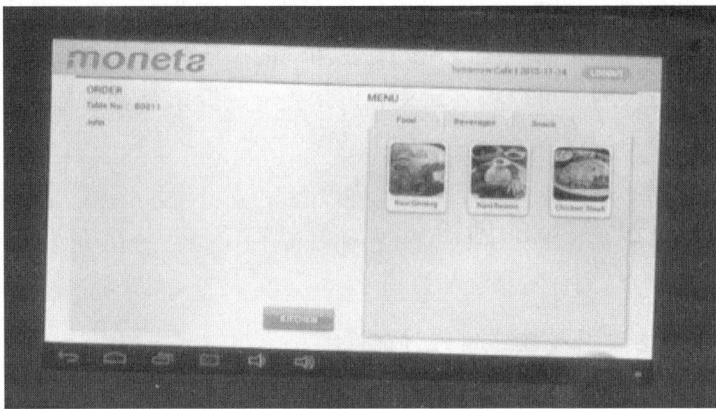

图6　Arkalogic 系统界面

（二）移动终端的创新

Handpoint 是一家英国公司，该公司建立起移动 POS 的受理平台，其他移动支付行业的公司可以利用这一平台将 EMV 卡的受理增加到它们的应用中去。Handpoint 是一个端到端的支付解决方案，包括授权和清算的解决方案。该公司具有 13 年的支付系统开发经验，早在 2003 年就开发出航空业的移动 POS，在 2007 年率先开发出能够受理磁条卡和芯片卡的移动 POS 应用。

图7　Handpoint 卡片受理设备

商户可以在 Handpoint 网站上注册并登录，这家公司就会把安全的读卡器寄送到商户。商户在使用 Handpoint 的时候，首先在与读卡器通过蓝牙相连接的手机上输入金额，这时读卡器上会显示出交易金额，将读卡器递给客户，客户将自己的卡插入读卡器，并且在读卡器上输入密码，之后交易就完成了。商户可以通过电子邮件或短信向客户发送收据。读卡器可以受理磁条卡和芯片卡，既可以接受信用卡，也可以接受借记卡，可受理的卡种包括 VISA、Mastercard、VPAY、Maestro 和 JCB 等。客户可以从网站上免费下载 Handpoint 应用，也可以自己开发自己的应用。该应用使用电子收据，非常有助于保护环境，商户可以在任何地点任何时间销售商品。

这一应用的收费很透明，有两种收费方案，一种是普通商户的收费方案，对商户收取一次性的 99 英镑注册费，之后每笔信用卡和借记卡交易收取2.65% 的交易手续费，在此之外不再收取月费，商户可以免费使用读卡器和软件应用。另一种收费方案是对于大型商户的较为优惠收费方案，信用卡每笔收取交易金额的 1.49%，借记卡每笔交易收取 19 便士，对读卡器每月收取 17.5英镑的使用费，对于国外信用卡收取 2.65% 的手续费，对商户而言受理交易的手续费价格低廉。

Handpoint 是一种非常安全的卡片受理终端，这一应用使用独立的读卡器，专门用于读芯片卡信息和输入密码，这种方式是最安全的受理方式。该公司与VISA 和万事达密切合作，成为世界上首个通过 PCI – P2PE 的企业，它们的网关也通过了 PCI DSS 认证。所有的支付交易都需要输入一个四位数的密码确认，读卡器上不存储任何数据，卡片的数据在读卡器上就已经加密，在加密后进行传输。客户的信用卡信息得到充足的保证。所有的卡片信息都是在加密后进行传输的，商户可以使用移动 POS 安全地受理信用卡支付。数据不会保留在读卡器和商户的系统中，即使读卡器丢失或被盗，也无须担心客户信息丢失。

五、商户支付平台服务的应用

亚马逊的简单支付是一种能够接受支付和捐款的支付方式，使数以千万计的亚马逊客户可以方便和安全地使用在亚马逊网上的客户信息进行支付，这为非营利组织筹集捐款和小商品销售商的销售提供了方便的支付方式。这种新的支付方式，使数以千万计的亚马逊客户可以在网站上购物，增加了网上商户的

图 8   Handpoint 交易受理过程

交易量和销售额。对商户的收费简单透明，同时为商户提供了欺诈侦测服务，没有隐藏的收费或月费。如果客户需要帮助，亚马逊也会提供培训指导教程和提示。这项服务为商户带来大量的客户，通过使用亚马逊的这一服务，商户也能从亚马逊获得客户的姓名、电邮地址、邮政编码，可以直接向这些客户发起推广。

其他商户的网站在开发过程中，可以先在亚马逊网站上填写表格，亚马逊网站会生成 HTML 键的链接，将 HTML 的代码拷贝粘贴至该商户的网站编码中，一旦亚马逊简单支付的按钮被激活，客户就可以使用在亚马逊网站账户的信息对商品或服务进行支付，商户一旦确认商品或服务已经提供，亚马逊支付就会将款项存入商户账户。客户在购买商品或服务的过程中，不必登录其他的网址，仅需要登录商户的网站，敲击几下键盘，就能调用预先存入的地址和支付方式，完成交易。当客户在商户网站上下订单的时候，商户会收到电邮通知，当商户确认商品已经递送，亚马逊会将款项存入商户的账户。客户可以在手机和平板电脑上使用这一支付服务，获得了良好的客户体验。这一应用还利用亚马逊复杂的防欺诈技术对商户的业务给予保护。这项服务支持买方和卖方的多种支付需求，支持一次性付款，也支持定期缴款的支付安排，还支持基于一次授权的多次收款。当一个客户选择了支付方式之后，商户会得到一个授权代码，商户可以使用这一授权代码连接亚马逊网站应用程序的调用接口，接受一次性付款或重复付款，支付完成之后商户会得到通知。该功能将支付流程与线上订单管理整合在一起，客户可以使用电子邮件和线上工具接收、更新、取消订单，可以下载订单信息帮助客户打印、装船和包装标签，并提供简单完整的结账处理流程。

六、交易安全认证方式的创新

(一) 安全验证方式的创新

在手机支付交易过程中提供顺畅的流程非常重要，很多手机用户对每次登录手机和手机中的应用需要记录和输入密码感到非常困扰，银行和移动支付开发商努力寻找一种更好的既方便又安全的防范方式。加拿大 Zighra 公司开发的KineticID 是一款可以使手机能够基于客户的习惯和与手机交互的风格自动对客户身份进行隐式认证的程序。KineticID 提供简单易用、自动、即时的身份验证，对移动支付应用增加了一个安全保护层，该应用对客户与手机独特的交互方式进行评估与验证，无需使用密码验证，对于键盘记录程序、触屏记录程序等新的盗取客户信息的方式起到了防范作用。

该应用是一种生物识别方法，作为插件添加到原有的手机应用中，基于客户与手机交互时独特的习惯、风格、姿势、方向对客户身份进行验证。客户在支付的时候仅需要将屏幕上的图片刷掉，身份就可以得到认证，避免了使用密码的麻烦，清除了对客户身份验证过程中的障碍，在没有降低安全水平的同时为客户提供了最大的方便。

客户使用手机在咖啡店进行支付的时候，可以在收银台对二维码扫描，这时手机上会显示出一个收据。为了进行支付，客户仅需要用手指在手机屏幕上划一下，手机识别到是真实的用户本人，交易就被验证通过，支付就会完成，收据上显示已经支付的图章。客户这时可以查看安全验证的可信度得分，屏幕显示置信度达到80%以上。这时如果有另外一个人仔细观察并模仿用户本人的操作，也扫描一个二维码，在用手指在触屏上划动之后，手机会识别出不是用户本人并拒绝交易，在收据上显示交易被拒绝的图章，此时查看可信度仅为20%。在使用 KineticID 的过程中，对客户身份的验证不局限于某一次刷屏、姿势、动作模式、运动方向和姿势，使用这款应用提高了客户体验。

(二) 提高交易安全验证方式的创新

美国的 QwickPay 公司开发的 QwickPay 应用与安全的具有卡片验证功能的读卡器可结合使用，将安卓手机转变成安全的 POS 受理终端，使商户能够使用智能手机、平板电脑或台式电脑安全地受理各种信用卡、借记卡和礼品卡。

图 9　Zighra 公司 KineticID 系统网页

该读卡器是一种可靠的双向的读卡设备，是市场上唯一能够进行实时假卡验证和在读卡的过程中进行卡片数据加密的设备，使客户的敏感信息不直接进入手机，而是直接安全地传送到 QwickPay 平台进行解密、验证和处理。该应用的专用读卡器采用了四种安全认证技术：开放标准的加密技术、安全标记、卡片验证和动态数据。在持卡人刷卡的瞬间就进行加密，安卓设备与 QwickPay 的网关建立起安全的连接，卡片的真实性得到验证，客户交易数据被传输到经PCI 认证的网络和处理器中进行处理。该应用可以受理 VISA、万事达、美国运通卡、发现卡等卡种，还能够捕捉数字签名，捕捉客户购买的产品和持卡人的影像，可以自动计算小费和税金，向客户发送电子邮件收据，向商户提供交易分析报告。QwickPay 也可以使用 Qwick 代码进行交易，减少了由于假卡产生的拒付的处理成本。可以帮助将受理信用卡的成本降低 30%，商户无须处理、传输或接触客户的敏感数据。

　　使用 QwickPay 在商户进行交易的时候，首先在 QwickPay 的页面上输入交易金额，然后使用插在手机上的专用刷卡器刷卡，在手机界面上签字，最后可以向付款人邮箱发送收据，支付就已完成。

　　使用这一手机应用还可以选择使用 Qwick 代码进行支付。Qwick 代码是一个 8 位的数字或字母代码，是一次性的账户号码，可以由商户或 ATM 进行处理转换成实际的一磁道或二磁道的刷卡数据。动态密码技术是一项有效保证客户安全的技术，商户无须接触客户的敏感信息，持卡人无须担心卡片数据被盗的风险。客户的卡片在 QwickPay 专用读卡器上刷卡的时候，卡片的信息被加密，每笔交易使用一个单独的密钥，每笔交易的数据都不同。每一笔交易产生一个一次性的可以废弃的 Qwick 代码，当 QwickPay 支付网关产生 Qwick 代码的时候，卡磁条中的数据和加密的密码锁一同返回，这些信息在进行交易时的授权请求中会被发送给发卡银行。这个代码中包括了支付卡片的数据、账单信息和货运信息，这减少了客户在进行网上购物交易时需要输入的信息量。使用 Qwick 代码在网上商户进行支付或 ATM 上取款时，客户卡片的数据没有进入网上商户或 ATM，能减少交易过程中的欺诈交易。

客户在使用 Qwick 代码之前，需要将自己的卡片与手机应用相连接，使用专用读卡器刷卡，刷卡成功之后，手机屏幕上会显示磁条中的内容。客户可以输入交易金额的上限、Qwick 代码的到期日，之后需要选择交易的种类，如 POS、ATM 或线上交易。这时手机屏幕上会显示 Qwick 代码的界面，客户也可以将这一代码通过电子邮件或手机短信发送给其他人。客户在商户消费时可以打开手机上的 QwickPay 应用，打开 Qwick 代码，商户用条形码扫描仪对准 Qwick 代码进行扫描，就可以完成支付。在 ATM 上取款的时候，只需要输入 8 位数的 Qwick 代码和取款金额，就可以取出现钞。在线上购物时，也可以输入 8 位数的 Qwick 代码，完成支付。

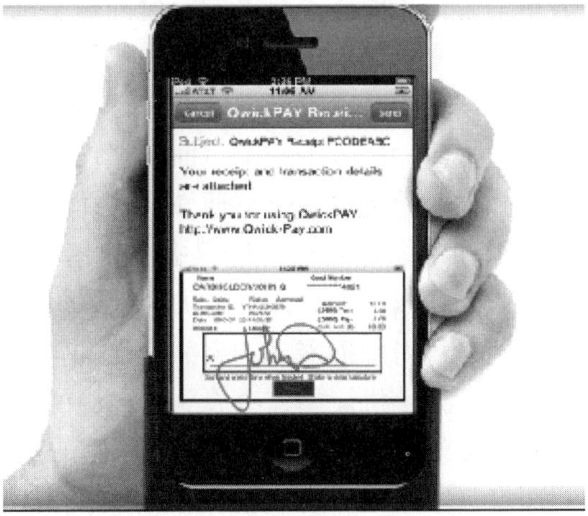

图 10　QwickPay 系统页面

七、个人对个人支付的创新

在朋友之间进行费用的缴付有时是令人头疼的事情。人们在日常生活中经常会碰到需要共同付款的情形，例如需要支付电影或音乐会票、出租车费、订餐或聚餐、共同购买礼品、共同旅游、到朋友家聚会、参加运动俱乐部或共同办公等，总会有一些人在支付的时候没有零钱或没有带钱，一个人先垫付，之后需要向其他人索要款项。人们在日常见到很多社交网络的应用，也会见到很多移动支付的应用，但很少见到将这两种应用结合起来的社交网络移动支付应用。社交化是移动支付的下一个大趋势，它不仅仅像现有的银行或理财网站中个人对个人付款功能那样简单，社交移动支付的领先者应该能在设计的时候考虑到提供领先的客户体验，为客户的日常活动创造更多的乐趣。传统的银行正将它们的业务向手机应用上转移，移动支付运营商也同时受到数据平台的威胁。Pockets United 处在竞争的中心，它们向客户和银行提供帮助，帮助它们解决朋友间付款的麻烦问题，在市场上，还没有一款很好的手机应用支持共同付款。这不仅仅是资金支付的问题，更关系到友人之间的信任和友谊。通过使用 Pockets United，客户可以共同支付费用，可以自己支付现金，也可以让其他人替自己支付。

在客户登录手机的 Pocket United 应用之前，有一个简单的动画应用指引，显示简单的过程：朋友们一同消费、其他人垫付、之后催朋友付款、完成偿付，整个过程非常简单。客户需要登录自己的脸谱网站手机应用账户，假设几个朋友要去一同看电影，客户可以点击增加邀请的按键，手机页面会显示多个用途的图标，选择电影的图标，之后键入电影的名称，输入支付的金额，然后将事先拍好的电影票图片上传，进入下一个页面。客户可以选择通过电邮通知他们的朋友，也可以选择通过脸谱网站进行通知。选择联系人之后，也可以对几个联系人建立一个群组，在今后的支付过程中，使用群组会更加方便快捷。客户可以选择按照电影票的张数平均分摊支付的金额，也可以选择不同的人支付不同的张数，还可以选择自由分拆资金的金额。点击确认之后，就完成了收款的程序。被收款的客户打开手机应用，会看到看电影的通知，打开这一支付选项，可以看到这一共同支付的所有信息，被收款的客户可以查看每一个人支付了多少钱，这一页面设计非常人性化，能看到每个人的头像和支付的金额。被收款的人可以发送信息，感谢收款人帮助购买了电影票。客户可以查看每一个参加共同支付的人，每个人支付的金额以及是否已经同意支付。人们都不愿意成为最后一个付款的人，如果同意支付，可以按下确认键，就完成了付款的过程。客户还可以查看所有的收款付款的列表，如果客户发起收款，会收到资金；如果客户被别人收款，将会付出资金。这一应用使客户能免除向别人催款的麻烦，减少了所有人的负担，分担了成本，分享了乐趣。

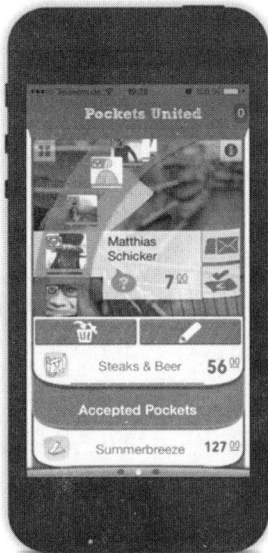

图 11　Pocket United 系统界面

八、跨国汇款业务的创新

位于美国纽约的 Payoneer 公司开发的 Payoneer 应用使客户能够从全球 2000 多家国际化的公司中接收资金。这些公司与 Payoneer 公司合作提供支付服务。客户可以在这些公司的网站上选择 Payoneer 作为收款网站，并输入在 Payoneer 网站的用户名和密码，之后这些公司的资金就可以安全迅速地发送到客户在 Payoneer 的账户。目前，该网站上的个人用户数量超过 200 万，客户可以直接向这些用户发送和接收资金。该网站上的账户对账户转账功能使客户可以很容易地向自己的供应商、辅助机构或朋友转移资金。整个交易的过程非常方便、迅速，且成本低廉。

Payoneer 应用能使全球化的收款和付款变得简化，使用 Payoneer 可以向 200 多个国家的客户汇款，接受的货币种类超过 100 种。客户可以使用本地账户、接收本地货币或向全球发行的预付卡内充值，也可以使用本地的移动钱包接收资金。如果客户是一名小企业主，刚刚接收到一笔资金，用来支付项目小组人员的佣金，小企业主的项目团队可由不同国家的人员组成。客户可以在收款的网站上将 Payoneer 设定为默认的收款网站，客户可以在收款网站上登记自己的姓名、电子邮件、出生日期、Payoneer 的账号和卡号，支付网站的页面会提示已经成功地将 Payoneer 账户设定为收款账户，之后企业主就可以向雇员们发放工资了。客户登录 Payoneer 网站，填写电子邮箱地址和密码登录后，有查看支付历史、查看交易历史、更改账户信息三个选项，在页面的上方显示账户的账号和账户的余额，进入查看支付历史选项后可以查看自己的汇入汇款交易明细，客户可以使用全球发行的 Payoneer 预付卡即时消费自己 Payoneer 账户内的资金。Payoneer 网站已经在 70 多个国家成为支付网站可以接受的收款网站，Payoneer 网站还与客户的银行账户相连，客户可以在自己的 Payoneer 账户中登记自己的银行账户或信用卡号码，可以在 Payoneer 账户上将资金转入银行账户或信用卡，客户仅需要选择交易，填写金额和交易描述，就可以完成转账的操作。Payoneer 帮助客户可以充分利用全球化的机遇，目前该网站已有 200 多万名客户使用这一方式接收汇款，每天转账的交易额达到数十亿美元，Payoneer 逐渐成为流行的收款方式。

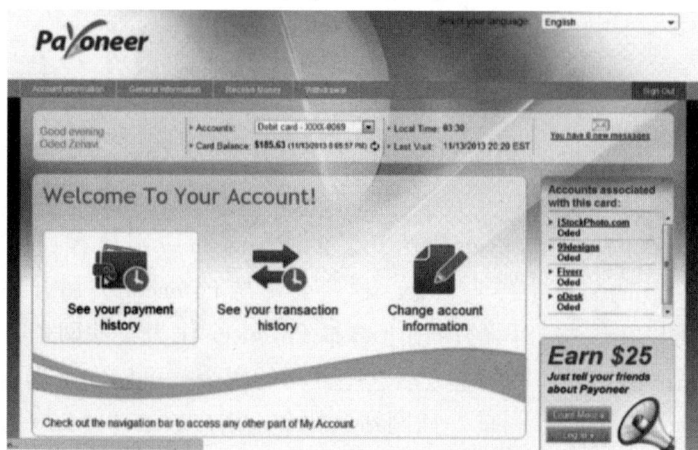

图 12　Payoneer 公司网页

九、公用事业缴费平台创新

美国的 Bluekite 公司建立了公用事业收费的全球处理平台。该公司在美国建立了多家分支网点，移民客户可以进入这些网点咨询并对公用事业费用进行实时缴付。作为 BlueKite 的代理网点，可以登录 Bluekite 系统网页。为支持实时缴付，Bluekite 的网点需要建立账户，并存入一定的资金，进入网页后可以查看该代理网点的账户资金余额，已经缴纳的资金金额、笔数，接到的收入的笔数和金额等，可以随时增加账户的资金。代理可以输入客户的手机号码，系统页面上会显示客户的姓名、地址、电话，以及所处不同国家的图标，一名客户可以为在不同国家的亲属缴纳公用事业费账单。客户可以在 Bluekite 的网点用现金或信用卡缴纳账单费用，也可以自己登记 Bluekite 的账号，连接卡片进行缴款。客户在为亲属缴纳费用的时候，首先选择所需缴纳费用的国家名称，之后选择不同的公用事业费的类型，包括电话费、有线电视费、废品处理费、电费、自来水费等。选择缴费类型后，在这个国家该种类型公用事业费类型下的所有公司名称会显示在页面上，客户选择需要缴费的公司名称，之后需要输入相关的账号。如果客户不清楚账单的式样和账号的位置，可以点击账单样本的按键，系统页面会显示一个账单的样本，并且在账户号码处用红色的画框加以提示。客户可以添加手机号码或账户号码，这时页面会显示出一个结账的画面，结账的明细中会显示收款公司的名称、客户姓名、地址、账期、当地货币金额和美元金额，还会显示总计金额，客户可以选择结账也可以选择继续添加账单，还可以填写礼品卡信息。Bluekite 会将缴款信息实时传送给公用事业公司，并且得到确认后生成收据画面。在收据页面，会显示包括各类收费的总计金额，客户可以点击列印收据或通过电子邮件接收收据。

该系统为代理商店提供统计报告功能，可以查看交易汇总金额、交易明细、使用过的礼品卡明细、存款明细等内容。在账户管理功能下有密码修改、增加账户、设定主题、月结单、我的卡片、增加卡片、交易历史等功能。可以查阅常用问题的解答录像，教给用户如何发展新客户、如何向一家新的商户缴

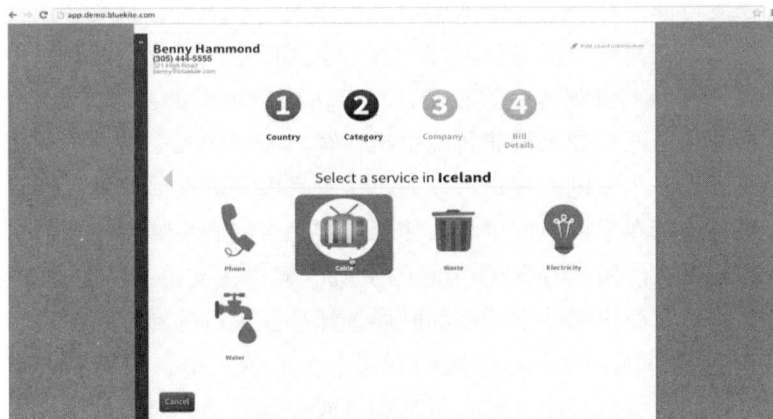

图 13　Bluekite 公司系统界面

款、如何保留系统记录等。Bluekite 公司在亚太地区迅速扩张，也在考虑开发中国的公用事业缴费服务。

十、对我国商业银行开展支付业务创新的建议

（一）开展交易方式的创新

商业银行可以开发使用 GPS 定位功能的电子钱包应用，将手机钱包与银行卡绑定，客户可以在 ATM 上取款及在加油站加油。商业银行可以在手机应用上提供使用二维码扫描的功能，客户可以使用手机应用登录网上银行，在客户登录网银时，网页上会显示一个二维码，客户使用手机应用扫描二维码，手机应用会提示客户选择是否登录网上银行，客户选择登录之后，就完成身份验证可以使用网上银行了。客户可以使用手机应用在 ATM 上取款，客户到达银行 ATM 地点后，在手机应用上选择需要提款的信用卡、借记卡或支票账户，之后 ATM 屏幕上会显示一个二维码，使用手机扫描二维码，就可以在 ATM 上取出现金。客户还可以使用手机应用在加油站加油，客户到自动加油机处打开手机应用，输入加油金额，就可以进行加油。这种应用给客户带来方便，增加银行信用卡的交易量，给银行带来更多的中间业务收入。

商业银行可以使用声波通信技术，这一技术适用于所有型号的手机，采用密码和独特的验证方式，保障交易的安全性。这是一种非接触技术，使用的时候，只需要将手机靠近商户受理终端，商户在终端上输入交易金额、手机号码和密码，系统将商户在终端上输入的信息转化为一个来电，只要客户使用手机接听一下电话，交易就可以通过验证。客户也可以在网上支付的时候使用这一技术，当客户在网上消费结账的时候，可以按照网页上的要求输入手机号码，并使用手机应用结账；如果是非智能手机，客户需要输入手机号码和密码，网站会向手机发送一个来电，客户可以通过接听来电完成交易验证。

商业银行可以在手机应用中加入使用非接触卡向商户缴费的功能。商业银行的这些应用可以使用具有 NFC 功能的手机，客户在支持 NFC 的智能手机上下载手机应用，在商户网站上结账的时候选择这家银行的商标，下一步选择使用 NFC 卡结账的选项，之后在结账的画面上会出现一个二维码和一个付款编号。这时可以回到手机应用，输入付款编号或点按二维码扫描的图标，对准计算机屏幕上的二维码扫描。这时再拿出非接触银行卡或公交卡，在 NFC 手机

的接触位上触碰一下，支付就会完成，手机应用上就会显示支付完成的提示。

商业银行也可以使用安装 NFC - SIM 卡的手机，开发手机应用，将手机与公交一卡通等非接触卡绑定，之后，客户可以将这一卡片与自己的信用卡、借记卡或银行账户绑定，可以在手机应用上对公交卡进行充值，可以使用手机在公交车辆上交车费，也可以在地铁站中使用手机非基础功能缴费，代替公交非接触卡，为客户带来更多的方便。

比特币的出现是一个重大创新，由于比特币是一种由开放源代码的 P2P 软件产生的电子货币，它由网络节点的计算生成，没有集中的发行方。比特币的发行量受控于软件算法，因此并不是无限量发行的，2140 年之前，比特币的总量将达到上限 2100 万个。它自身的安全性并没有什么问题，它的市场也已走向成熟，数字加密货币的基本模式让如此众多的参与者解决了各种问题，因此它最后被广泛采用将会变成一个既成事实。对网上支付来说，它比现在大多数复杂的信用卡和自动交换中心（ACH）系统要有效得多，也更安全，能大幅削减交易手续费，减少欺诈造成的损失。它能实现真正的点对点支付，成本接近于零，而且它最终能让微支付模式成为可能。目前，全球有多个线上交易平台可进行比特币兑换，如可以把比特币兑换成美元，也可以用美元充值兑换比特币进行投资或交易。比特币的主要问题是市场上出现各种鱼目混杂的交易平台，其中一些并不能保证客户账户的资金安全，容易发生平台被黑客攻击、账户失窃等事件，以及交易可能涉及的反洗钱问题。目前，国际社会对比特币的态度两极分化。新加坡、加拿大、德国等国家和地区将设立比特币提款机，多数国家央行表示要加强对比特币的监管。比特币价格在全球范围内经历多轮暴跌暴涨，已引起全球多国监管部门的关注，并对比特币的风险发出警告。比特币代表的是一种虚拟的价值，没有实体商品的风险抗压能力，当市场趋于理性冷静下来的时候，比特币就出现了跌落的信号。2013 年 12 月，中国人民银行等五部门强调比特币不具有与货币等同的法律地位，不能且不应作为货币在市场上流通使用。我国商业银行可以关注比特币交易平台的业务变化，在监管允许的前提下，对于可以使用比特币进行购物的商户平台，设计提供实体货币的清算转接服务；对于提供比特币交易的平台，可以考虑提供实体货币的转出账户服务。在境外的分支机构也可以与当地的交易平台合作，为商户和客户设计提供实体货币结算账户服务。

（二）开展公司卡服务的创新

商业银行可以开发对公司卡消费的预算管理工具，帮助公司加强预算控制、提高工作效率、降低风险，通过手机应用可以管理预算审批、远程授权、单据提交、单据报销等工作。企业的各部门管理人员和职工需要在系统上建立用户和审批权限，建立对应关系，员工可以登录与公司卡管理应用建立联系的订票网站订票，在结账的画面上选择这家银行后就可以选择使用这种应用。这时登录手机应用，输入出差或交易的用途，选择出差目的地，旅行的日期、金额、货币、目的地、航空公司、出差任务、密码等，系统会形成一个详细记录，送到审批人那里，审批人可以选择批准，也可以选择拒绝，并写明拒绝原因。在批准一笔交易的时候，需要输入交易密码，此外，还可以汇总查看每一部门每一类预算的剩余预算，以及每一家航空公司的购票金额，帮助公司进行预算管理。

（三）开发支持商户优惠推广的移动支付应用

商业银行可以设计商户优惠推广的手机应用，商户可以在系统后台建立维护优惠推广计划，可以设计优惠推广的文字和图片广告式样，设定发送的范围和频率，设定在一段时间内向客户提供一定的积分和优惠，可以向客户推送优惠推广信息，客户可以给予自己所在的位置查看可以享有的附近商户的优惠推广，商户在系统的后台可以进行交易和推广的统计分析。客户在使用这一应用的过程中，可以在消费的场所接收到推送的广告和优惠推广信息，客户可以在快餐店、商场、杂志上扫描广告中的二维码，这时手机应用就可以显示出交易的信息金额供客户确认，客户点击接受按键，就能顺利完成交易。客户也能够使用手机应用进行网上购物，客户在结账的时候，扫描网页上的二维码，确认后就可以完成支付。客户使用这一手机应用还可以在自动售货机上购物、购买电影票，也可以用来支付计程车费，扫描二维码，便可实现快捷支付。客户还能使用手机应用进行个人对个人的收款，客户在联系人列表中选择付款人，之后输入收款的金额，确认之后，收款人就会收到一个二维码，并且写明需要收款的金额，点击接受键，就可以完成汇款。

（四）开展商户受理终端的创新

商业银行也可以开发能够支持非接触卡的手机应用，打开手机应用，当非接触卡接近手机的时候，手机应用可以显示非接触芯片卡的余额，选择转账按键，可以完成从非接触芯片卡向手机钱包的转账，还可以完成向银行账户转账、向非接触芯片卡充值、从非接触卡转出资金等功能。商业银行还可以开发并提供商户使用的受理终端软件，商户可以使用平板电脑向银行客户展示自己的商品。例如订餐等，客户选择商品之后，如果客户选择使用非接触卡进行支付，可以用卡片轻触平板电脑终端完成近场支付；如果客户选择使用信用卡或借记卡进行支付，在商户的平板电脑上会显示一个二维码，客户打开自己手中的银行应用扫描二维码后完成付款。

商业银行可以与厂商合作向商户提供符合 PCI－P2PE 标准的读卡器，读卡器可以与手机应用相连接，所有的卡片支付都需要客户在读卡器上进行密码验证。客户在商户消费的时候，商户在手机应用上输入交易金额，之后客户在与商户手机通过蓝牙相连接的读卡器上插入磁条卡片或芯片卡，输入密码，就可以完成交易。商业银行也可以自行开发类似的设备，满足 PCI－P2PE 标准的读卡器在刷卡或读卡之后就已经加密，数据在加密之后进行传输，读卡器上不存储任何数据，即使相关设备丢失，也不会造成数据丢失。

（五）充分发挥商户支付平台服务的作用

现有网络交易平台商户可以将自己的支付清算服务外包给更多的网络商户使用，为更多的商户提供支付和捐款的方式。商户可以在网上销售商品和服务，接收付款，可以进行重复收款，也可以进行付款，使更多的客户可以使用原有的客户信息进行支付。这使数量众多的小商户获得了新的支付方式，增加了客户在它们网站上的交易额。网络交易平台商户还可以向小商户提供欺诈侦测服务，为它们提供指导和培训服务，小商户可以使用网络平台商户的客户信息向客户发送优惠推广信息。小商户可以在网络平台商户填写表格之后，将网络平台商户提供的链接粘贴到它们网站的程序中，客户点击这些链接就可以使用在网络平台商户预留的信息进行支付。商业银行可以与网络平台商户进行深入的合作，为它们提供账户服务和清算服务。商业银行也可以建立自己的网络交易平台，在自己的网上商城中也吸引多家商户，并利用客户在网上商城中预留的账户信息为更多的商户提供代理清算服务，不断提高自身网上商城在商户和持卡人中的影响。

（六）开展交易安全认证方式的创新

据美联储的统计，仅有 12% 的美国人曾经使用移动支付，66% 的客户在结账的时候受到阻碍。有 70% 的客户禁用了屏幕锁，长期登录手机应用，57% 的客户拥有手机银行应用，41% 的客户拥有移动购物的应用，他们并没有意识到自己手机中储存的数据丢失时会带来的风险。商业银行可以通过在手机银行应用中提供对客户与手机交互动作习惯进行验证的方式，使支付的操作更为顺畅和安全。该应用自动学习客户与手机屏幕互动的方式，基于客户与手机屏幕交互时独特的风格、习惯、姿势、方向对客户身份进行验证。客户在商户中消费的时候，可以使用手机对准商品的二维码进行扫描，手机应用上会出现支付的明细信息，客户只需要刷一下屏幕，就可以完成身份验证和支付，给客户带来极大的方便。

商业银行可以开发出手机应用与具有卡片验证功能的读卡器一同使用，使商户可以与智能手机、平板电脑或台式电脑一同使用。读卡器能够使商户对假卡进行验证并在读卡时对卡片信息进行加密，客户的信息不进入手机而是直接进入到银行处理平台。在使用手机应用进行交易的时候，商户可以在手机应用上输入交易的金额，客户插入自己的卡片，在手机界面上签字，就可以完成交易。还可以使用动态密码技术，客户在手机上刷卡的时候，将客户交易的数据或刷卡数据转换为一个八位数的代码，每笔交易产生一个密钥。在将交易代码传输给商户或 ATM 的时候，商户或 ATM 可以将密码转换为具体的交易数据。客户在交易之前可以在手机应用上输入交易金额和时限，手机应用生成交易密码，在商户消费的时候，如果商户扫描客户手中的二维码就可以完成支付，如果客户在 ATM 上输入交易金额和交易代码，就可以在 ATM 上取出现金。

（七）开发个人对个人的收付款服务应用

商业银行也可以开发个人对个人的收付款服务应用。在社交网络、即时短讯和手机钱包非常普及的背景下，有可能对共同支付提供更好的客户体验和解决方案。要创造出好的产品，首先需要一个领先的设计，还要设计出好的客户体验。商业银行应该整合先进的设计和好的客户体验，使与朋友的共同支付变得非常有趣。手机应用可以首先展示一个使用演示，方便客户了解手机应用的特点。可以发起分担出租车、电影、购物、订餐、聚餐、到朋友家聚会、共同购买礼品、共同旅游的费用支出。在发起收款的时候，可以选择一个对应的图标，注明收款的用途，可以上传活动的图片，按照相同比例或不同比例分担总的费用并向客户发出提醒。缴款人登录手机应用之后，可以了解到缴纳资金的分配和进度进行捐款，并且可以将自己的捐款信息进行分享。

（八）开展跨国汇款业务的创新

商业银行可以面对客户全球化的汇款需求，建立资金收付的平台。平台可以采用单独的品牌，也可以从属于银行原有的网银系统。商业银行可以控股支付平台的公司，客户可以在平台上接收来自世界各地的资金。银行全球化的发展使人们的生活工作方式发生着巨大的变化。人们正面临着从未有过的全球化的机遇，人们不再仅仅依靠地方经济谋生，在非洲某个国家的一个人可以为意大利的一家公司设计一个商标，印度尼西亚的另外一个人可以参加一家美国银行的项目的开发，一家越南的公司可以生产衬衫在美国的亚马逊网站上销售，建立支付平台后商业银行就能够帮助客户完成全球化的收款和付款。需要付款的公司只需要提供收款人在网站上的姓名、电邮地址、出生日期、账号和卡号，就可以进行收款，付款人可以遍布多个国家。

（九）开展公用事业缴费平台创新

世界银行估计在 2018 年底全球国际间汇款金额会超过 6160 亿美元，这些资金的 15%～30% 将被用于进行电力、天然气、电话费等日常生活的支出，具有众多海外分支机构的商业银行可以建立全球范围的公用事业收费处理平台。商业银行可以自行建立公用事业付款平台，可以建立附属公司，也可以参股这家支付平台公司。公用事业缴费平台可以发展多家分支机构，客户可以到分支网点向世界各地的商户缴费。商户可以在平台建立自己的账户，查看已经缴费的金额、笔数、账户余额等，客户可以到分支网点办理缴费。客户也可以自行在平台上注册，登录之后可以选择需要缴费的国家和缴费的种类，可以查看每一种账单的式样，缴费实施处理可以进行一次性缴费，也可以建立重复缴费，平台为客户提供统计分析的功能。

国外银行支付服务的最新发展研究及策略探讨

　　随着互联网、电子科技、智能手机的突飞猛进，网上支付、手机支付、电子货币等新兴的支付形式不断涌现，它将改变人们的消费模式及企业的运作模式，消费支付引致的利润也将被重新分配，每个行业及企业都想在这次革新中占据一席之地。第三方支付行业快速发展，对传统银行业带来巨大的冲击和威胁，世界各国的大型跨国银行纷纷布局移动支付。本文从交易方式的创新、支持商户推广的手机应用、移动终端、汇款业务创新、手机支付功能优化、增加交易安全性的创新、整合多种金融功能的电子钱包应用、重复支付交易的创新等方面，分析探讨国外银行支付服务的最新发展和创新策略，并为我国商业银行支付业务的创新提供借鉴的思路。

一、交易方式的创新

（一）无卡取现的创新

　　美国波士顿的 Paydiant 公司的云计算平台、移动钱包和支付解决方案为银行提供非接触的移动钱包、移动支付和现金支付平台，为商业银行提供高度精准的移动广告和优惠的推广平台，为商业银行带来更多的收入。Paydiant 公司向银行和零售商提供一套软件开发工具，使银行和零售商能够以 Paydiant 的手机钱包为基础，实现支付功能整合在现有的手机应用中，使客户在结账时使用这家银行的应用。Paydiant 软件使用原有的智能手机、POS 终端处理支付业务，不要求客户购买新的手机或零售商投资购买新的支付终端。这一支付解决方案与现有的借记卡、信用卡、预付卡整合在一起，可以为客户提供线下和线上商户的支付方案、在餐桌上支付、公用事业收费的支付方案等。

　　使用手机的 Paydiant 应用可以在 ATM 进行取款，这一技术已经获得了专利。这一无卡取现方式已经被一些银行应用，商业银行无需在 ATM 上加装任何新的硬件。使用这一应用提取现金，可以直接登录手机应用，提出取现申请。这一取现申请存放在云中，手机设备会获得 ATM 代码，代码与客户进行 ATM 取款的账户相连接。之后客户可以来到参加这一计划的 ATM 处，按下手机取款按键，这时 ATM 屏幕上会显示出一个二维码，客户使用手机扫描二维码，指示 ATM 通过加密的云端连接的设置吐钞。这种提款方式与其他的一次性密码提款方式相比，是一个巨大的进步，以往采取由持卡人在 ATM 上键入一次性交易密码的方式，容易被其他人盗取。这种方式与采用借记卡或信用卡提款的方式相比，也更加快速，取款平均仅需要 9 秒钟，而之前采用卡片取款平均需要 20 秒钟的时间，增加了方便性和安全性，也同时提高了客户使用手机银行应用的黏性。这一技术是 Paydiant 公司继移动非接触支付之后的又一项专利。

当客户在餐桌上消费结束、准备结账的时候，餐厅服务员会拿过来账单和结账的收据，客户打开手机 Paydiant 应用，对准结账收据上的二维码扫描，之后手机上会要求客户选择支付的卡片，客户选择之后按提交键，交易就会完成处理，客户的手机上会出现结账成功的结果和最终的收据。客户在网上购物，也会显示出二维码，客户扫描二维码后选择卡片进行支付。

图 1　Paydiant 公司网页

（二）交易方式的创新

美国银行的手机应用提供账单拍照支付的功能，客户可以在登录美国银行的网银后登记参加账单支付业务。客户可以使用手机或平板电脑打开银行应用，对账单拍照，美国银行会提取账单中的收款人和账号信息，可以从客户在美国银行的支票账户向任何人付款。持卡人可以选择立即进行支付或选择在晚些时候进行支付，点击支付键，也可以在网银或手机应用上手动增加收款公司。客户需要验证收款公司信息的正确性。为了确保所拍照片的质量，客户需要确保无线网络链接信号足够强，直接从账单的上方拍照，以及所拍账单的四角需要清晰。

美国银行的手机银行应用也提供手机拍照存款服务，客户需要首先到该行网银上登记参加手机存款服务，之后登录手机应用，选择远距离存款的选项，再选择新存款，输入存款的金额，确保支票的正面清晰，在手机上选择正面，然后对准支票正面拍照，确保支票背面清晰并已签字，对准支票背面拍照，之后检查照片的质量，并按存款键。为了确保照片图像质量清晰，需要确保支票在比较暗的背景下拍摄。

此外，美国银行还提供手机拍照信用卡转账服务。客户需要首先登录手机银行，查看信用卡是否具有余额转移的功能及是否有足够的可使用余额，之后客户可以对准信用卡账单拍照，信用卡账单的细节会被自动提取。美国银行会偿还其他银行的信用卡欠款，将其他银行的信用卡欠款转移至美国银行的信用卡账户内。客户可以及时查看余额转移是否完成。在拍照的过程中需要确保信用卡账单放置在平整的位置上。客户可以查看协议和条款的具体内容，在余额转移办理之后的两年里，客户可以查看余额转移的协议。

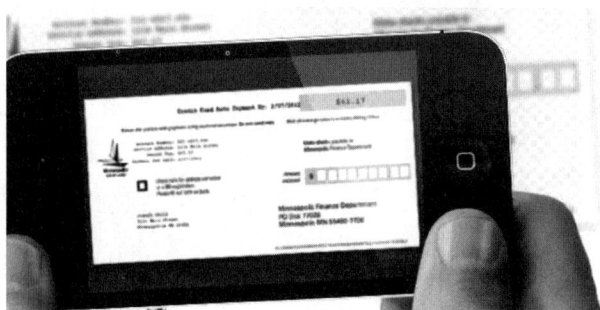

图 2　账单拍照支付系统界面

（三）手机支付的创新

美国加利福尼亚州的 Boku 公司的 Boku 应用，使客户能够用手机购买商品，费用直接计入手机账单，客户只需要拍一下手机或者在电话上按下一个键就可以完成支付。整个支付，无需填写信用卡和账户信息，也无需登记，是最便捷的支付体验。使用 Boku 的商户为客户提供了线上交易支付的一个替代支付方案，客户可以在任何地点方便地使用。使用这种应用，任何一种设备都可以成为支付工具，无论是离线、线上、手机、平板电脑、游戏机或智能电视，还是一次性消费或重复消费。

在使用手机进行购物的时候，首先登录购物网站，选择相应的产品，之后结账进入支付画面，有选择使用信用卡的选项，也有使用手机支付的选项。选择使用手机支付，手机应用界面会提示询问："是否要购买几个单价为×××欧元的交易？这笔交易将会计入手机账单"，如果客户点选购买，交易就会完成。客户也可以选择取消这笔交易。

客户也可以在任何与互联网连接的设备上使用 Boku 进行付款。客户首先在网站上选择要购买的商品，之后进入结账画面，客户可以选择使用信用卡支付，也可以选择使用手机进行支付。选择手机支付之后，画面会提示客户输入手机号码，按继续键，手机上会收到短信提示："这笔交易会计入您的手机账单，确认请回复 Y 键。如需帮助可以致电服务热线号码××××"。客户在回复 Y 之后，交易就会完成。

这种交易方式是一种无卡交易方式，能够帮助那些不会上网使用信用卡支付的客户群体进行支付，任何人只要有手机就可以进行支付，无需登记银行账户也无需注册。也能帮助那些非常繁忙的客户，他们在看到有很多信用卡信息需要填写的时候，往往放弃填写、使用 Boku 应用，他们在进行支付的时候仅

图 3　Boku 应用页面

需要手机号码。该应用也免除了信用卡信息泄露风险，整个交易过程都直接从客户的手机中获得授权，客户的敏感信息没有被泄露。目前，该应用已经覆盖了67个国家，对于商户而言，只需要加入这一网络，就可以大幅度地扩大潜在客户群的范围，为这些商户在全球范围内的销售额带来巨大的增长。

二、支持商户推广的手机应用

（一）支持商户推广的手机应用

客户首先下载 Mogley 应用，仅需要输入自己的姓名、生日和邮编就可以建立起自己的账户。之后客户可以在手机应用账户中添加一些信用卡信息，如VISA、万事达、美国运通卡、发现卡等，这些信息受到 PCI 标准的保护，该公司使用行业标准的方法对数据进行加密传输。Mogley 平台的交易非常快速、安全。Mogley 不向商户提交信用卡数据，免去了信用卡被侧录和产生欺诈交易的可能。

当客户到自己喜欢的咖啡店、餐厅或零售店进行消费的时候，只需要点击排队的按键，这时 Mogley 就会在地图上寻找当前的商户，点击这家商户的图标，按下排队的按键，Mogley 就会在几秒钟之内要求客户确认交易，客户可以即时在手机应用中查看收到的奖励积分和优惠。Mogley 使商户能直接向客户手机发送优惠推广信息，他们不会向客户发送短信或电子邮件打扰客户，只会在客户结账时或在客户最喜欢的商户页面边上弹出一些精美的图片，让客户了解到最新的优惠。客户经常会得到意外的免费或者优惠的商品或服务提示，因此需要非常细心。

商户可以搜索客户姓名，客户提交订单之后商户可以发起支付交易。Mogley 使银行和商户及时得到从支付和忠诚度奖励计划两方面获得的信息，有条件开展高度精确、富有创意的营销推广。可以向客户发送生日优惠、排队时的营销、向最优的客户或有一段时间没有光顾的客户发送推广，商户能够通过向客户发送简短和直接的短信息与客户保持紧密的联系。Mogley 可以通过向邻近的潜在高收益新客户发送推广信息来降低发展新客户的成本，也可以将使用 Mogley 的用户发展成为银行或商户的新客户。使用 Mogley 可以不再使用纸质或塑料的优惠卡，Mogley 还可以支持多个忠诚度计划的同时运行，通过将多个忠诚度计划进行整合，可以创建新的奖励计划。商户可以追踪客户的消费习惯，Mogley 的实时报告系统使银行可以实时查看按客户或时间段搜索的忠诚度计划、支付、市场营销的数据，商户或银行可以在任何地点查看这些数据。

（二）整合推广功能的支付创新

美国 Telepin 手机应用将推广计划、忠诚度计划、汇款和支付服务整合在一起，增加了客户的黏性。该应用能够帮助客户在任何时间和地点支付账单、购买商品、转账和进行充值，可以与传统的优惠券一同使用，也可以使用这一应用向没有开立银行账户的人汇款，非常安全、可靠、易用。手机应用的财务管理功能为客户提供强大的财务管理支撑，能够满足商户支付的需求，并保障客户的信息安全。手机钱包的电子购票功能免去了传统纸质售票的麻烦，节省了人工和物流成本，给客户带来方便。移动支付功能使客户能够支付账单、购买商品或进行资金转账，可以为银行带来新的收入。该应用支持手机汇款功能，根据世界银行的统计，每年发展中国家的移民向他们的家乡的汇款超过3000 亿美元，汇款可以作为手机应用者之间账户资金的转移，不论汇款金额大小，汇款交易平台都会准确处理每一笔交易。

Telepin 手机应用移动营销服务功能帮助商户开展营销推广，商户通过向客户提供建立忠诚度计划和推广活动，使商户在市场上与其他竞争者有所区分。忠诚度计划对推广内容、期限进行管理，向客户提供简单的流程，通过管理渠道向客户提供奖励计划，满足商户的需要，减少客户流失，提高客户对服务的认知度和使用频率。商户和银行可以确定准则标准和目标客户群体，组织专门的宣传和竞赛，设计出推广计划，对消费额高的客户给予奖励。使用手机应用进行支付，零售商和商户可以减少信用卡欺诈。Telepin 手机应用提供手机电子优惠券功能，电子优惠券功能帮助运营商妥善管理和控制电子优惠券，这一功能与商户的多个系统进行连接，在使客户保持处于消费状态上起到很大的作用。Telepin 的推广是自动化操作的，通过用户限制同时支持对多家商户、多个分销商的多个忠诚度计划的管理，确保向客户提供高质量服务，增加客户的黏性。零售商和商户通过使用手机应用进行支付能够减少欺诈交易，增加了客户对银行的忠诚度。

Telepin 的移动钱包将推广计划和忠诚度计划、汇款和支付功能整合在一起，提供简单的安装、使用和兑换程序，帮助非银行客户转变为银行客户。移动商务功能使客户能够进行支付、订货获取商品并验证票据，降低了传统票据处理和商品分销的成本，增加了银行客户的收入。

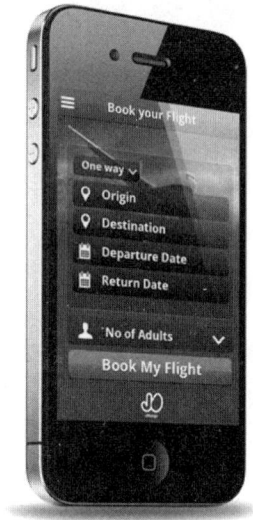

图 4　Telepin 手机应用界面

三、移动终端的创新

加拿大 Intuit 公司开发的 GoPayment 是一款可以装在口袋中的信用卡受理设备。Intuit 公司有多年的金融服务的历史，因为它的 QuickBooks 和 TurboTax 产品而著名，GoPayment 读卡器适用于苹果手机、平板电脑和安卓手机，客户可以在任何地点销售任何货物和服务。可以刷卡，也可以键入卡号，还可以对信用卡拍照之后提交交易。持卡人可以在 GoPayment 应用的屏幕上签字确认交易，交易即时处理，持卡人可以通过电子邮件或手机短信接收到交易收据。商户在销售商品或服务的同时，系统实时更新支付交易记录和库存记录。GoPayment 读卡器支持该公司随时更新软件，以确保该读卡器能适用于最新的手机设备。

GoPayment 读卡器的软件有支持智能手机和支持平板电脑两个版本，与其他的读卡器如 PayPal 公司的读卡器相比，Intuit 公司的读卡器体积稍大，读卡器做工非常精致，外型设计非常时尚，看起来非常耐用，在刷卡过程中感觉十分顺畅。在读卡器背部有一个硅胶垫，使它能够平稳地放置在手机和平板电脑之上。

新用户在注册之后，需要检查自己的设备是否在被支持的设备名单中，会

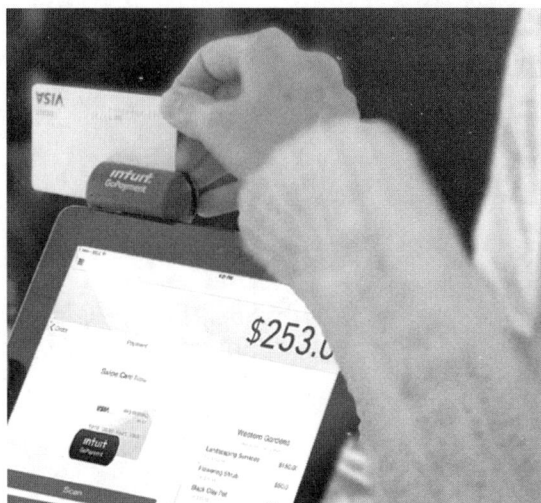

图 5 GoPayment 卡片受理终端

收到由 GoPayment 公司及时送来的读卡器，安装 GoPayment 读卡器的手机或平板电脑需要通过 WiFi 或移动网络与互联网建立连接后才能使用。这款读卡器可以接受 VISA 、万事达、大来卡网络的交易，对于不符合条件的卡的交易，将会收取每笔 0.15 美元的交易处理费。这款读卡器还可以记录任何现金或支票付款。所有的交易会记录在系统中，帮助商户全面地管理业务。商户可以在收据上加入自己的商标和联系信息，客户可以更好地记住这家商户并向朋友们进行推荐。该款读卡器可以支持最多 50 个用户，小商户的所有员工都可以使用读卡器接收付款。商户可以在手机上查看交易历史，可以取消交易，也可以重发交易收据。交易数据经过加密后传输。使用 Intuit 读卡器的商户的交易资金一般在 1~3 个工作日之内到账。

GoPayment 有两种收费方案，一种是免收取月费，刷卡时收取 2.75% 的交易手续费，手工键入的交易收取 3.75% 的手续费。另外一种收费标准是每月收取 12.95 美元的月度管理费，刷卡交易收取 1.75% 的手续费，手工键入卡号交易收取 2.75% 的手续费。

如果客户的手机不在与 GoPayment 相匹配的设备列表之中，客户仍旧可以使用这种读卡器。这时客户需要首先下载 GoPayment 的应用，登录到 GoPayment 中，将设备多媒体的音量设置成最大，关闭设备的短信提示音，然后回到 GoPayment 的应用，插入读卡器即可以受理信用卡交易。对于非官方支持的手机设备，GoPayment 还会提供手机配置工具帮助客户建立起应用。如果设备仍旧不支持，客户可以使用打开该应用后在手机上键入卡号，也可以使用 Go-Payment 的用户名和密码在网上登录后输入卡号进行交易处理。

四、汇款业务的创新

（一）利用社交网络的汇款业务

从发达国家向发展中国家汇款的市场规模巨大，每年汇款金额高达 500 亿美元，并且以每年 7% 的高速度增长，2013 年这一汇款的金额增长了 25 亿美元。在英国，70% 的国际汇款使用社交网络进行。英国的 Azimo 公司开发了一款社交网络汇款的软件，这是第一家与脸书网站全面整合的汇款服务。客户可以使用脸书账户信息登录 Azimo，可以迅速而方便地将资金汇往脸书网站上的朋友。客户可以在苹果手机、平板电脑或安卓手机上使用 Azimo，可以在手机上或平板电脑上进行操作，可以向移动钱包、手机应用中汇款，也可以支付现金。可以向 250 个国家的 15 万个地点汇款，全世界目前只有 25 亿人具有银行账户，客户可以在几秒钟之内建立起汇款交易，资金 24 小时内到账，使用起来非常方便。客户使用 Azimo 进行国际汇款时，可以使用英国借记卡或存款账户，也可以使用网上银行或电话银行向账户中存入款项。

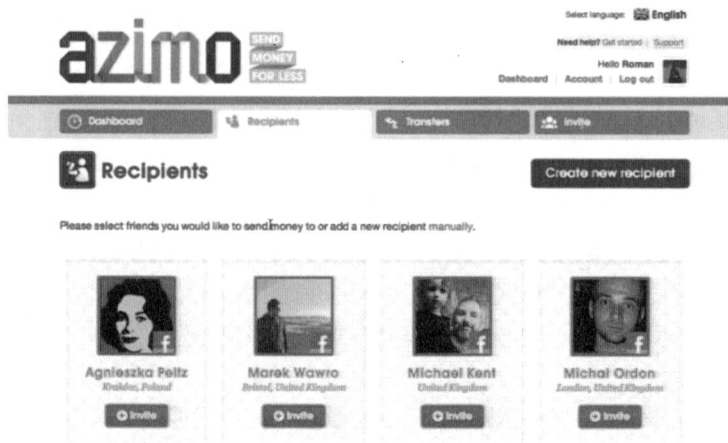

图 6 Azimo 社交网络网页

使用 Azimo 可以使用脸书进行汇款。客户首先登录 Azimo 的网页，通过脸书的用户名和密码登录账户，目前全英国的汇款客户中已经有 70% 的人开立了社交网站账户，其中 80% ~ 90% 的客户已经通过社交网络联系过收款人。客户可以登录 Azimo 后邀请自己在脸书网站上的联系人，向他们发送私信，请他们加入到 Azimo 中。对方登录脸书之后，可以看到发送过来的私信，点击这封私信可以阅读内容，点击链接就会进入到 Azimo 页面，页面上有通过脸书登录的按键，点击这一按键，这时客户就开始创建在 Azimo 上的用户信息。客户需要输入姓名、接收汇款的货币、所在国家等信息、公司账户还是个人账户、接收汇款单的方式（现金、借记卡或者银行账户等），还需要输入银行账户号码，按保存键之后，就完成了一次性的账户创建。在汇款人和收款人两个人的 Azimo 页面内，都可以看到新的收款人的图标。汇款人点击这一图标，可以进入汇款页面，输入汇出金额，可以看到汇率和收到的金额、手续费等内容，客户可以选择接收账户的类型，点击确认键，就完成汇款的提交。这时收款人的账户内可以显示出这笔汇款交易的明细记录。

由于汇款是在线上进行，因此可以向客户收取低廉的手续费。市场上从发达国家向发展中国家的汇款产品平均收取 10% 的手续费，Azimo 的汇款收费一般比同业的标准低 50% ~ 80%，仅相当于汇款金额的 1%，最高 15 英镑，永远低于同业的标准。而且收费的标准也非常透明，在客户输入汇款金额的时候，就会显示出汇款的收费标准和最新的汇率。该网站使用与银行水平相当的安全标准，并且受到政府的监管，资金安全有足够的保障。通过降低对客户的收费，有更多的资金被汇往发展中国家，Azimo 鼓励客户每笔汇款捐赠 1 英镑的资金并将这些资金转交慈善组织，该公司也会将净利润的 10% 捐赠给慈善组织。

（二）单一代码汇款服务

乌克兰的 Liqpay 公司提供一个面对银行、对公客户的开放平台，满足不同的财务和业务需求，该系统有超过 50 万的用户。这一公司如果一个客户的亲属给他打电话，请他帮助对所租的房屋支付租金，在电话中告知了这名客户的所有支付信息，包括开户行、账号、SWIFT 地址等信息，但是在客户真正进行支付的时候，如果在众多的信息中输入错误一个信息，就会造成整笔汇款的失误，有可能资金汇入其他人账户上，造成资金风险。如果不能及时支付，也会影响收款人的生活。Liqpay 公司开发的汇款信息压缩服务，为客户提供简短和精确的汇款代码，帮助客户发送和接收资金。这一压缩工具与人们日常使用的其他压缩工具的原理是相同的，使人们的汇款信息交流更加方便、快速、准确。

　　人们在日常工作生活中经常会使用各种压缩工具，Liqpay 的这一工具专门用于财务信息的缩短处理。客户首先登录 Liqpay 的网站，输入汇款的信息，包括收款人、账户号码、收款人身份证号码、收款人地址、收款银行、收款银行 SWIFT 地址、收款银行地址、中间银行名称、中间银行 SWIFT 代码和中间银行地址、汇款金额、货币、汇款用途，填写完成之后，点击确认键，系统就会将所有的信息转换成为一个 16 位数字代码，客户可以选择通过手机短信或电子邮件的方式通知到收款人。收款人收到这个代码之后，只需要登录 Liqpay 网站输入这个代码，并选择解压缩的按键，这一代码就会被转换成具体的详细汇款信息的原始数据，非常简单，不会发生任何错误。汇款人也可以登录 Liqpay 网站输入代码查看汇款信息。

　　使用 Liqpay 不仅可以对汇款信息进行缩短处理，还可以对多种财务信息如公共事业缴费、个人付款、存款账户、信用卡、借记卡账户信息进行压缩处理。银行可以使用 Liqpay 网站的 API 平台将银行现有系统与其整合在一起。一些商户将自身的系统与 Liqpay 系统整合，在它们向客户发送的账单中正常显示交易的明细和汇总的应缴费金额，在账单的左上角，列印了一个 Liqpay 代码，客户收到这个账单之后，登录自己的银行网银界面，在界面左上角，有一个输入 Liqpay 代码的空格，客户只需要输入这个代码，所有的支付信息就会自动显示在电脑上，客户只需要点击确认支付键，支付就会完成，非常方便。这一代码可以印刷在多种客户沟通的界面上，如信头、发票，甚至名片上，客户在使用手机进行支付的时候，也可以使用 Liqpay 代码，避免了手输信息可能造成的麻烦和错误。

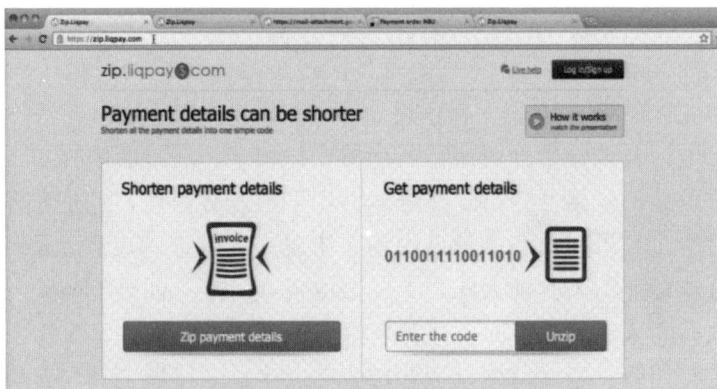

图 7　Liqpay 汇款交易页面

（三）Xendpay Money 跨境汇款的创新

对跨国资金汇款，许多银行都向客户收取较昂贵的手续费。英国的 Xend-pay 公司开发的 Xendpay Money 是一款汇款产品。每年全球跨境汇款有 5000 亿美元的交易额，其中有 700 亿美元是汇往印度的汇款。印度和中国总的汇入金额构成全球市场的 25%。许多同类型的产品都在汇款人和收款人之间形成差距，这种差距不仅是地理上的和经济上的，而且反映出他们对技术的不同的接受程度。例如，如果一个中年人向年迈父母汇款，他的父母可能不会使用电脑，就不可能使用 PayPal、电子钱包进行汇款，需要有一种非常简单的汇款方式，使收款人能够收到现金或将资金存入他们在银行的账户内。Xendpay Money 就是这样一个简单的汇款平台，目前，该公司在英国有 50000 家代理网点，在目的国也有大量的合作公司。在 Xendpay Money 的界面上有收款人的清单和最近的交易历史清单，客户点击汇款键，可以填写汇出国家、汇出货币、汇入国家、汇入货币、汇款金额、付款账户类型（包括个人信用卡、个人借记卡、公司信用卡、现金、本地转账、存款账户），可以选择汇款的方式（包括账户转账、到当地代理网点提取现金）。之后画面会显示客户汇款的汇入金额、汇出金额、汇款手续费、支付手续费、汇率，整体的收费非常透明，利率和汇率也十分优惠。之后客户可以查看和选择收款人，也可以建立一个新的收款人，页面上会显示这个收款人的姓名、账户号、IBAN 号码和 SWIFT 地址，最后按确认键，就会完成汇款。客户也可以维护自己的账户信息。

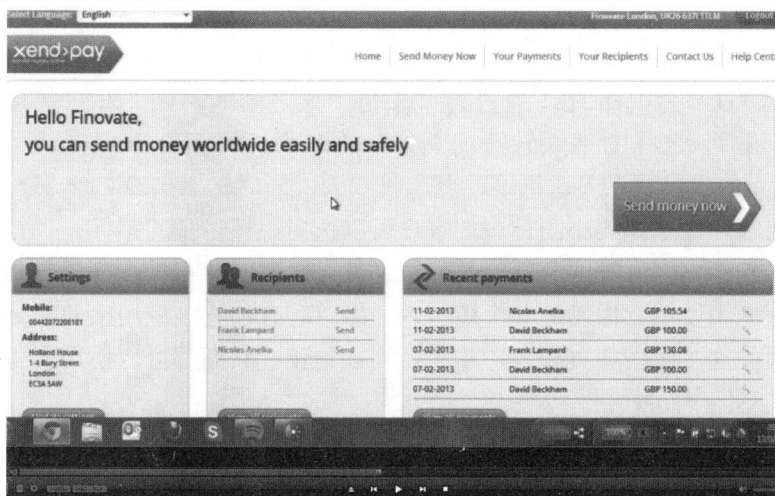

图8　Xendpay Money 跨境汇款交易页面

五、手机支付功能的优化

Braintree 是一家美国的使用手机或网站支付的平台，该公司开发了 Venmo Touch 手机应用。目前，每年使用 Braintree 网络消费的金额超过 80 亿美元，其中有超过 20 亿美元是使用移动应用进行支付的，且接受这一应用的客户数量还在不断扩大。这一技术使客户无需在使用手机购物时经常重新输入信用卡信息，该应用将手机内的所有应用连接起来，客户使用新的应用购买商品时像在 iTunes 上购买一首歌曲一样方便。

手机是一个单人使用的设备，Venmo Touch 使客户在使用手机支付一次之后，再次进行购买的流程非常顺畅和方便。客户在进行一次信用卡消费的时候，输入卡号、有效期、CVV 等信息，手机画面会提示"是否需要将卡片存入 Venmo"，客户点选这一选项，这张信用卡的信息就会保留在 Venmo Touch 中，手机上的所有应用就都可以使用这一卡片信息。下一次客户使用这一手机上的其他应用购买商品时，客户就会看到已经保存的信用卡选项，只需要按一下按键，就可以完成支付。手机中的各种应用如媒体杂志订购、重复捐款和其他的日常公用事业支出等都可以使用这一软件进行支付，极大地简化了交易的流程。客户也可以将支付的信息存入手机 Venmo Touch 应用中，由软件自动发起到期缴费。客户也可以自己定义重新发起曾经失败的缴费交易的逻辑和条件，系统会对失败的缴费交易重新处理，也可以对失败交易向客户的电子邮箱发送电邮通知。如果客户提前中止了一个重复缴费的交易，该应用会自动计算应向商户支付的金额。

使用 Venmo Touch 还可以进行个人与个人之间的转账。客户登录 Venmo Touch 应用后，选择向他人转账的功能，此时手机界面会出现安装了 Venmo Touch 应用的手机联系人通讯录，点选收款人，同时输入转账的金额，画面的下方会出现可以选择的小图标，如客户可以选择一杯咖啡的图标，告知对方向他发送了购买一杯咖啡的金额，按发送键就可以完成转账操作，资金第二天到账。这一应用使汇款像发送一个短信一样简单和有趣。该应用接收全球 130 种货币，目前这一应用在美国、加拿大、澳大利亚、欧洲都可以使用。

六、增加交易安全性的创新

BehavioSec 是瑞典的一家科技公司，该公司开发了基于客户使用计算机或手机的行为模式的生物识别技术。它们分析客户与互联网、桌面计算机、移动终端设备的行为方式来判断客户的身份与他们公开的身份是否相符，监控客户点击键盘的节奏、频率、顺序和速度。客户在使用手机进行支付的时候，BehavioSec 会检验客户与手机屏幕进行交互的压力、方式、速度、角度、姿势、刷屏动作以及在两点之间的运动规律等来验证客户的身份。不仅监控客户说什么内容，也要监控客户键入这些内容的方式。这些分析和判断都是在透明的状态下进行的，所有的分析客户都能够查到。这一安全方式能在客户的方便与安全之间取得平衡，被银行和客户所接受。

客户在使用 BehavioSec 进行转账的时候，首先在网银界面填写转出账户和转入账户、金额和转账日期，点击转账键，这时电脑屏幕会显示转账交易已成功，同时屏幕上还会显示交易的安全评分和置信度，这一时段的安全评分和置信度，以及交易识别号码和交易时段的编号。客户可以选择进行下一笔转账交易，也可以查看安全验证的详细信息。客户在输入信息的时候，BehavioSec 的后台在捕捉客户敲击键盘的节奏，银行保安部后台人员可以在终端上查看交易的评分情况，包括用户 ID、时段 ID、安全评分、置信度、开始时间和日期，结束时间和日期，还显示安全评分和置信度评分的曲线。保安部人员也可以查看客户交易的历史评分情况。虽然银行的后台记录大量的信息，但对客户而言，整体的交易过程非常平静，仅仅在交易出现问题的时候，客户才会详细查看银行后台记录的信息。如果另外一名客户以不同的节奏输入相同的账号，对很大的金额进行转账，按转账键，这时交易会被拒绝。这时电脑屏幕会提示客户输入 token 密码或手机银行密码进一步验证身份。选择查看交易评分，会看到历史的安全评分很高，但这笔交易的评分突然大幅度下降。

对该技术而言，要取得良好的安全效果和客户体验，制定合适的银行政策同样重要。在银行的后台管理界面，银行职员可以设定很多参数，包括最低和最高的安全评分和置信度评分值，安全政策的有效时期，还可以预设一些模板。这些参数在主机的后台使用，在客户的行为评分出现一些问题的时候决定银行的行为。这一技术面世以来，在世界上多个国家得到了应用。

七、整合多种金融功能的电子钱包应用

英国 Paytoo 公司开发的 Paytoo 应用，在开立手机应用的过程中，客户需要先在网站上登录并创建交易密码，Paytoo 网站会向客户发送短信密码进行验

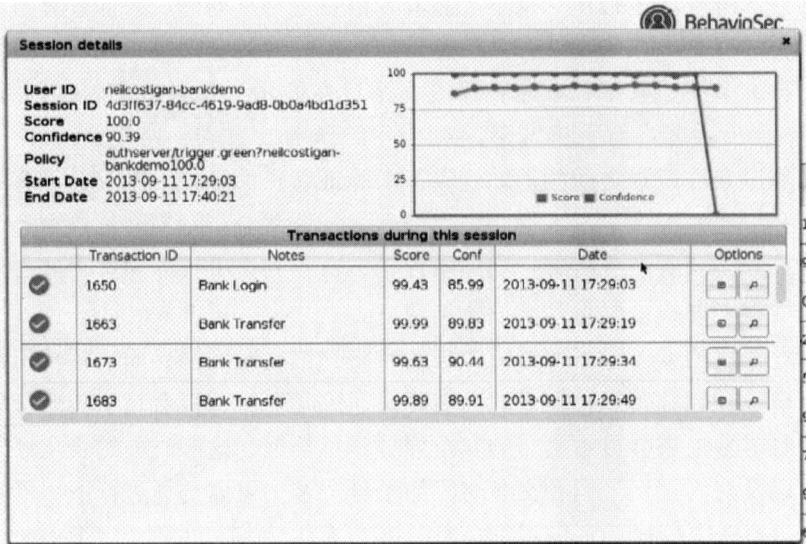

图9　BehavioSec 系统界面

证，之后客户需要在网站上填写个人信息和个人偏好，手机应用就可以开通了。该应用具有收款、开立信用额度、开立虚拟预付卡和礼品卡、直接存款、手机充值等功能。

Paytoo 手机应用具有收款和信用额度功能，首先需要注册一个手机钱包，填写工资入账申请表格，客户获得手机钱包之后，下载并打印直接存款表格，其中包括提供给雇主的账户信息，之后就可以按时收到工资等款项。在连续几个月收到工资之后，客户账户就会与一些贷款公司网络相连接，客户在需要现金的时候，就可以得到现金贷款。使用 Paytoo 钱包还可以建立自己的信用额度，客户需要一次性缴纳 49 美元的申请费，之后客户就可以使用信贷额度进行消费，客户可以按月偿还最低还款额。

该应用还具有直接存款功能，客户可以登录 Paytoo 网站建立自己的直接存款账户，并使用 Paytoo 钱包直接存款。客户登入 Paytoo 手机钱包后选择存款选项，输入需要存款的金额，之后输入 6 位交易密码，之后客户手机会收到交易通知，客户的资金就会进入钱包。客户向手机钱包中存款，需要缴纳 1 美元的费用，通过电子支票存款，需要缴纳每笔 3 美元的手续费。通过信用卡办理存款，需要缴纳 1 美元外加 6% 的手续费。

使用 Paytoo 钱包还可以简单地通过一个按键向 85 个国家的 250 个电信运营商的手机充值，首先选择国家，输入手机号码，输入 6 位交易密码并获得交易确认，也可以在任何时间和地点对家人和朋友的手机进行充值。客户还可以选择公共服务提供商和客户号码，进行账单支付。

客户可以使用 Paytoo 手机应用的虚拟预付卡和礼品卡功能，可以在几秒钟之内创建自己的虚拟预付卡，存入合适的金额，对线上购物和大学生而言非常适合。客户首先需要登录 Paytoo 钱包，选择虚拟信用卡功能，选择充入的金额，这一金额不能修改，之后客户会在手机上收到虚拟信用卡号码和 CVV 号码以及有效期。虚拟卡的使用方式与信用卡相同，也可以将虚拟卡作为礼品进行转让。客户也可以在手机钱包中预定预付卡，验证身份之后，预付卡会寄送到客户的地址，之后客户就可以在全世界范围的 ATM 上和商户中使用了。每个人可以拥有三张 Paytoo 的银行卡向预付卡中充值，客户可以使用手机应用，进入发送资金选项后，选择向预付卡中充值。也可以选择使用登记的手机，向固定的接收号码发送金额和交易密码，就可以完成充值，还可以使用手机登录手机银行网站或使用计算机登录网银充值。可以从 Paytoo 钱包中即时创建礼品卡并在自己最喜欢的品牌网上商店购物，选择礼品卡的选项，输入 6 位的交易密码，就可以得到即时生成的礼品卡号码。可以用手机或短信将礼品卡发送给任何人。客户可以使用礼品卡进行购物，可以在实体商店内出示条形码结账，或在线上使用礼品卡的号码进行消费。

八、重复支付交易的创新

美国印第安纳州的 Allied 支付网络公司开发的 Picture Pay 应用是一款移动支付产品，这家公司通过银行、信贷机构向客户提供支付应用，也直接向客户提供该应用。客户可以对他们的账单拍照，完成支付。这一技术从账单影像中读取信息，帮助客户录入信息，使账单支付变得非常简单。智能手机的照相功能成为移动银行中的一个重要工具，人们大量地使用手机相机进行手机存款，美国银行每天有 10 多万笔的移动存款业务使用手机相机进行操作。手机相机已经成为移动银行业务迅速发展的重要因素。Picture Pay 使手机相机的应用达到一个新的水平，使账单支付变得更加容易、迅速。客户接到账单之后，可以在 Picture Pay 的页面上选择进行账单支付的功能按键，之后选择照相的功能，对准账单进行拍照，然后上传照片，此时需要验证缴费日期和缴费金额，然后按提交键，这时就可以看到手机页面上显示"账单缴费已经安排，将于××年××月××日支付××金额"。账单缴付的同时，收款人也被添加到清单当中。

客户可以使用语音设定自动缴费的安排，选择语音指示键，手机应用会出现手机聊天的画面，之后对准手机说出"××年××月××日向××公司支付××金额"，语音指示会变成文字，手机会自动回答"将会于××年××月××日向××公司支付 ××金额，是否正确？"，如果客户接受，可以回答"正确"，手机会回答"支付已经安排"，所有的对话都会以聊天记录的形式进行显示。客户的整个支付安排过程仅需要 20 秒钟。

客户也可以选择手机画面中已经存在的商户，点击后进入，手机画面会自动显示下一账单的支付日期，客户填写缴费金额，缴费就会被安排。该应用也会根据客户之前的支付习惯，主动向客户进行提问并安排支付，例如手机会自动询问"是否需要向××银行支付××金额的房屋按揭还款？"。如果客户回答"是"，支付将会被安排。

该公司提供大规模的业务处理能力，可以对支付信息进行分析，为客户的生活带来方便。商业银行使用了 Picture Pay 之后，客户使用率比传统的账单支付应用提高了 30%。该公司还提供小企业支付解决方案，帮助小企业支付账单、向员工发放工资、向外部账户转账，以及向客户通过电邮发送发票等，如果一家小企业内的多名管理人员都拥有授权，他们可以多人登录该应用。

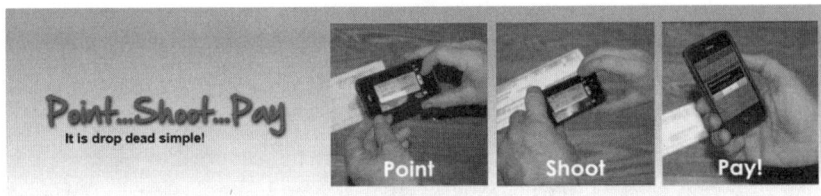

图 10　Picture Pay 应用网页

九、对我国商业银行创新支付服务的建议

（一）开展交易方式的创新

商业银行可以开发手机应用，使客户可以在手机应用上关联信用卡、借记卡等，并可以选择使用手机应用在 ATM 上取款。首先客户需要在手机应用上选择 ATM 取款的选项，输入取款金额，取现的申请就会上传到云服务器中，

之后客户来到 ATM 处，在 ATM 上选择手机取款功能后，ATM 上会显示二维码，使用手机对二维码进行扫描，ATM 就会吐钞。此外，还可以使用手机应用进行支付，当客户在餐厅中就餐后准备付款的时候，餐厅服务人员会将平板电脑拿到客户的餐桌处，客户使用手机应用对平板电脑上的二维码进行扫描后选择支付的卡片并按确认键，交易就会完成。

商业银行可以在手机应用中增加照片支付的功能。客户可以登录网上银行登记开通这一功能，首先需要将自己的信用卡或借记卡与手机应用相连接。客户可以对准账单拍照，在拍照的时候需要确保账单平整，拍照后银行可以读取账单上的数据，自动增加缴费的商户，也可以提取数据完成缴费。商业银行还可以在手机应用上开通支票存款功能，客户可以对准接收到的支票拍照，银行提取支票中的信息，将款项存入客户的勾连账户内。客户登录账单支付画面，可以选择通过账单拍照增加收款公司，也可以选择手动增加收款公司。商业银行可以通过手机拍照向客户提供信用卡余额转移功能，客户首先在手机应用上查询自己信用卡的可用额度，如果可用额度足够，可以将手机对准他行信用卡账单拍照，之后银行会提取账单中的数据，自动将本行信用卡中的款项存入他行欠款的信用卡中，因此客户无需亲自到访银行就可以完成账户余额转移的工作。

商业银行可以与电信公司合作，开发使用手机直接付款的手机应用，当客户在网上商户进行购物的时候，可以选择使用信用卡结算也可以选择直接使用手机账户进行支付。这一服务也可以为不会上网使用信用卡进行支付的客户提供网上交易的支付服务，当客户使用电脑在网上商户购物结束进行支付的时候，可以选择使用手机进行支付，交易直接计入手机账户。商业银行可以与电信公司合作，为电信公司提供基本结算账户，并为电信公司提供账户清算服务，向它们提供扣账的数据。商业银行也可以为客户办理自动还款和手机充值服务，定期扣减客户在银行的信用卡账户或借记卡账户，增加商业银行的交易额和利息收入。

（二）支持商户推广的手机应用

商业银行可以开发支持商户推广的手机应用，客户需要首先在手机应用上登记自己的信用卡账户，当客户到达商户内进行消费的时候，可以在手机应用中点开这家商户，按排队键，商户扫描商品之后，就可以使用手机完成支付，同时享有商户的优惠和积分奖励。商户可以向客户发送推广优惠信息，在客户结账的画面和客户喜欢的商户界面弹出一些精美的图片介绍商户的优惠信息，使客户了解最新的优惠活动。商户也可以使用这一手机应用开展精准的营销活动，可以向客户发送生日优惠，在排队的过程中可以推送合适的营销推广，可以向最近没有到访的客户发送优惠信息，也可以向高消费客户提供优惠。商户可以向处在附近位置的客户发送推广信息，也可以使用手机应用的后台维护、统计和分析优惠推广的信息，银行和商户可以使用这些数据及时对推广的策略和范围进行调整。

商业银行可以开发手机应用，商户可以在手机应用中管理忠诚度计划和向客户发送推广信息，通过忠诚度计划管理推广内容和期限，向客户提供奖励计划，满足商户和客户的需要，提高客户对产品的了解和使用频率。商户和银行可以制定一定的标准筛选目标客户群体，组织专门的推广和活动，对消费额高的客户给予奖励。客户可以使用手机支付相连接的信用卡进行支付，可以在手机应用中使用电子优惠券，对多个商家的多个优惠计划进行支持，也可以在支持商户推广的手机应用中整合汇款、转账和支付等多种功能，还可以使用手机应用进行汇款操作、商品支付和账单支付。

（三）开展移动终端的创新

商业银行可以为商户提供移动 POS 受理终端，可以提供支持手机和平板电脑两个版本，采用时尚的外观设计，商户可以使用终端或安卓设备受理持卡人的交易。客户在消费的时候可以刷卡，也可以手工输入卡号，交易及时处理。客户可以在手机屏幕或平板电脑上签字，并通过电子邮件或手机短信收到交易收据。商户在交易的过程中，手机应用可以实时更新交易记录和库存记录。商户也能够在客户的收据中加入自己商户的商标和联系信息等，方便客户再次前来消费。可以采用一个账户支持多个收银员使用，一个商户的应用可以支持 50 名收银员同时使用。可以针对交易量大和交易量小的商户制定两套收费方案，一种是免收月费，每笔交易收取较高的商户手续费；另一种是收取一定的月费，每笔交易收取较低的手续费。持卡人可以在活动现场、贸易展览会等任何地点刷卡消费，商户可以在 1 个工作日内使用账户中的资金。

（四）开展汇款业务的创新

商业银行可以与社交网站合作推出跨境汇款业务，全球跨境汇款目前以每年 7% 的速度增长。多数汇款人都已经使用社交网络，很多汇款人和收款人在汇款之前已经通过社交网络联系过。与社交网络合作开发汇款应用，有助于扩大客户群，改善客户体验。客户可以在手机或平板电脑上登录汇款应用，可以在几秒钟之内填写汇款的详细信息并发起汇款，收款人可以即时收到款项存入银行的账户，也可以到合作网络的网点支取现金。客户登录汇款网站后，使用合作社交网络的账户名和密码登录，邀请自己在社交网站上的联系人，向他们发送私信，请联系人加入到汇款网站中；收款人在社交网站上收到邀请，登录到汇款网站中输入个人信息，建立起自己的账户，这时汇款人就可以在自己的汇款网站页面上看到收款人的选项。汇款时，任何收款人的界面上都能看到对方的图标，点击图标就可以进行汇款，在收款人和汇款人的账户记录中可以查询汇款的详细记录。客户可以使用手机应用、手机钱包收款，也可以将现金送到指定住址。商业银行可以依托社交网络建立全球的现金支付的网络，通过社交网络可以向世界上大多数国家的居民汇款，客户可以通过手机、平板电脑、PC 机方便地查询汇款的状态。由于汇款在线上进行，成本较低，银行可以收取较低的汇款手续费。

商业银行可以在其全球性的网银系统上提供跨境汇款功能，客户一般的跨境汇款需要填写收款人、账户号码、收款人地址、身份证件号码、收款银行、收款银行 SWIFT 地址、汇款金额、货币、汇款用途等内容。为防止收款客户和汇款在取款和查询过程中输入错误，银行可以提供汇款信息压缩的功能，将所有的汇款信息压缩成一个 16 位的数字代码，汇款人可以将这一代码通过手机短信或电子邮件的方式发送给收款人，收款人登录汇款网站输入这一代码，就可以查询到详细的汇款信息。汇款人也可以使用这一代码查询汇款信息和回款进度。商业银行可以对信用卡账单、商户账单等应用压缩代码技术，在信用卡账单的左上角列印一个压缩代码，客户收到账单之后，登录网银输入这一代码，网银上就显示出还款的交易信息，客户点击确认键，就可以完成信用卡还款。商业银行还可以与商户合作，在商户账单中以同样的方式列印还款代码，客户在网银上输入这一代码，就会显示出交易的明细，客户确认后就完成缴费。

全球汇款的市场需求巨大，很多客户从发达国家向发展中国家汇款，收款客户中占很大比例的是年长人士，他们对使用互联网和网上银行账户并不熟悉。商业银行为了保持较大的市场份额，可以开发简便的收款和汇款方式，使收款人可以直接收到现金或将资金存入收款人的银行账户。在汇款人的网页应用界面上，显示一个收款人清单，也可以显示最近的交易历史，客户选择收款人之后，可以在网站上填写汇款的详细信息。商业银行可以在目的地国拓展合作的机构，使得收款人可以方便地到合作机构取到现金。在汇款系统的界面上显示详细的收费信息、利率和汇率信息，客户也能维护自己的账户资料，并通过渐变的收款汇款流程，使更多的客户方便地使用这一服务。商业银行在新支付模式上把握商机，通过在传统汇款业务中整合使用新的支付模式，不仅为客户汇款业务提供了平台，也为银行本身吸引和沉淀大量的资金，此种产品开发会带来巨大的经济效益。

（五）推进手机支付功能的优化

商业银行可以引入或自行开发改善客户手机支付体验的应用，客户在进行第一次消费时，输入卡号、有效期、CVV等信息之后，手机画面会询问是否将卡片信息存入手机应用，如果客户回答"是"，手机应用会存入信用卡信息，客户再次使用的时候，仅需要按一下按键就可以完成交易，每次消费支付的时间不超过30秒钟，避免重新输入信用卡信息的麻烦。对于手机内媒体杂志订购、订餐、捐款和其他日常公用事业缴费等不同的手机应用涉及的支付功能，也能直接使用之前存储的信用卡信息，使客户再次购买的过程非常顺畅。也可以使用手机应用进行个人对个人的支付，客户打开手机应用中的通讯录，选择收款人，之后输入汇款金额，选择一个图标表明汇款的用途，点击发送键，款项就会转到收款人的手机钱包中，方便收款人收款。

（六）开展增加交易安全性的创新

商业银行可以在创新客户交易过程的用户体验方面作出尝试。传统的汇款和网上银行交易过程中的身份验证方式为使用密码或动态密码器方式，商业银行也可以基于客户使用计算机或手机的行为模式进行生物识别，通过分析监控客户点击键盘的节奏、频率、顺序和速度，以及在使用手机过程中与屏幕进行交互的压力、方式、速度、角度、姿势、刷屏动作和在两点之间的运动规律来验证客户身份。对每一笔交易计算出安全评分和置信度，银行和客户可以在单独的画面查看这些安全评分。对于符合安全验证的交易，客户无需另行输入密码就可以通过，对于不能通过安全验证的交易，另外进行安全认证或通过人工验证才能继续进行交易。通过这一方式不仅保证了交易的安全性，也给客户带来了全新的体验和感受。银行职员可以在系统的后台设定最高和最低的安全评分和置信度数值以及安全验证政策的有效期限等。

（七）整合多种金融功能的电子钱包应用

商业银行可以开发具有多种功能的手机应用，提供支付、收款、开立信用额度、开立虚拟支付卡和礼品卡、直接存款、手机充值等功能。商业银行可以在手机应用中提供手机支付的功能，可以连接多种信用卡或借记卡，可以与具有 NFC 功能的手机相结合，使手机支持多种支付方式，形成竞争优势。客户向银行提出开通手机应用的申请之后，可以向银行提供雇主信息，银行为其开立代发薪功能，接收几期工资之后，银行就可以为客户开立现金贷款额度，使客户可以进行透支取现，同时也可以使用贷款额度进行消费，并按月偿还最低还款额。客户也可以在手机应用上通过本行账户转账或对他行账户转账取款的方式开立存款。使用手机应用还可以向主要电信运营商的手机账户进行充值，客户输入手机号码和需要充值的金额，选择提款账户之后，就可以完成对手机的充值。使用手机应用也可以提供开立虚拟支付卡和礼品卡的功能。客户选择这一功能，选择充入的金额，之后客户的手机上会收到虚拟信用卡的号码、CVV 号码和有效期，在监管允许的额度下的礼品卡也可以转让给其他人。客户也可以在手机应用中预订预付卡，在客户完成身份验证之后，就可以寄送到客户选定的地址。客户接收到自己的预付卡之后，可以通过银行发送短信建立自己的密码并激活账户。客户可以使用预付卡在商户中购物，也可以在 ATM 上提取现金。

商业银行在手机应用中还可以整合信用卡、按揭、私人贷款等相关信息，也可以考虑向中小企业客户的财务管理人员等提供账户查询、转账、汇款等服务，中小企业客户针对其工作特色，商业银行可以利用手机应用提供服务，成为他们生意的助手。银行可以针对使用手机进行支付的交易提供多倍的积分，也可以迎合年轻人独特的喜好，提供由持卡人自主设计的独一无二的信用卡。在业务功能推广方面，在某一服务推出之前，可以在市场上预先推出宣传计划，策略性地向媒体发放资讯，争取成为市场上的讨论热点，在市场上制造声势，打造先行者的形象。

（八）开展重复交易的创新

商业银行可以为客户开发进行重复支付交易的手机应用。客户可以使用手机应用对账单拍照，该应用自动从账单影像中抽取信息，帮客户录入信息并完成支付的处理，同时需要客户验证缴费日期和缴费金额，之后确认提交，手机应用就会完成支付的处理，整个过程非常简单。客户可以通过语音识别设定自动缴费安排，客户对手机说出"某年某月某日向某公司支付多少金额"，这时手机会显示客户支付指令的文字，要求客户确认，客户按确认键之后，就会在手机界面上显示支付已经安排的信息。客户也可以在手机应用中搜索之前已经存在的商户，手机应用会显示出默认的支付金额和支付日期，客户可以进行修改，之后支付设定会被安排。手机应用也可以提供智能提醒的功能，针对客户的支付习惯，适时提醒客户是否需要向某一家机构支付按揭等费用，客户确认之后，就可以设定还款计划。

养老金金融业务创新

◎ 我国商业银行养老金融业务机遇及应对策略

我国商业银行养老金融业务
机遇及应对策略[①]

近年来，在我国人口老龄化加剧、政策支持力度不断加大、产业规模持续提升的大背景下，养老金融业务开始兴起。但相对于养老产业巨大的发展空间和市场需求，目前我国养老金融服务"供给侧"仍存在短板，无法满足日益增长的养老金融服务需求。本文对我国养老产业和养老金融的发展现状和前景进行调研分析，并对我国商业银行发展养老金融的策略提出建议。

一、我国养老产业发展现状及前景

（一）养老产业定义

养老产业，涉及生产、经营和服务等领域，主要涵盖养老医疗保健、养老用品、养老地产、养老旅游、养老文化休闲、养老咨询等方面，是指以市场化机制为老年人提供产品或者劳务，满足老年人衣食住行用等各方面需求业态的统称。我国对养老服务的目标是到 2020 年，全面建成以居家为基础、社区为依托、机构为支撑的，功能完善、规模适度、覆盖城乡的养老服务体系。养老产业就是基于这一目标衍生出的一系列服务产业。

（二）养老产业发展现状

相对于发达国家的养老产业发展，我国养老产业的巨大潜力与发展滞后形成了明显的反差，从以下三方面的数据可见一斑。

1. 老龄人口

1999 年，我国 60 岁以上老年人达到 1.31 亿，占总人口比重 10%，我国

---

① 本文作者为中国银行养老金融课题组。课题组成员：总行公司金融部洪洋、总行银行卡中心何开宇、安徽省分行公司金融部李鹏、总行财富私人银行部张羽鸣、青岛市分行财富私人银行部孙清云。

提前进入老龄化社会；2015 年末，我国 60 岁以上老年人口已达到 2.22 亿人，占总人口比例提升至 16.1%，预计将于 2020 年后逐步迈入重度老龄化社会。

2. 养老床位

按照国际通行的 5% 老年人需要进入机构养老标准，我国至少需要 1100 万张床位。截至 2015 年末，我国各类养老床位实际只有 672 万张，缺口近 40%。

3. 企业年金

截至 2015 年底，我国企业年金积累基金达到 9525 亿元，同比增长 24%，全国建立企业年金制度的企业达到 7.55 万家，参加职工合计 2316 万人。但截至 2016 年底建立企业年金制度的企业数量与全国近 1900 万户企业相比，仍然占比极低。

（三）养老产业发展前景

随着我国人口老龄化的加速，以及国家政策的大力扶植和社会资本的角逐，养老产业及养老金融将面临重大机遇。

1. 政策红利

近年来，我国政府积极实施应对人口老龄化行动，持续出台各项政策，推进各项养老政策改革。如 2014 年以来，各部委和机构连续发布数十项支持性政策，内容涉及社会资本进入、养老保险、养老服务以及养老设施用地等。"十三五"规划明确提出，"全面放开养老服务市场，通过建立多层次养老服务体系，填补我国养老服务市场领域的空白"。2016 年 3 月，多部门联合下发《关于金融支持养老服务业加快发展的指导意见》，提出加大对养老服务业的金融支持力度，力争到 2025 年建成与人口老龄化进程相适应的金融服务体系。2016 年 12 月，国务院办公厅下发《关于全面放开养老服务市场 提升养老服务质量的若干意见》，制定"完善土地支持政策"等 17 项重点任务并确定负责部门和时间进度。

2. 发展路径

随着我国人口老龄化的加速，我国即将进入重度老龄化社会，预计到 2030 年，我国养老金总体规模将达到 1.8 万亿美元，并将成为全球第三大养老金市场。到 2020 年和 2030 年，养老产业的规模预计将分别达到 8 万亿元和 22 万亿元，对 GDP 的拉动作用分别达到 6% 和 8%。随着金融资本与养老产业的进一步融合，养老产业金融市场也将达到万亿级的体量，并成为金融行业和资本市场的重要力量。

3. 重点领域

养老产业和养老金融的重点领域包括：养老金，经济发达地区养老金客户群体质量迅速提升，能带来比较大的沉淀资金；养老地产，目前主要在北京、上海等经济发达地区进行布局，随着土地资源昂贵、相关法律制度不够完善等问题的逐步解决，养老地产有望在全国多个城市进行项目建设和运营；综合性医疗服务，目前我国专门的大型综合性医护服务提供商较少，未来发展前景广阔；医疗器械及医药，目前外资占较大比例，国内厂商的产品层次较低，还不能实现进口替代。国内的医疗器械及药品厂商多分布于一线城市，未来有望逐渐向二线城市扩展。

4. 主要问题

我国养老产业还处于探索阶段，面临"未备先老""未富先老"等挑战，产业发展面临的主要问题包括：产业规模偏小，服务水平偏低，滞后于老年人口消费需求的增长；老龄人口购买力较低，养老服务机构多处于非盈利状态，养老机构投资的最大主体依然是政府；养老产业发展缺乏标准化、规范化管理，产品结构、城乡结构、区域结构失衡。

二、我国商业银行养老金融发展现状

国内金融机构的养老金融业务起源于承办企业年金业务，随着业务的发展，逐步形成了以企业年金为核心，养老理财、薪酬福利等业务为辅的较为完善的养老金融服务产品体系。

（一）提供养老金融服务的机构

商业银行作为我国提供养老金融的主体，通过提供养老理财、企业年金、养老按揭等产品服务积极布局养老金融服务领域。截至 2016 年底，我国工商银行、招商银行、兴业银行、上海银行等银行都已发行养老金融服务产品。

保险公司也通过提供多种形式的养老金融产品参与养老金融市场。国内的工银安盛、农银人寿、中银三星人寿、建信人寿、交银康联人寿等银行系保险公司推出了养老年金产品。泰康、合众、太平、新华、国寿、太保、平安等保险公司推出了消费型医疗保险和趸交、期缴寿险或年金险等产品，并布局投资养老地产项目。

（二）我国金融机构提供的产品

在商业银行提供的养老服务中，一般包括养老金金融、养老产业金融和养老服务金融三类。

养老金金融方面，如工商银行提供的养老金受托管理、账户管理、管理顾问、代理服务、养老基金保值增值，上海银行的代发养老金等。

养老产业金融方面，如泰康人寿、合众保险、平安保险等公司推出的养老地产项目等。

养老服务金融方面，如工商银行提供的养老规划、投资理财，招商银行提供的储蓄存款、定期存单通存通兑、老年客户理财计划、易贷通融资计划、自助贷款，兴业银行的专属理财、信用贷款、便利结算等。此外，多家银行系保险公司推出多款养老年金保险产品。

在提供系列养老产品和服务的基础上，一些商业银行还推出了自己的养老金融产品品牌。如工商银行的如意人生、招商银行的伙伴一生、兴业银行的安愉人生、上海银行的养老金融等品牌。

（三）我国养老金融市场展望

首先，从国家政策支持看，养老金融发展面临政策机遇期。可以预见，未来我国养老保险制度、配套政策、市场化运营程度都将发生巨大变化，为我国基本养老保险、企业年金、职业年金、个人储蓄性养老以及相关养老产业的发展带来历史机遇。

其次，养老金融业务将对商业银行产生重大影响。养老金融对商业银行传统业务具有替代效应和互补效应。银行养老金融业务的发展推动养老金规模的扩大，将导致银行存款分流。另外，将有相当一部分养老金投资于流动性及安全性相对较好的银行存款和一些保本型或者固定收益型理财产品，商业银行可利用账户管理或者资产托管业务，将此前被分流的资金转入，保持商业银行资金规模的稳定。

最后，养老金融业务可以提升商业银行综合收益。一是养老基金行业快速发展，商业银行越来越多地参与养老金业务。二是在公司业务方面，养老金融业务有助于银行储备优质企业客户。通过托管业务了解企业经营及财务状况，防范授信风险。三是在个人业务方面，可以实现精细化金融营销，提高个人银行业务的覆盖率。四是养老金融业务还可为银行带来长期稳定的中间业务收入来源。

三、养老产业快速发展中的业务机遇

相对于养老产业巨大的发展空间和市场需求，目前我国养老金融服务"供给侧"存在短板，服务水平跟不上日益增长的养老金融服务需求。商业银行应牢牢把握养老产业发展的有利时机，深入分析养老金融市场蕴含的巨大机遇，重点布局养老金金融、养老产业金融、养老服务金融三大领域，精确定位优质客户，创新合作模式，完善养老金融服务体系，开拓新的利润增长点。

（一）养老金金融领域

养老金金融是指为储备养老资产进行的一系列金融活动，包括养老金制度安排和养老金资产管理。商业银行在该领域应做大做强、做专做优现有养老金账管、托管服务，同时继续争取养老金受托、投资资质，从而形成养老金融全流程服务能力，提高养老金业务盈利能力和综合贡献。

（二）养老产业金融领域

养老产业金融是指为养老相关产业提供投融资支持的金融活动，商业银行在该领域的布局应重点关注以下四大产业。

1. 养老地产

养老地产是养老产业中最受关注的行业之一，目前国内已经进入及拟进入养老地产的知名房企超过 30 家以上，其中不乏万科、保利、北京太阳城等著名房企。商业银行应与相关企业和保险公司共同开发养老社区。在客户、项目、授信模式选择方面，建议重点选择拥有成功养老地产开发经验的央企、地方龙头企业、保险公司等，重点支持预期入住率较高、未来现金流入稳定的项目，在项目建成阶段通过经营性物业抵押贷款等方式给予融资。

2. 医养融合

中央和地方政府正在推广"医养融合"模式，即医疗卫生资源进入养老机构、社区和居民家庭，和养老资源相互融合、相互促进，满足老年人医疗卫生服务需求，进而整体提升养老服务水平。近年来，出现了养老院中增设医疗机构、养老和医疗机构共同合作、医疗机构内设养老院等多种新型养老机构发展方式，成为医养结合机构养老模式发展的新趋势。

商业银行应逐步加大对医养融合类企业的支持力度，建议重点支持达到省级示范性养老机构标准的由地级市政府投资的公办养老机构，以及总分行级客户投资的养老机构，同时推动商业银行在医养融合领域资产、负债、结算业务的均衡发展。

3. 医疗器械和医药

2015 年，我国医疗器械市场销售规模约为 3080 亿元，平均增长率约为 20%，销售规模增长率大幅领先其他相关行业，但前十大企业的市场占有率仅为 10%，行业集中度偏低。商业银行应与医疗器械产品生产商特别是龙头企业开展合作，跟进行业并购整合动态，积极介入医疗器械领域的企业并购融资项目，同时关注养老产业配套的掌上监护仪、一体式监护仪等医疗监护设备和轮椅、血压计、血糖仪等家用医疗设备细分行业。

医药行业方面，商业银行应根据医药企业未来成长空间和潜力，择优支持中药饮片产业集群、医药经销产业集群发展。积极关注招商引资信息，重点支持医药龙头企业"走出去"项目、并购项目、外资企业"引进来"项目等。建议在与原有医药行业合作客户的基础上，对接老年医药市场上有竞争优势又符合商业银行授信政策的客户，并提供授信支持。

4. 产业基金

商业银行应积极参与已初步成型的大健康产业投资基金以及医疗产业基金的相关业务机会，并积极协助政府部门筹备建立健康养老产业投资基金。力争从源头抓住业务机会，利用当前省医疗、养老体系升级改造机遇，积极参与公立医疗及营利性专科连锁和高端综合民营医院建设基金。"以投促贷，以贷保投"，通过"股 + 债""孵化器"等模式有效衔接传统信贷业务与基金投资业务，通过信贷资金和创投资本结合，深入养老产业各环节，在资金、管理、经营等各方面对企业提供多方位支持。

（三）养老服务金融领域

养老服务金融是指为满足老年人的消费需求进行的金融服务活动，商业银行在该领域应重点拓展相关个金金融产品。

1. 养老理财产品

目前，银行储蓄和国债、低风险理财产品仍是老年理财的主要选择。随着老年群体的增加和家庭财富的增长，老年理财需求也日益增加。老年理财产品与其他理财产品相比，更加注重稳健性、防御性以及操作上的方便性。商业银行应开发并销售期限较长的固定收益型银行理财产品、长期限分段计息理财、封闭式非保本浮动收益型理财产品、债券投资单一资金信托等多种类型的老年客户专属理财产品。除向客户提供专属理财产品外，还应向客户提供养老综合理财规划，包括疾病养老、病护保障、财产传承等综合性理财顾问服务。

2. 养老年金保险产品

随着利率持续走低加之国家对理财产品的相关限制，目前市场上各家商业银行代理各家保险公司的养老保险产品购买量剧增。商业银行应开发和销售包括养老年金和意外保险金、增值服务三部分权益的保险年金产品，并同时向客户提供周年红利分配、终了红利作为特别投资回报、投保人意外身故或全残豁免保险费、客户 80 岁时享有祝寿金等增值服务。

3. 反向抵押贷款

我国老人有将房屋留给后代的习惯，商业银行可以向客户提供反向抵押贷款，达到一定年龄且拥有住房所有权的老年人，在不放弃居住权的前提下，把住房抵押给银行、保险公司等金融机构，后者经综合评估，一次性或定期发放给房主一笔贷款用于养老，直到房主去世为止。房主去世后的房屋产权由金融机构获得，可以进行销售、出租或拍卖，所得收入用来偿还贷款本息。

4. 消费金融产品

商业银行可以向老年客户提供装修、购车、车位、账单、教育等消费类信贷业务，除此之外，银行还可以对最多六名家庭成员或朋友共同承担为支付照顾老人的费用而申请老年人过桥贷款，贷款款项被直接支付给照顾老人的机构，也能够防止老人滥用资金。老年人过桥贷款可以作为房屋反向贷款的一个替代品，可以应用于如下场景：老人入住有人照看的场所，老人搬入养老院居住需要支付月费、社区入住费等。此外还可以开办老年人房屋维修贷款和老年人授信额度贷款。

四、对商业银行养老金融拓展策略建议

（一）明确养老金融发展策略，完善组织结构

随着利率市场化改革的推进和互联网金融的发展，商业银行盈利模式正发生巨大变化，养老产业已经成为经济新常态发展的新兴产业，我国人口老龄化进程的加快为商业银行提供了巨大的发展契机，如何抓住老年客群是商业银行

利润的新增长点。因此，商业银行在深入研究自身发展规划的基础上，应制定出符合市场需求的养老金融业务发展规划，围绕养老产业发展及养老保险体系改革，在社保资金结算、养老基金投资管理、老年综合金融服务、养老产业投融资等多个领域加紧布局。另外，由于养老金融业务涉及多条线的业务内容，商业银行应该从内部构建完善的组织结构，明确养老金融的业务部门、产品联动部门和营销联动部门的分工。

（二）强化创新引领，不断提高养老金融产品竞争力

根据养老产业未来发展趋势，在借鉴同业养老金融服务的基础上，加大对养老金融的资源投入，强化养老金融产品创新，不断提升商业银行养老金融产品的竞争力，扩大养老金融产品覆盖面。

公司金融：养老金业务方面，以抢抓养老保险制度改革业务为契机，加大对企业年金的争揽，积极推广商业银行年金产品。同时，持续跟进养老保险基金投资运营方案的政策动向，与财政、社保等政府部门建立长效联络机制，提前做好商业银行产品创新和服务推介工作，以便在政策落地时能及早开展业务合作。信贷业务方面，针对养老地产、医疗等养老产业链提供针对性的金融服务同时研发具有养老产业特色的信贷组合产品，丰富抵质押担保形式等；借助核心企业上下游资源，推进产业链条营销，介入保险公司、信托公司养老产业项目；提供股权、债权等多种融资渠道。

个人金融：传统金融产品方面，提供包括专属借记卡/社保卡、定期存款（惠民通）、专属理财产品、养老年金、国债及到期约定转存、增值服务和渠道便利、优惠商户等综合产品服务。保险资产配置方面，由于针对个人的保险产品是养老客户群的一片蓝海，是资产配置的重要组成部分，商业银行应着眼全产品线，从保险销售向资产配置过渡：关注医养保险，寻求广泛合作；回归保险本质，以资产配置理念配置保险产品；以家族传承理念，深化养老保险培育。

（三）加强支撑保障，做精、做细养老金融过程管理

强化商业银行养老金融发展的支撑保障，重点做好各级机构养老产业的公私联动营销，在向客户推介针对养老产业公司金融优势产品的同时，积极向企业员工推广老年卡、常青卡、社区卡等个人金融产品，提高养老产业客户整体利润贡献度。同时，商业银行要进一步拓宽客户服务和营销体系，通过优化客

户结构，从而促进不同类别、不同层次养老金融产品的发展。对区域、客户、产品分别进行分类分析管理，通过制定实施相关管理措施，不断提升养老金融业务竞争力。此外，为推动辖内分行对养老产业的支持和发展，建议在对一级分行的考核指标中，单独设置养老金融发展这一战略指标，重点考核分行对养老金融业务的推动和发展力度，为未来业务发展提前谋划，做好项目和客户储备。

（四）把握风险底线，发展养老金融和风险管理并重

商业银行应在养老金融产品期限、担保方式、客户群体选择等多个方面认真研究和甄别，择优叙做相关业务，确保商业银行资产质量安全。一是在营销过程中谨慎选择客户，强化对客户整体实力的考核，增强担保能力；二是着力平衡业务发展与风险管控的关系，金融产品设计要适度，避免出现过度金融创新的产品，产品宣传营销要做到诚信第一，严禁夸大投资收益的行为；三是加强专业养老金融人才培养，提高其职业道德水平，完善激励机制和监督机制。

大数据业务创新

◎ 信用卡行业对大数据应用的现状与对策

信用卡行业对大数据应用的
现状与对策

大数据是需要新处理模式的具有更强决策力、洞察发现力和流程优化力的海量信息资产，其本质是对大容量数据的高速捕捉、发现和分析，获取对未来趋势发展的判断和推测。我国互联网行业巨头和商业银行在使用大数据方面取得了快速的发展，大数据的使用会为信用卡业务发展带来巨大的契机。

一、互联网巨头对大数据的使用情况

阿里巴巴、腾讯、京东商城拥有数据资产的类型基本相同，它们的数据应用场景有共同的体系，该体系一共分为七层：数据基础平台、业务运营监控、客户体验优化、精细化运营和营销、数据对外服务及辅助市场传播、业务经营分析、战略分析。在具体的业务发展场景和大数据使用方面，又各有特点。

（一）阿里巴巴

在过去的十几年里，阿里巴巴快速成长，2005 年的时候每日交易量少于 1 万笔，到 2015 年 11 月 11 日的时候交易额达到 912 亿元，2015 年底，阿里巴巴在其淘宝和天猫网站上有 3.5 亿多注册用户和 3700 万小企业用户。2007 年，阿里巴巴与建设银行合作开发了阿里贷款，由建设银行运营，阿里巴巴将电子商务的信息提供给建设银行，从而使其可以更好地进行贷款决策。2011 年起，由于阿里巴巴向建设银行索要高额的数据报酬，双方合作终止。阿里巴巴开始使用阿里金融网站发放贷款，截至 2014 年 2 月底，阿里巴巴共向 70 万家中小企业发放了 1700 亿元贷款，每笔贷款的平均成本仅为 0.3 元人民币，是传统贷款成本的千分之一，坏账率却小于 1%。

2014 年 4 月，阿里巴巴开启了招财宝平台，小企业和个人可以在招财宝上申请贷款，当月贷款规模达到 140 亿元人民币。2014 年 7 月，阿里巴巴启动了开放数据处理服务（ODPS），这个项目使用100多个模型，每天处理800亿条数据，对借款人的信用进行评估。该平台只有70名员工，所有的贷款都是通过机器自动审批，没有人工干预。2015年，阿里巴巴成立了芝麻信用公司，提供消费者和小企业的信用评估，帮助评估借款人的信用情况并提供贷款和小额融资等服务。2015年6月，阿里巴巴旗下的浙江网商银行成立，这是一家云端的互联网银行，主要服务对象是农村客户，网商银行的数据来自芝麻信用。蚂蚁金服计划向小企业和消费者发放500万元以下的贷款，网商银行计划在未来的5年里向1000万家中小企业发放贷款。

随着交易笔数的迅速增长，数据计算、处理和存储也必须不断演化。2009年时，阿里巴巴使用RAC平台，后来使用GP和Hadoop平台，现在转变为使用ODPS平台，数据处理的模式也从原来的"T+1"处理模式转变为实时处理模式，且每笔交易的欺诈检测可以在万分之一秒内完成。阿里巴巴的数据来自淘宝、天猫、支付宝、高德地图和其他来源。这一系统保障所有的买家和卖家可以快速和安全地进行交易。市场营销、金融部门和商户使用这些数据进行精准营销，并提供个性化的客户服务。

阿里巴巴的大数据风险管理体系包括四个方面。第一，新的机制和算法的风险防范框架（见图1）。在支付宝使用多层次风险防范架构，对每一笔交易的欺诈防范有五个层次：（1）账户检查，（2）设备检查，（3）活动检查，（4）风险策略，（5）手工复审。第二，实时欺诈监控系统CTU，追踪和分析账户和用户的行为，使用人工智能技术识别可疑的活动并采取不同层级的应对措施。关注大额交易、可疑的退款交易、反洗钱、市场欺诈、丢失卡、被盗卡和账户交易。第三，欺诈风险模型和RAIN评分。第四，社交网络分析，使用平行图形算法和特殊图储存来处理大量的网络联系图，找出不同主体之间的联系。

（二）腾讯

截至2015年第三季度末，QQ活跃用户数达到了8.6亿人，微信已经拥有6.5亿活跃用户，微信和QQ已经绑定了2亿张银行卡。2015年初，腾讯成立了微众银行，所有的业务都是通过网上进行。微众银行的一个主要的创新是使用了大数据，主要策略是向微信用户提供信用贷款，鼓励他们在指定商户消费。腾讯还将推出会员计划和积分计划，以鼓励用户使用微信支付。

腾讯大数据平台有如下核心模块：第一，腾讯分布式数据仓库（TDW），

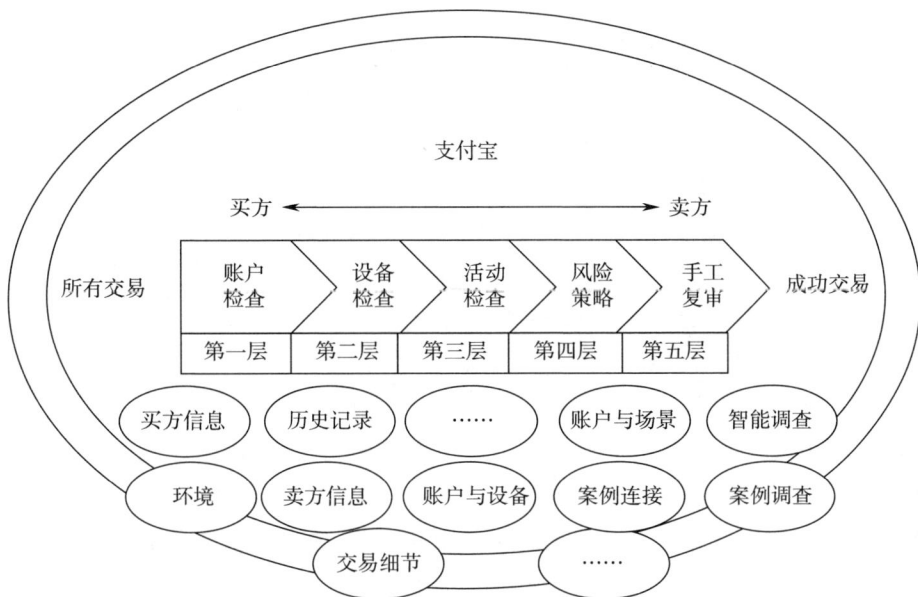

图1　多层次风险防范框架

用来做批量的离线计算，支持百 PB 级数据的离线存储和计算，提供大数据平台支撑和决策支持。第二，腾讯实时计算平台（TRC），负责做流式的实时计算，对时间敏感的业务提供海量数据实时处理服务。第三，数据实时收集与分发平台（TDBank），作为统一的数据采集入口，为离线计算 TDW 和在线计算 TRC 平台提供数据支持。第四，统一资源调度平台（Gaia），负责整个集群的资源调度和管理，让应用开发者像使用一台超级计算机一样使用整个集群，简化了开发者的资源管理逻辑。

腾讯基于以上四大基础平台的组合联动打造出了多种数据产品及服务，如广点通、实时多维分析、秒级监控、腾讯分析、信鸽等。对于广点通广告推荐而言，用户在互联网上的行为能实时地影响其广告推送内容，在用户下一次刷新页面时，就提供给用户精准的广告；对于在线视频、新闻而言，用户的每一次收藏、点击、浏览行为，都能被快速地归入他的个人模型中，立刻修正视频和新闻推荐。此外，腾讯还通过 TOD（Tencent Open Data）产品将其大数据平台的各种能力及服务开放给外部第三方开发者。

（三）京东

截至 2015 年底，京东商城已经拥有 1 亿名活跃用户，年收入达到 200 亿美元。2015 年 6 月，京东与美国大数据分析公司 ZestFinance 合作推出中国消费者信用数据系统，这家公司评估用户的风险，并向京东商城的用户提供购物分期贷款，还将向公司客户提供征信分析服务。京东商城以大数据为基础提供京东白条贷款，并输出大数据征信，将征信数据变现为信用资产。京东金融经常性地发行基于京东白条的 ABS 产品。

针对业务数据的快速增长，京东在 2012 年启动了大数据平台的搭建，京东的大数据平台基于分布式的技术，支持异构数据集市，实现了分布式架构与传统 BI 工具的有机融合。京东的 IT 包括三层结构：技术层、服务层、应用层，建立了四个平台：技术平台、大数据平台、电商 API 平台、应用平台。京东的大数据平台包括：（1）调度平台，将任务在不同的服务器之间进行调度。（2）数据集成开发平台，方便数据分析师和业务部门数据需求人员提取数据。（3）数据知识管理平台。（4）京东分析师，提供对数据的可视化处理和分析能力。（5）数据挖掘平台，在基础的机器学习算法之上，可以根据实际业务开发定制算法，满足算法应用场景。（6）数据质量监控平台。

京东对大数据的应用体现在如下四个方面：第一，提供精准营销，京东将其拥有的电子商务全过程价值链的所有数据引入用户画像的建模过程，更精准地描绘客户的全方位特征，使推荐、广告和搜索更加智能化地服务于用户。第二，优化供应链中库存、配送的管理。第三，提供个性化的智能服务，对海量的用户评论数据进行挖掘，尝试了解客户意图，为商品打上不同的标签，对重复购买的商品，主动到期进行推介。第四，提供卖方信用贷款和供应链融资服务。根据用户交易记录和行为习惯给出客户相应贷款额度。

（四）信而富

2009 年，信而富完成 100 多万信贷客户的风险筛选，与银联、建行、光大、兴业、万事达等银行及机构合作，成为国内主要的风险管理服务商。2015年 2 月，信而富与腾讯合作，宣布已经向 5000 万客户预批了每人 500 元人民币的贷款，这些客户来自 QQ，这些贷款的批核是基于对这些用户社交和线上线下财务信息的分析。信而富已经成为中国最大线上贷款商，并且预测中国有5 亿潜在的借款人。2015 年 7 月，信而富平台借款交易笔数突破 250 万笔，这家公司的目标是使用从多种渠道获得的数据对这些潜在客户进行信用评分，并通过手机应用平台向他们推广贷款。

信而富采用三大核心技术：事先批准、自动决策及风险定价技术。信而富在对客户进行信用评估时，使用的数据来源主要分三块：第一，人民银行的征信报告；第二，合作的第三方征信数据，采集客户的行为数据；第三，自己的数据采集，对平台服务的客户进行实地数据采集。信而富通过自动决策评分技术从大量的数据中识别出优质客户群，并提供相关验证机制完善评分系统。

二、国外信用卡行业对大数据的使用

（一）在发卡审批中的应用

纽约的大数据评分公司（Big Data Scoring）开发的大数据评分系统能够提高银行客户信用卡的审批通过率，同时降低信贷损失的风险。该系统对每位客户可以从社交媒体、博客、随机网站等多种渠道搜集数万个外部数据，这些数据包括网站搜索、线上行为、地址调查等，并在此基础之上评估客户的信贷风险。当客户提交信用卡申请的时候，银行会查询同一社区客户的交易数据、客户的网上行为和交易信息、当地商户的交易信息以及这一 IP 地址的相关信息，并进行评分。2014 年，该系统使被评估客户的信用评分准确性提升了 22%，银行信用卡坏账率从原来的 7.5% 下降到 4.9%。一些银行为了提高信用评分的准确性，从征信公司购买价格较为昂贵的正面信贷信息，作为授信评估的依据。大数据评分公司的这一方法目前主要应用于较差信用记录历史的客户，该模型评分的准确性甚至高于昂贵的正面信贷数据，给银行带来更多的客户和更高的贷款质量，减少了信贷风险，增加了利息和手续费收入。

（二）在营销推广中的应用

英国的 ERN 公司开发的 Looop 系统将卡支付与商户数据连接起来，实时捕捉和分析交易数据，帮发卡行和商户创造更大的价值。商户和银行可以分析客户的消费模式并即时向客户发送定制化的营销推广，增加客户到访量，提高了运营效率。商户可以在 Looop 平台页面上定制推广，设定推广名称、描述、优惠代码、条形码或二维码、宣传图片和文字，定制开展推广的分店和目标客户群以及他们的地理范围。客户登录手机上的 Looop 应用，可以看到在附近的不同商户发来的交易优惠券和二维码，客户在结账时出示这个优惠券即可享有优惠。商户和银行还能查看相关的卡交易和统计分析，帮助商户实现销售目标。

（三）改善客户体验方面的应用

美国的 Adobe 公司开发的 Adobe 营销云系统将客户的多项体验有机整合在一起，帮助银行测试和改善客户体验。Adobe 营销云使用实时的互联网、社交网络和移动终端的数据，对客户的行为进行实时的分析，改善客户在营销活动中的体验。客户在银行的网页提交信用卡的申请之后，银行在审批信用卡后会通过电子邮箱发送欢迎信，介绍信用卡的优惠和优点。客户之后会通过电子邮箱收到高度互动性的对账单，有各种信息的统计图表及个性化的分析和营销推广资料，客户可以即时在手机月结单的界面上申请办理何种分期业务。这些界面全部是高度个性化和形象化的。银行的后台可以对客户申请的图表、网页的架构、对账单的布局进行分析和实时的修改，提高了客户的个性化感受。

三、国内外银行信用卡业务使用大数据的对比分析

（一）国内外银行信用卡行业使用大数据的共同之处

近年来，国内银行在发卡、精准营销、风险控制方面对大数据有较多的应用。

1. 在发卡业务中的使用

大数据在发卡业务中的应用有两种方式：一是多维度数据评分模型。即在信用卡审批中将多种渠道获取的客户数据作为发卡依据，扩大潜在客户的范围。例如，中信银行建立了包括客户个人信息、交易数据、客户属性、居住信息和线上交易、风险偏好、社交网络活动的数据库，根据多维数据评分来判断是否发卡，扩大了潜在客户的范围。二是社交关系圈产品推荐。通过分析客户公开发布的行业、职务等线下信息和论坛、版主、群主等线上信息，对新客户和存量客户的社会关系绘出相关社交关系圈图谱，找出热点客户，向热点客户及其社交关系圈进行卡产品的推荐。

2. 在实施精准营销方面的应用

国内发卡行开展大数据精准营销，具体有三种方式。一是优惠实时推送，按照客户的行为特点向不同客户提供更具针对性的营销活动，可以在客户刚好满足事先设定的金额、笔数条件的那次刷卡后马上获得，实现秒级营销。二是基于地点的营销，通过持卡人的交易信息分析，实时定位客户交易所在商圈，

由此推荐商圈内现有的营销活动。三是差异化营销活动，通过大数据分析，向具有不同交易行为特征的持卡人推荐差异化的优惠和服务。在客户用卡过程中，针对客户的行为特点向客户推介有针对性的商户优惠活动。

3. 在客户服务中的应用

大数据在客户服务中的应用主要包括两种形式。一是价值评分模型决定的差异化服务，商业银行利用客户大量线上以及线下的数据，建立客户潜在价值评分模型，根据模型评分，决定给客户提供何种附加价值的服务。对于不同评分客户的查询来电按不同优先级设置接听的顺序，也有一些银行对于评分等级不同的客户提供不同的送卡服务。二是客户挽留，通过数据挖掘进行流失分析，分析客户流失原因，实施有的放矢的挽留策略。

4. 在风险控制中的应用

大数据在风险管理中的应用主要有三种方式。一是开展欺诈风险监测，如中国银行依托技术工具，提高风险决策的规范化与科学化，不断优化和动态调整欺诈侦测规则参数，不断优化风险计量模型。二是开展动态额度管理，如中国银行利用大数据实施客户的动态额度管理，用客户过去的行为数据和规律来判断客户未来信用好坏的概率，对信用好的客户调高信用额。三是实时精确授信管理，利用大数据驱动技术挖掘行内客户数据，以存量数据作参照，准确定位目标客户并主动授信，挖掘有效的风险识别因子，预测客户交易所需授信额度。

（二）国内与国外信用卡行业使用大数据的差距

相比之下，国外银行信用卡行业对大数据的使用更为精细化和深入。国外银行除开展一般性的精准营销和客户维护外，还开展了以下四个方面的应用。

1. 促进口碑传播

客户的行为有时像多米诺骨牌一样互相影响。Ford 公司在推出新产品之前，会挑选 100 名最有影响力的博主，邀请他们参加相关的活动，这一做法降低了营销成本，提高了营销效果。T－mobile 公司还制定了客户的影响力评分，用来识别最有影响力的客户，了解他们的用卡行为趋势。

2. 优化定价策略

五三银行（Fifth Third Bank）使用产品定价分析引擎招募新客户，该行使用大数据分析测算在不同的定价水平下客户的招募可能性和用卡消费水平，了解一个客户分层愿意为一项产品和服务付出多少费用，找出不同客户分层的差别化定价策略，并采取有竞争力的迎新策略，这一策略在航空售票业有丰富的经验。

3. 识别客户流失临界点

对客户将来的行为进行预测，在合适的时间点采取必要的挽留措施，减少重新激活客户的成本。美国运通使用复杂的模型找出预测客户流失的 115 个变量。2014 年，该公司能够准确地识别 24% 在未来四个月中流失的客户，并及时采取措施防止客户流失。客户取消自动还款，或者在社交媒体、电话热线上抱怨之后不久，就会取消账户。2012 年，Tatra 银行使用预测客户流失临界点的方法，减少了 30% 的客户流失。

4. 渠道跟踪

识别客户在各渠道上行为和切换动作，识别出能够导致成功销售的行为模式，在各渠道商提供更为相关的营销信息，提高客户营销的有效性。Vodafone 将客户在线上和移动客户端的 Cookie 连接起来，使客户在不同渠道上的购买行为能够顺畅连续，使客户中断的购买行为大幅降低。GE Capital 公司使客户在跨渠道的交易流程更加顺畅。Moneymarket 公司整合多渠道信息在侦测到客户旅游消费倾向后，向客户传送相关旅游产品，使相关产品收入大幅度提升。

四、对我国商业银行信用卡业务使用大数据的建议

（一）提升发卡业务自动化审批比例和审批速度

充分利用大数据提升发卡审批自动化。一是丰富审批数据来源。充分利用银行内部的多种信息，整合全部产品线信息，并与人民银行、公安、银联、互联网公司等外部机构合作，借助外部机构捕获新鲜数据，作为客户信用评估的依据。二是拓展线上申请渠道，开展快速审批。应优化网银、移动互联网终端申请业务处理流程，拓展外部合作，增加互联网获客的数量。开展快速审批，提升信用卡授信准确性。三是开展预授信和场景营销发卡。在商户发展消费分期和信用卡申请审批业务，扩大商家消费额和卡量。

（二）全方位提升客户体验

一是培养一支既熟悉业务管理又精通数理分析的大数据人才队伍，积累大数据使用经验，对授信发卡、服务定价、客户服务、优惠营销、客户挽留、风

险管理的流程进行梳理，提升大数据的应用水平。二是开展客户情绪分析、客户流失临界点预测、客户跨渠道行为分析、客户精准定价、监控客户评论、识别下一购买产品、识别热点客户等大数据的高阶应用。三是提供个性化互动式的服务。利用大数据和云计算的技术，为银行客户提供线上和线下相结合的O2O服务渠道，线上服务模式包括网银、手机银行、微信服务平台等多种电子化服务渠道，线下服务模式包括存取款机、自助服务终端、物理网点等，打造线上电子化渠道和线下物理网点渠道相结合的综合金融服务体系，提供互动式、个性化、高度相关的营销与服务。

（三）加快发展电商平台

目前，工商银行、建设银行等为积累商户和客户数据，均大力发展电子商务平台，工商银行的电商平台的交易量已经在全国排名第三，仅次于天猫和京东商城。商业银行应面向未来，实现电商平台的跨越式发展，积累商户和客户数据。一是增加商户和客户数量，提供汽车、食品、家电、数码、家具用品等门类齐全的商品，扩大电商平台上的商户数量和客户数量，积累商户和客户行为数据，同时扩大分期交易额，增加业务收入。二是推出金融服务产品和金融产品搜索平台，打造跨机构的金融产品搜索平台，吸引客流，积累客户行为数据，扩大客户基础。

（四）利用大数据开展多项业务的交叉销售

开展个金业务交叉销售与精准营销。一是设计符合客户特点的产品组合。创新理财产品，研究理财产品、客户存款额度、使用信用卡的规律，设计符合其理财偏好的理财产品。创新信贷产品，针对不同地域、研究不同资产状况、不同特点客户的差异化产品需求，向客户提供更加丰富、个性化的产品组合。二是与证券、保险、信托、电子商务、互联网公司等合作伙伴实现产品与服务的跨界融合，共享客户资源，建立数字化生态系统，提供有针对性的服务。

云计算业务创新

◎ 国外金融行业对云计算技术应用创新趋势浅议

国外金融行业对云计算技术应用
创新趋势浅议

"云计算"（Cloud Computing）是指基于互联网向客户提供的信息技术服务：动态易扩展的虚拟化信息服务资源（存储、检索服务、应用系统）。继个人计算机变革、互联网变革之后，云计算被看作第三次 IT 浪潮。它将带来生活、生产方式和商业模式的根本性改变，成为当前全社会关注的热点。2016年7月15日，银监会发布《中国银行业信息科技"十三五"发展规划监管指导意见（征求意见稿）》，要求金融机构稳步开展云计算应用，主动实施架构转型，到"十三五"末期，面向互联网场景的重要信息系统全部迁移至云计算架构平台。本文从建立贷款管理平台、开展精准化营销、优化营销活动管理的工具、数字化的支付管理工具、建立支付应用组合的基础平台、组合多项新技术的手机应用、建立运营平台等几个方面分析国外金融机构使用云技术开展的创新，并对我国金融机构开展相关工作提出建议。

一、建立贷款管理平台

美国加利福尼亚州的 Turnkey 贷款公司曾经在金融技术创新领域获奖，为20 多个国家的金融机构提供软件，是全球信用评分、决策自动化和非银行贷款管理方面的领先者。该公司利用多年的经验建立起中小规模贷款的自动化处理系统，满足了金融机构实现贷款自动化和提高信用评分准确性的需求。该公司 Turnkey 贷款云平台是一个智能的全自动化端到端非银行金融机构贷款系统，支持贷款从申请处理、数据收集、自动决策、催收、客户档案管理到报告的全部生命周期，系统可以便捷地与内外部数据资源整合在一起，方便银行交易数据提取、查询和处理。

系统通过采用先进的评分系统、严格地筛查申请人以及查阅一系列复杂的报告，使银行的信贷风险降到最低。这一系统对消费者贷款、工薪日贷款、消费金融、汽车贷款、中小企业贷款、住房融资、P2P 和其他类型的贷款来说非常理想。这家公司向小规模的金融机构提供合适的贷款审批系统，使各种资信的客户得到理想利率的贷款，每个人得到更好的贷款服务。客户可以从电脑或手机上登录系统，金融机构登录系统后，在输入客户申请信息之前，需要首先输入决策规则，这其中包括防欺诈规则、信用政策规则、内部规则、征信机构规则、社交网络规则。

防欺诈规则包括：检查客户的驾驶执照 ID 在数据库中是否唯一；检查客户的 SSN 在数据库中是否唯一；检查借款人的电话号码、电子邮箱、SSN、全名、驾驶执照 ID 是否列在黑名单中；检查数据库中客户的电话号码是否唯一；检查客户的主电话号码是否被数据库中的他人使用；设定客户的年龄的最高值；检查客户的电话号码是否在可用电话号码清单中。

在信贷政策规则中，设定客户在现住址居住超过一定时间的长度；检查借款人是否为美国居民、是否有正式的工作；设定借款人的年总收入不少于多少金额；设定贷款与收入比值的最高界限。

内部规则包括客户未偿还的贷款的笔数、客户历史上逾期贷款的最高次数。

征信机构规则设定包括客户申请破产的次数的限制、客户名下贷款是否有坏账、在过去 6 个月中客户查询征信报告的次数限制、客户征信机构信用评分的最低分数要求。

在社交网络规则中，需要设定每月最多的社交网络活动次数；社交网络账号开立至今最短的时间要求；被其他方面负面评价的最高比例；好评的最低比例；客户在社交网络最活跃时间段；客户在社交网络上活动的最高次数与最低次数限制。系统还可以设定在每一个规则不满足规定的数值要求时系统自动采取的动作，如转接给工作人员处理，或者拒绝。

客户也可以建立评分卡，可以设定每一项客户的特征的评分值，如婚姻状态中，设定已婚、单身、离婚、寡妇、同性恋每一项的分数；在抚养人数中，对抚养人数分别为 "<0" "0~1" "1~2" "2~3" ">3" 的每一个选项设定分数；在工作单位人数规模中，对工作单位人数为 "<50" "50~100" "100~250" ">250" 的每一个选项设定分数，使用者可以使用系统默认的评分卡，也可以输入自己的评分卡。

在使用系统的时候，金融机构职员可以看到客户情况的全景图，包括客户的征信评分、征信机构评价、符合的信贷规则、违约概率、风险水平、系统决策、客户信息、信贷历史、申请文件、资料更新历史、总结等。在抵押物管理界面，可以显示抵押物的信息和对应的贷款信息、还款区域可以查询客户还款的历史。在催收界面，可以看到还款计划。在汇总信息界面，汇总了贷款的各项综合信息，贷款员工的绩效表现、提前还款、逾期准时还款的比例、坏账、核销的金额和比率等。

二、开展精准化营销

俄罗斯的现金折扣公司是一家研究实验室，主要研究银行客户资金流向的搜集和分析。这家公司现在在欧洲有 25 家银行客户，包括花旗、Thinkoff、阿尔法银行等，这些银行拥有超过 1 亿的个人客户，这家公司的合作伙伴还包括领先的电子银行开发公司。该公司帮助商业银行搜集来自银行、商户、电子钱包提供商、忠诚度计划等来源的数据，并基于客户的行为和偏好建立客户档案，提供个性化的营销。金融行为数据分析结果被用于评分系统和忠诚度计划，该服务使用云计算技术，但所有客户的银行交易数据完全通过加密和匿名的方式传输，不包含客户的姓名、卡号和其他个人信息。

从银行、商户、支付钱包的客户交易数据被集中在一起，客户了解自己的全部交易信息，仅需要登录这一系统，所有连接的系统交易就会显示。客户点击银行交易的标记，进入相应的卡图标和卡号，这一卡号项下的所有交易就会显示在屏幕上。多数交易每一笔之前都有商户的商标，客户点击一家商户如超市的图标，就会进入到这家商户的会员卡界面，点击会员卡账号，会显示出所有在这家商户的交易的明细。在报告的界面，系统会向客户展示每一商户、每一日期、每一家银行的交易分析图表。客户可以使用手机相机对特约商户的账单上的二维码进行扫描，商户的折扣即时到账。客户在某一商户进行消费时，系统会计算适用的优惠活动，并主动向客户推送优惠信息。客户有多种交易的选项，帮助客户增加折扣的金额，节省资金。

三、优化营销活动管理的工具

美国纽约的 Optimove 公司提高了银行在市场营销活动中全渠道客户沟通的效率和效果，该公司的目标是帮助银行、零售业、博彩业和互联网服务业提高现有客户的满意度和参与度，为全世界超过 250 个品牌的公司提供服务。

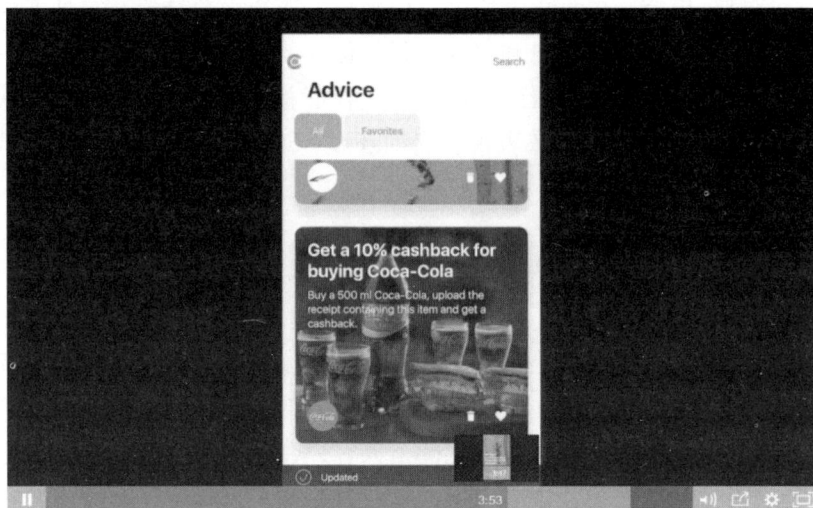

图1 俄罗斯的现金折扣公司系统页面

Optimove 的营销云将数据分析的科学和市场营销的艺术完美地结合起来，向客户提供个性化、实时、多渠道的营销活动。该公司独特的技术组合帮助推广者最大化客户的参与度、忠诚度和生命周期价值。该系统实施从市场策划、执行、测量、优化的一整套高度个性化的客户挽留计划，将所有可得到的客户数据整合在一起使用针对细分客户群的客户预测模型、人工智能和机器学习，预测未来客户的行为和价值，自动开展针对客户的最有效的沟通。

该公司的预测引擎针对交易、行为和客户特征数据使用了数学统计模型，来预测客户的行为和价值，表达出相似特征和倾向的客户会被划分到相同的动态细分客户群中，这些细分客户群是银行开展营销活动的基础客户分层。

Optimove 的模型反映商业银行独特的操作模式和独特的客户数据，它将初始数据、现场和手机交易行为与营销反映数据整合在一起，整合后的数据用来进行 360 度的客户分析，帮助前线营销人员提供营销参考。该系统强大的发现能力帮助营销人员准确地了解多层面的客户结构，包括客户所处的不同的生命周期，以及客户微观的分层情况。帮助发现客户现有的特点并预测他们未来的行为，包括流失率、转换率、再激活率和将来的价值。这些洞察的结果帮助金融机构开展更有效的营销活动。该系统帮助营销者系统地优化营销的效率，使用机器学习技术分析每一项营销活动的效益，优化对客户的沟通，提高客户的响应度。

这一系统将客户数据转换成对客户的洞察，指导营销活动。首先，使用这一系统可以将原来静态的营销活动过程转变为动态的过程，营销人员进入系统，系统界面上展示营销活动日历，每一行都有不同的颜色，代表不同的渠道，每一行都对应着不同的客户状态，例如，发生过一次交易的客户，数据每天处理，对每一个状态的客户采用不同的沟通方案。如果客户的分层发生改变，也会收到不同的营销方案。客户营销经理可以集中精力研究采用何种方式营销客户。其次，这一系统还对每一个营销活动的结果进行量化的测量，营销人员可以看到每一笔营销实际产生了多少购买量，目标客户的数量和回复的客户数量、回应率，对照组的回复比例等，可以清楚地了解营销活动的效果。最后，系统还能够根据最新的数据预测在每一个小的客户分层内，哪一种营销方案能够取得最大的成功率。

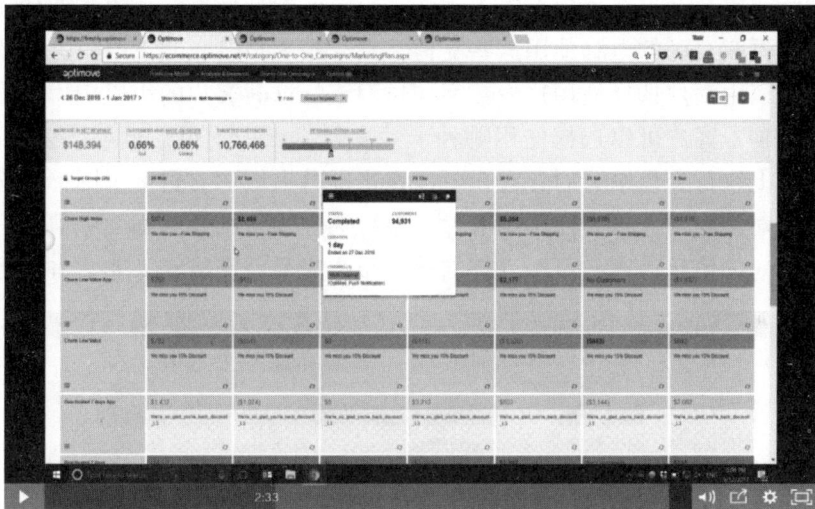

图 2　Optimove 公司系统页面

四、数字化的支付管理工具

美国加利福尼亚州的草原云公司为金融机构提供适用于数字化支付的安全保护，由于金融机构使用现代社会的支付系统，它们希望在系统投入较小的前提下满足客户使用所有支付渠道的需求。金融机构通过多种支付服务，可以从每名客户获得 300~600 美元的收入。草原云数字支付卫士是一个强有力的与移动钱包、银行相连接的支付网关，通过现有的电子银行渠道为金融机构客户提供安全、方便、易用的数字化支付服务。这一系统使用银行现有的数字银行通道，使用与支付相关的安全水准，完全掌控了客户的银行支付关系。这个技术方案使用云计算技术，在云平台的支持下运作。

这家公司帮助银行为客户提供多种支付服务，给银行带来更多的手续费收入和更好的客户体验。客户进入系统的主页面，上面汇总了客户名下所有的卡片和支付账户，显示每一种卡片的商标和卡片所剩余的额度。客户除了可以看到自己拥有的卡片外，还可以增加各种支付渠道，包括信用卡、借记卡、商户发行的卡片、礼品卡等，选择一个卡种后，系统会出现菜单，客户可以填写这一卡片的信息，之后会生成一个带商标的图标记录。在页面的右上方，客户可以选择在什么渠道可以应用这一卡片，当选择在手机开通某一卡片时，系统会显示激活密码，客户在手机上输入激活密码，经验证后这一渠道才能使用。客户也可以授权自己的电脑使用这些支付工具。当客户进入线下商户进行购物的时候，可以由商户选择使用这一数字支付卫士，这时客户的手机应用会显示出支付的选项，客户可以选择使用哪种卡片支付，点击支付，就可以完成付款。当在网站上进行交易结算时，客户可以点击屏幕右侧的支付卫士图标，客户可以在小的对话窗中选择要使用的卡片，系统会在支付结算的画面中填上客户所选账号对应的信息，客户可以选择结算，整个交易就完成了，非常方便迅速。

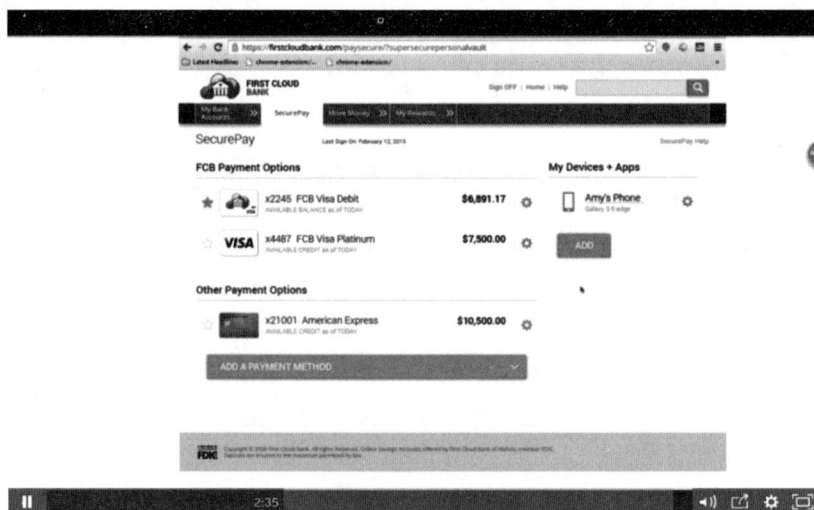

图3 草原云公司系统界面

五、建立支付应用组合的基础平台

新加坡的阿尔法支付云公司在第三方支付领域是一家领先的公司，为商业银行、支付服务商和商户提供第三方支付、风险和商业解决方案。阿尔法 Hub 是一个中间件云平台，允许支付服务提供商将它们的服务和解决方案插入平台。银行和其他金融机构可以登录平台和销售这些解决方案。商户可以登录并对解决方案进行个性化定制。阿尔法支付云将来自不同平台的创新整合在一起，满足了多渠道整合的商务需求，为客户提供简单顺畅的流程。

阿尔法 Hub 提供与支付服务商的即时连接，通过 Hub 将商户报告和支付数据集中在一起，帮助用户选择从成本和功能上看最合适的服务提供商。由于这一 Hub 与多家支付服务供应商建立了连接，用户只需与 Hub 建立连接即可，无需与每一家建立连接，从而节省了时间和成本，同时也提高了项目实施的进度。更多的数据带来更高的智能和收入，商业银行可以对客户提供多种支付类型的选择，银行仅需要简单地帮助客户切换到对应的支付应用，就能够迅速地支持客户最新的业务需求。该系统还使用了人工智能预测模型来寻找有效的服务商队列和规则，以更好地适应和服务于每一笔交易。

现在每一天都有新的金融科技应用投产。人们经常会看到一些新的技术，公司的 CTO 认为很好，但需要排队等到一两年以后才能投产。这一系统在建

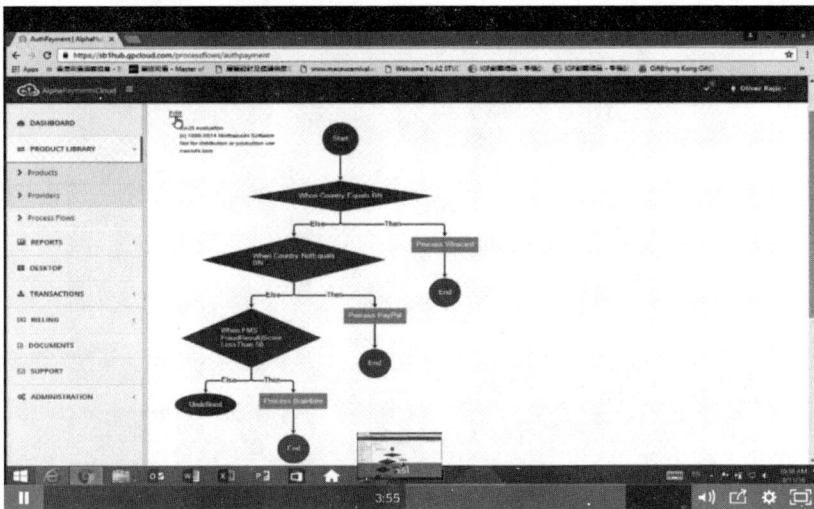

图 4　阿尔法支付云公司系统界面

立之后的一年来，每天处理的平均业务量达到 300 万～500 万笔。这一系统加载了数百种支付应用，客户支持一种支付应用，无需标准化处理 API 的程序，无需编制每一项应用的报表。将数百种移动应用连接在一起，使用中间件，客户可以集中预算和精力处理自己擅长的业务，简化了介入的程序。每家银行的客户不同，客户喜欢的支付程序也不同，银行可以客户化定制支持的支付应用，可以指定客户登录的规则和不同应用的组合，对某一家商户，都有不同的应用组合。客户只需要记住一个单一的密码，就可以登录数百种支付应用，可以将支付、报表整合在一起。

六、组合多项新技术的手机应用

美国得克萨斯州的 Kony 公司是一家快速成长的云计算企业，是互联网应用开发行业的领先者。这家公司帮助不同规模的金融机构开发独创性的手机应用，把金融机构最新的创意转为显示服务。该公司建立了业界最先进的数字化平台，提供全渠道手机银行应用。Kony 公司手机应用具有很多先进的技术成分，是一款可以客户化定制的零售银行手机应用，同时也减少了银行的开发时间，优化了银行的操作流程。Kony 应用平台是一个开放的标准平台，帮助企业快速定义、设计、建立、整合、实施和管理手机应用。该公司拥有公有云、私有云，适用于任何人、任何地点的任何金融需求。不论金融机构的何种需求都能得到一定的支持。

图 5　Kony 公司的增强现实图像展示

Kony 提供可以编辑的具有自我风格的零售银行服务，金融机构目前面临数字化迁移、金融科技、品牌识别、客户体验等方面的挑战。Kony 整合了人脸识别、语音识别、聊天盒等技术，在这一平台上注册用户非常简单，客户只需要输入自己的邮箱地址、手机号码，之后输入自己的密码，并开启相机采集面部图像，屏幕上有一个黑圆点，在屏幕上不同的位置移动，客户眼睛盯住圆点，系统就会记录下客户的不同面部图像。

登录手机应用的时候，客户可以面对镜头，系统核对人脸图像，如果客户眨眼可能就不能通过验证。该应用支持存款、汇款、贷款等传统银行服务，除此之外还支持聊天盒的功能。客户点击聊天盒的按键之后可以询问"我的账户余额是多少""显示我的信用卡账单，显示所有的交易""显示离我最近的ATM""我过去一个月消费了多少钱""报告卡片丢失""我想汇款"等问题。如果客户询问"我的账户余额是多少？"这时屏幕会显示出信用卡、活期存款账户、定期存款、取现几个选项，客户回答"活期存款账户"，这时屏幕上会显示出活期账户的余额。如果客户询问显示最近的 ATM，这时屏幕上会显示出附近的地图，标注出附近的该银行的 ATM。

如果客户说"我想汇款"，这时系统会再次询问从哪个账户汇出，选择账户后，系统会询问汇款金额是 100 美元、500 美元、其他金额或取消，客户回答其他金额时，可以输入希望汇款的金额。这时系统会跳转到客户预先设立的收款人清单，客户选择收款人后，系统会提示需要进行声音验证，客户按照画面提示读出一句显示的话，如"请验证我的身份是否正确"，如果验证通过，资金就会汇出。

此外，系统还有财务顾问功能。例如，客户可以对聊天盒子说"我想购买一台 1000 美元左右的相机"，这时系统会回答"目前的账户余额足够"，之后系统会显示出多款 1000 美元上下的相机的图片，在每一款相机下面会显示相机的详情。如果客户选中一款相机，就可以进一步选择收获地址、支付卡片并进行支付，客户也可以选择使用贷款进行支付或进行分期交易。

当客户到一家银行网点办理业务时，可以打开手机应用中的增强现实功能，客户仅需要使用手机的相机对网点景象进行扫描，手机应用中就会出现带有引导图标的网点景象图，显示哪里是现金交易区、哪里是理财区、哪里是产品展示区和 ATM，图片的背景墙上还显示了这名客户的姓名，显示出欢迎这名客户的信息。

七、建立银行运营平台

英国巴克莱银行构建了基于"Ping IT"云的新型移动支付平台。由于采用的是云平台，该服务在 7 个月内就得到启用，新功能的部署速度提高了 12 倍。在不到两年时间内，Ping IT 带来了 250 万的下载量（占巴克莱银行全部用户的 12.5%），为消费者、中小企业和企业客户提供了一套丰富的特性和功能集，使得巴克莱银行在英国的移动支付市场处于领先其他银行两年的位置。

德国 Fidor 银行是一家成立于 2008 年的直销银行，定位是云生态系统之上的"原生云"银行。该银行以 API 的方式构建了自身的核心银行平台，利用社交媒体用于获取、保留、交叉销售和研发。Fidor 银行的用户分为三个层次：社区用户、支付用户和全功能零售银行客户。Fidor 银行的社区用户达 30 万人，其中 70% 是支付客户，30% 是全功能客户。Fidor 银行只有 34 名员工，没有网点，存款余额为 1.6 亿欧元，贷款余额为 1 亿欧元。平均每位用户的 IT 成本仅为 10 欧元，平均每位用户的总体服务成本为 21 欧元。

八、云计算技术的特点

云计算服务系统主要包括三个关键功能层次，分别是应用服务层（SaaS）、管理中间件层（PaaS）和基础设施即服务层（IaaS）。云计算技术具有如下五个特点。

一是强大的计算和储存能力。云计算技术将数据分布在大量分布式的计算机上，因此，拥有强大的计算和储存能力，成千上万的计算机能为客户提供优质的服务，并完成单台计算机根本无法完成的计算任务与储存任务，提供了庞大的数据存储空间，从而方便银行中大量数据交换任务的实现。

二是高安全性。相比传统的 PC 终端，云计算模式下的计算器更容易实现安全监测，依托云计算模式的数据集中存储的模式，银行中的数据被集中化，并进行统一的管理，增强了银行信息的安全性。管理者能够通过分配资源、部署软件的方式，强化云计算存储中心的可靠性，在最大限度上保证了客户信息的安全。

三是广泛的网络访问性带来的生态环境变化。不管是最终客户，还是上下游以及合作伙伴，都可以方便地接入，从而形成前所未有的生态协作环境；众筹、外包、新产品和服务、新渠道和交付模式等都可以在这个全新的生态环境中"孵化"出来。

四是按需使用，弹性可扩展。云计算从硬件、软件到业务应用程序都可以是按需使用并且快速和弹性可扩展的，这给业务的发展带来了极大的弹性；这个业务弹性也是前所未有的。

五是服务可度量，按使用量计费。云计算的服务可以按照各个维度，如按照用户、交易、产品等方面进行使用量的度量，并在使用量度量的基础上进行计价、计费。这给银行提供了极大的业务和成本透明性。换言之，成本变得灵活可变且可控。

九、国内金融机构使用云计算技术的现状

目前，云计算与银行业相结合的主要形态包括：第一类，国内银行业目前已推广普及的电子银行服务平台。此类电子银行业务以直接将银行的柜台服务电子化和自助化为主要特征，以招商银行 1997 年率先推出的网上银行"一网通"为代表。银行通过推广电子银行业务，达到了明显降低银行人力成本和拓展中间业务的目的。此类平台以功能为导向，具有明显的云计算中"平台即服务"的特征，可视为云服务的初步阶段。

第二类，以香港汇丰银行为代表的外资银行所提供的"云财务"服务管理系统。为提高其对中小企业经营情况的监控能力和帮助企业降低财务管理软件的购买成本，汇丰银行通过"云财务"平台，为广大中小企业提供了必需的财务软件服务，并在提供财务软件服务的过程中，掌握了授信企业的经营关键信息，如日常资金流向和营业收入，实现了对企业经营情况的实时监控。

第三类，以阿里巴巴为代表的电商平台提供商。阿里巴巴于 2010 年成立阿里巴巴小额贷款公司，创造了"平台 + 小贷"的融资模式。一方面，众多支付宝注册用户的在途资金成为贷款之源；另一方面，支付宝、交易记录成为控制信用风险的杀手锏。支付宝既可以记录客户的现金流，又是客户交易的通道。

第四类，以国内银行业提供的网上支付平台为特征，采取间接的方式实现信用风险控制数据的采集。2014 年 6 月 28 日，中国建设银行电子商务金融服务平台"善融商务"上线，银行业首个电商平台试图通过供应链金融实现信用贷款。

十、对我国商业银行使用云计算技术的建议

（一）业务和收入模式创新

在业务模式创新方面，云计算的主要作用是通过建立起更广泛的生态系统，第三方服务可扩展至银行生态系统，从而可以扩大开放式协作，扩大信息和数据共享，方便引入合作伙伴创新，促进众筹和众包等业务的实现。希腊大型银行 Eurobank 与希腊各个大型企业及其遍布 180 个国家和地区的国际贸易企业之间创建了基于云的多边交易平台，提供产品和市场消息发布、论坛、虚拟产品展示，以及贸易融资等全方位的 B2B 服务。该平台对于维持银行在企业市场的领先地位发挥了很大的作用。在云计算平台上可以创建新产品和服务，或创新式地利用新渠道或支付模式，还可更加便捷地引入合作伙伴的增值服务。美国俄亥俄州的 Signature Mortgage 贷款公司通过在云平台上部署贷款系统，3 万美元以上的贷款发放量月均增长 34%，给公司带来了很高的收入增长。

（二）开展运营创新

云计算可以通过消解和简化传统的业务价值链，以及更加灵活可变的成本结构获得运营方面的转型。一家欧洲的大型银行实施了云环境，借此通过多种渠道为客户提供实时的用户响应和个性化的用户体验，带来了每年 2000 万欧元的新增收入。在国内，IBM 也协助一家大型银行梳理了全行 80 多个分散在各部门的物流业务，从贵金属递送到 ATM 现金配送等，帮助设计了物流云平台，并建议与第三方物流进行云平台合作以进一步提升物流管理水平，同时降低运营成本，提升物流效率。

商业银行可以建立混合云平台，在该平台上开放银行服务 API，允许第三方开发机构和银行客户共同创建全新的各种业务应用。对注册使用上线应用的客户每月收取一定的使用费用，并承诺保障其数据安全。通过这种方式，客户可以享受到各种最新的技术和最创新的服务，银行则获得了保留客户、增加收入等业务机会。

（三）建立贷款管理平台

商业银行可以在集团内部不同机构间建立消费信贷运营平台，集团内的多

家机构在不同地域可以开展贷款业务，吸引多层次的客户借款，扩大客户来源和收入来源。客户可以在系统中设定不同的贷款产品，如可以设定工薪日贷款、有抵押贷款、消费贷款等，设定每一种贷款的允许贷款金额上下限、每种产品的最短最长期限、利率、逾期后利率、允许核销的金额、还款宽限期、对客户是否开放，计算方法、描述等，还可以设定通知客户的方式，允许的还款方式、贷款协议选项等。贷款机构可以在系统中输入决策规则，这其中包括防欺诈规则、信用政策规则、内部规则、征信机构规则、社交网络规则。系统还可以对评分卡的有效性进行评价，系统会给出信用评分、行为评分、社交媒体评分、移动设备评分等。

（四）营销管理工具，开展精准营销

开展一对一营销成功的关键在于能够准确地开展数据分析和全面理解客户。商业银行可以开发优化营销管理的工具。针对客户的情况，在不同的日期内向营销人员推荐不同的营销方案，不断优化向每一名客户提供的奖励和信息。针对细小的客户分层调整营销信息，提高个性化的客户话术，提升客户短期和长期的参与度。精确地测量每一项营销活动的效果、客户的回应率和参与率，预测在每一个小的客户群内使用何种营销方案能够取得成功。商业银行可以将客户在银行、商户、第三方支付、营销数据计划等中的数据集中起来，分析客户的交易数据，帮助客户创造价值，提高客户的忠诚度和交易量。客户可以在网银上查看自己的某一笔交易，点击后可以带出相应的商店会员卡，客户在商户消费的时候，系统可以自动向客户推送最优的优惠信息。扫描商户账单上的二维码，优惠可以即时到账。

（五）综合使用多种金融科技，提升运营效率和客户体验

商业银行可以建立支付管理工具，汇集客户所有支付卡的信息。客户可以设定在哪些渠道可以看到相关的卡片，当客户在商户消费的时候，对应的商户连接就会出现。可以建立与不同支付商相连接的平台，客户可以使用单一的密码登录随意选择使用自己熟悉的支付平台。商业银行还可以开发组合多项技术的手机应用软件，整合语音识别、人工智能、人脸识别、聊天盒等技术，与客户进行互动交流沟通。客户可以向系统提出问题，系统针对账户的情况进行回答。向客户推荐合适的商品，使用增强现实帮助客户进行网点导航。

区块链技术创新

◎ 全球金融业使用区块链技术的探索实例研究

全球金融业使用区块链技术的探索实例研究

继云计算、大数据之后，金融技术领域掀起了一股研究和投资区块链技术的热潮。各国央行等机构纷纷宣布将研究或应用区块链技术，高盛、摩根大通、汇丰、花旗等 40 多家大型银行和金融集团加入了 R3 领导的区块链联盟，风险投资、私募股权和基金等资本也正在积极布局区块链产业，区块链跨界成为了技术和业务领域人们的话题。各国金融机构纷纷参与到区块链技术的创新应用实践中来。本文分析各国金融机构在股权交易、债券业务、贸易融资、保险理赔、支付清算、可编程货币、物联网、智能资产、点对点数据存储等方面的创新案例，并对我国金融机构探索使用区块链技术的工作提出相关建议。

一、区块链的概念

区块链是一个公开的分布式账簿系统，是一种数字经济的新式记账方法。区块链基于密码学技术，通过特定算法，依靠一定的共识机制（比如比特币的工作量证明），点对点交易可以快速得到确认，信息存储在各节点（node），无须信任单个中心。每个节点通过保存一套完整历史数据库的副本，参与维护信息的安全性和准确性。区块链能验证、转移和记载任何可以通过一致数学算法转化成数据的事实。

在互联网的应用层中，HTTP 是最重要的应用协议，只有依据 HTTP 协议，才能解决信息的点对点传输。没有 HTTP 协议，网站之间是互相找不到的。区块链是应用层里一个价值点对点传输的协议，它的价值与信息互联网中 HTTP 协议的价值一样。没有区块链协议，在没有终结帮助的情况下，也不可能点对点地在互联网上完成价值传输。区块链本身就是一个互联网协议，这就是区块链在整个互联网模型中所处的地位。

在网络层次上，区块链建立在 IP 通信协议和分布式网络两个技术基础之上。现有金融业大部分建立在电路交换技术之上，通过光纤专线直连，两个终端之间直接从物理上连接，这属于电路交换技术，而 IP 交换技术是完全建立在互联网上的交换。现有金融体系的核心技术，都是不完全建立在 IP 通信网络基础之上的，而区块链技术建立在 IP 通信技术基础之上。

二、区块链的特点

一是去中心化。区块链系统协议是开源、去中心化的，建立的数据库是全球范围内的超级数据库，业务模式具有极高的包容性；数据信息的产生、记录、存储、传播都采取分布式分配给系统各个节点，避免部分节点出错导致系统崩溃风险，保证系统内置业务的连续性自运转。

二是共识信任。区块链技术中，记录数据的区块按时间顺序生成，相邻区块具有严密的逻辑关系，相互引用生成；同时区块组合成链，实现系统内所有节点共享的交易数据库。区块链技术形成存储的数据具有不可篡改和无法伪造的时间戳，任何交易都有完整的证据链和可信任的追溯环节。

三是信息不可篡改。一旦信息被添加到区块链上就会永久进行存储，除非同时控制网络中至少51%的节点，否则不可能篡改信息，数据可靠性很高。

四是开放性。系统是开放的，除了交易各方的私有信息被加密外，区块链的数据对所有人公开，整个系统信息高度透明。

五是隐私保护。区块链上的数据都是公开透明的，但数据并不绑定到个人，任何交易的信任基础都是通过纯数学背书而非交易对象的身份背书，从而实现了数据透明的同时保护了参与者个人的隐私。

三、各国金融机构区块链应用的探索概况

世界各地的商业银行顺应区块链技术的发展，积极探索区块链的使用。瑞士银行是世界上最活跃的银行之一，正在探索各种区块链技术，包括发行债券、结算交易。在 IIF 协会的年度会议上，瑞士银行董事长利马·阿克赛尔·韦伯博士解释道，使用这些区块链技术对银行来讲是巨大的机会。瑞士银行正在对大量的分布式分类账系统进行实验，以便将来能对最优化的项目进行应用。他们认为在未来的十年中，金融行业的多个领域将感觉到区块链技术带来的破坏性冲击。

德意志银行也投入了相当的资源探索区块链技术潜在的商业应用方式。在欧洲证券和市场管理局关于虚拟货币和分布式记账的问卷调查中，德意志银行回复已经发现了区块链在金融领域的一些可能的用途，包括虚拟货币支付、证券发行和结算、转账、清算和结算、衍生合约执行、不需要中央管理机构的资产登记、"了解你的客户"和反洗钱监督，增强客户差异化管理的透明度，以及向监管机构提交报告等。

巴克莱银行一直在实验如何通过区块链技术提升金融机构现有的架构，提升客户支付的效率并且降低成本，以便应对信用卡公司和汇款公司的竞争。桑坦德银行曾经找出了区块链技术分布式记账的 25 种应用场景。DBS 银行尝试使用区块链技术为目标客户提供服务并改善银行的基础设施。BBVA 银行和高盛则投资于区块链开发的公司。

四、股权交易使用区块链的创新案例

股票在二级市场上交易，必须能够保证及时的清算和结算。目前，区块链技术能够帮助企业直接通过区块链发行股票，这些股票可以在区块链上的二级市场中买卖。纳斯达克在 2014 年与位于美国旧金山市的 chain. com 公司合作，在区块链的基础上建立了私有股票交易系统。推出私人股权市场，目的是让更多上市之前的公司进入二级市场进行股权交易，如今准备上市的公司越来越多，而投资者希望获得更好的流动性，减少早期阶段管理层的压力。Linq 是首个基于区块链技术建立的金融服务平台，通过区块链实现资产交易，作为私人股权管理工具，Linq 是纳斯达克私人股权市场的一部分，为企业家和风险投资者提供解决方案。

私人股权交易市场的传统手工处理方式，往往会留下人工失误的空间。初创公司的管理者在融资时，往往使用电子表格来记录股权，Linq 提供了一种不可篡改的记录以及永久保存的数据链，如此一来，交易不再需要笔、纸、电子表格来记录，这可以大大提高透明性和可审计性。

股份发行人登录 Linq 之后，可以看到股权的估值，包括每一轮投资之后发行股份的价格，以及股票期权的比例。所有股份数字通过可视化的颜色块来代表，可由发行人自行定义资产类别、股权类型和融资次数。

Medici 是一家使用比特币 2.0 进行交易的股票交易系统，目标是建立一个领先的股票交易市场。这一交易系统使用自动制定的智能合约作为技术协议。

这些智能合约验证、执行交易对手间的合同，无须使用物理合约，从而省去了第三方的工作，无需中介、经纪商、交易所和银行参与交易。

Blockstream 是一个专注于侧链的开放源项目，可以防止碎片、安全和其他与数字货币相关的风险问题，可用于股票、债券、衍生工具的交易，保护银行账户资金和按揭贷款的安全。

Augur 是一家去中心化的市场预测系统，允许人们基于对某一事件发生概率的预测买卖股票，也可以被用于进行经济和金融的预测。Bitshares 是基于区块链的代表货币或商品的数字证书，数字证书的拥有者可以获得美元、欧元和其他货币工具的利息。

BNY 梅隆银行对使用分布式记账技术追踪证券交易和公司客户的行为这类影响公司债务和资产的技术很感兴趣。它们希望通过使用区块链，使所有进入该系统的客户和职员看到相同的信息。爱沙尼亚最大的银行和资产管理公司 LHV 银行通过研究不同的分布式记账模型后得出结论，区块链是最古老、最安全的，而且经过检验后也是最适合它们应用的技术。它们正在使用比特币区块链中最有用的技术成分。

五、债券业务中的应用案例

爱沙尼亚的 LHV 银行的实验是通过区块链发行价值 10 万欧元的加密应收账款求索权，它们使用了比特币区块链生成数字资产的开放源协议，建立了这种全区块链应收账款。这是一种存款证明，可以在区块链网络创新金融产品时作为一个区块。这家银行还计划使用区块链帮助人们进行点对点的数字货币支付。LHV 银行的目标是使用较小的软件开发商驱动金融创新，而新创公司和数字货币交易公司可以使用它们的平台。这是银行建造一个更为高效的平台，并对外开放使用的一个好的例子。

德意志银行在内部的实验中，使用区块链的智能合约对公司债券的生命周期进行管理，它们做这项实验的目的是希望理解该项技术的潜力和可操作性。它们采用了两种方案进行实验，用来了解区块链在这项业务中的技术能力以及法律法规方面的情况。智能合约可以很好地应用于公司债券，它们正在验证生命周期的管理以及技术法律事务的应对。得出的结论是区块链技术有能力支持相关的业务功能，它们认为区块链技术具备支撑庞大的金融生态圈的能力，在未来的 5 到 10 年内，区块链技术在金融机构中的应用将会变得非常普及，且两年后，区块链技术必将投入商业运营。

六、贸易融资

贸易金融领域是使用区块链技术较多的领域。如果银行把供应链（如信用证）放在区块链中，将对银行、海运公司、大的生产商、海关非常有利。信用证和提单的信息非常复杂，使用区块链技术可以使整个贸易融资的效率大幅提升，同时也需要网络效率的提升。一项调查表明，很少有企业曾经听到过区块链，这表明银行需要作出更多的努力推进在贸易融资中使用区块链技术。尽管一些银行在贸易融资使用区块链技术方面曾经作出过一些尝试，但现在大多数的贸易企业还是需要准备大量的文件。如果整个流程变为数字化处理，整体的效率会大幅度提升。

英国巴克莱银行进行了全球第一笔用区块链技术的贸易结算，此笔交易取代的银行结算方式是信用证。通常采用信用证方式做此类结算需要 7 天到 10 天，而这笔区块链结算仅用了不到 4 小时，且贸易金额为 10 万美元。该笔贸易结算在巴克莱银行下属的 Wave 公司开发的区块链平台执行完成。区块链技术提供了记账和交易处理系统，所有交易方的文件都可以通过安全网络追踪，且无需第三方认证。这与当前繁冗的信用证贸易结算方式形成鲜明对比，且优势明显。出口商很快收到了货款，并要求下次结算也用这种方式，非常受客户欢迎。以往这种进出口交易必须通过银行信用证结算，在实际操作中非常繁琐，需要将出口单据等通过邮寄的方式在进出口双方的银行和客户之间进行传递。除了中途有丢件的风险外，贸易单据造假也时有发生，处理时间上有时可能长达 1 个月。但使用区块链技术进行同样的结算，双方就可以将以往需要纸质传递的单据，如船单等正本单据通过区块链技术实现加密电子传递。所有文件通过电子的方式在几分钟内完成在全球的传递，完全不用邮寄和等待。信用证结算过程中占用大量人力和时间的审单、制单、扫描和电报等流程，在区块链的结算技术中根本不需要。

七、保险理赔

区块链建立在互联网基础上，任何接入互联网的端口均可接入区块链，任何证件、实物或无形资产、私人记录、证明，甚至公共记录都可迁移到区块链上，形成"数字身份证"。依赖不可篡改的数据库，资产可以通过一个或多个标志进行唯一地识别，这一功能可以被用来验证资产的所有权。保险公司可以实现对个人身份信息、健康医疗记录、资产信息、权属信息、交易记录等客户交易信息实现全面验证与管理；任何财产如房地产、汽车、物理资产、手提电脑或其他高价值的物品可以在区块链上进行登记；任何人都可以对上述物品的所有权、交易历史进行验证，特别是保险商。区块链为互联网保险业务开展提供了坚实可靠的安全基础和透明可信的网络环境。

智能合约将自动执行的代码绑定并写入代码底层，且无法剥离。因此，合约由代码定义并完全自动强制执行，无法进行中途干预，且无需合约交易双方彼此信任。当保险事件发生并满足保险赔付的触发条件时，智能合约即自动执行，启动保险理赔程序实现自动划款赔付，确保保险合同在"代码即法律"的框架下有效执行，其间大幅度减少人工操作环节，经济高效且无法作伪。

Everledger 是一家使用区块链为钻石证书进行永久记账并保留钻石交易历史的公司。它们使用钻石独特的特征如高度、宽度、重量、深度、颜色等作为识别钻石的标志，并在区块链中进行登记。钻石的验证可以由保险公司、法律事务所、所有人或赔偿请求人进行。这家公司提供一个简单的基于互联网的应用程序编程接口（API），保险公司可以使用 API 查看钻石，读取和更新索赔记录，也可以生成钻石的报告。

八、支付清算

区块链可以提供实时的支付，7 天 24 小时快速地结算，而无需银行账户。比特币是第一个引起人们兴趣的产品，但是区块链的其他功能可以在支付功能中体现。传统的支付交易通过支付网络进行，一旦交易被批准，银行保证对商户的汇款，对商户的清算一般需要 1—3 天时间。新型的区块链支付交易使用区块链网络进行，一旦交易被批准，网络保证交易的唯一性，对商户的清算在10 分钟内就能完成。

Coinbase 正在探索使用区块链进行小额支付，为用户提供免费和快速的小额支付。BitPesa 希望通过利用区块链提供廉价的即时汇款服务，以在 610 亿美元的汇款市场中获得一定的市场份额。它们的商业模型是使用比特币作为外币清算和国际汇款的工具，这一业务是通过在汇出方将外币实时转换为比特币，在收款方实时将比特币转换为外币。事实上绕过了全球代理行网络昂贵、复杂、冗长的清算流程。实时的货币转换，最大限度地规避了比特币币值波动可能带来的市场风险。Billion 正在使用全球的互联网连接而不是银行账户进行转账汇款，该系统将客户的手机或电脑转变为钱包，使用区块链技术实现点对点支付。

澳大利亚联邦银行建立了使用区块链的分支机构之间的清算网络，这样的纯区块链云计算网络省去了清算流程。新型的替代网络模型正在兴起，为各类交易提供新的清算网络。

英国的桑坦德银行与移动软件公司 Ripple 基于区块链技术研发出一款跨境转账和支付产品，成为全英第一家使用区块链技术提供该服务的银行。在第一阶段，此产品只对其员工开放。由于 Ripple 的货币清算使用储存在区块链中的加密电子货币，不必等传统货币电汇到账以及转换为现金，客户到账时间将大大缩短。同时，Ripple 涉及区块链的两大加密技术：电子签名和工作量证明，将保证整个交易过程的可靠性和可信赖性。电子签名对每一笔交易进行加密，不仅改变当前金融资产由银行"托管"的模式，使金融资产完全由个人支配，而且加密过的交易不可篡改，任一节点上的数据更改都将导致区块链上所有的数据无效；工作量证明系统要求发起者进行一定量的运算并消耗一定量的计算时间，防止服务滥用。

Ripple 系统中所使用的为虚拟货币 XRP。XRP 与比特币最大的不同在于：第一，XRP 是为了方便支付转账而被创造出的虚拟货币，更加安全可靠，而比特币首先是数字货币，其次才是在其基础上发展成为支付手段；第二，Ripple 交易验证和确认迅速，比特币交易中账本需要进行六次确认，而 Ripple 系统引入"共识"机制，交易验证和确认通常在几秒内便可完成；第三，Ripple 系统工作量较小，使用时不需要下载，交易验证时只保留最近的账本记录和一个连接历史总账本的链接，而比特币在交易验证过程中需要下载总账本中的历史交易数据。

九、可编程货币的创新案例

数字货币被业内人士称为可编程货币，或者称为内置功能的货币，用户可以将需求写入支付指令中，以达到自动制定智能合约的功能。区块链是交易在达到一定条件下才执行。条件可以基于公共信息，如世界杯的赌球结果，因此软件设定了查看条件是否符合，并指示是否进行支付。最初的比特币建立在比特币骰子游戏基础之上，Satoshi Dice 公司处理50%以上的区块链交易，是最大的区块链上的博彩服务供应商。Coin Funder 基于比特币建立了众筹池，满足人们募捐的需要。Ciphrex 提供数字钱包，在支付之前需要多方签字确认，确保资金安全。

区块链技术可以在满足一定预设条件的情况下执行或调整之前的支付指令，这项技术可以被用于更有效的财产转移或贷款偿还。然而智能合约造成了一定的法律问题，首先，自动执行的特点无法满足传统合同法的要求，合约可能不能取消，也可能无法保障消费者的利益。这种类型的争议纠纷很难处理。其次，个人隐私的问题需要考虑，合约内容可能被账簿上的其他人看到。

十、去中心化的物联网（IoT）

对于消费者和企业来说，越来越认识到物联网的重要性。大多数物联网平台基于集中化的模型，经纪商控制着设备之间的交互。然而当设备需要自主地交换数据的时候，这种方法变得不可行。这种特殊的需求要求开发去中心化的物联网平台拓扑结构。区块链技术使得建立去中心化的信息交换和数据保存的物联网平台成为可能。在这一架构下，区块链作为总账，保留了所有的智能设备的信息交换记录。IBM 与三星公司合作，开发了自主去中心化的点对点遥测平台，使用区块链技术建立分布式的设备网络，即去中心化的物联网。Filament 公司提供物联网软件在公共账簿上记载唯一的设备识别标志。

十一、智能财产

比特币一般应用于支付或者货币兑换业务，区块链也可以用来支持信息的交易。区块链的交易可以包括被交换的对象的更多信息。智能资产的所有权被智能合约所控制，由特殊的算法支持，当满足特定的条件时，合约才会被自动执行。

智能资产包括股票、债券、房地产、汽车和商品。区块链同时作为账簿和交易工具。分布式的平台帮助个人和公司发行不同类型的资产。

Colu 公司使用电子协议对公司的资产进行数字化处理，并且实现所有权的转移，简化了资产转移的手续，并且留下了透明的所有权交易记录。

Codius 公司提供在区块链下的安全的智能合约平台，它们声称该平台可以用于任何种类的资产和合约，帮助它们实现数字化。

Bitbond 公司提供点对点借款服务，出借人无需提供银行账户。Mirror 建立了一个系统，可以使用比特币区块链交换金融合约，人们可以使用该系统建立和清算 P2P 合约。

这些公司有可能演变为托管银行，因为它们对资产的所有权进行担保时无需物理上保管这些资产。由于资产可以安全、快速地转移，无需中介，这可能对全球的经济产生巨大的影响。有很多可能的机遇，如通过区块链技术将电信公司连接起来，也可以为汽车租赁公司提供新的功能，即如果承租人停止贷款还款，汽车钥匙将自动失效。

物理资产所有权与数字资产所有权有如下区别：对于物理资产所有权来说，改变资产所有权需要改变所有权文件，文件被保留在集中的地点，需要对记录进行保管。对于数字资产所有权来说，改变资产所有权时无需进行有纸交易，在区块链上变更所有权时需要可追索性，每一笔交易都被记录在区块链上。

十二、点对点数据存储

区块链可以用作可信的文件存储网络。人们可以将文件上传到网络上，文件可以被分为多个部分，每一部分被发送者使用自己的数字签名分别加密，如果网络用户的设备有空间，并且愿意出借这些空间换取一定的费用，这部分文件会被存储在网络用户的设备中。区块链会记录这些交易，这些交易包括发送者、接收者和文件的细节。如果发送者想提取相关的文件，他可以使用区块链中的应用找出这些文件的地点。

Storj 建立了使用上述原理的系统，文件可以存储在加密的网络中，分布在不同用户的设备空间里。Storj 用户可以使用这一系统出租自己的设备中闲置的存储空间。

Peernova 使用与 Storj 相同的技术，可以建立系统存储任何种类的文件，如稽核文件、健康检查记录、政府信息或财务报告等。

Shocard 使用相同的原理开发了一种系统，使用比特币区块链帮助存储个人信息和认证文件，简化了金融机构文件搜集过程和"了解你的客户"的流程。

Ethereum 也在使用区块链技术提供端到端服务，可以提供众筹、智能财产、投票系统、公司治理和金融交易所功能。

集中化的数据库和分布式数据库有如下区别：集中化的数据库存储在集中的服务器中，信息被存储在单一的地点，安全保障由单一的实体提供。分布式数据库的数据交换和存储使用区块链网络，信息被区分为不同的部分，在与网络相连的多个设备中分别进行加密。

十三、区块链技术的局限性

第一，安全问题。数字货币发展至今，丢失和失窃等安全事故时有发生，不仅暴露出其安全使用的弊端，也打击了市场主体进一步持有和使用的信心。区块链技术是基于非对称密码学的原理，基于数学原理基础上的算法的安全性可能会变得越来越脆弱；区块链网络中的私钥安全存在隐患，例如比特币钱包的私钥是存储在计算机中的，极易被黑客攻击窃取；区块链的去中心化结构意味着背后没有一个主导运作的官方组织，如缺乏必要的制度规范和法律保护，交易主体面临风险。

第二，扩展性问题。在一些应用程序上，区块链还无法承载数百万用户的使用。由于基于区块链构建的系统永远要考虑所有网络节点中处理速度最慢的那个，一旦将区块链技术推广至大规模金融交易，如果瞬时交易量超过系统的设计容纳能力或最弱节点的处理能力，那么交易就会自动进行排队，整体运行效率堪忧。

第三，效率问题。以比特币网络为例，目前日均交易笔数约 20 万笔（规模远小于银行间转账交易），已经出现交易确认速度越来越慢、大量交易堆积排队的情况，一笔交易可能要 10 个小时以上才能被确认，也出现了一些比特币被重复使用的情况。因此，区块链技术在金融领域投入大规模应用必然还需要一个过程。

第四，性能方面的问题。数据在区块链上面确权的问题，是由资源本身的特点所决定的。现实中对竞争性资源可以搬到区块链里面交换；而数据型的、知识产权型的非竞争性资源反而不太适合在区块链上面进行交换。

第五，责任主体的问题。区块链说是去中心化，但当区块链本身出现一些问题时，由哪一方承担责任就成了一个很大的问题。

十四、对我国金融机构使用区块链技术的建议

（一）监管机构应加强对区块链使用的引导并转变监管方式

区块链技术在金融行业的落地需要整个行业的积极参与。监管机构可主动拥抱互联网金融的新技术，制定区块链技术的总体发展规划、工作纲要及实施计划，并提供平台支持，构建一个保持管制与鼓励创新二者相平衡的治理框架，同时考虑出台相关产业优惠政策和产业扶持政策。

监管部门要做好准备应对监管方式可能出现的变化。当前，新技术对各国货币体系带来深刻的影响，调控经济金融的传统政策框架和手段越发跟不上形势的变化。监管部门应与时俱进，不断转变监管理念，充分利用金融技术的便利改进监管方式、完善监管手段。积极运用创新手段，不断提升监管的有效性，促进市场各方实现共生、共存和共赢。比如，未来证券借贷、回购和融资融券如都能通过透明和公开的区块链来交易，那么监管部门可考虑利用这个公共账本的信息对市场中的系统性风险进行监控，不仅高效而且可靠。

（二）金融机构应高度重视区块链的金融应用，尽快推进行业顶层设计

区块链技术一出现就引起了全球金融业的广泛和高度关注，区块链在金融行业的创新与应用方面的研究和探索可谓如火如荼。区块链在金融行业的支付、代理行结算、证券、众筹、保险理赔、数字票据、贸易结算、数字货币、物联网、电子钱包、支付结算等多个领域业务中都进行了尝试并获良好的结果。2015 年 9 月成立的区块链公司 R3CEV 已吸引了高盛、摩根士丹利、巴克莱银行、瑞士联合银行等 42 家金融巨头。纳斯达克、花旗、德勤、伦敦证券交易所、法国兴业银行等金融机构也在积极布局区块链。我国金融行业应高度重视区块链技术，将其作为未来业务创新发展的基础技术，将区块链技术应用纳入行业"十三五"规划，作为行业发展的重要基础。同时，金融机构应该在学习掌握区块链技术的基础上，系统性地规划金融的区块链应用规划，以顶层设计统领并统筹行业的相关工作，有效整合资源，力求重点突破，创新商业模式。

（三）加强行业合作，参与制定行业标准

在区块链技术应用的推进中，行业标准和规则的制定是重中之重。我国商

业银行应该在监管机构的指导下积极参与国际及本土标准协议的制定，主动争取话语权，避免做被动的跟随者。可以考虑通过成立跨行业跨机构的联盟体系或者研究小组，集合各方资源来共同开展前瞻性的研究并携手解决区块链现实发展中存在的问题（例如区块链技术延展、身份认证与识别、隐私保护、数据安全、系统性能与稳定性等）。加强与外部研究机构及应用实体的合作，选取适当领域开展局部试点，并共享研究成果，进而推动技术发展。标准的制定中应避免产生无数基于不同标准的、复杂的、封闭解决方案，实现金融机构之间的交互协作。关于区块链的分布式技术标准目前尚未制定并达成共识，我国金融机构应力求在分布式技术国际统一标准的制定中抢占话语权。同时，还要增强消费者权益的保护，加强金融消费权益保护的教育工作，提高消费者的风险防范意识。

（四）正确看待区块链商业应用面临的客观挑战

区块链技术有很多优点，同时在它的使用中也还有很多挑战。目前，区块链技术的发展在全球仍处于早期阶段，各种技术方案、应用模式和场景仍需进一步摸索和完善。因此，要客观看待区块链技术发展与应用过程中面临的难题与挑战。一是在技术层面，如高耗能、数据存储空间制约、处理大规模交易的有效性和抗压性等；二是在安全层面，如加密算法的安全性、客户端的安全问题等；三是在政策层面，如去中心化的区块链与中心化的政府监管之间的有效融合、价值认可等。

（五）做好技术及人才储备工作

我国商业银行目前不能进行数字货币的交易，对数字货币背后的技术创新研究也比较滞后，这与我国民间对区块链研究开发的热潮略显不对称。如今，区块链技术以及P2P等去中介化新兴模式的发展，在全球大型金融机构联合创新推动下正从概念逐渐走向应用，我国各大银行也应高度关注国际同业最新创新动向，尽早加入研究、开发区块链产品的行列并及时调整发展战略，适应新形势下互联网金融的商业运营模式。可成立研发实验室，或与金融科技公司合作。商业银行应密切关注行业动态，跟踪区块链技术的最新研究成果，加强人才和技术储备。

生物识别技术创新

◎ 国际生物识别技术的应用趋势探析

国际生物识别技术的应用趋势探析

生物特征是人体天然携带的信息，与传统的密码相比，具有唯一性、稳定性、防伪性、不可抵赖性。生物特征包括可以通过光学、声学、传感器、计算机技术等进行采集，并通过一系列算法形成唯一的特征值，系统进行判断，实现高准确率的身份识别。根据美国咨询机构 Transparency Market Research 的预计，全球生物识别技术市场规模将从 2015 年的 112.4 亿美元，增长至 2020 年的 233 亿美元，复合年均增速为 15.7%。本文从招募新客户、使用语音识别开展交易、笔迹验证、四手指验证、面部识别、开展场景化营销、多种生物识别技术组合进行交易等方面对国外金融机构使用生物识别技术的案例进行分析，并对我国商业银行的工作提出建议。

一、招募新客户

伦敦的 IDscan 公司开发的系统能够通过对包括护照、签证、身份证、驾照、公用事业账单、工作许可证等一系列证件和文件进行拍照的方式，读取和抽取其中的数据，并验证这些证件信息的真伪性，文件的验证和数据抽取可以在手机或平板电脑上完成。这一前沿的技术帮助银行在拓展客户过程中满足"了解你的客户"、反洗钱、证件验证等要求，为银行的处理带来自动化，提高了效率。

该公司最早在 2007 年与银行合作使用平板电脑提取客户证件上的信息，它们在识别潜在的欺诈客户方面积累了丰富的经验。IDscan 为银行拓展客户提供顺畅的流程，证件扫描认证和数据提取全部过程在不到 5 秒的时间内完成。在使用 IDscan 扫描证件的时候，系统并不要求客户将证件以什么固定姿势或按照固定的指引拍摄，客户仅需要保证证件的图像放入到边框之内，无论任何角度，系统都会自动将影像调整到标准的角度。客户必须使用银行规定的证件种类，只有这些种类的证件拍照后能够通过，而其他种类的证件将被拒绝。

IDscan 还可以识别证件上的全息影像，客户仅需要将证件放置到手机相机前面，用不同的角度在相机前晃动几下，系统就可以展现出全息图像，并验证全息影像的真伪。客户在提交住址证明的时候，系统会将客户的信息与登记在公用事业公司的信息相比对。

在一些情况下，需要比对提交证件的人与证件上的本人是否一致，这一情形发生在实体环境下，比如人们到银行去开立账户的时候，需要面对面验证是否客户本人。在进行本人身份验证时，客户在对证件拍照后，拍一张自拍照，这时系统会将客户的面部相片与证件上的相片并列展示在手机界面上，通过人脸识别技术验证是否证件本人。系统需要提高处理文件的速度，现在系统每天处理 700 万张以上的客户文件。客户仅需要把自己的证件在相机之前拍一张照片，再自拍一张照片，在几秒钟之内系统自动会显出客户的反洗钱检查报告、征信记录、犯罪记录、土地登记、出生登记、公用事业登记、证件检查机构和证件检查结果等信息。

文件和护照验证是该公司的强项。大规模的数据库使该公司能够进行交叉验证，提高了证件验证的可靠度。这一处理通过该公司自有的处理器、服务器、网络和存储器完成。该公司通过云平台提供的批量作业可以每天完成 700 万份文件的处理。全世界最大的一些银行使用了该公司证件验证服务，显示了该公司技术的领先性。该公司在 10 年前建立了行业标准，并一直在市场中保持了领先地位。

二、语音识别交易

（一）波兰的 Voicepin 公司

Voicepin 公司成立于 2011 年，它开发了在银行、保险、电信等行业使用语音识别的系统，可以用于手机移动应用、电话服务热线的验证、登录、个人化、欺诈检测等环节。Voicepin 系统基于客户的声音分析，方便和安全地进行用户认证，声纹验证是与词汇和语言无关的。允许客户安全地登录到系统，而不必记住复杂的用户名和密码或 PIN 号码。在客户第一次登录时记录下客户的声纹语音，生物识别系统不仅能够防御抵抗声音模仿，而且能够进行回溯检测和黑名单检测，增加了交易的安全性。使用新的声音检测系统可以节省开发的支出，也能够为客户提供独特的体验。

语音识别技术建立在分析人的声音中包含的独特无法模仿的模式。这一特殊的模式以数学模型的方式存储。系统可以检测样本是否为原声或模拟。语音生物识别技术不仅缩短了验证时间四倍以上，而且提高了安全性，得到了越来越多的应用。传统的基于 PIN 或密码的授权方法不仅给用户带来不便，而且容易丢失被盗。声音验证对每个人来说都是独一无二的，这确保了用户的数据得到了充分的保护，并且可以以一种快速而自然的方式访问。当对声音进行验证时，系统会记录和并与以前收集的数据规则进行比对，这一系统对声音的改变有非常强的识别能力。当一个人感冒或者嗓子疼时，都不会改变验证的结果，系统听的不是一般人要听的内容，而是内部的声音模式。

当客户在登录手机应用时，系统会提示客户读一段文字，如果通过验证，就可以进入账户进行下一步操作。同样客户在登录网上银行账户，或者登录电话服务热线时，也需要按照提示读一段文字，如果验证通过就会进入下一个步骤，如果不通过，就会被禁止进入系统。语音识别是最方便自然的身份验证方式，这一技术可以进一步用于物联网技术或区块链技术。

图 1　Voicepin 公司系统界面

（二）美国田纳西州的 ACH 预警公司

ACH 预警公司与银行合作防止支付的欺诈活动，该公司有 25 年的行业经验，是市场上唯一一家帮助客户对美国自动交换处理中心（ACH）、Wire 和支票支付可疑交易进行实时预警的平台。该公司不断创新支付账户防欺诈交易的解决方案，降低支付领域内各渠道的风险，在过去两年内帮助各家银行阻止了

12 亿美元的欺诈交易。防止欺诈 HQ 是一个实时的多渠道欺诈监控系统，客户可以自己定制监控规则，可以从一个监控页面进入所有的网银系统，查看资金流出之前的所有可疑交易并进行决策。对于所有高风险的交易，系统采用声音识别的技术，对交易指令进行验证。客户可以填写自动化的争议表格，例外资金清算自动进行处理，系统采用短信、IVR、一次性授权号码、语音识别等多层次安全措施，满足客户对账户安全的管理需要，将欺诈监测的工作由后台工作转变为由客户自己掌握，将银行的风险防范工作从成本中心转移为增加收入的机会，帮助所有用户保护资金安全，提高银行的收入。

这一系统采用模块化设计，允许客户个性化定制风险提示工具，相关的各系统全部在云平台上运行，公司客户和个人客户都可以使用这一系统。客户可以选择需要监控的账户，设定监控条件。系统自动检测异常交易、预警，并进行例外处理，终止对异常账户进行支付。条件符合的交易发生时，客户会被提醒，客户可以打开账户监控面板，查看例外的情形，并选择是否支付。系统具有设立提醒美国自动交换处理中心（ACH）借记收款人的功能，帮助客户阻止未授权的扣款交易。系统采用实时借记批准流程，当借记交易进入账户之前，账户持有人很容易地识别信任的合作伙伴，自动地对未来的交易添加账户借记交易过滤器，免去了手工冻结收款人和手工过滤借记收款人的工作。在客户需要对 ACH 收款进行退回时，系统帮助账户持有人填写书面的声明，客户可以选择如下选项：我没有授权过这笔交易；授权的 ACH 扣款金额不正确；授权日期之前进行了借记；借记授权被撤销了；第三方没有将资金发送给付款人；等等。声明符合 ACH 的规范，免去了繁琐的流程。

系统帮助银行客户防范并提示一切可疑的交易，帮助客户选择对何种支付的情形需要进行声音验证批准才能执行，帮助客户实现自我风险监控的需求，将监控账户的责任交给客户自己。该系统向客户提供一个 800 开头的电话号码，并提示客户在语音识别系统中建立自己的声音印记。客户在他们的手机上存储这一 800 开头的电话号码，当来自线上、传真、电邮的实时付款需求进入银行时，语音识别系统会自动分析付款要求的内容，适用客户预先设置的规则，然后自动通知客户。客户拨打手机中存储的 800 开头的电话号码，语音识别系统开始录音，并向客户提供一个授权号码和一个随机的单词，客户重复上述的授权号码和词组，系统会自动进行验证，一旦通过验证，客户就可以通过或拒绝相应的支付交易。语音识别功能满足并超出了目前监管的要求。客户可以方便地从自己的手机上对账户交易进行监督和控制。客户可以事先检测并删除账户资金的收款人，以减少不必要的提醒，只在相关的情形下才收到银行的来电。

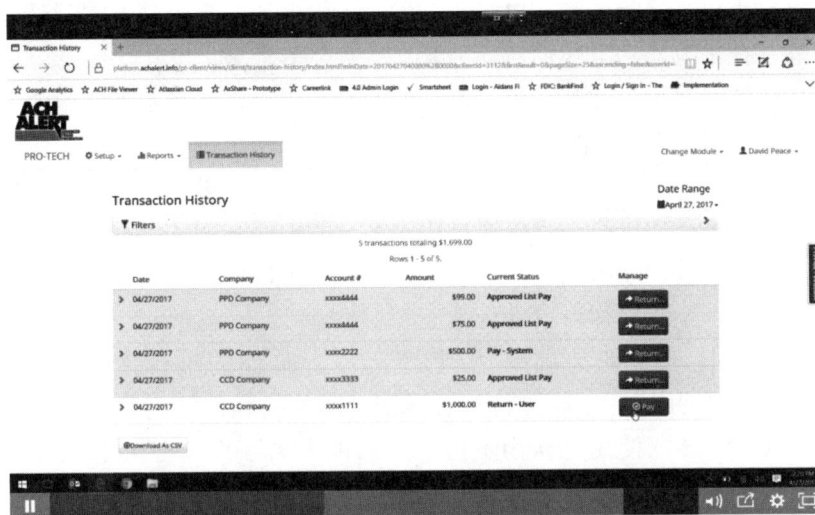

图 2　ACH 预警公司系统页面

自动拨打程序降低了成本。这一系统在资金流出之前将交易通知给客户，由客户进行判断，并自行作出是否支付的选择。

三、笔迹验证的交易

美国得克萨斯州的 BSI 公司是一家提供第三方验证的公司，该公司能为金融机构提供低成本、高精确度的身份验证解决方案——生物签字身份验证。这是一个顺畅的多因子身份验证流程，在无须投入昂贵的硬件和文件存储的情况下保护客户的安全。该技术直接记录并分析使用者书写笔画的模式，在身份被验证之后，使用者可以进入账户进行交易。该技术满足了金融机构进行多因子身份验证的要求。这一系统的开发，改变了传统的游戏规则，使用手写密码的方式，将密码验证与书写风格结合起来，降低了成本，大幅度提高了验证安全性。

这一软件测量每一名用户使用鼠标、手指、触屏笔的方式和风格，识别并收集每一笔的长度、速度、方向、角度和高度，形成针对每一名用户的独特的生物识别档案。仅需要几秒钟时间，写几个字，客户就可以进行账户安全的验证。这一技术非常智能化，无需客户在同一个区域书写同样大小的字。随着这一系统使用次数的增加，每一次系统不断学习，验证的准确性会越来越高。该技术可以在手机、平板电脑、电脑等多种设备上使用。系统建立在云计算基础之上，这一技术有潜力取代面对面的验证、存款等业务。

客户在注册并第一次建立签字验证的时候，需要按照指示在规定的方格内写下自己的密码，系统会要求客户重复书写几遍，系统确认后，就会记录下客户的密码和在客户登录时书写笔画风格。当客户再次登录账户时，就可以在指定方块内书写自己的密码，系统通过比对客户的密码图案和书写风格，如果相符，就会通过，客户就可以进入系统。客户甚至可以将不同的字符重叠写入同一个字的区域，系统同样可以进行验证。

使用这一技术验证准确率达到 99.97%，验证的准确率提高了三倍。100% 的客户会使用这一系统进行注册登记，98% 的客户认为生物签字验证非常容易使用，96% 的使用者认为不可能进入他人的账户，有 45% 的客户认为这种身份验证是一种愉快的体验。

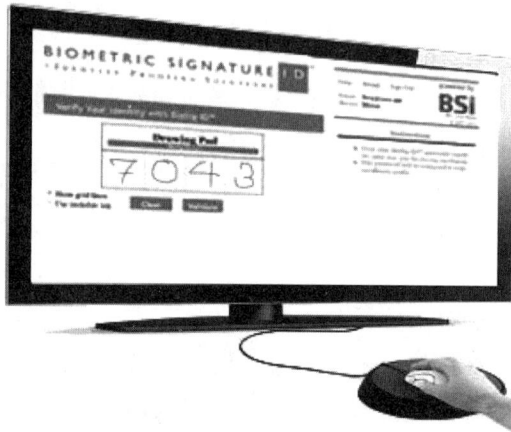

图 3　BSI 公司笔迹验证网页

四、四手指验证

英国的 Veridium 公司通过与前端手机 SDK 相连接的软件平台，将生物识别的变量值同时存储在手机和服务器上，提高了手机和服务器的安全性。这一技术也被称为视觉密码技术，允许银行将生物识别技术嵌入手机应用。该公司的技术和独特的存储架构提高了身份验证的准确性，该软件支持手机银行、移动支付、虚拟银行网络、网银等，这一技术甚至可以安装在家门上。

智能手机提供了一系列方便的生物识别方式，包括面部、声音、指纹识别，即使低端的智能手机也包括了所有的生物识别的传感器。但是使用生物识别进行验证受到了环境条件的挑战，例如，当光线弱的时候，背景声音影响语音识别，指纹识别只能登记很少一部分指纹，容易导致验证失误。VeridiumID公司提供的四手指非接触身份识别技术比其他手机解决方案显著提高了可靠性，它同时获取所有四个手指的指纹，提高了数据收集的复杂性，很难造假。四手指非触碰 ID 比其他的验证模式更加可靠，不像人脸识别，需要足够亮的光线，即使在嘈杂的环境中也能使用。身份识别数据可以被存储在手机上，验证可以在手机或服务器上进行，这一方法是市场上最安全、可靠、灵活的解决方案。

在使用四手指技术进行登录时，只需要打开手机应用，这时手机相机的手电筒灯光会亮起，屏幕上会显示四个手指的区域。客户仅需要将自己的四个手指放置在指定的区域上进行拍照，后台就可以对四个手指上的指纹进行验证，如果验证通过，就可以进入手机银行账户，查看各个账户的余额并进行交易。Veridium 的四个手指识别技术可以在任何地点以及任何条件下工作。该技术使用高清晰度的相机和 LED 闪光灯，这些设备在任何现代化的手机中都有，可以对手指进行拍照。系统使用计算机图像技术对四个手指的指纹同时进行扫描，使用非接触方法获取四个手指的指纹，提高了生物识别模板的复杂性以及

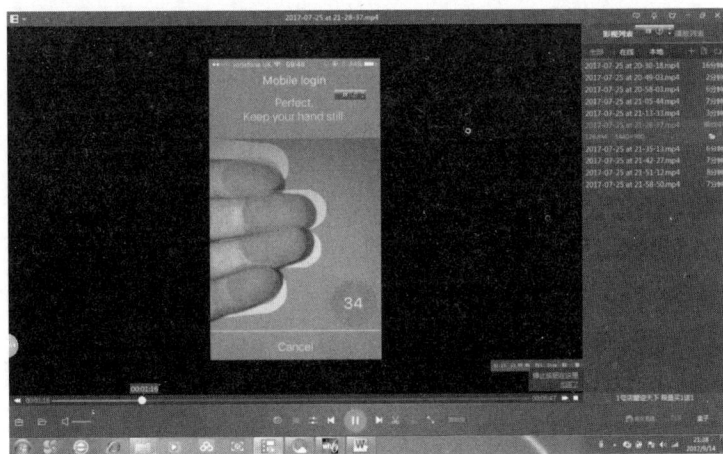

图4 Veridium 公司四手指验证页面

从用户获得数据的数量，提升了系统的安全性。没有任何其他的生物识别技术能够在没有显著增加投资、购买额外硬件的情况下达到如此高的精确性和可靠性。

五、面部识别

目前，人脸识别技术已经非常成熟，已经应用在各种商务场所中。人脸识别虽然具有较高的便利性，但是其安全性也相对较弱一些。其识别准确率会受到诸如环境的光线、识别距离等多方面因素影响。另外，当用户通过化妆、整容对于面部进行一些改变时也会影响人脸识别的准确性。美国伊利诺伊州的Vasco 公司将身份验证、反欺诈、电子签名、移动应用保护和风险分析结合在一起。Vasco 与 eSignLive 公司合作提供微笑和签字的创新移动登录方式，通过用户友好的和合规的方式为金融服务业和银行业找到了新的方法，解决了新客户使用移动设备中的安全性问题。这一系统使用了多种技术的组合，包括生物识别技术（例如，自拍认证）、推送通知、视觉密码和电子签名等。

这一应用将手机应用安全、双因子验证、电子签名整合到手机上，通过一整套完整的 API 拓展和加强应用的安全性，为客户提供方便、优化的实施和生命周期的管理流程，帮助客户达到使用方便性与交易安全性的平衡。在防止欺诈交易方面，系统使用了统一的架构，在通信、数据存储和用户界面等方面全面提升安全水平，保护系统免受欺诈交易的攻击。在用户和交易保护方面，使用了灵活、广泛、全面整合的双因子认证和电子签名。在欺诈侦测方面，使用了用户、平台和情景因素整合在一起的风险评分系统，认证过程满足了合规的要求。

当一名客户需要出国旅游、希望向银行申请一笔贷款时，进入自己的手机银行应用，这时系统会显示越狱检测通过、重新包装检测通过、调试器检测通过、屏幕截屏检测通过、图书馆注入检测通过等信息，说明手机是安全的，这时银行可以在 60 秒的时间之内完成贷款的审批。客户可以进入贷款申请的界面，手机会询问客户需要贷款多少金额，客户填写需要贷款的金额，这时手机界面会显示客户贷款的申请表格，客户可以通过点选的方式填写表格。表格中的多数信息如客户信息已经预先填写完毕，客户仅需要选择贷款的期限，在签署申请表格之前，客户需要通过人脸识别验证。客户点击按键，面对镜头，客户可以眨眨眼睛，系统在检测客户的眨眼、面部活动，而不只是静止的信息。

这时如果非客户本人，验证不会通过，申请被终止；如果是客户本人，就会进入到签署的界面，客户可以在手机屏幕上显示出的签名栏中用手指签署，这时后台会对客户的预留签名进行比对，并生成带有客户签名的表格。贷款会在60秒的时间内审批到账，客户可以查询自己的账户。

Vasco公司是全球数字市场提供安全服务的领先者，该公司开发了新一代的技术，目前已经在100多个国家超过一万多家的金融机构、政府、企业、医疗机构等机构客户中使用，帮助提升客户的体验和满足合规的要求。全球最大的100家银行中，有一半以上使用了这家公司的系统保护它们的网银、手机银行和ATM渠道。

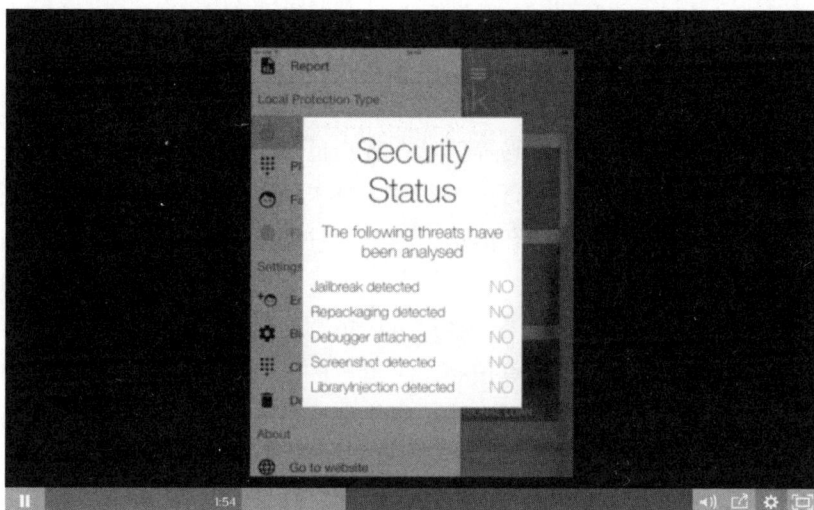

图5　Vasco 公司系统界面

六、开展场景化营销

美国科罗拉多州的IDmission公司帮助银行在多个服务渠道提升交易的安全性和客户的体验，而无须投入更多的资金改造它们的核心电脑系统。这家公司最初的目标是建立起一套能够满意地解决客户招募、身份管理、交易处理和支付的各种问题的系统。招募新客户对现代金融机构而言是最重要的一环，IDmission公司开发的APP帮助建立起一整套顺畅的迎接新客户、"了解你的客户"和支付的流程。这些解决方案部署在云端，用户可以从智能手机、台式电脑、笔记本电脑上登录这一系统。世界上超过一半的人口被排除在正规金融服务设施之外，IDmission 提供手机开户和交易解决方案，可以帮助人们通过生物认证申请银行、养老金、保险和信贷等服务。

这家公司与全球范围内的银行、养老金公司、保险公司合作，假设一名客户在商场里持有一张会员卡，希望购买一台电视机，他需要在商场即时获得一笔贷款。客户走在商场中，客户的手机应用会展示一台电视机的图案，这时客户的手机会提示使用客户的银行账户付款和使用银行贷款付款两个选项。如果客户选择使用贷款付款，这时客户可以使用 Linkedin 账户登录，这样做可以直接将客户的许多基本信息直接导入系统而无须填写。客户只需要填写自己 Linkedin 的账户名和密码，系统就会生成一个表格，客户的姓名、电话、住址等多种静态资料已经预填完毕。客户需要选择使用的身份证件，在选择证件类型之后对着驾驶证件的正反面拍照，之后系统就会自动捕捉客户的姓名、性别、年龄、住址、社会信用编码等信息，客户证件上的照片也会被扫描上传到系统。这时系统会要求客户进行人脸识别，客户对着自己的手机拍照并微笑，系统会自动捕捉人脸识别的动态信息，并与证件照片进行比对。客户证件上的信息全部填写到银行的表单中，包括姓名、出生年月、住址、证件有效期、婚姻状况、就业信息、联系信息等。客户可以填写自己的月薪，这时系统提示上传工资单，客户可以对准工资单拍照，工资单的信息会自动上传到系统，之后客户可以使用手机屏幕进行签名。系统联机核查客户的信用情况，贷款即时得

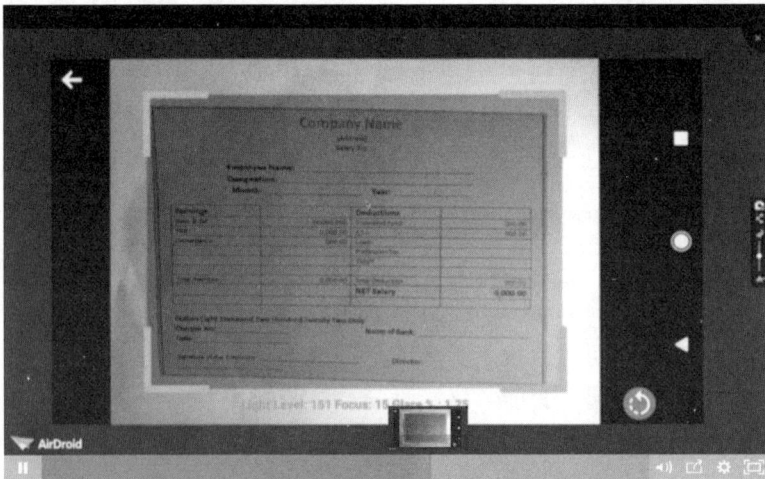

图 6　IDmission 公司系统界面

到审批，手机界面上会显示客户借款的条款，包括借款金额、期数、还款日、还款方式，客户点击确认，贷款就会自动划拨到客户的借记卡账户中。目前，该系统使用的范围正在不断扩大。

七、多种技术组合的识别交易

美国纽约的 Speechpro 公司在语音识别和多模型生物识别方面是全球的领先者，它们拥有强大的研发团队，它们开发的 Speechpro 提供一流的语音识别技术和宽泛的生物识别技术。该技术使用快速安全的"语音＋面部"生物识别登录，客户不再需要携带任何附加令牌或记住任何密码，可以将活动的人与静止的证件图片进行核对，使认证过程的客户体验大为提升，显著改善了移动和在线交易的安全性。Speechpro 通过扫描客户的身份证明文件提取客户的自然信息和照片，使客户登记的过程更加顺畅，也在客户资料档案中增加了一个生物识别的样本。文件篡改检测也同时提升了客户验证的安全性，为之后客户在多种服务和交易渠道增加了一个免密码的安全验证手段。

Speechpro 公司的技术解决了上述几个问题，使客户交易的安全性得到加强，客户体验得到了保证。该公司将人脸识别与声音识别组合在一起使用，系统得到的信息具有唯一性，不可能有其他的人能够模仿到这些信息，从而确保了交易的安全性。这一系统将通过生物识别技术获得的动态信息与政府颁发的身份证件连接起来，可以支持 400 多种身份证件。当客户进行登记成为银行客户的时候，客户需要首先选择自己需要登记使用的证件类型（如护照），使用手机对准证件正反面进行扫描，系统会识别证件上的照片和文字信息，之后客户需要面对镜头拍照，手机会识别客户的面部特征，并与证件照片进行核对。这时手机界面会显示一连串数字，客户需要读出这一连串数字，之后系统会显示颠倒顺序的这一连串数字，客户需要再一次读出这段数字，系统之后会再显示一段不规则的数字，客户需要继续读出这一组数字，这样客户的身份登记就完成了。当客户登录系统进行交易的时候，客户需要面对手机相机进行扫描，手机捕捉客户的面部图像，手机界面会显示一组随机的数字，客户读出这一组数字，客户的身份就得到了验证，就可以进行交易了。

八、虹膜识别

虹膜识别相对于其他生物识别技术而言，误识率和拒真率已经达到了非常

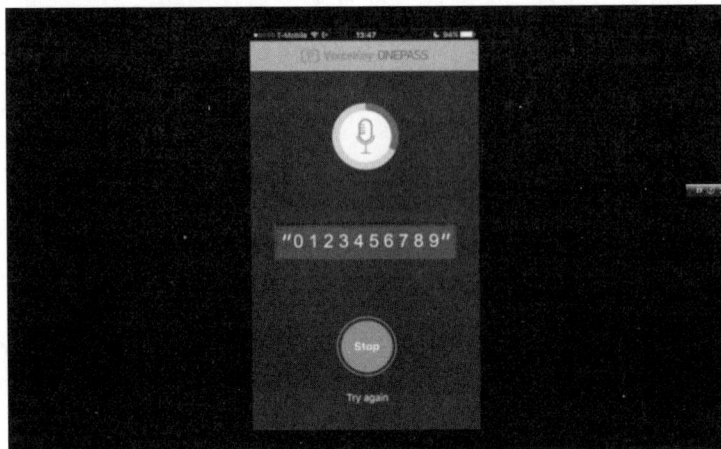

图 7　Speechpro 公司系统界面

低的水平，而虹膜识别又属于非接触式的识别，识别方便高效。虹膜是每一个人特有的，具有不可复制的唯一性，安全等级是目前最高的。人的眼睛结构由巩膜、虹膜、瞳孔晶状体、视网膜等部分组成。虹膜是位于黑色瞳孔和白色巩膜之间的圆环状部分，其包含有很多相互交错的斑点、细丝、冠状、条纹、隐窝等细节特征。而且虹膜在胎儿发育阶段形成后，在整个生命历程中将是保持不变的。这些特征决定了虹膜特征的唯一性，同时也决定了身份识别的唯一性。因此，可以将眼睛的虹膜特征作为每个人的身份识别对象。目前，虹膜识别凭借其超高的精确性和使用的便捷性，已经广泛应用于金融、医疗、安检、安防、特种行业考勤与门禁、工业控制等领域。但是虹膜识别的应用价格也与其技术难度成正比，相比其他识别技术，略显昂贵。

九、指静脉识别

指静脉识别的特征已被国际公认具有唯一性，且和视网膜相当，在其拒真率（相同结构图，而被算法识别为不同）低于万分之一的情况下，其识假率（不同结构图，而被算法识别为相同）可低于十万分之一。然而，目前静脉识别功能在市场的运用并不多，因为它同样有着难以规避的缺点。例如，手背静脉仍可能随着年龄和生理的变化而发生变化，永久性尚未得到证实；仍然存在无法成功注册登记的可能；由于采集方式受自身特点的限制，产品难以小型化；采集设备特殊。

人脸识别与其他生物识别技术相比具有非强制性，用户几乎可以在无意识的状态下就可获取人脸图像；用户不需要和设备直接接触就能获取人脸图像。但是，在需要戴口罩的一些环境中，人脸识别也难以起到作用。

十、对我国商业银行的建议

（一）加强生物识别领域的法律法规研究

随着移动互联网的快速发展，生物识别技术逐渐应用到多种金融场景，由此衍生出生物特征信息安全和个人信息保护等相关问题。我国亟须完善和制定相关的经济金融、网络信息安全等法律法规，规范生物识别的适用范围、技术安全和信息保护等。应加强生物识别领域的安全监管、就业、伦理等重大政策问题研究，完善产业发展环境。

（二）加强生物特征信息安全管理

生物特征信息如果被不法分子窃取、利用，可能引发经济、刑事等方面的违法犯罪行为，同时，出于对个人隐私信息的保护，生物特征信息需要严格的安全管理。一是建立健全相应的采集应用法律法规体系，对从事生物特征信息存储和加工的机构实施准入管理，明确信息采集、存储、传输和加密的安全技术手段，并配套充分的身份伪造盗用救济保护措施。二是建立全国统一的生物特征信息库，对个人的生物特征信息进行统一采集和管理，避免多头采集管理，减少个人信息泄露风险的同时，避免重复建设，提高资源的使用效率。

（三）利用生物识别技术开展精准营销

生物识别服务商提供的生物识别系统仅是金融行业业务环节中很小的一部分，不是部署了系统就好。部署生物识别系统的真正意义在于通过技术创新带动产品创新、服务创新和业务创新，为金融企业带来更多发展动力。以 VIP 人脸识别为例，除了通过人脸识别技术做到迎门服务，可以拓展到送客、VIP 闲时管理、滞留服务，还可以通过人的属性的分析，通过大数据计算，进行用户画像和聚类，能够智能地洞察用户需求进行精准营销。

（四）开展新客户的拓展

在招募新客户的时候，可以使用智能手机对客户的证件进行拍照，客户仅需要将证件放到手机相机的前面，并要求客户再拍一张自拍照。系统对提交的身份证件进行认证，以评估其合法性，如果客户证件照片上的图像与客户本人相符，就可以发展成为新客户并进行交易。支持对全息影像的支持功能，提高系统的文件认证性能，对数以千计的伪造、变造、过期或预警过的文件进行识别，在保障银行资金安全方面更进一步。

（五）利用语音识别技术开展客户登记和金融交易

商业银行可以开发语音生物识别技术进行用户安全登录和身份验证，客户不需要记住用户名和密码，无论客户登录系统或者进行交易，都会感觉到不用记忆密码的方便。可以将人脸识别技术与端到端加密技术集合起来使用，当客户需要进行交易的时候，客户点击按键，面对手机镜头眨眼，进行一下面部活动，就可以进行下一步交易。同时，使客户手机应用与服务器之间的通信安全程度达到一个新的高度，包括文字、图片、二维码在内的几乎任何事情的传输都具有了安全加密的传输通道。在数据存储方面，对所有数据提供安全存储的功能，允许使用单一许可对多个设备进行统一管理；在手机应用中，有效防范手机应用的克隆攻击，防止数据被窃取。

（六）使用多种生物识别技术的组合

不同的生物特征信息在唯一性、应用成本、准确性等方面存在不同特点，各有长短。指纹、刷脸支付操作便捷，但是可复制性强，虹膜识别精准但是便捷性欠佳。而且目前生物识别技术尚不成熟，各类生物特征匹配算法和精确度不一，而金融业务涉及个人的资金安全，应审慎对待生物识别技术在支付领域的应用。多种身份识别方式如人脸识别、指纹可以一同植入系统，方便用户使用并提高安全性。商业银行可以要求客户预留声音样本，搭配使用人脸识别、笔迹验证、指纹验证、交易密码、短信验证码、U 盾等其他身份验证方式进行组合交叉验证，当需要进行交易时，采用合适的验证方式，既增加了交易的安全性，也给客户带来了愉悦的感受。

人工智能技术应用的创新

◎ 全球金融行业对人工智能技术的应用分析与思考
◎ 人工智能技术在金融行业的应用案例研究与启示

全球金融行业对人工智能技术的
应用分析与思考

人工智能是研发用于模拟、延伸以及扩展人类智能的理论、方法以及技术应用的一门新兴学科，近年来得到了广泛的社会关注，计算机视觉、自然语言处理、机器人、语音识别等人工智能技术逐渐走入人们的视野。2016 年，Facebook 创始人扎克伯格成功开发出了他的 JAVIS——一个超级人工智能管家；谷歌宣布将战略重心从"移动先行"全面转向"人工智能先行"。金融行业也进入了智能时代，近年来全球金融业在使用人工智能方面开展了很多尝试。本文从产品创新平台、智能投顾、贷款信用审批、智能银行助手、智能理财、反欺诈交易、知识图谱七个方面分析人工智能在金融领域应用的案例，并对我国商业银行应用人工智能技术的实践提出建议。

一、产品创新平台

加拿大的 GainX 公司是第一家进入创新策略管理领域人工智能服务平台的公司，它们开发了金融机构管理创新策略的平台，帮助金融机构实现更高的投资收益率。该云平台将预测分析、人工智能、语义分析和深度行为分析整合起来，帮助企业提升创新能力和生产能力、降低市场风险和对雇员的投入，实现持续成功。过去的调查发现，由于创新能够造成金融机构效率的增加和人员的减少，因此在创意出现和传递的过程中，会受到很大的干扰和信息衰减，对于大型机构更是这样。GainX 平台追踪从创意产生、创意孵化到推向市场的每一步骤，帮助企业建立高效的创新流程，帮助它们在创意搜集、创新流程管理、资产管理和风险管理方面进行实时分析，了解自己的机构与同业竞争者之间的差距，使各部门员工紧密配合，建立创新文化。

这一系统安装在金融机构内部使用，金融机构内部各个地区、各个部门都可以在上面提交创意的细节。员工可以对新的创意进行投票，通过行为、语义

365

和预测分析，金融机构能够快速找到最好的创新思路选项，帮助金融机构重复高效地开展创新，并将创新结果顺利地实现商业化。使用这一平台可以防止信息在传递过程中的损失，能够对每一项创意实现后的市场效果进行预测，准确地告诉管理者这家机构的革新的初始创意在哪里，并将合适的人才与项目进行匹配。使用这一平台也可以对企业内部的创意成功投产的比例进行统计，并展示出可视化的图表。这一平台的使用将市场运作的周期减少30%～85%，并能够保证创新的独创性和高质量。

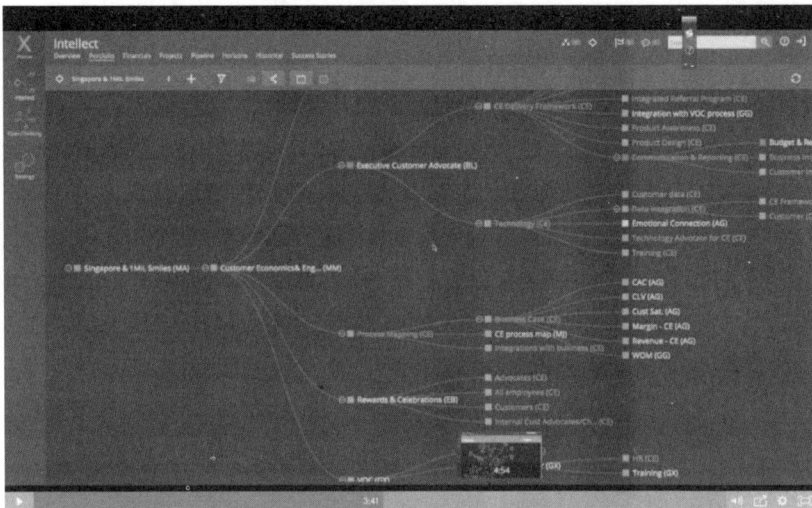

图1　GainX 公司系统界面

二、智能投顾

瑞士的 InvestGlass 公司开发的系统帮助银行销售人员开展每日的销售活动，这一定制化的平台能够在合适的时间向合适的投资者推送合适的信息，使客户得到真正个性化的服务。这一工具帮助理财顾问实现销售自动化，它将客户关系管理、人工智能、投资组合生成和金融信息平台整合在一起，覆盖了迎接新客户、资产组合生成、投资建议适用性、再平衡、主动增加客户和销售的功能，帮助财富顾问平均每人每月增加850瑞士法郎的销售金额。

当银行销售经理最初接触一位新客户时，可以选择客户的理财目标，如教育、购买房产、存款、赠予、投资、购买商品、举办婚礼等，对不同目标的投资者可以填写不同的表格。客户需要先填写自己的投资目的，仅需要回答一些简单的问题，银行就可以了解到客户的风险偏好，新客户登记进程大幅加快。之后系统会生成一个投资资产组合建议文件，文件上有银行的商标、客户声明、建议的各种资产以及数量。银行也可以向客户建议资产组合，这一资产组合符合客户的风险偏好。对于向客户建议的每一项基金、商品，都有更换的功能，如果客户不满意销售人员，可以随时更改客户投资组合建议里面的产品。

系统还能对客户已购投资组合中的产品收益进行分析，银行会向客户的电子邮箱地址发出建议的产品组合，客户可以选择同意或者拒绝，也可以与银行联系，讨论使用新的投资组合。客户打开邮箱可以直接批准相关的建议并进行购买。

银行职员可以填写客户拟投资的金额和客户投资的风格，客户网银系统界面也会显示投资组合建议书，投资组合中包括股票种类、债券、基金、贵金属、现金资产等。对每一种资产和产品，在旁边会注明相应的策略评估标识，点击进去会提示这种产品与客户自身的投资倾向是否相符。对于不符的产品，客户可以在集中其他相似产品中进行选择。系统还可以发现客户产品组合与建议投资组合模型之间的偏差，为了纠正偏差，系统还可以建议新的产品。使用标签将客户、研究和安全三者联系起来，当数据发生变化时，资产的标签也会发生变动，如银行提示高风险、高红利等。系统使用人工智能技术，当有风险发生的时候，销售团队需要告知客户的信息，可以自动通过标签的变动提示给

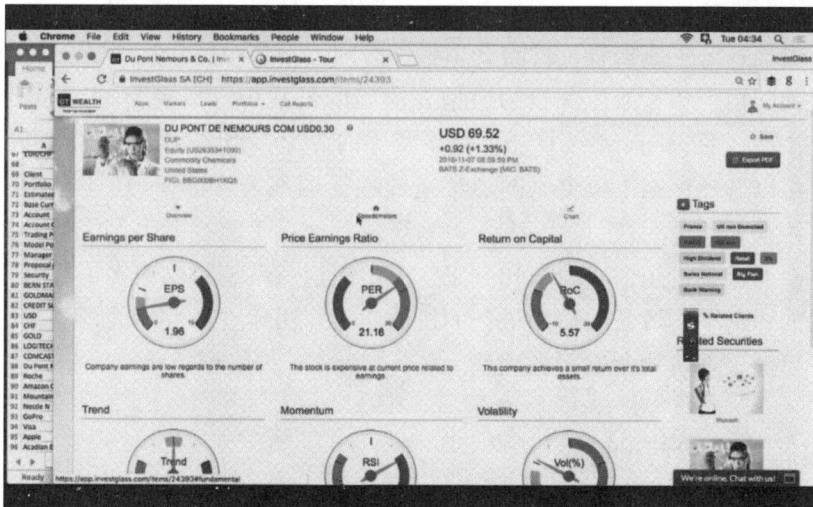

图 2　InvestGlass 公司系统界面

客户。

三、贷款信用审批

美国纽约的 Crowd Process 公司开发的 James 系统是建立在机器学习算法之上的信贷风险模型和技术。James 是一站式的风险管理工具，帮助用户方便地创建、验证、实施和监控预测模型。James 系统使用最先进的机器学习算法能够创建高性能的预测模型和评分卡，金融机构使用该系统能提高贷款量、降低违约率和运营成本、增加收入。它的界面也非常适应风险专业人员的工作流程，操作人员很容易访问机器学习功能界面。目前，James 系统在欧洲和北美的多家银行使用，Crowd Process 公司已经通过与金融机构合作参与了近 1 兆美元资产的管理。

James 可以建立先进的风险模型，用来预测哪些人会违约，违约的概率是多少，还能够帮助实施这一模型，对模型进行验证和实时的监控，并向监管机构进行报告。使用系统之前，需要向系统导入原始数据，这些贷款数据中有些已经逾期，有些没有违约，James 会据此生成一些模型。工作人员需要定义多长时间不还款视为违约。James 既支持建立传统的线性回归模型，也支持建立最新的人工智能模型。在建立模型之后，James 还会计算尝试能否发现更优化的模型。James 选择最佳模型的过程需要一到两个小时，在完成建立最优模型后，还需要准备向监管机构的报告，人工准备这种报告一般需要一个多月的时间，而由该系统生成报告，仅需要 2 秒钟时间，报告中将包括所有的监管机构希望看到的矩阵和参数。一般的模型在实施的过程中，需要与 IT 人员共同安排实施投产，而 James 系统仅需要登录实施的界面，点击实施按键就可以完成实施。可以选择在网上渠道、网点渠道或在云端部署。James 还能在实施之后持续监控模式的适用性，这一工作由系统执行比人工监控有很大优势，对出现的问题会通过手机短信实时通知到工作人员。这一系统帮助很多银行大幅降低了贷款的违约率。该系统使用最新的机器学习算法建立高性能的预测模型和评分卡，帮助金融机构改进服务质量。

四、智能银行助手

加拿大温哥华的 Finn 公司专注于人工智能在零售银行的使用，它开发了

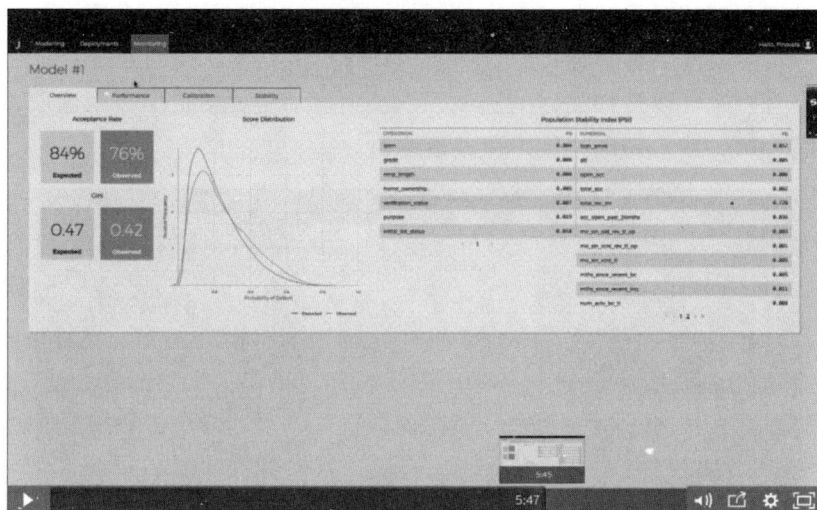

图 3　James 风险系统界面

一个由人工智能驱动的虚拟银行助手（Siri），帮助银行向客户提供数字化的账户资金管理工具。该系统整合了移动平台、网银和语音平台，客户无论在任何时间、任何地点都可以通过简单的语言交流实现账户管理。该系统被领先的金融机构广泛采用，通过人工智能的协助，提升了服务水平，降低了成本，提升了客户忠诚度。

　　Finn 公司的这一应用建立在银行现有的架构之上，客户可以打开 Messenger 通信软件，其中有一个联系人就是 Finn，打开 Finn 系统联系人，客户可以用自然语音询问："我上个月在餐饮上消费了多少钱？"手机上就会显示出在餐饮上消费的总金额和相应分类名称和时间段。客户也可以询问"我在过去的六个月里在出租车上花了多少钱？"手机应用会马上显示出对应的金额。客户还可以像在与客服人员交易一样向手机应用提出问题，如询问："我在另外一个国家使用 ATM 需要多少手续费？"手机应用会显示"在另外一个国家使用 ATM 会有 2.5 美元的手续费。感谢询问，您还有其他的问题吗？"客户询问："如果我的账户透支，我需要支付多少费用？"如果系统不能解答这一问题，就会显示"我现在还在学习中，是否需要询问一个人工客服人员？"如果点击这一选项，手机就会向客服人员发送信息，不久客服人员会回复电话。除了人工智能的客服之外，客户还有按键的选项。客户进入 Messenger 中的 Finn 系统选项之后，系统会通过信息询问"我可以帮助您什么？"客户可以选择交易明细的选项，这时系统会显示交易明细；如果客户选择最新 5 笔交易，系统会显示相应的交易。客户还可以选择有欺诈标识的交易，这时系统会显示相关的交易。客户也可以选择支付的选项，系统会显示需要交费的费用选项，客户填入缴费金额，输入密码，就可以完成缴费。

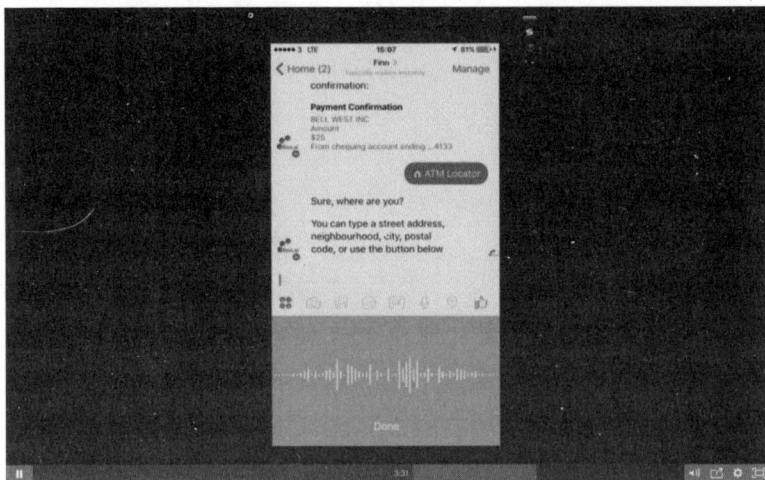

图 4　Finn 公司系统界面

五、智能理财

美国纽约州的 ForwardLane 公司使用机器智能技术，将向高净值客户提供的个性化服务提供给大众富裕客户，他们的团队包括了量化策略、财富管理、人工智能的专才，在金融服务领域有超过六十年的服务经验。通过使用人工智能，财务顾问们的认知能力大幅提高，对每一位客户的建议都可以让专家集体的智慧发挥作用，将最新的研究成果、资讯、市场数据和丰富的分析融入投资计划建议中。

该系统将人工智能技术和机构级的风险管理技术结合在一起，财务顾问在使用这一平台的时候，首先选择客户的风险等级，可以在高、中、低风险资产组合中选择一项。之后财务顾问可以在"分析""优化""公司信息资讯""近期事件的影响"等选项中进行选择。如果理财顾问选择"中国市场波动的选项"，系统会显示中国 A 股指数的曲线，之后会显示将如何影响客户的资产组合，显示客户持有的新兴市场指数基金以及美股指数基金的金额、风险暴露和预期损失金额，提示客户上海指数每变动 1%，客户的资产会损失多少金额。客户经理还可以点击"显示更多分析"按键，系统会显示不同公司的分析报告，不仅有对中国市场波动的分析，还有对其他市场波动影响分析的文章。理财经理还可以点击"显示建议"的选项，这时系统会显示"等等看""减少新兴市场的暴露""转换为替代性资产"三个选项，客户可以查看最佳的策略推荐。这时系统会显示推荐购买的新的指数基金或其他的资产类型，在系统上会显示这一资产组合与客户原来持有的资产组合的历史业绩表现的比较图。

系统具有历史业绩分析功能。历史业绩表现对比可以显示新旧资产类型 1 天、5 天、1 月、3 月、当年累计、1 年、3 年、10 年的业绩表现，以及新基金的年度回报率数值、排名、多样化比率。针对市场波动，系统会随时推荐替代的资产类型和资产组合，还能够显示相关的资产组合的构成明细、股票的种类和持仓量，并且显示新资产组合的数理统计分析指标。系统还可以查阅所有向客户推荐资产的历史记录，记录每一次推荐的时间、投资顾问姓名、客户姓名、客户分组、客户级别、推荐资产的适用性和合适性，以及相关的资产组合推荐书。这完全符合监管机关的合规要求。理财顾问可以随时查看客户资产组合净值的变动情况。通过使用这一系统，注册财务顾问的客户增长了 300%，在成本降低的同时提高了销售额。

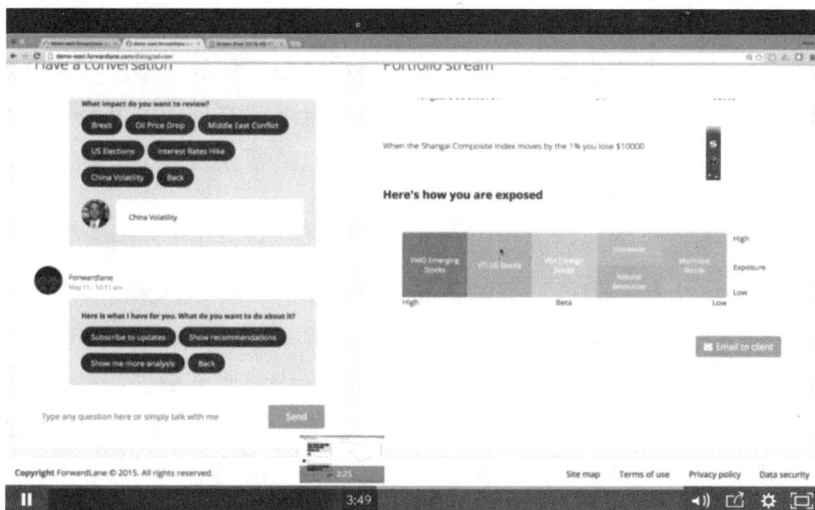

图 5　ForwardLane 公司系统界面

六、反欺诈交易

美国的 Ephesoft 公司提供以云计算为基础的非结构化文件提取技术，该公司的系统目前被数百家领先的金融机构所采用，每天使从开立发票、按揭申请和其他提交文件的流程在内的数百万笔交易得到自动化处理。此外，Ephesoft 还提供创新的文件分析解决方案，支持客户作出决策和应对。通过使用机器学习专利技术和大数据开源架构，该公司帮助金融机构从杂乱无章的数据文件中抽取有用信息。

每年全球贸易金融中有 6000 亿美元洗钱交易，Ephesoft 系统能够对全球贸易金融数据进行分析，找到其中的洗钱交易。现在的犯罪分子非常狡猾，贸易金融业务天生非常复杂，洗黑钱的犯罪分子非常愿意在贸易金融中进行洗钱的交易。这家公司专注于从非结构内容中挖掘出有用的业务信息，Ephesoft 公司开发的平台帮助银行发现欺诈的交易，及符合反洗钱的监管要求。这家公司的技术曾经为美国情报研究机构采用，该机构对大量的文件影像进行分析，从中分析出情报，从大量的贸易金融文件中找出欺诈交易。之前这样的工作都是通过人工完成的，现在通过人工智能的使用，通过机器学习的用户界面，银行的工作人员可以查看每一份文件，帮助识别哪些文件的交易是欺诈交易。

一名银行的贸易金融经理希望尽快完成一笔贸易金融交易的审批，他同时也希望追踪洗黑钱的非法交易，从而避免银行遭受巨额的罚金。贸易金融经理登录这一系统，系统界面上会显示目前的整体反洗钱交易地图和分析曲线，显示目前的平均交易发票金额，贸易金融经理可以依据仪表板上的信息对该笔贸易金融交易进行判断和审批。

对每一笔交易，系统能够显示出该笔交易的风险水平。洗钱犯罪分子一般通过提高发票的金额和降低发票的金额进行价值的转移，该系统的仪表板上会显示每一个月平均的发票金额。系统从每一张提单、发票的金额中提取发现被高估的货物价值，将某一笔交易发票的金额与平均发票金额进行对比，就可以发现可疑的洗黑钱交易。系统的仪表板上还能够显示出所有的贸易金融交易，通过绿线或红线将出口商、进口商在世界地图上连接起来。还可以对不同风险的交易进行过滤，只查看高风险的交易，这些红线将不同的贸易参与方连接起来，这可以帮助银行的贸易金融经理进行判断。贸易金融经理还可以查询某一个国家的相关交易，系统还支持对某一家贸易公司的行踪进行查询，显示这家公司在全球有哪些贸易合作伙伴。这种对合作伙伴的分析技术帮助银行预测一家公司是否可能从事洗钱交易。

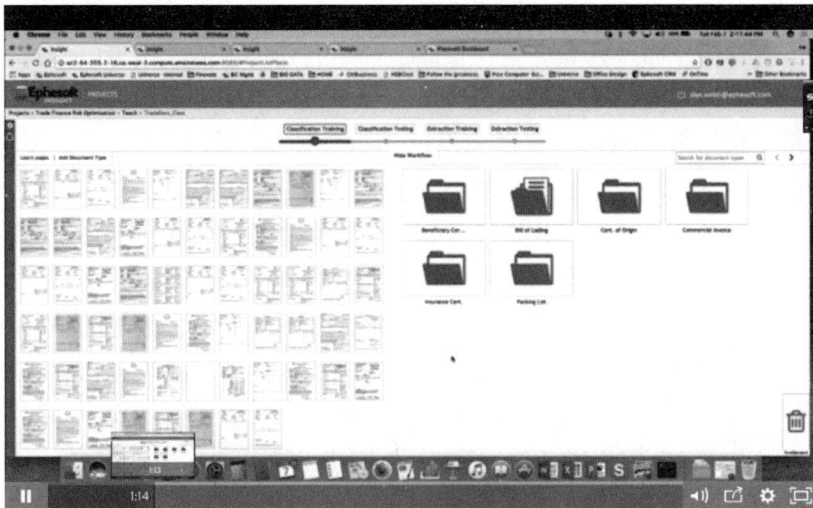

图6　Ephesoft 公司系统界面

七、知识图谱

知识图谱，本质上是语义网络，是一种基于图的数据结构，由"节点"和"边"组成。在知识图谱里，每个节点表示现实世界中存在的"实体"，每条边为实体与实体之间的"关系"。在金融行业中，数据是异常重要的资源，知识图谱提供了从"关系"的角度去分析问题的路径，关系可以是企业的上下游、合作方、竞争对手、子母公司、投资、对标等关系，利用基于关联关系的知识图谱概念，可以突破现有的关系型数据库的限制，在金融行业中让数据发挥更大的价值。

一些公司利用知识图谱技术开展客户拓展和精准营销。商业银行基于现有银行客户建立社交网络知识图谱，根据不同的交往方式和频次定义图谱的关系模型。对客户的亲属、朋友、同事、同学、陌生人等进行相关的社交挖掘，评估关系紧密度。比如，基于现有 VIP 客户，挖掘相关联系人及其爱好，或可以在现有客户中去发现具有共同爱好的一个组织，从而可以有针对性地对某一部分或一类人群制定营销策略。

还有一些公司利用知识图谱技术进行风险控制。它们基于多维度数据，在客户、企业、行业间建立起紧密关联的知识图谱，从行业关联的维度预测风险。如果某一行业发生了行业风险或高风险事件，就可以及时预测未来有潜在风险的关联行业。通过建立客户、企业、行业的知识图谱，也可以将行业和企业之间数据进行连接，基于对行业的潜在风险预测，及时发现行业风险、系统性风险相关联的企业客户。通过构建已知欺诈要素（手机、设备、账号、地域等）的关系图谱，全方位了解客户海量风险数据的规律，按主题要素收集风险运营的实时数据，优化风险模型和规则，提高实时侦测欺诈交易的效果。

在投资业务中，知识图谱可以将企业的投融资、上下游、竞争等关系关联起来，从而展示出一家企业在行业中的全貌。工作人员可以看到客户的投资方、材料供应商的情况，以多少比例从注册资本多少的企业供货，这也可以判断企业是否可以持续稳定的生产。知识图谱可以将整个股权沿革串起来，方便地展示出哪些 PE 机构在哪一年进入，进入的价格是多少，是否有对赌条款，这些信息不仅可以判断该机构进入当时的估值、公司未来的发展情况（公司成长的节奏），还可以看清 PE 机构的投资偏好、投资逻辑是如何变更发展的等。

八、对我国商业银行利用人工智能技术的建议

（一）建立产品创新平台

小型的初创企业创新速度很快，创新的效果也更好，而大型的跨国金融机构很大比例的创意都没有成为现实。商业银行可以建立创新管理平台，通过追踪从产生创意到实现并推向市场的每一步骤，帮助企业很好地管理、实现创意并推向市场，帮助企业建立高效的可重复的创新流程，降低实现创新的成本。对行为语义进行预测分析，员工可以对创意进行投票，将合适的人力资源和项目资源与最优的创意进行匹配，对尚未实现的创新原型进行分析和重新组合优化布局。

（二）开发智能投顾系统

尽管有很多销售机器人可以帮助银行销售理财产品，但人工智能驱动的新一代智能投顾系统可以帮助银行销售人员更快、更聪明地向客户推荐产品。系

统可以从迎接新客户、生成资产组合、再平衡等方面向理财顾问和资产管理经理提供支持，根据客户的风险偏好向客户自动推荐产品组合，定期将资产组合的表现与预定的目标进行对比，如果资产组合的表现差强人意，会向客户建议新的产品。在市场查询界面，客户可以输入关心的信息，相关的股票的价格、消息、研究以及专家团队的评论就会显示在界面上，方便银行理财经理的使用。

（三）开发贷款审批系统

商业银行可以使用人工智能技术开发贷款审批系统，建立起高性能的贷款监控预测模型和先进的评分卡。工作人员通过导入历史数据，系统根据之前违约贷款和正常贷款的情况，开发出高性能的预测模型，并支持银行对模型进行部署。在生成模型之前，需要确定模型的效度，如果两个因子高度相关，尽管模型预测的准确性很高，也不被认为是好的模型。系统还持续监控模型的运行情况，对模型进行持续的改进，降低贷款违约的概率。

（四）开发智能银行助手

商业银行可以开发智能银行助手，客户在任何时间、任何地点可以通过与手机 Siri 对话操作自己的账户。20 世纪 80 年代是计算机的时代，90 年代互联网兴起，2010 年开启了移动互联网时代，现在人类社会开始进入人工智能时代，人工智能开始在各行各业广泛应用。智能银行助手帮助银行联系客户，降低了电话服务中心人工和 IVR 服务的流量和成本。客户可以通过自然对话查询账户余额和交易，查询费用，进行交易统计，支付日常费用，购买理财产品，申请贷款和透支等。客户输入地址或发送定位，也可以向客户发送附近的ATM 地址。

（五）智能理财

商业银行可以开发智能理财系统，向大众富裕客户提供私人银行客户专享的高端理财服务。系统使用最新的研究成果、资讯、市场数据，为客户提供投资计划建议。系统不断学习总结，不断提高竞争实力。针对特定的风险事件，系统界面会显示客户的各类资产受影响的程度，不同程度的资产被标注为不同颜色，理财顾问可以实时地将相关信息发送到客户的电子邮箱。理财顾问可以随时查看客户的资产组合分析，系统显示分析的图表，显示每一个年度的总收益比例和盈利金额。系统可以自动推荐替代的产品组合，理财顾问可以点击检查波动性的按键，系统会提示由于股票的波动，建议更换的资产类型，降低市场波动率的影响。

（六）风险控制

商业银行可以使用人工智能和机器学习技术监控和侦测欺诈交易，减少损失，尤其是针对贸易金融中的洗钱交易进行侦测。使用大数据和人工智能技术将来自非结构化的文件和图像文件中的数据进行正常化的处理，从杂乱的数据中提取有意义和可行的信息。审查对比提单、发票的金额中与正常交易的金额的差别，发现被高估的货物价值，识别哪些文件的交易是欺诈交易，还可以支持对某一家贸易公司的行踪进行查询。这种操作方式有助于符合监管反洗钱的要求。系统分析并展示每一笔交易的风险水平，将不同的交易参与方在系统界面展示出来，标识出高风险的交易。系统还可以帮助银行和政府发现恐怖分子的融资活动。

（七）知识图谱的应用

商业银行可以使用知识图谱技术开展精准化营销和风险控制。机器学习擅长发现数据间的相关性而非因果性。就金融领域来说，知识图谱的规则可以是专家对行业的理解、投资的逻辑、风控的把握。知识图谱可以用于精准化营销，挖掘潜在客户和现有客户的需求，结合多种数据源，更加精准地分析客户行为，了解客户潜在需求，进行精准优惠地推送。也可以将知识图谱应用在风控征信，把不同来源的数据（结构化、非结构）整合到一起，检测数据中的不一致性。举例来说，借款人张三和借款人李四填写的是同一个公司电话，但张三填写的公司和李四填写的公司完全不一样，这就成了一个风险点，需要审核人员格外的注意。还可以整合借款人的基本信息，把借款人的消费记录、行为记录、关系信息、线上日志信息等整合到反欺诈知识图谱里，从而进行分析和预测，全面提高营销的效率和风险的控制能力。

人工智能技术在金融行业的
应用案例研究与启示

2016 年，人机围棋大战最终以 Alpha Go 完胜李世石的战绩收官，人工智能概念开始蹿红，这一年被人们称为人工智能元年。人工智能，是研发用于模拟、延伸以及扩展人类智能的理论、方法以及技术应用系统的一门新兴技术科学，是计算机科学的一个分支，人工智能在金融领域的应用有广阔的前景。近年来，世界各国的金融机构在人工智能的应用方面进行了多种尝试。美国花旗银行预计人工智能管理的资产规模将在未来十年中呈现几何级数的上升，2025年将达到 5 万亿美元的水平。本文从智能交易、招募新客户、智能投资顾问、智能客服、贷款撮合平台、中小企业财务管理六个方面分析人工智能在金融领域应用的案例，并对我国商业银行应用人工智能技术的实践提出建议。

一、智能交易

美国的 Kensho 公司将自然语言搜索、图形用户界面、安全云计算技术结合在一起，为金融投资者提供数据分析工具。Kensho 主要包括三个功能：智能投资顾问、金融预测与反欺诈、安全监控预警。Kensho 能够找到影响资产波动的关联事件。用户在 Kensho 搜索框中输入股票的代码，能够知道当天的哪些事情会对该股票波动产生影响。Kensho 可以为交易提供参考的依据，该公司从政府和商业机构中购买和搜集信息，分析软件可以查询到直接或间接影响金融股票市场的一切可能的、实时变化的各种宏观和微观大数据，诸如药物审批、经济报告、货币政策变更、社会事件等，利用极其复杂的统计学、人工智能、机器学习、大数据算法、数量经济学理论和模型，推演出与某个事件相关联的特定类型股票（甚至是个股）最可能的变化趋势及其概率，最后通过人人都可以理解的自然语言表达出来。

总部位于纽约的 Rebellion Research 推出了第一个纯人工智能（AI）投资

基金。该公司使用机器学习的方法，利用人工智能预测股票的波动及其相互关系，创建一个平衡的投资组合风险和预期回报，有效地通过自学习完成全球44个国家在股票、债券、大宗商品和外汇上的交易。这一交易系统是基于贝叶斯机器学习，结合预测算法，对投资标的的波动趋势加以判断，取得了较好的投资收益。

日本的初创公司 Alpaca，它们的交易平台 Capitalico 利用基于图像识别的深度学习技术，允许用户很容易地从存档里找到外汇交易图表并帮忙做好分析。这样一来，普通人就能知道明星交易员是如何做交易的，通过对他们的学习作出更准确的交易。

中国香港的 Aidyia 公司致力于用人工智能分析美股市场，依赖于多种 AI 的混合，包括遗传算法（Genetic Evolution）和概率逻辑（Probabilistic Logic），系统会分析大盘行情以及宏观经济数据，之后会作出自己的市场预测，并对最好的行动进行表决，确定最好的操作方案。

伦敦的对冲基金机构 Castilium 由金融领域大佬与计算机科学家一同创建，包括前德意志银行衍生品专家、花旗集团前董事长兼首席执行官和麻省理工的教授。他们采访了大量交易员和基金经理，复制分析师、交易员和风险经理们的推理和决策过程，并将它们纳入算法中。

美国的对冲基金桥水（Bridgewater Associates），使用人工智能的算法通过历史数据和统计概率预测未来。这一程序将随市场动态变化，不断适应新的信息，而不是遵循静态指令。

二、招募新客户

美国的 Agreement Express 公司是一家领先的金融机构客户迎新服务平台提供商。该平台帮助金融机构收集、使用和重新使用客户数据，帮助公司设计和提供跨部门和产品线的流程，提供深入的分析，向客户提供互动式和个性化的建议来提高客户体验。这家公司帮助世界500强的金融机构提供一流的数字化迎新体验。

客户迎新流程是客户对一家机构的第一印象，如果需要他们填写书面表格，客户对这家金融机构的印象就受到了损害。Agreement Express 系统将客户经理、后台、合规产品部门和客户连接起来，将金融机构不同产品线的业务整合在一起提升了客户的体验。使用该系统，即使最大的机构的不同条线的产品也能够整合在一起。

当客户经理与客户见面交谈之后，客户可以签署开立账户的登记表格，姓名、生日、地址、税务编号、社会保险编号等都无需重新填写。客户经理可以在系统上查阅审核，如客户审查无误，可以填上客户经理的签名，之后可以将客户的申请信息转到合规部门审核。如果客户申请开立理财账户，客户经理可以直接调阅之前客户开立教育存款账户的 KYC 信息，在开户过程中，客户经理与客户都只需要做很少的工作。也可以在客户经理审核后补充客户之前填写的客户信息。客户的资料不全时，会及时将电子表单转至客户邮箱，由客户进行补充。系统中有其他银行资料的客户，如果客户将账户从其他银行转移到这家金融机构，可以直接使用客户在其他银行填写的信息。

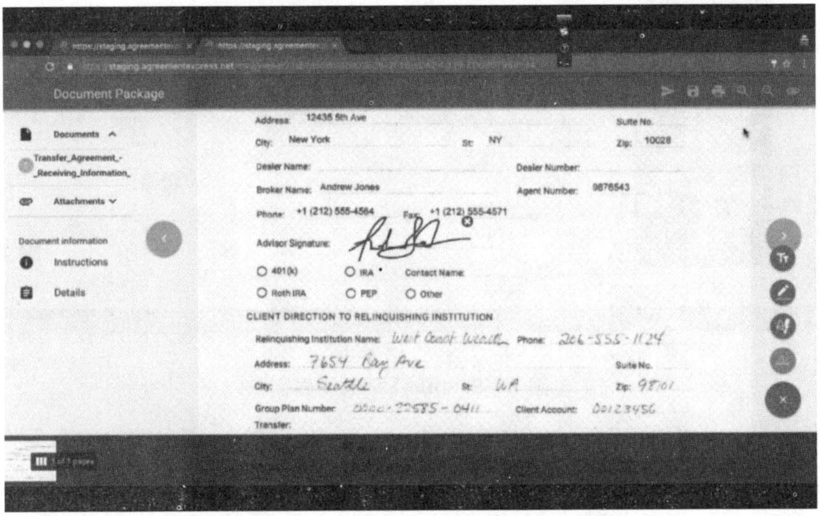

图 1　Agreement Express 公司系统界面

三、智能投资顾问

2012 年创办于瑞士苏黎世的 Sentifi 公司是全球金融领域最大的众包专家系统。它们开发的 Sentifi 系统使用人工智能技术从 300 万名专家那里抽取可靠的数据，向客户提供实时的分析结果。从最大化投资策略的收益到检测影响市场的事件，这一系统集中式地向人们提供专家群的智慧建议，使用众包的方式发现影响投资行为的市场事件、数千种与金融相关的事件与股票、货币和商品的价格走势相比对分析。这一系统从全球主要社交媒体中获得超过 300 万人的聊天信息，为人们提供创新的及时的金融市场信息。该系统从所有社交媒体平台获得市场情报，在该系统上还提供最热门的股票、货币和商品的信息，每天从数百万条非结构化信息中分析得出结论，并且自动更新内容。该系统目前获得了 217 万用户的社交媒体信息，每月处理 1.5 亿条信息，每个月对 7000 多个市场事件进行分析评价。

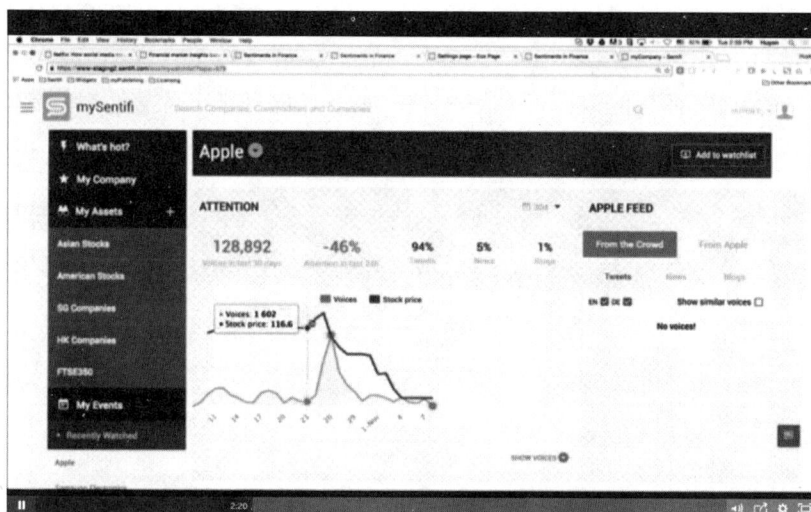

图 2　Sentifi 公司系统界面

　　多年来，人们从传统的媒体报道中获得金融市场的信息，Sentifi 第一次将 300 万人的社交媒体数据连接到系统上进行分析，从人们的评论中了解对每一只股票的关注程度。如果人们使用谷歌（Google）查找苹果公司的信息，会得到很多公共的信息，而如果人们使用 Sentifi 查询苹果公司的信息，会得到专业人士对苹果公司的关注度和评价。人们会发现 Sentifi 上面的信息有更高的相关度，Sentifi 上面的图表显示了人们的关注度曲线和价格曲线的关系，由于关注度曲线比价格曲线的变化更早，可以帮助用户预测价格的走势。Sentifi 系统使用人工智能的技术抽取金融事件与价格之间的关联关系，人们可以查询哪些事件在影响着股价，在查看一只股票的价格时，可以查看可能影响其价格的相关事件。交易人员也可以建立起自己的资产组合，例如可以选择所有的金融类公司建立自己的资产组合，系统可以绘出这些公司的关注度对比图表。

四、智能客服

美国的 Clinc 公司建立起全球领先的人工智能平台，这家公司的目标是实现人工智能的商业化。该公司开发了与手机应用紧密结合的移动金融顾问，这一系统以人工智能技术为依托，为个人和公司客户提供高价值的服务。

消费者一般需要简单、自然的方式处理他们的金融事务。BankCoach 是第一个允许客户对他们的账户采用自然的谈话方式进行操作和互动的人工智能助理。Clinc 不是建立在固化的指令和问答基础之上，客户可以询问任何希望知道的问题，Clinc 都会理解。例如客户可以询问"我收到工资了吗""我在芝加哥的旅行中花了多少钱""你们最优惠的按揭利率是多少""我上周在酒吧花了多少钱"等问题，并得到个性化的分析图表和自然语言的回答。

系统采用神经网络、机器学习技术而不是采用单一的规则，可以了解客户的想法。客户还可以询问"在过去的六个月中，我记得在芝加哥过生日时吃过一顿很难忘的午餐，你能不能帮助我找出这些交易，使我能够再去消费一次"，这时系统会回答这是您在某年某月某日到某年某月某日期间在芝加哥的餐饮类交易，同时在界面上显示出交易明细。这样的问题有很多复杂的要点，例如芝加哥、生日、餐饮，系统可以理解客户的意思，并且准确地理解客户的意图并定位到客户需要查询的交易。客户还可以询问"我在考虑会后吃一顿很好的晚餐，我能不能在纽约以外的地方消费 150 美元"，系统会回答"基于您的消费习惯，您消费 150 美元是可以的，您本月的消费比您平均的月消费额

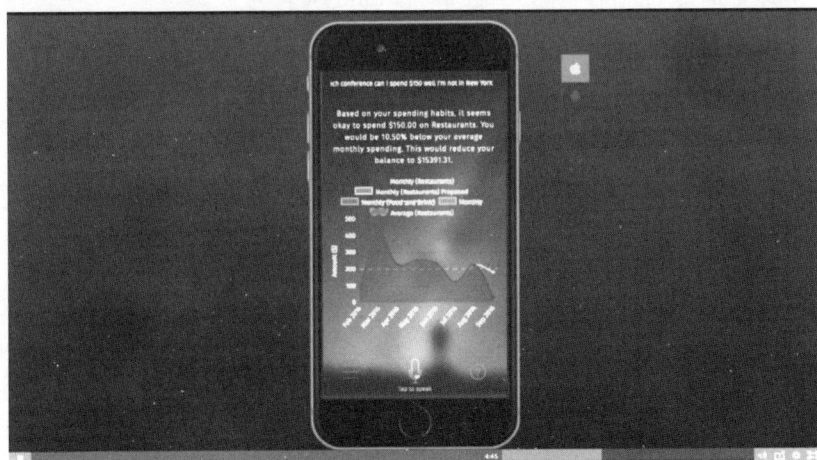

图 3　Clinc 公司系统界面

低 10.5%，消费之后，您的账户余额将达到大约 15000 美元"，系统界面上还会显示出客户账户按月统计的曲线和变化趋势。客户还可以告诉自己的账户"从定期存款账户向支票账户转账 150 美元"，这时账户会回答并显示转账后两个账户的余额。这一系统可以为银行客户带来全新的体验。银行也可以将这一服务通过云平台传递到不同的服务终端。

五、贷款撮合平台

美国加利福尼亚州的 BeSmartee 公司开发了自动化的贷款审批操作系统，这家公司在按揭贷款的前后台运营管理业务上有十多年的经验，运用它们的经验为客户开发了一系列的工具和特色服务，提供卓越的客户体验。这家公司也是第一家自助按揭贷款撮合平台，客户使用这一平台，无需通过中介机构即可获得贷款。系统使用人工智能技术，使贷款审批程序缩短到 20 分钟，客户填写贷款申请、提供信用报告、对文件进行电子签名和电子传送、收入和资产文件的提交等在内的所有流程，在 20 分钟之内可以完成。客户一般可以查看200 个贷款选项，从中进行比较，也可以查看自己的 FICO 评分，及获得自己的信用评估报告。

客户使用这一平台，在提交个人信息之前可以比较多种贷款的利息和费率。客户可以在几分钟之内创建贷款申请，发现是否有合适的贷款可以选择。如果客户完成了贷款申请的填写，可以进行即时的审批，如果资料和信用资料完整，可以即时获批。客户也可以通过电邮或聊天的方式与客户经理联系。

客户的信息通过 128 位的 SSL 加密传输，使用银行水平的安全服务。所有的 BeSmartee 平台上的出借人都经过认证，并处于良好的状态。这些贷款机构曾经出借了超过 100 亿美元的贷款，所有的这些贷款机构都有良好的信用评级。该平台改变了人们申请审批偿还按揭贷款的固有方式。客户可以匿名搜索和比较数百家贷款机构提供贷款的利率和费率，无须提交任何个人信息。相比之下，其他贷款网站只能显示几个贷款选项。客户可以在平台上依据自己的搜寻标准查看实时的真实利率。客户也能看到预计的总费用，包括第三方费用和政府征收的手续费。客户在贷款之前就能够了解所有的费用。由于客户可以查看数百个贷款选项，可以看到相关的费用和利率，客户有条件花最低的费用选到合适的贷款。贷款可以在任何时间和地点申请。

六、中小企业财务管理

美国纽约的金融科技公司 Strands 的目标是向金融机构提供一流的数字钱包管理软件，这家公司在大数据与机器学习方面有十多年的经验。目前，这家公司为 180 多家银行提供金融创新相关服务，在全球范围内为 1 亿多名客户提供服务。他们的银行客户中包括巴克莱银行、BBVA、蒙特利尔银行、德意志银行、非洲商业银行等。Strands 资产管理软件主要针对中小企业客户提供服务，它将中小企业客户与银行联系起来。商业银行使用这一平台能够为客户提供更为个性化、数据驱动的银行体验。

美国有 380 万家小企业，这些企业对将支付、现金流追踪、发票、工资支付和财务报告整合在一起的数字化银行服务很感兴趣。80% 的美国企业的员工数量在 20 名以下，中小企业客户的需求与个人客户有很大的区别。只有不到 10% 的这些小企业已经实现了财务数据的电子化管理。一半以上小企业愿意为个性化的财务管理服务支付 10 美元的月费。

Stands 为客户提供更加相关的服务体验，通过对企业客户界面的改版，使客户的感受大幅提升，好像进入了个人账户。Stands 帮助企业追踪、分析财务活动，并帮助企业对经营活动进行计划。在交易管理方面，除了提供交易统计列表之外，还提供交易搜索、过滤、编辑和分拆功能。账户概览页面显示了客户整体的财务状况，界面上展示了这家机构在所有金融机构的账户财务情况，Stands 与 1100 多家金融机构相连接，客户还可以进入预期收入界面，可以看到即将得到的付款。Stands 与第三方应收账款机构合作，可以快速得到应收账款的信息，并显示在网银的界面上。

在 Stands 界面上能够看到预期的支出项目。有了预期收入和预期的支出，就可以显示预计的现金流，这对于企业主经营企业是非常有帮助的。在发票管理功能中，通过端到端支付服务管理应收账款，对于定期的支付进行追踪和查询，提供可视化的财务图表分析，帮助了解近期的交易活动的整体情况，可以展示收入的来源和支付的方向，帮助分析和理解企业的现金流入和流出并对未来的现金流量进行预测。在网银界面上，还展示了同业的资金流量水准，帮助企业进行对标比较。

在界面的右侧，还会向客户提示未来的事件，如某月某日需要向哪个厂商付款。如果银行将要下调手续费，系统预测出客户的财务账款不理想，会通知客户申请账户透支额度，这时只要客户点击相关的按键，就可以完成账户透支的申请。该系统提供的服务不仅仅是顾问建议，还包括相应的行动计划的触发，使所有的服务无缝衔接并顺利完成。

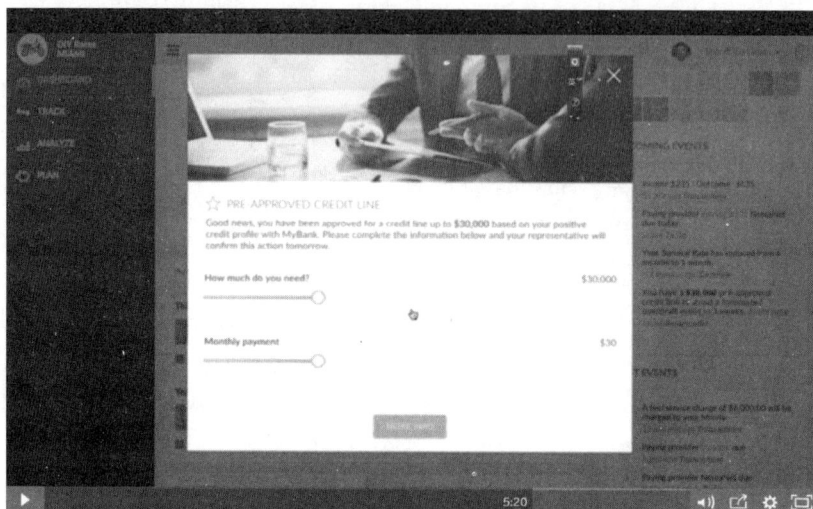

图4　Strands 资产管理系统界面

七、对我国商业银行的建议

（一）全面评估策划对人工智能的应用

人工智能技术能通过全面提升金融行业对金融数据的处理能力，对金融系统的数据处理、分析的效率和质量方面带来极大的提升，突破了数据管理广度和数据分析深度方面的瓶颈。能够把客户声音、照片、视频等非结构化数据有效地转化为结构化数据，并且转化流失率较低，也极大地扩展了数据采集的广度。人工智能具有处理自然语言的能力，在数据挖掘与分析方面，具有无可比拟的优势。人工智能也能全面提升商业银行风险控制的能力，在金融领域的应用范围极为广泛，可以在智能客服、语音数据挖掘、柜员业务辅助、人像监控预警、员工违规行为监控、交易安全、金融预测、反欺诈、授信融资、投资决策、保险定价、智能投顾、金融知识库构建、网点服务机器人等多方面发挥作用。商业银行应该全面评估在各个相关领域的使用可能性，并及早开发，积累相关的人才技术和经验，抢占业务先机。

（二）利用人工智能技术拓展新客户

商业银行可以使用人工智能推进客户迎新流程的改进。迎新流程顺畅对于争取新客户至关重要，客户希望他们的注册登记流程非常简单、快速、数字化。对于大机构来说，迎新客户体验的挑战来自它们从相互隔离的不同部门向客户提供多种复杂的产品。使用大数据和人工智能技术能够简化新客户登记的手续，系统可以调用之前客户所留下的信息。客户的信息无需重新填写，不论客户曾经购买过哪一个产品线的产品，都不用重复填写信息。金融机构之间甚至客户可以进行资料共享，也可以直接使用客户在其他金融机构曾经填写过的信息。

（三）开展智能交易和智能投顾业务

商业银行也可以利用人工智能技术开展智能交易。在金融市场暴涨暴跌的情况下，交易者希望提前预知某些行业甚至个股在某个事件和时间段内的趋势。一般情况下，交易员在做交易之前需要收集、整合和分析各种关联历史数据。对上千个变量进行分析，找出其中有意义的关联关系和模式。针对实时发生的特定事件，预测出某类股票或特定个股在一段时间的走势，帮助交易者作出投资决策。智能交易系统能够模拟这一过程更高效更准确地完成投资决策。可以推出金融信息的查询工具，可以推出人工智能基金，通过对金融市场的预测提高交易的准确率和投资回报。也可以学习专家的思路，帮助交易员作出决策。

可以开展智能投顾服务，综合分析多数专家的意见，收集大量的数据进行分析，也可以对社交媒体数据进行深度挖掘，从人们的评论中了解人们对股票的关注程度。通过对数百万人关注度的分析，找到目前最受关注的公司和当前最热门的话题，以及受影响的公司，帮助交易人员发现更多的投资机会。也可以分析一个事件对哪些公司有影响。

（四）提升客户服务体验

商业银行也可以开展智能客服服务，人们在日常生活中，总是希望降低管理账户过程中的复杂性，提升生活的品质。通过开发智能客服服务，客户只要打开手机应用，询问"我的账户怎么样？"，手机界面就会提示客户在过去的几个月里花费了多少钱，并且用饼状图展示转账、吃饭和饮料、消费、食品、购物、快餐、银行费用、利息、其他类支出所占的份额，并且用自然的语言进行讲解和互动。这种智能化的客服会改善客户体验，提升客户忠诚度。

（五）开设贷款撮合平台

商业银行可以使用人工智能技术建立网上贷款撮合平台。一般情况下，如果客户向一家贷款机构申请贷款，如果希望转换到另一家机构，需要重新填写贷款申请，而客户在贷款撮合平台申请贷款，客户的贷款申请可以被所有线上的贷款机构所接受。如果一家机构对客户进行了贷款评估，其他的机构都会接受评估结果，这位客户节省了需要重新进行贷款评估的费用。使用人工智能技术，客户仅需要 10 分钟就可以完成贷款申请。所有的动作都是在网上完成的，客户获得真正的线上贷款体验。

（六）提供中小企业财务管理服务

利用人工智能技术建立中小企业财务管理系统，帮助小企业对财务进行快速高效的管理。中小企业的存款是普通零售客户存款的 4 倍，通过向中小企业客户提供个性化互动化的服务，能够提高中小企业客户对银行的信任度，成为银行重要的合作伙伴。通过中小企业财务管理系统将客户的财务数据进行可视化处理，帮助管理者了解和管理自己的企业。建立在大数据和机器学习基础上的分析技术，可以帮助企业管理者进行正确的经营决策。帮助管理者追踪经营活动，管理应收账款，并及时根据企业的需要提示相关的产品和服务上。

（七）注重人工智能的风险控制

人工智能在金融领域的应用是突破性的，但同时也会带来大量不可预见的负面效应。在自动化交易系统中，如果机器给出一个错误的投资决策，很多投资人将蒙受损失。一是需要完善相关制度，及时制定对人工智能环境下金融运行及创新的相关制度，明确适用范围、操作规程及保障机制、监控措施，确保业务健康发展。应建立智能代理的投资和使用的注册备案制度，建立完善的智能代理源码公证制度，防止智能代理破坏市场行为的发生。二是强化数据保护。对前期数据来源、智能化程序设计等环节进行严格审查。计算机认知系统主要是基于云计算结构、运算法则及相应的大量数据而构建的。为防止违规现象的发生，系统的运转是可以被记录、追踪和审查的。通过一系列复杂的加密和数字签名来保护数据的安全性，通过运用漏洞扫描等技术手段来保护运算代码。

（八）加大技术、业务及人员储备，积极应对智能化冲击

高度依赖数字化信息处理的金融行业，受到自动化威胁的风险比任何技能性行业都高。尤其是大型金融集团要做好前期资金技术的投入，加强跨机构合作，提前介入，加强技术创新，加快业务创新，在行业转型上保持领先地位；要增强技术及维护人员储备，尤其是智能型、复合型人才的引进及培养，提高核心竞争力，适应发展需要。

个人金融业务的发展趋势

◎ 新常态下商业银行个人金融业务的发展

新常态下商业银行个人金融业务的发展^①

  商业银行的个人金融业务是指银行对个人和家庭开办的包括储蓄、银行卡、投资咨询、资产运作、消费信贷等服务在内的业务。个人金融业务具有业务范围广、批量大、收益稳定、风险相对较小的特点，是商业银行发展最快也是创新最为活跃的领域之一。美国资产最大的几家银行的个人业务资产占比一般接近 50%，净利润占比一般也超过 40%，我国商业银行个人金融业务也占到越来越重要的位置，尤其在目前经济增长速度放缓的过程中，银行的管理层也是越来越多地把希望寄托在个人金融业务上。

一、宏观经济形势的分析

  2014 年，我国 GDP 达到 63.65 万亿元，比上年同期增长 7.4%。这是自 1990 年以来第一次没有实现预期的经济增长目标。一方面，我国的总体的 GDP 第一次超过了 10 万亿美元，巩固了全球第二大经济体的地位，美国 2014 年总体 GDP 是 14 万亿美元，年增长率为 3%。中国在全球的贡献度为 30%，美国同期为 22%。在新的增长阶段，我国第三产业已经连续两年成为我国经济最大的增长点，服务业也是连续两年成为最大的经济增长点。同时，我国的固定资产投资、进出口、房地产投资、工业企业利润、商品房销售面积增速都在下降，进出口低于 7.5% 的增长目标，从 2013 年、2014 年经济增加值来看，增长率 2014 年比 2013 年都有一定程度的下降。

  2015 年，我国经济增长仍将面临较大下行压力。从近期经济增长压力加大看，我国经济中高速增长的均衡点还没有找到，经济由高速增长到中高速增长，基础设施建设、出口增速均已达到新的均衡，只有房地产的底部探明，我

---

  ① 此文是作者 2015 年在对外经济贸易大学金融学院校友论坛上的发言。

国中高速增长的均衡点才能找到。与我国经济中高速增长相对应的是投资增速应该在11%、社会消费品零售总额增速在10%、出口增速则在5%到10%。

目前，中国经济处在三期叠加的期间，三期叠加指增长速度换挡期、结构调整的阵痛期、前期刺激政策消化期，为了实现经济持续中高速增长、经济结构达到中高端水平的发展目标，大众创业、万众创新被视作中国新常态下经济发展"双引擎"之一。2015年第一季度，第一、二、三产业的增长率分别是3.2%、6.4%、7.9%。党的十八届三中全会提出了完善金融体系的改革措施，包括以民间资本设立中小型银行、推进信贷资产证券化、商业养老保险、加强创新金融监管等，同时国家加快建立现代市场体系，逐步实现人民币资本项目可兑换、完善人民币全球清算服务体系、加快建设人民币跨境支付系统、开展个人投资者境外投资试点、适时启动"深港通"试点等。

二、商业银行个人金融业务面临的机遇和挑战

目前，银行业进入了新的发展阶段，随着互联网金融的发展和客户行为的转变，商业银行的个人金融业务面临新的挑战。

第一个挑战是银行业进入了低收益、高风险的发展时期。我国的GDP每增长1%，贷款需要增长1.75%左右，过去十年我国的信贷增速在逐年下降，未来几年我国商业银行的信贷增长速度逐步放缓，随着我国直接融资占比的上升，未来几年我国银行业信贷平均增速将进一步下降。银行的风险和资金成本都面临着上升，从信贷风险上看，随着经济周期的下行，不良贷款增加，商业银行需要计提更多风险拨备，成本明显上升。随着利率市场化推进，银行的利息收入增长空间缩小。同时随着金融脱媒和互联网金融、影子银行等的影响，商业银行资金成本也越来越高。同时，在利率市场化的条件下，商业银行吸收资金的成本也不断提高，过度依赖于利息盈利的模式难以为继，下一步面临更大的困难。

第二个挑战是市场竞争参与者更加多元化。将有更多的民营资本进入银行体系，社区银行等新型机构将会成为银行新的竞争者。另外，商业银行传统的中介业务包括支付业务、托管、结算，也将不断受到非银行金融业务的挤压。

第三个挑战是金融监管愈发严格。包括中国在内的各国金融监管当局都试图通过调控各个地区的业务，向新进入者开放市场，鼓励行业竞争，激烈的竞争将导致零售业务盈利空间大大缩减。与此同时，金融危机的屡次爆发又进一

步加大了监管机构对银行业的限制，这些都使零售业务成本不断攀升。

第四个挑战是银行存款增长乏力。自 2011 年以来，我国广义货币供应量 M_2 增速保持高位运行，始终在 13.5% 以上，且快于存款增速（此前很长一段时期存款增速快于 M_2）。与此同时，受国内经济增速放缓、利率市场化以及互联网金融等多重因素的影响和冲击，银行存款的增长动能却不断衰减。受国内经济增速放缓等因素的影响，经济存款不断衰减，尤其浙江的沿海地区"去存款化"的趋势更加明显。

第五个挑战是分业经营的制度无法满足客户多元化的需求。随着客户对金融知识了解的增加，以及对金融服务和产品的要求的增长，单一的金融服务或产品已经无法满足市场和客户的需求。客户不仅要求负债业务、资产业务、中间业务一体化，本外币业务一体化，而且要求银行、证券、保险、信托、租赁等业务一体化。

在看到商业银行个人金融业务面临的挑战的同时，这项业务也有一些新的发展机遇。

第一个机遇就是全球经济复苏为个人金融业务带来新契机。2014 年，全球银行业迎来了危机后的第一个暖春。英国《银行家》杂志公布的全球银行1000 强数据显示，2013 年全球银行业盈利 9200 亿美元，较 2007 年的 7800 亿美元增长 23%；在经济回暖和银行盈利持续增长的背景下，零售业务迎来新的发展契机。2012 年，中国个人持有可投资资产总体规模达到 80 万亿元人民币，年均复合增长率达到 14%，未来十年我国资产管理市场空间达 80 万亿～120 万亿元，为个人金融业务带来新的市场发展空间。

第二个机遇是产品、渠道、品牌和管理成为零售业务发展新生产力。与以往重定价、重人力的投入模式不同，全球零售银行业务发展重心正逐渐转移，新产品、多渠道、多品牌和动态管理成为行业发展的新生产力；同时，客户细分的重要性不断提高。

第三个机遇是社交网络兴起为零售业务发展开辟新渠道。随着微博、微信的广泛应用，银行在推动业务的成本上可以有条件大幅度下降，这种新媒介的出现也为银行零售业务拓展开辟了新渠道。银行在通过社交网络提供信息、与客户互动业务方面覆盖率较高，而在客户认为比较重要的交易、服务和提供账户信息方面还有较大业务增长空间。在客户认为比较重要的增值服务、交易服务、提供账户信息方面还有较大的增长空间。

第四个机遇是一些新的发展动力也会给商业银行个人金融业务带来一些新

的机遇。一是跨境金融、"一带一路"的发展给银行业务提供了新的机遇。二是经济结构转型蕴藏新的需求。三是利率市场化、金融市场化给商业银行个人金融业务也带来一些新的发展机遇,利率市场化、汇率形成机制改革将给商业银行加快产品创新带来机遇。

三、商业银行个人金融业务整体发展趋势

在新常态下,个人金融业务发展有一些新的趋势。

第一个趋势是开展综合经营的模式。传统商业银行应该整合保险、基金、证券、信托等多种行业资源,实现一个窗口提供多样化的服务。在利率市场化和金融脱媒的大背景下,商业银行传统的存贷业务空间受限,商业银行必须抓住时机,整合保险、基金、证券、信托等多种行业资源,实现一个窗口、多种产品,充分发挥交叉销售带来的成本节约优势,成为各类金融服务的集散地和整合者,弥补传统存贷业务发展缺口。通过跨业合作,让综合经营成为商业银行开展金融创新、优化收入结构、提高风险资产收益率的重要支撑。严格按照法律规定和监管要求,做好责任确认和风险隔离,做好对客户的宣传教育工作,保障金融系统安全稳定运行。

第二个趋势是开展客户分层。随着客户收入的持续增长,居民对财富管理的需求大幅提升,不断要求提升专业化、定制化、综合化服务的水平,应该大力拓展高端个人客户。商业银行应贴合市场需求,加快设计研发专属产品,搭建健全的产品体系,在客户细分基础上,量身定制高质量的咨询顾问和综合性产品方案,满足客户个性化需要,通过优化客户资产配置来做大资产规模和收入。商业银行可以按照客户资产多少、财富的来源、职业、生命周期对客户进行细分,针对各个分层的特点设计不同的产品组合。

第三个趋势是商业银行要不断保持产品和服务的创新。不同类型的银行必须形成多层次、差异化的竞争格局,细分客户、找准主要的客户定位,充分发挥自身比较优势。比如,资本雄厚、技术先进、具有全球性服务网络的大型银行,应该在全球范围内向客户提供包括商业银行、投资银行、保险公司等在内的综合金融服务。加快多渠道多形式的产品创新,打造能够真正融入客户日常生活的产品,打造每天都与客户亲密接触的"天天银行",着力打造全球资金交易、汇率风险管理、黄金与大宗商品融资、人民币衍生品等具有较高技术含量的产品体系,把技术含量高的业务做大做强。加强系统大数据架构设计和客

户行为精细化分析，提前介入客户消费计划。

第四个趋势是重视客户满意度的变化。美国的银行使用"客户快乐"的维度进行客户满意度的考核，商业银行也应该不断地重视客户满意的这方面的变化，提高客户的忠诚度和满意度。

第五个趋势是风险管理架构的调整。国外的一些银行正在尝试企业风险管理委员会，主要向董事会提议企业整体风险偏好和评估，汇报风险管理的框架，从技术、流程、制度上加强对银行风险的管理。

第六个趋势是追求内涵式的发展。在经济新常态下，全面提升资本、成本、流程、风险、定价、客户、人才等方面的管理水平，真正实现内涵化发展。加快推动内部业务流程改造，实现渠道交付网络化、客户管理精准化、产品研发灵活化、风险管控系统化、运营保障弹性化、决策支持数据化、综合管理自动化。以经济资本等风险管理工具为核心，推动资本管理、风险管理和资产负债管理的协同和融合。

第七个趋势是建立全球化的经营管理体系。要加快全球化的资源配置能力，跨区域跨国境的资金的统一调配，积极构建全球化的服务网络，打造全球化的产品服务，持续提升全球化的管理水平。商业银行应该加快提升市场分析与规划能力，制定与世界经济发展相匹配的战略决策。

第八个趋势是大力发展资产管理业务。商业银行要提升自身的产品设计能力和交易能力，实现负债业务与资产业务、中间业务一体化，银行、证券、保险、信托等业务的一体化。传统的存贷款业务会面临越来越大的难度，商业银行未来的依靠是存贷款业务，包括投资保险信托一系列产品和服务，未来其他行业的资产管理业务会跟商业银行个人金融业务有更大的交集。

第九个趋势是大力发展互联网金融和移动金融。应进一步完善互联网金融服务的内容和服务的质量，增加互联网服务的范围，发展惠民金融、出国金融，充分利用云计算，指纹识别、云识别等智能技术，推动互联网金融、社交金融的结合，加强第三方支付等移动支付上下游产业链的合作。

第十个趋势是大力发展智能银行。智能银行充分采用用户交互技术和体验设备，吸引客户浏览、试用、比较各类金融产品，精准挖掘客户需求，实现对合适的客户、在合适的时间、通过合适的渠道、推荐合适的产品，按照O2O交互理念，强调全渠道的集成，提供泛在服务。强调电子银行、手机银行、自助渠道、人工渠道的全渠道协同与集成，通过线上线下渠道协同，为客户提供完整交易流程和一致、无缝的交互体验。

第十一个趋势是深度挖掘海量数据。"数据＋模型"将是互联网金融企业未来发展的核心工具。在挖掘海量数据方面，商业银行在客户的审批、服务、风险管理方面都有大量的数据，这些可以为银行下一步的业务管理提供很有价值的帮助。目前有一些小的银行，包括中信银行、兴业银行在大数据使用方面做得很好，针对客户所在的地点向客户开展即时的营销。

第十二个趋势是实现网点体系合理化。顺应客户向电子渠道迁移的趋势，对银行网点体系进行合理布局和调整。开发新的"迷你"或"快速"网点模式，来延续以真实的行员服务客户的传统，同时也降低成本。但这些小网点很可能无法展现复杂的产品性能。银行需要确定这种形式的网点设置的最佳地理位置，发挥最大的效用，避免营业额的减少和客户的流失。